教育部人文社会科学研究青年基金项目（12YJC790074）

中国外贸比较优势的演变与发展方式的升级

产品内国际分工下与世界主要国家的对比

▶ 贾利军 著

北京大学出版社
PEKING UNIVERSITY PRESS

图书在版编目(CIP)数据

中国外贸比较优势的演变与发展方式的升级：产品内国际分工下与世界主要国家的对比/贾利军著. —北京：北京大学出版社，2015.11
ISBN 978-7-301-26424-9

Ⅰ.①中… Ⅱ.①贾… Ⅲ.①对外贸易—经济发展—研究—中国 Ⅳ.①F752

中国版本图书馆 CIP 数据核字(2015)第 253910 号

书　　名	中国外贸比较优势的演变与发展方式的升级——产品内国际分工下与世界主要国家的对比 Zhongguo Waimao Bijiao Youshi de Yanbian yu Fazhan Fangshi de Shengji
著作责任者	贾利军　著
责任编辑	杨丽明　王业龙
标准书号	ISBN 978-7-301-26424-9
出版发行	北京大学出版社
地　　址	北京市海淀区成府路 205 号　100871
网　　址	http://www.pup.cn
电子信箱	sdyy_2005@126.com
新浪微博	@北京大学出版社
电　　话	邮购部 62752015　发行部 62750672　编辑部 021-62071998
印　刷　者	三河市北燕印装有限公司
经　销　者	新华书店
	965 毫米×1300 毫米　16 开本　23.25 印张　392 千字 2015 年 11 月第 1 版　2015 年 11 月第 1 次印刷
定　　价	58.00 元

未经许可，不得以任何方式复制或抄袭本书之部分或全部内容。
版权所有，侵权必究
举报电话：010-62752024　电子信箱：fd@pup.pku.edu.cn
图书如有印装质量问题，请与出版部联系，电话：010-62756370

摘　　要

从18世纪60年代形成国际分工以来,国际分工分别经历了产业间国际分工与产业内国际分工。到20世纪60年代,伴随着全球化不断发展,国际分工又呈现出新的特征——很多产品的生产中所包含的不同工序和零部件,在空间上被分布和展开到不同国家进行,分工的对象变成了工序、区段和环节,即出现了产品内分工的现象。尽管一国行业的比较优势和其出口额有密切的关系,但是在产品内分工下,一国可能在某行业上拥有较高的出口额,但是实际上它只负责生产链条的最后一个环节,因此利用出口额来反映一国某行业的比较优势,可能产生"虚高"的现象。

本书首先通过显性比较优势的方法对中国和世界主要国家出口商品的比较优势进行测度,接下来,基于非竞争投入产出模型,计算出口的国内增加值,对显性比较优势指数进行修正,然后对中国和世界主要国家的比较优势进行重新测度并对比分析,最后对中国贸易的发展提出了若干建议。本书的主要结论是中国资本和技术密集型产品的完全国内增加值偏低,因此行业的比较优势被高估。同时,稳定或增长的比较优势对出口有正向拉动作用。本书在产品内分工下对比较优势的测度方法作了修正并对中国各细分行业的比较优势进行重新测度,与国外进行比较后,提出相应的政策建议。

本书主要包含三个创新点:(1)选题创新。本书基于产品内分工的角度,分行业对中国和世界其他主要国家的比较优势进行重新测度,提出增加值比较优势的概念,同时探讨中国和世界其他主要国家的比较优势对出口的影响效应。(2)方法创新。在产品内国际分工下,利用区分加工贸易和一般贸易的非竞争性投入产出模型,计算分行业国内完全增加值,从而修正传统的显性比较优势指数(RCA),并对35个行业进行产业划分,同时对某些具有代表性的产业进行分析探讨,并提出建设性建议。(3)模型运用的创新。不再利用竞争型投入产出模型来计算附加值,而是采用非竞争型投入产出模型来计算。运用非竞争型投入占用产出模型进行数据汇总及分析,得出国内增加值,并将计算出的数据用于计算比较优势上,从而能够更清晰、更深入地观察比较各国家间的比较优势。

目　录

第一章　导论 ... 001
　1.1　研究背景与研究意义 ... 001
　1.2　研究目的与研究方法 ... 003
　1.3　研究思路与研究内容 ... 004

第二章　测度方法及理论基础 ... 007
　2.1　外贸比较优势测算方法的演变与改进 ... 007
　2.2　本书研究的理论基础 ... 019

第三章　产品内国际分工与外贸比较优势 ... 030
　3.1　产品内国际分工发展的动因 ... 030
　3.2　产品内国际分工的程度 ... 032
　3.3　产品内国际分工与外贸比较优势的关系 ... 034

第四章　世界主要国家出口贸易发展现状 ... 036
　4.1　世界主要国家及细分产业的选取 ... 036
　4.2　中国出口贸易发展现状分析 ... 038
　4.3　拉美主要国家出口贸易发展现状 ... 043
　4.4　北美主要国家出口贸易发展现状 ... 051
　4.5　亚太地区主要国家贸易发展现状 ... 059
　4.6　欧盟主要国家出口贸易现状 ... 075

第五章　中国与世界主要国家分行业 RCA 测度与对比 ... 121
　5.1　测度方法介绍及数据来源 ... 121
　5.2　中国分行业 RCA 的测度 ... 123
　5.3　中国与拉美主要国家分行业 RCA 的对比 ... 134
　5.4　中国与北美主要国家分行业的测度与对比 ... 144
　5.5　亚太地区主要国家 RCA 的测度 ... 159
　5.6　中国与欧盟主要国家细分行业的测度与对比 ... 179

第六章	中国与世界主要国家分行业 VACA 测度与对比	207
6.1	VACA 测度方法的介绍——对 RCA 指数的修正	207
6.2	中国细分行业 VACA 的测度	210
6.3	拉美主要国家分行业 VACA 的测度	219
6.4	北美主要国家分行业 VACA 的测度	237
6.5	亚太地区主要国家 VACA 的测度	270
6.6	欧盟主要国家分行业 VACA 的测度	328

第七章	中国外贸发展方式升级策略——基于中国与世界主要国家贸易互补性分析	340
7.1	中国与拉美主要国家	340
7.2	中国与北美主要国家	342
7.3	中国与亚太地区主要国家	345
7.4	中国与欧盟主要国家	355

第八章	本书主要结论及政策含义	360
8.1	本书主要结论	360
8.2	政策含义	361

参考文献	364
后记	367

第一章 导　　论

1.1　研究背景与研究意义

1.1.1　研究背景

随着全球化进程不断加快,国际分工不断发展,当今贸易逐渐出现了产品内分工现象。所谓产品内分工,就是指特定产品生产过程中不同工序、区段或环节,通过地域空间分散化成为跨区或跨国性的生产链条或体系,从而使更多国家或地区企业参与特定产品生产过程中不同环节、工序或区段的生产或供应活动,也有学者称之为全球价值链。产品内分工的一个引人注目的特征就是很多产品生产过程包含的不同工序和区段,被拆散分布到不同国家进行,形成以工序、区段、环节为对象的分工体系,从而使更多国家或地区企业参与特定产品生产过程中不同环节、工序或区段的生产或供应活动。产品内分工的出现深刻影响了当前国际分工和国际贸易的特征,随之而来的,是传统贸易理论在解释新贸易现象时表现出来的无力感和滞后性。很显然,对传统贸易理论的修正已经迫在眉睫,采用老思路、老方法去分析新型分工、贸易已然是行不通了。因此,我们需要寻找新的方法,从贸易增加值的角度来研究一国贸易的真实情况,从而剔除国外中间投入品的影响。

改革开放以来,中国长期奉行对外开放战略,对外贸易成为中国经济持续增长的核心动力之一。比较优势是对外贸易能否健康发展的重要因素,因此中国的外贸比较优势一直备受各界关注。

1.1.2　研究意义

国家间比较优势的差异伴随的是国与国之间的贸易往来。然而,现代国家贸易发展的一个重要特点就是国家间的分工和联系日益广泛、深入,在一个国家出口品的生产过程中,经常大量使用其他国家或地区的进口品作为中间投入。所以,传统的比较优势计算方法基于出口额,对分析国家的贸易会产生"虚高"的情况。传统比较优势的度量方法有了一定的局限性。在国家"十二五"规划大力倡导外贸结构转型的经济形势下,重新量化测算中国外贸比较优势显得尤为重要,它直接关系到中国对外贸易结构的优化,具有重要的理论与现实意义。

1. 理论意义

现有的文献在测算中国外贸比较优势时,往往是在进出口总额的基础上,通过某些指数进行核算,导致在理论上不能很好地适应国际分工不断向产品内分工深化的现实情况,在实践中表现为不能为中国外贸出口方式的转变提供准确的理论基础。本书结合产品内国际分工的实际,首先测度中国和世界主要国家的传统的显性比较优势指数,然后从增加值的角度,计算各国出口的国内成分,定义为出口的国内增加值,提出国内增加值比较优势指标(VACA),修正原有测度外贸比较优势的方法,重新测度各国细分产业的增加值比较优势,然后将两种方法的结果进行对比分析。本书提出的基于增加值的比较优势指数,综合考虑了市场相对份额和价值链上的相对控制能力,对各个国家比较优势结构重新进行了审视。由于该指标兼顾了价值链上的相对控制能力,而一国的这种能力在短期内不易变迁,因此,这种方法有助于解释在产品内国际分工下不同国家贸易附加值来源以及具备的比较优势,这就使得根据这一方法判断出来的比较优势结构具有更大的参考意义。同时,对于部分国家,本书采用变系数面板数据模型实证研究比较优势和出口的关系,从而从定量的角度来解释比较优势对出口的影响。

2. 现实意义

在产品内国际分工日益深化的背景下,一个国家或地区国际分工地位的提升,不仅表现为产业层次的高度化,还表现为产业链条或产品工序所处地位及增值能力的提升。本书通过计算贸易的增加值,重新测度中国与世界主要国家贸易比较优势,并与原有指标测算结果进行比较,可以更准确和清楚地分析中国与世界其他主要国家相比真正的出口优势,进一步甄别各国具有增加值比较优势的产品,甄别有潜在竞争力的行业作为未来重点培育产业,从而为中国产业结构升级的路径、外贸发展方式转型提供新的思路,具有较强的政策含义。

1.2 研究目的与研究方法

1.2.1 研究目标

本书研究的主要目标是通过对比较优势理论和产品内分工理论的正确理解,对传统的显性比较优势测度方法进行修正,对中国和世界主要国家包含国内增加值成分的比较优势进行重新测度,认清在产品内分工下中国与其他国家相比出口的真实优势。具体来讲有三个:

1. 修正衡量贸易比较优势的量化指标

衡量贸易比较优势的传统方法通常是建立在进出口数据基础之上的,而现行进出口贸易数据都奉行原产地规则这一属地贸易统计原则,因此,在当前同一产品跨越多国生产的产品内国际分工背景下,一国原始进出口数据难以反映该国的贸易增加值,利用传统比较优势测算指标体现的贸易优势将与实际情况产生偏差。修正传统比较优势测算指标使其体现多国生产情况下特定国家的贸易增加值,是本课题在方法论上的重要目标。

2. 按国别实证度量分行业的贸易附加值

修正后的贸易比较优势量化指标中主要用到了贸易附加值的数据。然而当前的产品内国际分工下,产业跨国转移的过程是将产业链条、产品工序在全球范围内分解和配置的过程,一个最终产品的生产往往是其零部件在多个国家流转之后的结果。但是,在目前以原产地规则为主要标准的贸易统计制度下,贸易统计数据掩盖了这个跨国流转的过程。揭示这个流转过程,按国别实证度量分行业贸易附加值,进而测算行业比较优势,是本书实证分析的重要目标。

3. 提出转变外贸发展方式的新思路

转变外贸发展方式是"十二五"期间中国外贸规划的最核心主线。本书在政策上的重要目标是通过修正后的办法与原有指标测算结果进行比较,对具有潜在竞争力的产业进行甄别,进而提出中国产业结构升级、外贸发展方式转变的新思路。

1.2.2 研究方法

本书的主要研究方法包括:

1. 非竞争型投入产出方法

该方法主要用来测算各国出口贸易分行业的国内成分（本书定义其为国内增加值），而很多学者在计算出口的国内增加值时采用的仍是竞争型投入产出方法。本书在计算时主要应用了 WIOD 的非竞争型投入产出数据库。在测算各国出口贸易的国内成分后，用其对原有测度贸易比较优势的方法进行修正与重新测度。

2. 比较分析方法

比较分析法也是本书一大特色，主要包括各国分行业原有 RCA 指数的测度与比较，各国出口贸易的国内增加值的测度与比较，以及修正后的国内增加值比较优势的测度与对比。通过对比与分析遴选中国具有竞争力和需要跨过专业的产业，以期为转变中国外贸发展方式提供政策依据。

1.3 研究思路与研究内容

1.3.1 研究思路

随着全球化进程的不断加快和科技的不断进步，国际分工正从产业间、产业内分工深化到产品内部分工。在这种新型国际分工格局下，特定产品生产过程中不同工序、区段或环节，通过地域空间分散化展开成跨区或跨国性的生产链条或体系，从而使更多国家或地区企业参与特定产品生产过程中不同环节、工序或区段的生产或供应活动。据此，一个国家或地区国际分工地位的提升，不仅表现为产业层次的高度化，还表现为在产业链条或产品工序所处地位及增值能力的提升。本书由此展开研究，利用非竞争型投入产出模型及数据库计算出中国与世界主要国家分行业出口的国内增加值，并据此对原有的测算比较优势的 RCA 办法进行修正，在贸易附加值的基础上按国家分行业重新测算贸易的国内增加值比较优势指数，对改进后的指标与原有指标测算结果进行比较，甄别出中国有潜在竞争力的行业与需要跨国转移的行业，进而提出中国升级产业结构、转变贸易发展方式的新思路。具体思路如图 1-1 所示：

1.3.2 研究内容

根据以上研究思路，本书主要包括以下几方面内容：

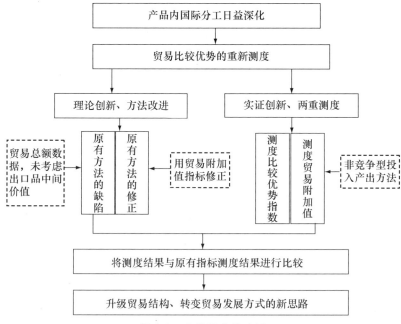

图1-1 本书研究线路图

1. 产品内国际分工对一国外贸比较优势的影响

（1）产品内国际分工发展的动因。界定产品内分工的含义，并从比较优势、规模报酬、生产工序分离、运输成本、交易成本等方面揭示产品内国际分工发展的动因。（2）产品内国际分工的程度。综合现有国内外关于衡量产品内国际分工的文献，研究国际投入产出表在衡量产品内国际分工时的作用。（3）产品内国际分工对一国外贸比较优势的影响。主要论述与阐明在国际分工不断向产品内分工深化的过程中，一个国家或地区的比较优势，不仅表现为产业层次由劳动密集型产业向资本技术密集型产业的递进，还表现为产业链条或产品工序所处地位及增值能力的提升。

2. 外贸比较优势测算方法的演变、应用与改进——基于贸易附加值视角

（1）对现有外贸比较优势测算方法的演变及其应用进行梳理。主要介绍比较优势测算指标及其经验应用。（2）现有外贸比较优势测算指标的缺陷。主要研究新型的产品内国际分工下，目前常用来测度中国外贸比较优势的指标，如RCA（显性比较优势）、NEPR（纯出口比较优势）等在设计原理、指标本身、指标数据、测度效果等方面的不足。（3）现有外贸

比较优势测算方法的改进。主要是结合产品内分工实际,用贸易附加值修正外贸比较优势测算指标,并对其进行解释与论证。

3. 按国别分行业显性比较优势(RCA)的实证测度

在该部分,本书用 RCA 测度方法对中国与世界主要国家的显示性比较优势指数进行实证测度与对比,指出每个国家具有显性比较优势的行业。RCA 测度法是目前比较常用的测度比较优势的方法。

4. 按国别分行业出口的国内增加值的实证测度——基于非竞争型投入产出方法

(1)非竞争型投入产出方法的现实应用。非竞争型投入产出方法目前主要用于测度产品内国际分工的程度,论证其测度贸易附加值的可行性。(2)现有的国际投入产出表的应用。主要有日本亚洲经济研究所的亚洲国际投入产出表,OECD 的投入产出表,联合国 GTAP 数据库中提供的投入产出表。(3)按国别分行业贸易附加值的实证测度。利用非竞争型投入产出方法的核心思想,按照 WIOD 数据库中的投入产出数据,按国别分行业计算各行业出口的国内增加值。

5. 按国别分行业修正后的国内增加值比较优势的实证测度

(1)根据前面计算出的出口的国内增加值对显性比较优势指数进行修正,据此实证计算贸易附加值比较优势指数。(2)将新旧指标测算结果进行比较,甄别有潜在竞争力的产业。

6. 优化贸易结构,转变贸易发展方式的新思路

该部分内容是课题实证分析后的政策含义,主要是根据实证分析的结果,提出转变贸易发展方式的新思路。对于用新指标测度具有比较优势,而用原来指标测算又不具备比较优势的产业要重点培育;对于新指标测度不具备比较优势,而用原来指标测度比较优势又很强的产业,可以考虑逐步向其他更不发达的国家或地区转移。

第二章 测度方法及理论基础

在国际贸易理论的发展和演进中,比较优势始终是一个非常核心的概念。从实践来看,改革开放以来,对外开放战略的实行使得对外贸易成为中国经济持续增长的关键要素之一,而比较优势原则也一直是中国对外贸易高速增长依据的重要理论基础,因此中国各行业外贸比较优势的测度与评价一直受到学者们的关注。本章主要介绍了其他相关文献以及研究的理论基础。

2.1 外贸比较优势测算方法的演变与改进

该部分将对比较优势的测度方法进行总结和评价,并结合当前产品内国际分工的现实情况,提出包含贸易附加值的比较优势测度办法,希望为今后关于中国行业外贸比较优势的研究提供合理的测度工具。

2.1.1 外贸比较优势测度方法

在国际贸易理论的发展和演进中,比较优势始终是一个非常核心的概念。从实践来看,改革开放以来,对外开放战略的实行使得对外贸易成为中国经济持续增长的关键要素之一,而比较优势原则也一直是中国对外贸易高速增长的重要理论基础,因此中国各行业外贸比较优势的测度与评价一直受到学者们的关注。

从现有文献看,自李嘉图(1817)经典的贸易比较优势模型提出以来[1],经过近两个世纪的发展,比较优势理论逐步形成了一套理论体系,随之也形成了一套测度比较优势的办法。而学者们应用最广泛的还是巴拉萨(Balassa)(1965)[2]提出的显性比较优势(RCA)指标及其修正形式。RCA 类指标有一个显著的特点是从商品的进出口贸易总量结果来间接地测度一个国家或一个产业整体的比较优势,涉及的变量数据容易获得,操作性强,在较长的时间里发挥了一定的作用。

然而,现实情况是:国际分工格局正逐步由产业间分工、产业内分工向产品内分工深化,一个国家或地区的比较优势不能仅仅用生产成本或劳动生产率来衡量,产业链条或产品工序所处地位及增值能力的测度显得尤为重要。在当前同一产品跨越多国生产的产品内国际分工背景下,一国原始进出口数据难以反映该国的贸易增加值,因此,传统度量比较优势的方法有了一定的局限性,利用传统比较优势测算指标体现的贸易优势将与实际情况产生偏差。这就迫切需要将出口总额分为两个部分,即出口品的国内增加值和出口品的海外增加值(进口额),用体现贸易附加值的比较优势测算方法来重新测算中国外贸比较优势。这在理论上能够较好地适应国际分工不断向产品内分工深化的现实情况;在实践中,不仅有助于解释在产品内国际分工下不同国家贸易附加值的来源以及具备的比较优势,也能甄别有潜在竞争力的行业作为未来重点培育产业,从而有助于为中国产业升级路径、外贸发展方式转型提供新的思路。

一、以劳动生产率为基础的测度方法

以劳动生产率为基础的测度办法主要是由以 Ricardo(1817)为代表的古典比较优势理论学者提出的,如相对劳动生产率指标、相对成本指标与机会成本指标,以及改进后的 CP 指标(Stolper, Samuerson, 1941)和 CATM 指标,等等。

(一)相对劳动生产率类指标

Ricardo(1817)提出劳动生产率比较优势说,认为国际劳动生产率的不同是一国贸易比较优势的唯一决定因素,一国出口劳动生产率比较高的产品,进而提出用相对劳动生产率、相对成本、机会成本等指标测度一国比较优势,本书称为相对劳动生产率类指标,分别用公式表示如下:

$$\text{产品 A 的相对劳动生产率(RP)} = \frac{\text{产品 A 的劳动生产率}(Q_A/L)}{\text{产品 B 的劳动生产率}(Q_B/L)} \quad (2.1)$$

$$\text{产品 A 的相对成本(RC)} = \frac{\text{产品 A 的单位劳动要素投入量}(a_{LA})}{\text{产品 B 的单位劳动要素投入量}(a_{LB})} \quad (2.2)$$

$$\text{产品 A 的机会成本(OC)} = \frac{\text{减少的 B 产品的产量}(\Delta Q_B)}{\text{增加的 A 产品的产量}(\Delta Q_A)} \quad (2.3)$$

这些指标是建立在两个国家 H、F,两种产品 A、B,一种生产要素劳动 L 的基础上的,其中 Q 代表产品的数量,a_L 代表生产单位产品投入的劳动数量。如果 $RP^H > RP^F, RC^H < RC^F, OC^H < OC^F$,则表示国家 H 在生产 A 产品上相对于 F 国有比较优势。

由于这些指标的主要理论基础是李嘉图的比较优势理论,而该理论有两个主要特点:第一,只把劳动作为唯一的生产要素,未考虑其他要素如资本、技术、资源的影响,并认为劳动生产率的国别差异是外生的、不可改变的;另外,它只是简单地通过对比两种商品的相对成本或劳动生产率来确定比较优势,当存在多种商品时,原有的指标很难确定,甚至由该原理推出的结论可以被推翻。

(二) CP 与 CATM 指标

针对以上缺陷,学者们从两个方面对古典比较优势指标进行扩展。一方面,设定指标,进行多个国家、两种产品、一种生产要素的比较(Stolper,Samuelsson,1941),称为 CP 指标,公式如下:

$$\frac{C_A}{C_B} < \frac{P_A}{P_B} \tag{2.4}$$

其中,P 指商品国际价格。对任何一个国家,满足公式(2.4)时,表明该国在生产 A 产品上有比较优势,应该出口 A 产品,进口 B 产品。但国际价格与汇率密切相关,容易受人为影响,对一个国家比较优势不能准确衡量。

另一方面,有些学者将古典优势指标扩展到两个国家多种产品的比较,CATM(Comparative Advantage of Two Countries with Multi-production)指标具有代表性。该指标认为,对第 i 种产品来说,如果 $W^H \times a_i^H < W^F \times a_i^F$,即 $a_i^H / a_i^F < W^F / W^H$,则在 H 国生产产品 i 的成本就较低,进而具有比较优势。其中,W^H、W^F 分别为本国和外国的小时工资率。

但上述指标存在明显的缺陷:首先是单一生产要素的假设与实际情况相去甚远;其次是在实际应用中,我们更为关心的问题是一国相对于其他所有国家来说是否具有比较优势。王福重、朱丽丽(2006)从两方面对 CATM 方法作了改进,一是将单一生产要素扩充到多种生产要素,二是将模型中两个国家的概念扩展到更广的范围,①并用该方法测算了我国主要农产品的比较优势。

然而,以劳动生产率为基础的测度方法,都是假设只有一种生产要素,这与现实差别太远;还有在多国家、多产品情况下,这些指标数据很难收集。因此,这些指标在理论上很好地解释了比较优势所属问题,学者们对于这类指标的应用多集中于理论上的分析(Amita Batra,2007;Toshihiro Okubo,2011;Kozo Kiyota,2011),用于实证测度的较少。

---

① 具体算法可以参考王福重、朱丽丽:《我国农产品比较优势的 CATM 法测算》,载《国际贸易问题》2006 年第 7 期。

二、以资源禀赋为基础的测度方法

由于在现实世界中,贸易不仅体现了各国劳动生产率的不同,还反映了各国间资源的差异。Heckscher(1919)和 Ohlin(1933)提出了资源禀赋模型,认为各国拥有不同的生产要素分布,一国可以在那些密集使用了其丰裕要素的行业取得比较优势。Heckscher 提出用资本劳动投入比例 K/L 来判断产品的要素密集型,如公式(2.5):

$$\text{资本劳动投入比例} = \frac{\text{资本投入量} K}{\text{劳动投入量} L} \qquad (2.5)$$

根据这个指标并结合一个国家或地区的资源进行比较,如果有两种商品 A 和 B,则资本丰富的国家在生产 A 产品上有比较优势,相反,劳动密集型的国家在生产 B 产品上有比较优势。

Ohlin 用 LII 指标(劳动密集指数,如公式(2.6))将 K/L 指标扩张到多种商品的使用。

$$\text{劳动密集指数}(\text{LII}_j) = \frac{K_j/L_j}{K_t/L_t} \qquad (2.6)$$

其中,K_j、L_j 分别指第 j 种商品资本和劳动投入量,K_t 和 L_t 指该国所有商品资本和劳动投入量。LII_j 越高,表明 j 商品的资本密集性越强,资本相对丰裕的国家生产 j 产品具有比较优势。LII 指标比资本劳动投入比例指标更为全面,不再局限于两种产品的比较。但是 LII 指标难于统计,很难进行实际操作。

国内资源成本法(Domestic Resource Cost,简称 DRC 法)将国内资源与汇率联系起来,来衡量一国比较优势。该指标是在 20 世纪 70 年代初期,由美国斯坦福大学的 Pearson 教授提出的。国内资源成本 DRC 是指赚取或节省一单位边际外汇,从事一项生产活动所需投入的国内资源的机会成本。如果用官方汇率 E 去除 DRC 就得到一个系数,称为国内资源成本系数 DRCC,如公式(2.7):

$$\text{DRCC}_j = \frac{\text{DRC}_j}{E} \qquad (2.7)$$

DRCC 实际上可以看作在生产活动过程中,使用国内资源转换成外汇的平均效率。然而,DRC 方法在使用中还存在以下缺陷:首先,计算该指标需要掌握一套完整的有关机会成本和平均价格的资料。受资料限制,实际中这些因素又很难计算,学者们常常采用机会成本中的显性因素来代替机会成本,用市场平衡价格来代替平均价格。这些估算都不可避免地影响了计算结果的准确性。其次,这一方法需要考虑汇率问题,如果汇率被扭曲,DRCC 的数值可能被高估或低估,从而结果就会显示一个国家全部或大部分产品的生产都具有比较优势或比较劣势,这种结果显然是不真实的。因此,近年来,大部分学者还主要集中在讨论资源对一国比较优势的贡献程度(Thomas Gunton,2003;Coen N. Teulings,2005;Grancay,Martin,2012)。

三、以进出口总额为基础的测算办法

综上所述,不论是以劳动生产率为基础还是以资源禀赋为基础的测算方法,由于数据搜集的困难或者测度功能的局限,应用不广泛。由于每个国家进出口贸易额的数据比较容易获得,基于进出口总额的数据,Balassa(1965)提出显性比较优势指标(Revealed Comparative Advantage Index,简称 RCA 指数),后来根据研究目的的不同,很多学者都对它进行过改进与修正,应用比较广泛。

(一)RCA 指数及其简单修正

RCA 指数定量地描述一个国家各个产业(产品组)相对出口的表现,从而揭示一国在国际贸易中的比较优势,弥补了古典或新古典测算指标的不足。测度原理见公式(2.8):

$$RCA1_{ij}^1 = BRCA_{ij} = \frac{x_{ij}}{\sum_j x_i} \Big/ \frac{x_{wj}}{\sum_j x_w} \qquad (2.8)$$

式中,X 表示出口额,i 表示国家,j 表示商品,W 表示参照国家的集合,可以是世界,也可以是某个区域。如果 $RCA1_{ij} > 2.5$,则表明 i 国 j 产品具有极强的比较优势;如果 $1.25 \leq RCA1_{ij} \leq 2.5$,则表明 i 国 j 产品具有较强的比较优势;如果 $0.8 \leq RCA1_{ij} \leq 1.25$,则表明 i 国 j 产品具有中度的比较优势;如果 $RCA1 < 0.8$,则表明 i 国 j 产品比较优势弱。该指数经过了不少学者(Yeats,1985;Ballance,Forstner,Murray,1987;Vollrath,1991)的检验,很多学者(Donges,Riedel,1977;Balassa,1979;UNIDO,1982;Marchese,De Simone,1989;Bender,2002;等等)在测度贸易比较优势时都用到了该指数。

后来,学者们针对该指数作了如下几种改进:首先是对该指数进行简单修正,用来测度国家与国家间贸易优势的互补性,弥补了 RCA1 的片面性的不足。Vollrath(1991)考虑了一个国家的进口数据,对 RCA1 作了修正,得到 RCA2,见公式(2.9):

$$RCA2_{ij} = RXA_{ij} - RMA_{ij} = \frac{x_{ij}}{\sum_j x_i} \Big/ \frac{x_{wj}}{\sum_j x_w} - \frac{m_{ij}}{\sum_j m_i} \Big/ \frac{m_{wj}}{\sum_j m_w}$$

$$(2.9)$$

这里，m 代表进口，RXA（Relative Export Advantage）、RMA（Relative Import Advantage）分别指相对出口优势和相对进口优势。该指数弥补了RCA1 只考虑出口、没考虑进口的缺陷。如果 $RCA2_{ij} > 0$，表明 i 国家 j 产品存在显性比较优势。

Neven（1995）用 i 国 j 商品的出口比例和进口比例的差额（净贸易份额差额）来表示该商品的比较优势，用公式（2.10）表示为：

$$RCA3_{ij} = \frac{x_{ij}}{\sum_j x_i} - \frac{m_{ij}}{\sum_j m_i} \quad (2.10)$$

Dimelis, Gatsios（1995），Guel, Martin（1995）和 Westin（1998）在 RCA3 的基础上修正后得到 RCA4，见公式（2.11），并用其测度了欧洲东部和西部的贸易比较优势。

$$RCA4_{ij} = RCA3_{ij} \Big/ \frac{x_{ij}}{\sum_j x_i} + \frac{m_{ij}}{\sum_j m_i}$$

$$= \left[\frac{x_{ij}}{\sum_j x_i} - \frac{m_{ij}}{\sum_j m_i}\right] \Big/ \left[\frac{x_{ij}}{\sum_j x_i} + \frac{m_{ij}}{\sum_j m_i}\right] \quad (2.11)$$

为了能够进一步衡量贸易模式，A. R. Hoen, J. Oosterhaven（2006）提出用累积显性比较优势指数（即 ARCA, Additive RCA）修正，ARCA 等于产品 j 在考察国 i 所占出口份额与参考国集合所占份额的差，用 RCA5 表示，如公式（2.12）所示：

$$RCA5_{ij} = ARCA_{ij} = \frac{x_{ij}}{\sum_j x_i} - \frac{x_{wj}}{\sum_j x_w} \quad (2.12)$$

如果 ARCA 指数大于 0，表明考察国 i 相对于参照国集合在生产 j 产品上有显性比较优势，如果等于 0，表明考察国 i 与参照国间对于 j 产品是完全的产业内贸易模式，如果等于 1，则为完全产业间贸易模式。

Run Yu（2009）等认为，原有 RCA 只能在不同时间不同国家之间进行对比，无法反映整个时间内某个国家动态比较优势情况，因此提出用规范比较优势指数（Normalized RCA）修正原有的 RCA。他们指出，通过前面几种 RCA 指数可以看出，在考察国既不具备比较优势也不具备比较劣势的情况下，RCA 指数要么是 1（对 RCA1 来讲），要么是 0（对其他 RCA 来讲），Run Yu 等把这种情况称为比较优势中立（Comparative-advantage-neutral）。他们认为比较优势中立时，考察国 j 产品出口额 $\hat{X}_{ij} = X_i X_{wj}/X_w$，而真正的出口额应该是 X_{ij}，则 $\Delta X_{ij} = X_{ij} - \hat{X}_{ij} = X_{ij} - X_i X_{wj}/X_w$，本文用 RCA6 表

示,即

$$RCA6_j = NRCA = \frac{\Delta x_{ij}}{x_w} = \frac{x_{ij}}{x_w} - \frac{x_i x_{wj}}{x_w x_w} \qquad (2.13)$$

NRCA 大于 0,表明考察国在生产 j 产品上具有比较优势;NRCA 小于 0,则表明具有比较劣势。

还有学者如 Laursen(1998)认为原有 RCA 不具备对称性的特点,应该修正,因此建立了对称性 RCA(Symmetrical RCA),公式如下:

$$RCA7_j = SRCA = \frac{(BRCA - 1)}{(BRCA + 1)} \qquad (2.14)$$

Proudman,Redding(1998)提出用 BRCA 的算术平均来度量一个国家在某种产品上的比较优势,用 WRCA 来表示,其中 N 指商品的种类与数量。

$$RCA8_j = WRCA = \frac{(BRCA_j)}{\left(\frac{1}{N}\sum_{j=1}^{N} BRCA_j\right)} \qquad (2.15)$$

(二) 以 RCA 为基础的新指标的提出

从以上 RCA 类指标公式看,这类指标的一个显著特点是从商品的进出口贸易总量结果来间接地测度一个国家或一个产业整体的比较优势,因此具有一定的局限性,主要体现在以下几个方面:首先,贸易统计数据是以总量计的,既包括中间产品又包括最终产品,因此官方的贸易额因为对中间产品的重复计算而被夸大;其次,这类指标是以贸易后的数据为计算依据的,根据传统的贸易理论,比较优势主要涉及贸易前的相对价格,用事后数据说明就会受到交易过程中各种政策扭曲的影响,不能真实反映贸易前的价格水平;最后,当一个产业的贸易分工模式不是产业间贸易,而是产业内或产品内贸易占优势时,以 RCA 类指数所衡量的产业比较优势并不具有客观性,更不能用来预测一个国家贸易发展的模式。

对 RCA 指标进行修正的另一种办法是,在用进出口数据的基础上,提出新的测算指标。如 Lafay(1992)提出 LFI(国际专业化)指标,同时考虑了进出口双向贸易流,可以较好地解决进出口价格波动因素导致的测算结果扭曲问题,并且通过引入贸易份额权重,更有利于不同类别商品之间进行排序比较。LFI 指标计算公式如下:

$$LFI_{ij} = 100 * \left[\frac{x_{ij} - m_{ij}}{x_{ij} + m_{ij}} - \frac{\sum_{j=1}^{N}(x_{ij} - m_{ij})}{\sum_{j=1}^{N}(x_{ij} + m_{ij})}\right] * \frac{x_{ij} + m_{ij}}{\sum_{j=1}^{N}(x_{ij} + m_{ij})}$$

$$(2.16)$$

还有学者提出用国际占有率、贸易竞争优势(TC)等指标反映一国贸易比较优势。其中,国际占有率是指一国某产品在一定时期内的出口额占世界各国该产品的同期出口额的比重,该指标通常与其他指标一起用来分析一国对外贸易现状。贸易竞争优势指数表示一国进出口贸易的差额占进出口总额的比重。

(三)RCA类指标的应用

国内外学者对RCA类指标以及以该类指标为基础提出的新指标的应用比较广泛。YUE和HUA(2002)利用显性比较优势指数计算了1980—2000年中国及其各省的比较优势,然后建立简化的出口模型,实证分析的结果表明中国从以重工业为导向的发展战略转变为以比较优势为导向的发展战略对外贸出口有显著影响。同时,中国各省之间存在的这种转变差异也解释了它们不同的出口表现。Vaidya和Bennett(2007)利用显性比较优势指数计算了中国1987—2005年低技术、中等技术以及高技术共27个部门的比较优势,得出中国在保持其较低技术的劳动力密集型产品的比较优势的同时,逐渐获得在某些中高技术部门的比较优势(如机械装置、电子设备等)的结论。Jung和Jin(2010)利用显性比较优势指数从技术层面对比分析中国和韩国的比较优势,得出中国和韩国的比较优势都在从低技术产品向高技术产品转变,以及韩国在高技术生产链上比中国具有优势的结论。Chi和Kilduff(2010)利用显性比较优势指数测算了中国1985—2003年纺织部门四大产品(纺织机械、人造纤维、纺织、服装)的比较优势,结论显示中国劳动力密集型产品仍保有强势地位,但受到来自低收入国家的冲击。对技术密集型产品,中国的地位有所提升,但是相对高收入国家来说仍然较弱。岳昌君(2001)比较分析了中国与亚洲其他国家和地区制成品贸易出口比较优势、区域比较优势、出口贸易结构、出口产品要素密集度变化状况,并对影响亚洲区域及中国制成品比较优势的因素进行了经验检验。于津平(2003)测算了1980—1997年中国与其他主要东亚经济体之间的行业比较优势和贸易互补性。结果表明:中国的出口与印度尼西亚、韩国、泰国、新加坡、马来西亚和中国台湾的进口之间互补性较小,而中国的进口与中国台湾、韩国、印度尼西亚、马来西亚和泰国的出口之间具有较强的互补性,因此与上述经济体合作关系的加强有可能导致中国贸易顺差的减少。中国与日本之间的贸易无论在出口还是在进口上均具有互补性,对日经济关系的加强有利于中日两国更好地发挥现有的比较优势。陈霜华(2005)计算了中日韩和东盟各国贸易品的比较优势并进行比较分析,从而得出结论,合作各方之间的经济具有较强的互补性,因而具有较大的合作潜力。吴艳、蒋旭华(2008年)通过运用显性比较优势指数(RAC)对中国—东盟 2006 年的贸易结构进行了分析,运用贸易竞争力指数(TC)对中国和东盟各类贸易品进行了分析。范爱军(2008)探讨了 1997—2006 年中国制造业参与产品内分工的要素禀赋特征和附加值特征,认为产品内分工主要发生在中国制造业中的资本相对密集的产业,但劳动要素优势仍是中国参与产品内分工的基础。杨海和李静(2012)利用显性比较优势指数的方法,对中国和东盟十个成员国 1995—2009 年的出口商品进行全面的显性比较优势分析,得出中国正面临来自东盟的多方面的竞争压力,包括劳动密集型产品和资本密集型产品。

他们的研究主要集中于三个方面:(1)对中国不同省份之间的比较优势的差异进行了度量,认为排名靠前的十个省份确实在劳动密集型产业方面有很强的比较优势,说明中国大部分省份确实在按照比较优势原理实现生产优化。(2)测算了不同行业的比较优势指数。结果显示中国在部分农产品、某些资源类产品、劳动密集型产品上具有比较优势,在资本密集型、技术密集型产品、某些服务性行业上基本不具备比较优势。(3)按国别测算不同类型国家的贸易比较优势并与中国进行比较,研究中国与其他不同国家的贸易优势的互补性与竞争性。

2.1.2 出口增加值的测度

在产品内国际分工下,必须考察两个问题,一是如何剔除一国出口品中国外形成的价值,二是如何考察投入品进入下一阶段生产后,有多少价值进入最终产品中。很多学者提出用贸易增加值指标可以解决这些问题(Arndt,1998;Hummels,2001;Helpman,2006;Schott,2008;Koopman,Powers,Wang,Wei,2011;Noguera,Guillermo,2012 等)。贸易增加值是指一国生产某种产品新增加的价值,最初是由学者们在测度产品内分工下垂直一体化程度时提出,他们认为应该用一国出口商品中包含的进口中间品价值或者一国出口的中间品中被他国用作生产出口品的价值来衡量一国垂直一体化程度。

然而,该方法只适用于一国的出口产品不参与任何加工贸易环节时,计算一国出口产品的国内与国外增加值含量,不适合像中国、墨西哥等出口产品中包含大量反复使用的进口产品的国家。因此,Hummels(2001)提出用出口品中投入品的价值或者是出口品中包含的国外增加值来衡量一国某产业垂直专业化程度。i 产业的垂直专业化程度用公式(2.17)表示,其中,m_{ij} 表示 i 产业中投入品 j 的进口量;y_i 表示 i 产业的总产出值;x_i 表示 i 产业的总出口。

$$\mathrm{VS}_i = \frac{\sum_j m_i^j}{y_i} * x_i \qquad (2.17)$$

Hummels(2001)提出的垂直专业化指标把投入产出技术引入全球产业链分析中,为学者们计算贸易增加值提供了理论支撑和基本模型。鉴于传统的分析方法不能测算该国在某种产品的某个生产工序上是否具有比较优势,Lau 等(2007)在考虑加工贸易的情况下,利用非竞争(进口)型投入产出模型,分析中美两国出口对各自国内增加值和就业的影响。Koopman R(2008)以投入产出表为基础,提出了具有更广泛适用性的国内增加值比例法,能直观地体现一国在全球生产网络中的地位和贸易利得。Koopman,Wang 和 Wei(2012)认为在加工贸易普遍存在的情况下,传统的 HIY 方法倾向于低估一国出口中的国外增值部分,从而提出了区分加工贸易和一般用途(一般出口和国内销售)生产的投入产出分析框架,推导出对一国出口品的国内外增加值进行核算的一般公式,使 HIY 方法成为特例,并对我国 2002 年和 2007 年出口品的国内增加值进行了分企业所有制类型、分行业、分贸易伙伴的多角度核算;Johnson,Noguera (2012)利用 GTAP 数据,在全球双边投入产出分析的基础上,从全球价值链角度将一国出口分解为贸易对象国吸收、返销国内、转销第三国三种情况,进而对全球 94 个经济体的出口增加值进行了测算,认为基于增加值核算的双边贸易差额不同于传统贸易差额,如当采用增加值方法核算时,中美贸易差额将缩减 30%—40%。

近年来,有许多学者利用 Hummels 提出的 VS 指标,结合投入产出数据量化一国垂直专业化水平。如平新乔等(2005)利用中国 1997 年投入产出表计算了中国各个行业垂直专业化比率。Dean 等(2007)用中国 1997 和 2002 年投入产出表,比较了中国垂直专业化部门和国别特征及其变动。Lau. L. J(2007)在 Hummels 基础上证明了一个单位出口获得的国内增加值加上其包含的进口品总值等于 1,从而使得垂直一体化指标与贸易增加值指标间有了关联。之后,针对中国、墨西哥等一些加工贸易占比较高,产品反复进出国界等特点,一些学者(如 Robert Koopman,2008)结合一国的投入产出表和贸易细分数据,对 Hummels 的方法进行了处理,提出更有广泛适用性的,测度出口产品中包含国内增加值比例的新方法,有效地解决了国内循环和贸易转移等问题,后来国内这方面的研究基本沿袭了这一方法。

有些学者修正 Hummels 指标来衡量一国贸易附加值,曾铮、张璐璐(2008)在 Hummels(1999)指标的基础上,进行了进一步推导,给出了进口中间品经过国内产业循环后新增附加值(VS^{VA})计算公式,即考虑国内产业间循环的垂直专业化出口(VS^{M})与不考虑时(VS^{N})的差额,用公式(2.18)表示:

$$VS^{VA} = VS^{M} - VS^{N} = \mu A^{M}[(A^{D})x + (A^{D})^{2}x + \cdots + (A^{D})^{k}x]$$

(2.18)

其中,$\mu = (1,1\cdots1)$;$A^{M} = \begin{bmatrix} a_{11} & \cdots & a_{1n} \\ \cdots & \ddots & \cdots \\ a_{n1} & \cdots & a_{nn} \end{bmatrix}$,表示进口投入系数矩阵,每个元素 a_{ij} 表示 j 部门生产一单位产出 i 部门进口 a_{ij} 单位的中间产品进行投入,就是用投入产出表中的进口值除以各部门生产总值计算得来,即 $a_{ij} = M_{ij}/Y_{j}$,这里 M_{ij} 表示 j 部门生产中使用的 i 部门进口中间产品的数量,Y_{j} 表示 j 部门总产出;$A^{D} = \begin{bmatrix} b_{11} & \cdots & b_{1n} \\ \cdots & \ddots & \cdots \\ b_{n1} & \cdots & b_{nn} \end{bmatrix}$ 代表国内消耗矩阵,每个元素 b_{ij} 表示 j 部门生产一单位产出需要国内生产的 i 部门中间产品的数量,即 $b_{ij} = D_{ij}/Y_{j}$,D_{ij} 由国内 i 部门生产的中间产品中投入 j 部门的数量。$x = \begin{bmatrix} x_{1} \\ \vdots \\ x_{n} \end{bmatrix}$ 表示出口向量。

曾铮、张璐璐(2012)运用该指标对 1997—2006 年中国 8 个主要制造业部门对美贸易附加值进行了衡量,发现贸易附加值的绝对值在逐年增长,但比重却没有实质性改善。有很多学者直接用贸易附加值来衡量我国国际贸易利益。平新乔(2005)采用 HIY 方法,根据中国 1992 年、1997 年、2000 年的投入产出表,对中国 1992—2003 年总出口贸易和对美出口贸易的"来料加工"程度进行了分年度、分产业测算,得出中国出口品的垂直专业化比率为 22%,美国处于中美贸易价值链的高端位置。黄先海、杨高举(2012)通过改进的非竞争型投入占用产出模型,来分析中国高技术产业的国际分工地位,并通过计算"加权的增加值——生产率"指数展开国际比较。结果表明,传统的出口总额统计法存在"统计假象",导致中国高技术产业的国际分工地位被高估,与主要发达国家相比,中国的高技术产业尚不具备占领世界领先地位的实力。李昕、徐滇庆(2013)认为,传统关境贸易统计法与增加值贸易统计法的主要区别在于对加工贸易折返增值的处理,并基于增加值贸易角度对中国外贸依存度和失衡度进行重新估算,结果显示,2007年中国的外贸依存度和外贸失衡度分别从官方统计的68.02%、10.13%下调为31.59%和2.11%。张咏华(2013)利用1995—2009年的国际投入产出数据,对中国制造业出口和中美贸易规模进行了增加值测算。与传统的总量贸易统计方法相比,增加值贸易核算体系下的中国制造业出口规模和中美贸易失衡程度均大幅减小,中国的中高技术行业因缺乏核心技术而在国际价值链中处于劣势,中低技术行业比较优势明显。朱璐(2013)利用非竞争(进口)型投入占用产出模型计算了中国和欧盟主要国家的完全国内增加值,并得出尽管中国完全增加值优于欧盟,但是贸易顺差却多数集中在附加值比较低的部门,高科技部门的附加值持续下降,中国出口贸易存在潜在危机的结论。

总结这些文献,主要有两个特征:第一,在计算贸易附加值时,普遍采用了投入产出的方法,但大多用的是中国颁布的竞争型投入产出表数据,在用到进口投入矩阵时,大多参考了平新乔(2006)提出的两个假设:一是国民经济所有部门使用的 i 部门的中间投入品中,进口的中间产品比例在各部门之间是一致的;二是中间产品中进口与国内生产的比例等于最终产品中进口与国内生产的比例。第二,主要用贸易附加值指标衡量一国参与国际贸易的利益分配,未能将该指标与一国外贸比较优势的测度结合起来。

2.1.3 比较优势测算方法的改进

综上所述,以劳动生产率和资源禀赋为基础的测度方法主要有两个缺陷:(1)它们主要是以产品为基础进行测度,很难扩展到行业;(2)各指标中变量相关数据统计复杂,很难计量,涉及工资、汇率的指标又很容易受人为影响。而建立在进出口总额基础上的 RCA 衡量办法虽然应用很广泛,但更多地适用于产业间贸易的情况,未能反映当前产品内国际分工下产业链条或产品工序所处的地位及增值能力。因此,需要考察未来产品内国际分工下外贸比较优势测度方法的改进。

在产品内国际分工下,必须注意两个问题:一是如何剔除一国出口品中国外形成的价值,二是如何考察投入品进入下一阶段生产后,有多少价值进入最终产品中。很多学者提出用贸易附加值指标可以解决这些问题

(Hummels,2001;Koopman,Powers,Wang,Wei,2008等)。不同的学者在计算贸易附加值时使用的方法也不相同(平新乔等,2005;曾铮、张璐璐,2008;林玲、余娟娟,2012等)。总结这些文献,主要有两个特征:第一,在计算贸易附加值时,普遍采用了投入产出的方法,但大多用的是我国颁布的竞争型投入产出表数据。第二,主要用贸易附加值指标衡量一国参与国际贸易的利益分配,未能将该指标与一国外贸比较优势的测度结合起来。

Sanyal,Jones(1982),Dixit,Grossman(1982),Falvey,Kierzkowski(1987)认为,比较优势是垂直专业化或者说产品内国际分工的决定因素,出口产品的国内增加值反映了在一国参与国际产品内分工的情况下,出口的最终产品中有多少是在国内生成的。以该指标为基础来测度一国某产业比较优势,将更直观,更符合现实。据此,本书提出用以贸易附加值为基础的测度办法来重新测度对外贸易的比较优势,更适合当前产品内国际分工的新形势。

因此,产品内国际分工下,一国外贸比较优势测度方法可以从两个方面突破:第一,对贸易附加值的测度方法进行突破。以往学者采用竞争型投入产出方法测度贸易附加值,需要作出种种假设才能计算商品生产过程中的进口投入系数。如果直接以进口投入数据的非竞争型投入产出方法为基础测算贸易附加值,将会使得结果更科学、准确、符合实际。第二,利用贸易附加值指标对外贸比较优势测度方法进行突破。以往学者大多用贸易附加值指标衡量一国贸易利得,很少有学者以该指标为基础来衡量一国外贸比较优势。如果能够结合显性比较优势(RCA)的方法,用贸易附加值指标来修正原有的进出口总额指标,建立贸易附加值比较优势指数进行测度,将会克服 RCA 方法的缺陷,并且更能反映当前产品内国际分工下,一国外贸比较优势的真实情况。进一步,如果能够根据修正后的贸易比较优势指数,对我国不同行业外贸比较优势进行重新测度,并将新旧指标测算结果进行比较,甄别有潜在竞争力的产业,将能为优化我国贸易结构、转变中国贸易发展方式提供新的思路。

2.2 本书研究的理论基础

国际分工是进行国家间贸易的前提,是指"世界各个国家(或地区)之间的劳动分工关系,是各个国家生产者通过世界市场所形成的一种劳动联系"。国际分工是各个国家之间进行贸易和经济联系的基础,是社会生产力发展到一定阶段的产物,是社会分工从某国国内延伸到国际市场的结果,标志着生产社会化向国际化发展。国际分工理论从开始发展到现在,主要有以下几种理论:亚当·斯密的"绝对优势论"、大卫·李嘉图的"比较优势论"、赫克谢尔—俄林(H-O)的"生产要素禀赋论"、里昂·惕夫的"里昂·惕夫之谜"、克鲁格曼的"产业内贸易论",以及当前比较盛行的产品内贸易理论。

2.2.1 外贸比较优势理论

比较优势的研究最早可以追溯至亚当·斯密的绝对优势论或称绝对成本论。该理论认为,每个国家均有其生产某些特定产品的绝对优势,若各国都按照其绝对的优势条件进行专业化生产并彼此交换产品,能有效地利用各自的资源、劳动力和资本,提高生产效率,增加贸易各国的物质财富和社会福利。实际上,这也是一种低层次自然禀赋差异的国际分工。斯密虽然证明了贸易对参与国双方都有利,但其前提是贸易国出口的产品的生产成本绝对低于世界其他国家。这无法解释当时宗主国与殖民地之间发生的大量双向贸易。这一难题由大卫·李嘉图的"比较优势"理论给出了合理解释。

一、大卫·李嘉图的比较优势理论

大卫·李嘉图在《政治经济学及赋税原理》(1817年)中提出比较优势理论(Theory of Comparative Advantage)。李嘉图指出,即使一国在两种商品生产上较之另一国均处于绝对劣势,但只要处于劣势的国家在两种商品生产上劣势的程度不同,处于优势的国家在两种商品生产上优势的程度不同,只要在不进行贸易时,各国之间的价格比例有所不同,则处于劣势的国家在劣势较轻的商品生产方面会具有比较优势,处于优势的国家则在优势较大的商品生产方面具有比较优势。两个国家分别专业化生产和出口其具有比较优势的商品,进口其处于比较劣势的商品,即"两优取其重,两劣取其轻",两国都能从贸易中得到利益,获得更多的福利。李嘉图用不同于斯密的独特的比较选择方式,将不同的产品劳动成本进行比较,而不是将本国某种产品的成本与国外同样产品的成本进行比较。李嘉图的比较优势理论可以让不同国家和地区根据其内容进行国际分工,在国家之间分工的基础之上,不同的国家和不同的地区可以进行国际之间的贸易,在国际贸易的基础之上可以充分地互补优劣势,使整个社会和国家间都能够得到好处。

一般来说,人们将大卫·李嘉图对国际贸易模式的研究看作比较优势理论的起点。李嘉图认为,比较优势就是不同国家生产同一种产品的机会成本差异。一个国家不一定生产各种商品,而应集中生产那些利益较大或不利较小的商品,然后通过国际贸易,出口劳动生产率较高的商品,进口劳动生产率较低的商品,在资本和劳动力不变的情况下,增加生产总量,提高社会福利水平。李嘉图的比较优势理论存在着诸多局限性,最主要就是假设仅有一种生产要素(劳动),如果在多种要素存在的情形下,该理论在解释比较优势来源时发生困难,而现实却往往是多要素情形。

二、生产要素禀赋理论(H-O理论)

李嘉图理论的局限性引发学者提出新的比较优势理论,最为成功的是瑞典经济学家赫尔歇尔—俄林的"要素禀赋理论"(简称H-O理论)。1919年,瑞典经济学家赫克歇尔发表题目为《对外贸易对收入分配的影响》的论文,认为在两个国家各个生产部门技术水平相同时,两个国家生产要素禀赋的差异也会形成不同的比较优势,只要生产不同产品所使用的要素比例不同,就仍然存在分工和贸易的基础。这一观点经其学生、瑞典经济学家伯蒂尔—俄林在1933年发表的经典著作《地区间贸易与国际贸易》一书中阐释和发展,创立了生产要素禀赋理论(Heckscher-Ohiln Theory),理论学界称其为H-O原理。要素禀赋(Factor Endowment)是指一国拥有各种生产要素的数量。要素丰裕度(Factor Abundance)则是指在一国的生产要素禀赋中某要素供给所占比例大于别国同种要素的供给比例,而相对价格低于别国同种要素的相对价格。根据要素禀赋论,一国的比较优势产品是其在生产上密集使用该国相对充裕而便宜的生产要素生产的产品,应该出口该产品,进口在生产上密集使用该国相对稀缺而昂贵的生产要素生产的产品。简言之,劳动力丰富的国家出口劳动密集型商品,而进口资本密集型商品;相反,资本丰富的国家出口资本密集型商品,进口劳动密集型商品。

该理论克服了亚当·斯密和大卫·李嘉图贸易理论中的某些局限性,从一个全新的角度解释了国际贸易产生的原因,被称为现代国际贸易理论。绝对利益理论和比较优势理论都认为成本差异是一个国家参加国际贸易的主要原因,而成本上的差异性主要是由于各国生产某一种产品的劳动生产效率差异造成的。现实世界中,原材料、技术等生产要素的差异对一国产品的生产成本也会造成影响,所以要素禀赋论的主要观点是:由于不同国家生产要素禀赋不同,存在着相同产品在国际的生产成本和价格上的差别,一国应该出口密集使用其丰裕和便宜生产要素的产品,进口密集使用其稀缺且昂贵生产要素的产品。比如一些发展中国家人口众多,劳动力要素丰富,因此这种劳动力要素相对于其他国家较为便宜,则这些生产出来的产品的价格相对便宜,为劳动密集型产品。但是发展中国家的技术要素禀赋差,则技术要素的成本较高,所以发展中国家的生产技术密集型产品的成本较高。根据要素禀赋论可知,发展中国家在参与国际贸易时应出口劳动密集型产品,进口技术密集型产品。与上述其他理论一样,要素禀赋论也有其局限性。H-O 理论忽略了社会生产力进步这一因素对国际贸易和分工的决定性作用。要素禀赋论认为,产生国际贸易的原因是生产要素的差异,但是自然禀赋条件只是动因之一,并不是唯一的也不是最重要的原因,社会生产力的进步才是国际贸易产生和发展的根本原因;另外,这一理论缺乏弹性,按照要素禀赋论的观点,在国际贸易中发达国家将永远处在有利地位,而发展中国家将永远处于不利地位,各国的对外贸易结构也只能长期保持不变。实际上,各个国家可以根据本国的实际情况对贸易政策进行适当的调整,以优化贸易结构,在国际贸易中获取更多的利益。同时,国际市场的结构和利益分配也会发生转变,有时发展中国家会获得更多利益。比如一些石油资源丰富的中东国家,其在国际竞争力以及经济规模上难以与西方大国抗衡,但是可以凭借其要素禀赋优势,来影响甚至操纵国际市场,从中获得自身利益。

三、巴拉萨的阶段比较优势理论

贝拉·巴拉萨在 1977 年根据赫—俄生产要素禀赋理论提出了外贸优势转移假说,并在此基础上提出阶段比较优势理论。巴拉萨从物质资本和人力资本要素比例变化的角度完善了传统比较优势理论,他认为在国际贸易和国际生产中,不同国家之间客观上存在比较优势的差别。发展中国家和地区在经济发展的初期,劳动要素和自然资源相对丰裕,资本要素和技术要素相对短缺,这种特殊的要素禀赋状况决定了在经济发展初期其比较优势在于劳动密集型产品。随着经济的发展,发展中国家的要素禀赋状况必然发生变化,劳动这一生产要素由于不断得到充分利用而变得短缺起来,而资本和技术这两种生产要素由于不断积累而变得丰裕起来。这时,发展中国家的比较优势便可能由劳动密集型产品的生产转移到资本和技术密集型产品的生产上。他预期,各国进出口商品结构和比较优势会随着生产要素的积累状况而改变。

四、动态比较优势理论

上述三种理论并没有考虑到各国具有的比较优势会随着社会生产力

的进步而发生变化,只能视作静态的国际贸易理论,无法对不断变化的贸易结构作出判断,为此不少学者提出了动态比较优势理论。不过目前对于动态比较优势概念并没有一个统一的界定,格罗斯曼(Grossman)和赫尔普曼(Helpman)认为,该理论反映的是动态贸易模型中比较优势的变化情况,主要是用来描述一个开放型经济体在外部环境变化的作用下,原有的比较优势发生变化或新的比较优势形成的理论。动态比较优势理论指出,产业优势与比较优势的结合对动态比较优势的发挥有重要影响,而一个国家实现产业优势是一个变化的过程。一国产业优势的发挥取决于该国产业结构的升级,而产业结构又受到技术结构的作用,企业都是以实现利益最大化为目标,技术结构的选择则取决于比较优势。所以,随着一国资本充裕度的不断增强,该国要素禀赋结构就会升级,从而推进产业结构的升级。动态比较优势理论的一项重要内容是由巴拉萨提出的比较优势阶段论。该理论认为,各国出口产品结构的变化会随着该国要素禀赋的变化而发生变化。在这一变化过程中,有形资本和人力资本的使用会不断增加。一国在经济发展的初级阶段,在劳动密集型产品的生产上具有比较优势,这是因为这一时期国内资本缺乏、劳动力素质不高。随着该国经济的不断发展和经济水平的不断提高,国内资本供应持续增加,劳动力素质由于教育的普及得到提高,这时该国在资本密集型产品或者技术密集型产品的生产上具有了比较优势,出口商品的结构将发生改变,从以劳动密集型产品为主导逐步转为以资本和技术密集型产品为主导,劳动密集型产品的生产则逐渐转移到其后进入世界市场的发展中国家,由此可见动态比较优势理论在一定程度上弥补了要素禀赋论的缺陷。

2.2.2 非竞争型投入产出模型

投入产出法,作为一种科学的方法来说,是研究经济体系(国民经济、地区经济、部门经济、公司或企业经济单位)中各个部门之间投入与产出的相互依存关系的数量分析方法。通过编制投入产出表和模型,能够清晰地揭示国民经济各部门、产业结构之间的内在联系;特别是能够反映国民经济中各部门、各产业之间在生产过程中的直接与间接联系,以及各部门、各产业生产与分配使用、生产与消耗之间的平衡(均衡)关系。

投入产出模型可以分为两种:竞争型投入产出模型和非竞争型投入产出模型。由于在竞争型投入产出模型中各个生产部门消耗的中间投入部分没有按照哪些是本国生产的以及哪些是进口的进行区分,因此竞争型投入产出模型无法反映各生产部门与进口商品之间的联系。另一方面,非竞争型投入产出模型中将中间投入分为国内生产的中间投入和进口品中间投入两大部分,充分反映了二者的不完全替代性。由于竞争型投入产出表存在的不足,本书选择使用非竞争型投入产出表作为分析工具。投入产出法还可以推广应用于各地区、国民经济各部门和各企业等类似问题的分析。当用于地区问题时,它反映的是地区内部之间的内在联系;当用于某一部门时,它反映的是该部门各类产品之间的内在联系;当用于公司或企业时,它反映的是其内部各工序之间的内在联系。

随着全球化分工的日益深入,一个国家在生产出口品的过程中,会使用国内和进口中间品以及服务作为中间投入,出口品是很多国家共同生产的结果,出口的外贸附加值远小于出口总值,因此以出口总值来进行贸易核算将大大高估出口国的贸易利益所得,而出口的外贸附加值能够更加准确地衡量出口国的贸易利益所得。生产的出口品总值减去中间品和服务,即为出口品的外贸附加值,即该国在生产这一出口品中所产生的总外贸附加值。

对于开放经济体,进口产品也以投入品的形式投入到国内产品的生产环节中去。由于进口品的关系,使得国内部门之间的价格传导机制减弱,简称为价格的漏出效应。由于进口品占中间投入的比例越来越大,为了准确分析最初投入对国民经济各部门的影响,要剔除进口因素的影响。因此,非竞争投入产出价格模型能够提供一个较准确的分析框架。为了得到非竞争投入产出表,一个简化的方法是按照各部门进口产品占该部门国内总使用的比例来扣除,同样,对最终使用中的消费和投资中的进口部分予以扣除(叶安宁,2012)。

如果考虑进口,则国内产品的价值形成包括来自于国内的中间投入、来自于进口品的中间投入和最初投入三部分,非竞争型价格模型可以表示为:

$$P_j^d Q_j = \sum_i P_i^d Z_{ij}^d + \sum_i P_i^m Z_{ij}^m + V_j \quad (j=1,2,\cdots,n) \quad (2.19)$$

其中,P_j^d 是国内第 j 部门的价格,P_i^m 是进口品第 i 部门的价格,Z_{ij}^d 是第 j 部门消耗掉国内第 i 部门的物量流量,Z_{ij}^m 是第 j 部门消耗掉国外第 i 部门的物量流量。

定义国内投入系数:

$$ad_{ij} : ad_{ij} = Zd_{ij}/Q_j \quad (2.20)$$

类似,定义进口投入系数:

$$am_{ij} : am_{ij} = Zm_{ij}/Q_j \qquad (2.21)$$

ν_j 为单位产品的初始投入，而初始投入包括劳动报酬、折旧、生产税净额、营业盈余。

将式(2.20)与式(2.21)带入式(2.19)并写成矩阵的形式：

$$P^{d'} = (\nu' + P^{m'}A^m)(I - A^d)^{-1} \qquad (2.22)$$

P^d 是国内价格向量，P^m 是国外价格向量，A^d 为国内投入系数矩阵，即 $A^d = (a_{ij}^d)_{n \times n}$，$A_m$ 为国外投入系数矩阵，即进口品直接消耗系数矩阵，即 $A_m = (a_{ij}^m)_{n \times n}$。

根据投入产出理论，$A_\nu = [a_{\nu j}] = [V_j/X_j]$，代表直接增加值的行向量；$B\nu = (b_{\nu 1}, b_{\nu 2}, \cdots, b_{\nu n})$，代表完全国内增加值的行向量，则完全国内增加值的计算公式为：

$$B_\nu = A_\nu (I - A^d)^{-1} \qquad (2.23)$$

令 $B^D = (I - A^D)^{-1}$，B^D 是非竞争型投入产出模型中的完全需求系数矩阵；矩阵 B^D 的元素表示生产一个单位最终需求所需要的国内产品的总产出。

应用非竞争型投入产出模型计算直接进口消耗系数和完全进口消耗系数时，在产品生产中消耗的原材料、能源和部件等，为直接消耗。直接进口消耗系数 $aM_{ij} = XM_{ij}/X_j$，表示第 j 部门单位产品生产过程中直接消耗的第 i 部门进口品的数量。在原材料、能源和部件等生产中又消耗了进口产品，这就形成了对进口品的间接消耗。完全进口等于直接消耗进口和所有间接消耗进口的总和。我们可以用以下公式计算完全进口消耗系数：

$$b_{ij}^M = a_{ij}^M + \sum b_{ik}^M a_{kj}^D \quad (i,j = 1, 2, \cdots, n) \qquad (2.24)$$

可写为如下矩阵形式：

$$B_M = A^M + B^M A^D \qquad (2.25)$$

$$B_M = A^M (I - A^D)^{-1} = A^M B^D \qquad (2.26)$$

其中，$B^M = [b_{ij}^M]$，为完全进口消耗系数矩阵。

可以得到：

$$\begin{aligned} B_V + B_M &= A_V (I - A^D)^{-1} + A_M (I - A^D)^{-1} \\ &= (A_V + A_M)(I - A^D)^{-1} \end{aligned} \qquad (2.27)$$

因为对于任何部门而言，中间消耗系数和增加值系数之和都等于单位矩阵，即：

$$uA^D + uA^M + A_V = u \qquad (2.28)$$

由此我们得到：

$$\begin{aligned} B_V + B_M &= (A_V + A_M)(I - A^D)^{-1} \\ &= (A_V + uA^M)(I - A^D)^{-1} \\ &= (u - uA^D)(I - A^D)^{-1} = u \\ &= u(I - A^D)(I - A^D)^{-1} \end{aligned} \quad (2.29)$$

即：

$$B^V = u - B^M \quad (2.30)$$

式(2.29)和(2.30)表明，各部门的完全国内增加值系数与完全进口额系数之和都等于1。由此可以得出一个重要结果，即一个国家的出口总额等于出口的完全国内增加值和完全进口额之和。应用完全国内增加值和完全进口额之间的关系，我们也可以通过式(2.28)计算出口中包含的完全国内增加值。

2.2.3 产品内分工理论

1. 产品内分工的概念

从18世纪60年代形成国际分工以来，国际分工分别经历了产业间国际分工与产业内国际分工。到20世纪60年代，国际分工又呈现出新的特征——很多产品的生产中所包含的不同工序和零部件，在空间上被分布和展开到不同国家进行，分工的对象变成了工序、区段和环节。

国外学者Arndt（1997）最早使用"产品内分工"（Intra-product Specialization）一词来定义这种新的国际分工，把由产品内分工引起的国家间的贸易称为"产品内贸易"；后来Balassa（1973）提出了垂直专业化的概念，Hummels，Papoport和Yi（2001）在此基础上不断进行完善。按照Hummel，Papoport和Yi（2001）的定义，垂直专业化分工（Vertical Specialization）必须满足以下三个条件：(1) 一种最终产品的生产过程由多个连续的可分解的过程或环节（Multiple Sequential Stages）构成；(2) 至少有两个以上的国家分别在产品生产过程的某一阶段从事专业化生产；(3) 至少有一个国家在生产过程中使用的投入品是通过进口取得的，其产出的部分产品又被出口。①

图2-1显示了这一定义的简单流程：

---

① See Hummels, D., Rapoport, D. &Yi, Kei-Mu. Vertical Specialization and the Changing Nature of World Trade [J]. FRBZY Economic Policy Review, 2001, (4): 79—99.

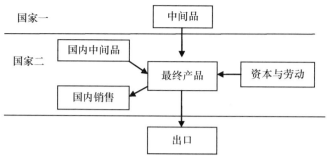

图 2-1　垂直专业化示意图

国内学者最早引入并研究产品内分工的是北京大学经济研究中心卢峰教授。卢峰教授(2004)认为,产品内分工是"一种特殊的经济国际化过程或展开结构,其核心内涵是特定产品生产过程不同工序或区段通过空间分散化展开成跨区或跨国的生产链条或体系,因而有越来越多国家参与特定产品生产过程不同环节或区段的生产或供应活动"。田文(2005)认为:"产品内分工是指特定产品生产过程中不同工序、不同区段、不同零部件在空间上分布到不同国家,每个国家专业化于产品生产价值链的特定环节进行生产的现象;产品内贸易则是指由产品内分工所引起的中间投入品贸易。"①

2. 产品内分工的特点

产品内分工作为一种新型的国际分工形态,与传统的产业间分工和产业内分工相比,表现出不同的特点,包括以下几个方面:

第一,产品内分工将国际分工的基本对象推进到特定产品生产过程的不同工序区段。产品内分工超越了产业与国家的边界,使特定产品原本在一个空间进行的生产活动不再局限于原来的生产空间,而是细分成许多独立的工序分布在全球不同国家生产。而生产特定产品的共同目标又将不同的国家或经济体紧密联系起来,完成各自在产品生产过程中的优势环节,形成全球性生产网络。

第二,不同的生产工序在不同的国家和地区间进行。产品内分工改变了传统的国与国之间整体产业的分工或转移关系,根据不同国家的优势条件将产品的生产链条进行跨国界配置。某国或地区通过向其他国家进口中间品作为本国生产品的投入品,然后对进口的中间品进行生产加

---

①　田文.产品内贸易的定义、计量及比较分析[J].财贸经济,2005(5):77—79.

工后出口到另一个国家,该国再将进口的中间品作为生产投入品,这种过程一直持续进行到最终产品出口到最终的目的地才结束。其中,跨国公司往往成为产品内分工的主导者和组织者。作为国际经营企业的跨国公司可以依据自身的组织与资金优势及生产技术特点,将分散于不同国家的特定产品生产工序有效整合起来。

第三,产品内分工改变了传统国际贸易的商品结构,带来产品内贸易的显著增长。国际分工与国际贸易是一个问题的两个方面,国际分工的深入发展必然影响到国际贸易。传统国际贸易主要发生在劳动生产率差别较大的不同国家的不同产业之间或是不同国家相同产业的不同产品之间。产品内分工的出现使得国际贸易商品的对象进一步推进到生产产品所需的中间投入品或零部件,带来产品内贸易的显著增长。

2.2.4 附加值及附加值贸易统计法

附加值,顾名思义,就是在产品的原有价值的基础上,通过生产过程中的有效劳动新创造的价值,即附加在产品原有价值上的新价值。附加值(Value Added)是附加价值的简称,是在产品的原有价值的基础上,通过生产过程中的有效劳动新创造的价值,即附加在产品原有价值上的新价值,附加值的实现在于通过有效的营销手段进行联结。当今社会,有很多贸易研究者热衷于探讨什么是高附加值产品,也有很多贸易经营者希望借助高附加值产品在贸易往来中获得最大程度上的收益,而关于"高附加值产品",应当明确这样几个基本概念:第一,附加值的高低是一个相对的概念,受不同行业、国情和不同价格体系的制约。第二,附加值的高低又是一个有时效性的与市场状况有着互动作用的概念。第三,"高附加值产品"是一个综合性、系统性很强的概念。它应当是投入少、产出多、功能价值比较合理得当的产品。第四,高附加值产品也不能等同于高科技、高消费、高档次产品,后者只有成为高效益产品时,才能称为高附加值产品。

什么是附加值贸易统计法呢?研究者在一篇解读贸易附加值统计法的新闻报告中指出,附加值贸易统计法是以单个商品在全球生产链上不同经济体产生的附加值为基础进行贸易统计。例如,韩国向中国出口100美元自己生产的商品,中国在对该商品加工后,以110美元的价格再向美国出口。按照传统的国际贸易统计方法,中国对美国产生了110美元逆差,而美国和韩国之间并无贸易关系。按照附加值贸易统计法,韩国对美国产生了100美元逆差,而中国对美国只产生10美元逆差。这一统计方法主要是为了更好地反映全球化现实。因为随着全球化的深化以及全球产业链的形成,商品在被最终消费之前,将多次以中间产品的形式在全球各国流通。

传统的贸易利益的测算方法主要是衡量贸易额的大小或者贸易差额。然而,产品内贸易的发展使得这种测算方法不再适合当前的贸易发展形势,忽略了进口的中间投入,无法真实地反映不同国家通过贸易获得的实际利益。因此,利用贸易附加值理论来衡量贸易利益显得更为合理。贸易附加值指的是出口的产品除去在生产加工组装过程中运用到的各类进口投入,包括原材料、中间投入、最终产品等的价值增加值。附加值理论的提出,有助于更加准确地衡量各国在国际贸易中的地位。

本书在显性比较优势指数(RCA)的基础上,利用附加值来测算一个国家的贸易比较优势,得到修正后的附加值比较优势指数(VACA)。附加值比较优势指数的表达式为:

$$VACA = (VEX_{ij}/EX_i) \div (EX_j/EX_w) \tag{2.31}$$

其中,VEX_{ij} 是国家 j 产品 i 的完全国内增加值,EX_i 表示国家 j 的总的出口额,EX_{iW} 表示世界出口产品 i 的额度,EX_{iW} 表示世界总出口额。

本书利用 WIOD Input-Output Database(2011)提供的区分国内和进口投入的中日韩非竞争型投入产出表来重新测度三个国家的贸易比较优势。

第三章 产品内国际分工与外贸比较优势

产品内分工是国际分工经历了产业间分工、产业内分工后进一步深化的表现,产品内分工的发展与一国对比较优势的追求有着相互影响的关系。本章首先从不同角度论述产品内国际分工产生与发展的原因以及产品内分工程度的衡量,在此基础上分析产品内分工与一国外贸比较优势的关系。

3.1 产品内国际分工发展的动因

3.1.1 产品内分工的含义

从已有的研究来看,产品内分工是指特定产品生产过程中不同工序、不同区段,不同各零部件在空间上分布到不同国家,每个国家专业化于产品生产价值链的特定环节进行生产的现象。理解产品内分工最重要的是对特定产品和生产过程的特定环节进行很好的理解。

首先,对特定产品的理解。我们认为特定产品应包含两层含义:

一是上游供应给下游的产品特定。这类产品一般包括两类:一类是中间产品,包括零部件、配件、组建、处于不同加工工序的产品等;另一类是作为原料的农矿产品等。由于现代意义上的产品内分工是指原来集中于一地生产的产品现在可以在不同地方分散开生产的现象,所以作为产品内分工的中间投入品主要指第一类产品。从贸易量上来看,第一类投入品的贸易额是显著增长的,而第二类投入品的贸易额则是相对下降的。可以说,正是由于第一类投入品贸易额的显著增长,才使产品内分工与贸易成为目前的热门话题。

二是对各类中间产品之间及中间产品与最终产品之间的关系特定。这种特定主要体现在工艺、技术、产品性能的配套使用上,即处于上下游的企业往往要求专业化生产厂商具备专有的技术,进行特定的配套投资。这种特定性决定了产品内分工的组织形式,特定性要求较高,会产生过高的交易费用,因而会通过国际直接投资采用内部化的方式进行纵向一体化的生产；特定性要求不太高，交易成本较低，则一般会采用外包的方式生产。

其次，对于生产过程的特定环节的理解。一个产品的生产需要经过研究开发、生产制造与营销管理三个主要的阶段，这三个阶段构成了产品生产价值链的主要环节。我们认为这也是产品内国际分工的主要界限。在产品内分工下，需要存在控制整个价值链的组织者，将价值增值环节进行细分，并安置在生产成本最低的区位。由于跨国公司具有空间上跨越国界进行经营与子公司在全球分布的特点，往往占据研究开发、品牌创新与维护、市场营销、关键零部件的生产等环节。而某些劳动密集的制造过程则转移到发展中国家，从而实现企业内部分工与国际分工的统一。从这个意义上来说，生产过程就包括产品设计、制造、流通直至最后进入消费领域的全部流程，而不应只理解为单纯的制造过程。

3.1.2 产品内分工发展的动因

总体来说，产品内国际分工迅速发展与产品本身可分离性、各国要素禀赋的差异、交易成本的降低（孙文远等，2007）、技术进步（姚金华等，2014）、多边贸易体制、跨国公司等方面的因素都有直接的关系。

一、产品内部生产过程的可分性

产品的整个生产过程在时间和空间上的可分离性使得产品内国际分工成为可能。如果想要把产品的生产过程拆分到不同国家进行，就需要这一生产过程可以分解到不同的时间和空间进行。另外还要求不同国家在不同的工序上具有相对的比较优势，不同生产工序在时间和空间的可分离性越大，各国在不同工序的比较优势差异越大，产品内分工潜在的可能性就越大。

二、要素禀赋的差异与规模经济的存在

要素禀赋的差异与规模经济的存在是产品内国际分工的源泉。要素禀赋的差异使得某个国家可能在某个生产工序上具有优势，并将在国际分工中进行这种专门化生产。另外，由于特定技术属性，生产过程的不同工序可能存在不同的有效规模。不同生产工序有效规模差异越大，越有可能通过国内或产品内国际分工节省成本和提升效率。实际上，不同工序既可能存在规模经济差异，也具有要素投入比例差异，通常是特定工序的投入品要素比例决定了产品内国际分工的国别结构，同时工序之间规模经济因素的差异进一步强化了这类国际分工。

三、交易成本的降低

交易成本的降低是产品内国际分工得以开展的前提条件。交易成本的降低主要体现在交易过程中所必需的物流、商流、信息流及资金流的成本的降低。首先,交通工具的发达使得产品内国际分工中中间产品跨国物流成本急剧下降。其次,通讯技术,如传真、电子邮件、可视会议等方式的出现使得信息传递成本锐减,协调和监督处于不同地域的企业活动成为可能。最后,银行业的高度发达和银行卡技术、网络银行的发展为资金的划拨支付提供了足够的便利,降低了交易风险。这些刺激了产品内分工的发展。

四、技术进步

上文指出,产品内分工产生的重要前提是产品生产过程的可分离性,而这种可分离性需要足够的生产技术支持。如果技术不能支持的话,那么即使在不同地点的生产成本和交易成本再低也不能促成产品内分工。姚金华等(2014)指出,促使产品内分工的技术进步主要包括产品研发与营销投入加大、模块化生产方式的出现以及不同产业在零部件或生产工序上通用性生产的出现等。

五、多边贸易体制的建立

多边贸易体制的建立和各国政府的鼓励是产品内国际分工的制度保证,因为它们降低了产品的平均关税,从而大大降低了产品内国际分工中间产品跨境交易成本。另外,发展中国家对于加工贸易的鼓励政策也促进了产品内国际分工的发展。

3.2 产品内国际分工的程度

3.2.1 国际层面

关于各国参与国际产品内分工程度的测度,国内外学者也作过很多研究。国际层面上,测算产品内分工的主要方法之一是以进口中间品占总投入品的比例来测算。如 Camp 和 Goldberg(1997)主要研究了日本、英国、加拿大和美国四国的情况,认为虽然美国和加拿大、英国相比,其进口投入品比例相对较低,但是它在 1975 至 1995 年间制造业的比例却翻了一番;加拿大、英国在 1993 年平均有超过 21% 的投入品来自他国。Feenstra 和 Hanson(1999)对美国制造业也进行了实证方面的研究,发现进口投入品占总中间品的比例,从 1972 年的 5.7% 到 1979 年的 8.6%,

再上升到 1990 年的 13.9%。还有一种是采用购买投入占产出价值百分比的方法，即以购买投入强度作为产品内分工程度的测度指标。如 Holmes 等（1999）对制造业产品内分工程度作了实证研究，并加入本地及邻近地区就业水平作为解释变量，得出的结论认为产业地方化与制造业产品内分工正相关。但是该研究由于其研究角度的片面性和得出结论的模糊性，其借鉴难度很大。第三种方法是利用投入产出表法。Hummels, Rapoport, Yi（1998），以及 Hummels, Ishii, Yi（1999）利用投入产出表，建立 VS（Vertical Specialization）绝对值指标来计算进口中间投入的相应比重，推导出衡量参与产品内分工程度的计算公式，VS 的表达式为：VS =（进口中间投入/总产出）× 出口。定义 VSS 为 VS 值在总出口中所占的比例，VSS 是一个相对指标，衡量一国产品内分工程度时通常用该指标。本书正是基于该指标来测算一国参与产品内分工时，出口的国内成分，用以修正显性比较优势指数。

3.2.2 国内层面

关于中国参与产品内分工的测算，Barry Naughton 在 China's Emergence and Prospects as a Trading Nation（1996）一文中研究发现，中国的 VS 值占进口的比例从 1988 年的 0.25 上升到 1994 年的 0.41。他认为，这证明中国自 1978 改革开放以来，产品内贸易增长非常迅速。高越（2004）在对中国参与国际产品内分工的比重进行测算时是用中国加工贸易进口额与总出口额的比值来代替。北京大学中国经济研究中心课题组（2005）也是运用 Hummels 的方法，根据中国官方公布的 1992、1997 和 2000 年三年的投入产出表和联合国公布的进出口数据，对中国 1992—2003 年 12 年的总出口贸易与对美出口贸易中的来料加工程度作了分年度和分行业的计算，得出仪器、电子等产业出口贸易中的产业内贸易程度最高，且中国参与国际产品内分工的程度正在不断上升。洪连英、谢里和罗能生（2006）从中间产品的出口、进口、出口增长以及内销这四个方面，为中国制造业垂直分离程度的测算提供了测量方法和指标体系，结果表明，这一测量方法和指标体系，对中国制造业参与国际产品内分工程度的测算具有较强的解释能力。黄先海等（2007）采用 Hummels 等人的垂直专业化测度模型，结合投入产出表中的数据，从九个大类和四大要素密集型产业两个层面对中国制造业出口的垂直专业化程度进行了测度研究。其实证结果是，1992—2003 共 12 年间，中国制造业参与国际垂直专业化程度正逐步提高，但是，与其他国家相比，中国制造业出口的 VS 份额仍然偏低。范爱军、高敬锋（2008）也运用 Hummels 等人（2001）关于产品内分工的界定与计算方法，对中国 1997—2006 年 10 年间制造业产品内分工进行分析，探讨了中国制造业参与产品内分工的要素禀赋特征和附加值特征，认为产品内分工主要发生在中国制造业中的资本相对密集型的产业，但劳动要素仍是中国参与产品内分工的基础。

综上所述，目前衡量产品内分工程度时大多采用垂直专业化指标，在测算时采用投入产出表数据的也较多，本书基于垂直专业化指标来测算一国在产品内分工下出口的国内成分即出口的国内增加值，在测算时主要采用了 WIOD 公布的非竞争性投入产出表数据。

3.3 产品内国际分工与外贸比较优势的关系

3.3.1 比较优势是产品内分工的基础

比较优势的概念最早来源于李嘉图的比较优势理论和赫—俄的要素禀赋理论。在李嘉图的比较优势理论中，比较优势主要在于劳动生产率上的差异，而在赫克歇尔—俄林理论中则在于要素禀赋的差异。由要素禀赋差异带来的优势在短期内不会发生变化，对企业来说又是外生的。以资源或要素为基础的成本差异是发达国家跨国公司将垂直专业化生产链延伸至发展中国家的根本原因，他们根据产品生产环节与零部件的生产技术含量的高低将生产过程拆分至不同国家。比如说，会把劳动密集型生产环节移至劳动力丰富的发展中国家，而把资本、技术密集型生产环节置于资本技术丰富的发达国家或留在国内。所以，资源或要素的比较优势是产品内国际分工的首要客观基础。

3.3.2 产品内分工又能促进发展中国家比较优势的升级

发达国家的跨国公司在产品内国际分工中起到了主导作用，主要体现在为了利用发展中国家的廉价生产要素而转移生产环节等。跨国公司为了使自己的产品保持国际竞争力，也会对发展中国家的子公司或关联企业转移生产技术、培训人才等，这在客观上会提高发展中国家生产要素的质量与层次，从而促进其比较优势的升级。产品内分工还可以发挥内在或外在规模经济的作用，促进生产成本进一步降低。这主要表现在，产品内分工形成后,可以使各个生产活动达到最佳内在规模,因为厂商由于专业化生产可以为多个最终产品生产者提供中间产品,专业化生产某一种中间产品可以使产量达到最佳规模。另外,产品内分工还可以形成地区意义上的产业集聚,形成外部规模经济,从而可以降低整个行业生产的成本共享基础和配套设施、辅助行业和知识外溢,从而起到降低成本的作用。

在产品内国际分工与贸易和全球生产网络盛行的时代,中国凭借其丰富而廉价的人力、能源和环境等要素禀赋,以及宽松的社会、法律、制度和道德环境,迅速成为全球加工厂和世界打工仔,并积累了一定的血汗钱。这些确实是中国的比较优势,能在国际交易市场中占据一席之地。但是,因为中国并非国际分工的主导者,这些比较优势所带来的国内增值很有限,因此中国近年来正在从劳动密集型产业逐渐向技术密集型产业转移,将劳动密集型产业向中西部转移。短期内可能会像国际上的分工形式那样造成一部分的城市先富起来,但这是一种必须顺应的潮流,只有这样,才能更好更快地发展,同样,在国际产品分工中,我们真正需要关注的是如何正确认识并顺应当代的国际分工潮流,并努力提高自己所分到部分的价值,同时在国际分工中寻求新的价值,使产业链条和产品供需所处地位及增值能力得到提升。

第四章 世界主要国家出口贸易发展现状

在研究中国外贸比较优势演变时,必须先对中国出口贸易的状况进行初步了解。为形成对比,本章主要对中国以及世界其他主要国家出口贸易发展现状进行分析,包括出口额、出口结构等。

4.1 世界主要国家及细分产业的选取

4.1.1 世界主要国家的选取

本书所有数据来自 WIOD 数据库的国家及世界投入产出表,在该投入产出表中,世界各国被分为七个部分,中国被单独列出。另外,对于其他区域,本书根据总产出占比情况选出主要国家作为研究对象,如拉美主要国家(巴西、墨西哥)、北美主要国家(美国、加拿大)、BRIIAT(巴西、俄罗斯、印度、印度尼西亚、澳大利亚、土耳其)[①]、大洋洲主要国家(澳大利亚)、东亚除中国外其他主要国家(日本、韩国)、欧盟主要国家(德国、法国、荷兰、意大利等 10 国)。

所选样本中,亚洲国家的代表中国、日本、韩国三国 2011 年的出口数量分别占东亚出口总量的 56.18%、24.12% 和 16.50%,合计占东亚出口总量的 96.80%。同时,中、日、韩的出口总和占 2011 年全球出口总量的 25.64%,成为带领亚洲各国前进的中坚力量。

欧盟国家中,德国作为代表依旧在欧盟中表现抢眼,出口额占 2011 年全球出口总量的 11.44%,位列欧盟第一,世界第三。此外,欧盟的出口大国英国、法国、意大利也分别以 5.00%、4.93% 和 4.26% 紧跟德国之后,一同带动欧盟的发展。同时,欧盟的出口总和也达到全球总量的 39.8%,超过了北美自由贸易区,成为 2011 年世界最大的贸易区。

北美自由贸易区成员国美国、加拿大、墨西哥 2011 年的出口数量分别占全球总量的 13.14%、3.70% 和 2.45%。其中,美国作为世界头号经

---

① 关于此类国家,本书重点研究了澳大利亚与俄罗斯。

济强国,出口总量也仅次于中国,位列世界第二。而曾经的全球第一,目前全球第二大的北美自由贸易区,虽然从 2008 年逐步被欧洲贸易区超过,但贸易额每年仍呈显著增长的趋势,依旧富有活力。

4.1.2 产业分类标准

为保证实证结果的客观性,统一口径,减少误差,本书产业分类也依据 WIOD(World Input-Output Data)数据库。该数据库将所有产业分为 C1—C35 共 35 个行业,分类情况如表 4-1 所示,因为 C35 没有进出口数额,数值为 0,故将 C35 剔除,不作考虑。其中,C1 为第一产业,包括种植业、林业、畜牧业和渔业在内的农业。C2—C18 为第二产业,具体包括采矿业(C2、C11),电力、燃气及水的生产和供应业(C17),建筑业(C18)和制造业,而制造业可再细分为简单技术制造业(C3—C10,C12)和高级技术制造业(C13、C14、C15、C16)。C19—C34 为第三产业,本书根据国家统计局对三次产业划分方法,将第三产业分为四个层次:一是流通部门,包括交通运输业、邮电通信业、商业饮食业、物资供销和仓储业(C19—C25);二是为生产和生活服务的部门,主要有金融业、保险业、地质普查业、房地产管理业、公用事业、居民服务业、旅游业、信息咨询服务业和各类技术服务业、制造业(C26—C30);三是为提高科学文化水平和居民素质服务的部门,包括教育、文化、广播、电视、科学研究、卫生、体育和社会福利事业(C32—C34);四是国家机关、政党机关、社会团体、警察、军队等(C31)。根据以上描述,可将原有的 35 个行业类别归为 10 类,并用 S1 至 S10[①]进行标注,从而方便我们分析中国与俄罗斯行业贸易的情况。

表 4-1 WIOD 产业分类

C1	农业/捕猎/林业及渔业	C13	机械设备	C25	空中运输
C2	采矿业及采石业	C14	电器及光学设备	C26	其他辅助性运输活动;旅游业活动
C3	食物、饮料及烟草	C15	运输设备	C27	邮政通信业
C4	织物及纺织产品	C16	制造业,循环制造业	C28	金融中介

---

① S1 是指第一产业(C1),S2 是采矿业(C2、C11),S3 指电力、燃气及水的生产和供应业(C17),S4 是建筑业(C18),S5 和 S6 分别代表简单技术制造业(C3—C10,C12)和高级技术制造业(C13、C14、C15、C16),S7—S10 分别表示文中第三产业的四个层次。

（续表）

C5	皮革、皮革制品及鞋类	C17	电力,气、油和供水系统	C29	房地产活动
C6	木材及木制品	C18	建筑	C30	设备租赁及其他商业活动
C7	纸浆/纸/印刷及出版业	C19	机动车辆及摩托车销售/保养/维修;燃料零售	C31	公共管理和防御,社会保险
C8	焦炭/精炼石油和核燃料	C20	批发贸易/经纪贸易(机动车和摩托车除外)	C32	教育
C9	化学品及化工产品	C21	零售贸易(机动车/摩托车;日用品修理除外)	C33	健康和社会工作
C10	橡胶及塑料	C22	宾馆和餐饮业	C34	其他社区/社会/个人服务
C11	其他非金属矿物	C23	内陆运输	C35	私有经济活动
C12	贱金属及金属制品	C24	水路运输		

数据来源：根据 WIOD 数据库整理。

4.2 中国出口贸易发展现状分析

作为发展中大国,中国较早地进行了改革开放,逐步地加入了世界经济的大家庭中,对外开放程度也在不断提高,经济持续快速增长,目前经济总量已超过日本,成为世界第二。在经济快速发展的同时,中国外贸出口数量也逐年增长。当前,伴随着国际经济贸易环境和国内环境发生的变化,贸易竞争不断加剧。在经济全球化之后,中国的对外贸易在自身发展的同时也面临了前所未有的严峻挑战。中国的出口贸易依旧存在许多问题,亟待解决。

4.2.1 中国出口贸易总额

从 1996 年到 2011 年,中国的出口贸易额有较为显著的变化,趋势如图 4-1 所示。

可以看出,从 1996 年到 2011 年,中国的出口额总体呈现上升趋势,从 1996 年的 1717 亿美元连续增长 14 年至 2008 年的 15815 亿美元,1996—2011 年的平均增速达到了 17.93%,仅在 2009 年由次贷危机引发的全球金融危机中就遭遇了 15.7% 的大幅下降。然而,由于出口结构的

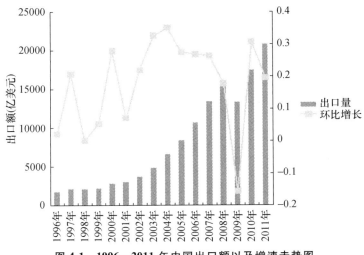

图 4-1　1996—2011 年中国出口额以及增速走势图

及时调整,金融危机的第二年很快从下跌中恢复,在 2010 年和 2011 年分别达到了 30.77% 和 19.66% 的大额增幅。同时,中国的出口总额也在 2011 年突破了 20000 亿美元大关,达到了 20862 亿美元,是 1996 的 12.4 倍,逐渐走出了金融危机的阴影。

4-2　中国出口贸易的产业结构

2011 年中国的出口总额达到了 2086.2 亿美元,其中排名前十的行业如图 4-2 所示。

通过图 4-2 可以看出,2011 年中国出口额排名前十的行业分别为:电器及光学设备、织物及纺织产品、贱金属及金属制品、批发贸易/经纪贸易(机动车和摩托车除外)、机械设备、化学品及化工产品、设备租赁及其他商业活动、橡胶及塑料、皮革制品及鞋类、运输设备。其中,仅电器及光学设备的出口额就占出口额总量的 10.42%,织物及纺织产品和贱金属及金属设备分别占前十位出口总额的 4.05% 和 2.37%。

总体而言,中国初级产品如橡胶、皮革等原材料的出口份额的比重有所降低,而工业制成品,如电器、光学设备等产品的出口竞争力逐渐增强,所占份额也逐步加大。同时,近几年来随着中国经济的发展和科技的进步,在轻纺产品和机电产品出口方面,中国的竞争力迅速增强,工业制成品的出口竞争力也在经历了小幅波动后,有了逐步复苏的迹象。从 2008—2009 年金融危机时期中国出口的谷底到 2010、2011 年的大幅增长

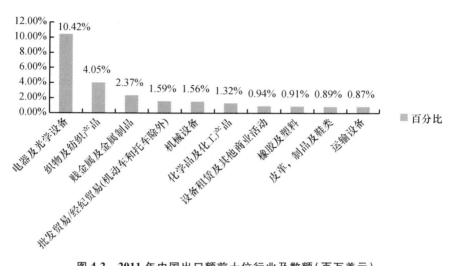

图 4-2　2011 年中国出口额前十位行业及数额（百万美元）

数据来源：根据 WIOD 数据库整理。

便可以看出，这种趋势基本符合中国现阶段经济发展的基本情况。同时，从国际贸易的角度来看，国家的比较优势通过竞争力的大小体现在国际贸易之中。

相反，2011 年中国出口的后十位行业如图 4-3 所示：

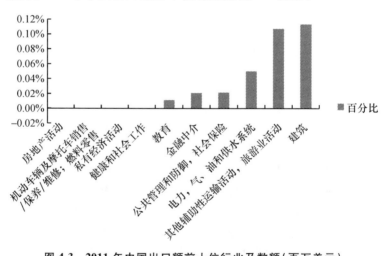

图 4-3　2011 年中国出口额前十位行业及数额（百万美元）

数据来源：根据 WIOD 数据库整理。

从图 4-3 可以看出，中国 2011 年的出口中，后十位的行业分别为：房地产活动;机动车及摩托车销售;私有经济活动;健康和社会工作;教育;金融中介;公共管理和防御;电力,气、油和供水系统;其他辅助性运输活动和建筑。其中,较为重要的教育和金融中介方面中国的出口数量和发达国家仍有较大的差距,说明目前中国在教育文化方面对世界的影响力还是较小的,短时间内难以摆脱"世界工厂"的称号。同时,主要依靠前端技术的金融中介也占极小的部分,说明中国的金融业发展仍处于较为落后的阶段。在汇率变动和贸易规则频繁变动的今天,依旧依靠低成本、低附加值出口的战略很容易遭受挫折。中国要逐步转型为高附加值的出口强国,在国际贸易中更具竞争力,就必须提高出口产品的技术含量。

从出口商品所属的产业结构和行业分类来看,2011年中国的出口如图4-4和图4-5所示。

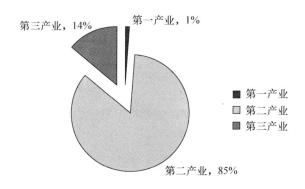

图4-4　2011年中国出口结构

数据来源:根据WIOD数据库计算。

图4-4和图4-5显示,2011年,中国出口产品共分为十个大类,分别为高级技术制造业,简单技术制造业,流通部门,生产和生活服务部门,采矿业,农林牧渔,教育、文化和社会福利事业,建筑业,电力、燃气及水的生产和供应业,国家机关、社会团体等。其中第一产业约占1%,第二产业所占比例最大达到85%,第三产业占14%。

出口商品的结构是一国外贸结构状况的综合体现,从图4-4和图4-5中我们可以看出,中国的出口商品结构还是比较低级,依旧存在一些问题:(1)技术含量高的出口产品所占比重依旧不高。虽然中国的机电产品出口增长很迅速,所占比重也逐年增加,但其中的科技含量和产品发达国家相比依旧有较大差距,所出口的机电产品中主要为一些附加值较低的基础件,如轴承、链条等,以及柴油机等小型设备。附加值较低的产品

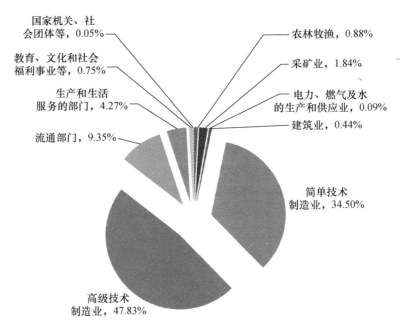

图 4-5　2011 年中国出口行业十大分类

数据来源：根据 WIOD 数据库计算。

在国际贸易中创汇能力较低,还导致大量社会资源流出。(2)资源、劳动密集型的出口商品所占比重依旧偏高。中国轻纺产品的出口依旧占据较大的比重,虽然所占比重在逐步降低,但中国出口规模在很大程度上还是依靠这类劳动密集型产品的出口,而这类靠劳动成本的商品在国际上的竞争优势不断被削弱,由于一大批新兴市场国家在大力发展劳动密集型产品,这类产品的出口竞争必定会更加激烈。(3)代表发展力水平的第三产业出口仍不发达。互联网、IT 服务、律师、金融资本市场等均属于第三产业,而中国的第三产业的出口相对发达国家仍旧较为滞后,只占出口总额的 14%,当今世界的竞争,更多的是来自第三产业的竞争,若要赶超发达国家,中国仍有很长的路要走。

可见,中国若要从自然资源密集型产品出口向技术密集型产品以及服务业出口转换还需要一个较长的过程,但依靠资源禀赋和低成本将不再是中国出口的重心,大力发展技术密集型的出口和第三产业的出口是今后的发展目标。

4.3 拉美主要国家出口贸易发展现状

拉丁美洲地域辽阔,自然资源充沛,物产丰富,生产成本相对较低,是国际贸易市场上一支重要的力量。英国石油公司在2012年发布的《世界能源报告》显示,至2011年底,拉美已探明的石油储量为3370亿桶,天然气约8万亿立方米,煤炭130亿吨,其中仅委内瑞拉的石油储量就占全球石油储备量的20%,为世界最大的石油储备国。世界各国,尤其是发达国家对拉美的优势出口产品具有巨大的需求。

2003年至2012年是拉美地区的"黄金10年",经济发展迅猛,产业结构优化,对外贸易繁荣。然而拉美国家的贸易普遍具有对外依存度较高的特点,尤其是对美国的依赖较为严重,容易受到外界经济环境变化的影响。因此,在2008年的全球金融危机中拉美国家遭受了巨大的冲击,对外贸易量大幅下滑;近几年来,拉美国家的经济增速也呈现放缓的态势。苏振兴(2000)详细地论述了拉丁美洲近200年的经济发展历程,从20世纪30年代前的初级产品出口模式、20世纪30—70年代的进口替代工业化模式发展到了80—90年代的经济改革和外向发展模式。

总体而言,虽然经历了不断的改革和发展,拉美地区的出口产业结构仍然较为单一,主要依赖资源密集型产品和中低技术制造业的出口,产品附加值不高,未来还有很大的开发潜力。为了更好地分析拉美地区的贸易情况,也为了数据的可获得性,将选取拉美洲地区最富有代表性的巴西和墨西哥两个主要国家来具体阐述和考察。

4.3.1 巴西出口贸易发展现状分析

巴西是拉丁美洲最大的国家,也是现今拉美地区经济发展水平领先的国家,其对外贸易的发展和贸易结构的变迁在拉美地区的贸易研究中具有很强的代表性。巴西的畜牧业十分发达,是世界农业生产及农产品出口大国,其中蔗糖、咖啡、柑橘、牛肉、鸡肉、烟草等的出口量均居世界首位,可可和大豆产量位居第二,玉米位居第三。

从葡萄牙统治的时期开始,巴西以其"单一经济"闻名于世。数百年里,巴西的出口产品主要为少数的几种农、矿产品原料,进口工业品、原料和设备。这种殖民地经济下的出口模式并不合理,在很长一段时期中阻碍了巴西的经济发展。

第二次世界大战之后,巴西的出口产业逐渐从以农业及初级产品为主变为以加工装配产业为主。20 世纪初,巴西开始了工业化进程,并推行"进口替代工业化"的经济发展模式,改变了畸形的产业和经济结构。巴西的经济在这一时期突飞猛进,创造了世界著名的"巴西奇迹"。在这一时期,得益于工业技术的发展,巴西的中高技术产品出口大量增加;同时,农产品和食品的出口份额仍然占据出口商品的 20% 左右,传统的农牧业优势在巴西对外贸易中仍然具有重要的地位。本节将从出口额和出口结构方面重点分析巴西出口贸易的发展现状。

一、巴西出口贸易总额

1995—2011 年巴西出口额的走势图见图 4-6:

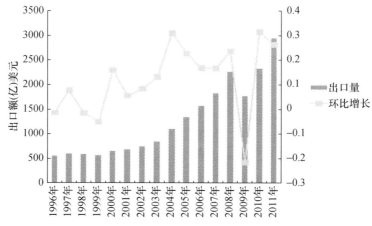

图 4-6　1996—2011 年巴西出口额及增长走势图

数据来源:根据 WIOD 数据库计算。

由图 4-6 可以看出,2000 年前巴西出口下降幅度最大是在 1999 年巴西金融危机时期。受 1998 年世界金融危机和俄罗斯金融危机的影响,1999 年 1 月 13 日,拉丁美洲最大的经济体巴西政府宣布对本国货币雷亚尔实行贬值,并更换了中央银行行长。此举致使拉美各国以及世界其他地区的股市发生动荡,投资者纷纷逃离拉美新市场,过度依赖外资的巴西经济也遭受打击,同年出口下降 5.1%。在经济危机过后的八年间,巴西保持了平均 17.1% 的高速增长。直到 2008 年新一波全球金融危机,巴西出口遭到了 21.6% 的最大下降,但在 2010、2011 年又很快以平均 28.9% 的速度恢复到金融危机前的水平。

二、巴西出口的产业结构

2011年巴西的出口总额达到了2944亿美元,为分析巴西出口的产业构成,笔者将其中排名前十和后十的行业挑出来,如图4-7和图4-8所示:

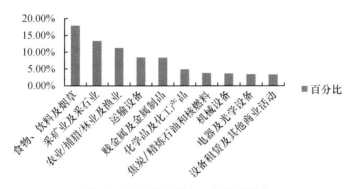

图4-7　2011年巴西出口前十位行业

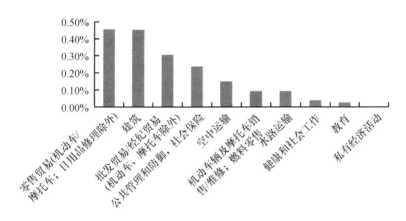

图4-8　2011年巴西出口后十位行业

由图4-7和图4-8可知,巴西是一个农业、工业大国,出口商品主要以农产品、矿产和化工产品为主。巴西的出口产品中咖啡、甘蔗、香蕉和剑麻均处于世界首位,同时拥有丰富的铁矿、锰矿和森林资源。农林牧渔以及矿产的出口总和占总出口的42.4%。同时,巴西的工业,如钢铁、飞机和汽车制造、造船等部门都居拉丁美洲首位。然而,在教育出口方面巴西仍显落后,教育出口只占总出口的0.03%,建筑和水路运输等方面也并不发达。

从出口商品所属的产业结构和行业分类来看,2011年巴西的商品出

口如图 4-9 和图 4-10 所示:

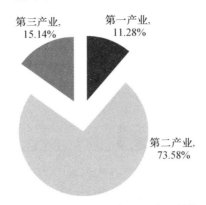

图 4-9　1996—2011 年巴西出口结构

数据来源:根据 WIOD 数据库计算。

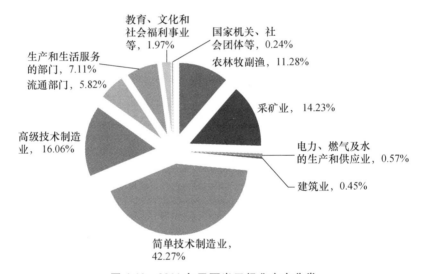

图 4-10　2011 年巴西出口行业十大分类

数据来源:根据 WIOD 数据库计算。

图 4-9 和图 4-10 显示,巴西 2011 年出口产品共分为十个大类,分别为采矿业及采石业、运输设备、贱金属及金属制品、化学品及化工产品、电器及光学设备、建筑、食物、饮料及烟草、机械设备、设备租赁及其他商业活动、纸浆、纸、印刷及出版业。其中第一产业约占 11.28%,第二产业所占比例最大达到了 73.58%,第三产业占 15.14%。

巴西的第一产业所占出口比重远高于一般发达国家,正是因为巴西得天独厚的地理条件,使得种植业成为巴西农业中最主要的生产部门,主要种植玉米、小麦、稻谷等粮食作物和咖啡、甘蔗、棉花、大豆等经济作物。粮食作物占播种面积的70%左右,占种植业产值的50%以上,经济作物占播种面积的20%左右,占产值的35%。

20世纪初,巴西开始了工业化进程,工业生产迅速发展。在巴西国民经济中,已由过去的农产品、矿产品为主,逐渐向以工业出口为主,现代工业部门发展迅速。钢铁、造船、汽车、飞机制造等已跃居世界重要生产国行列。依托农业产品的种类产量优势,巴西的绿色能源开发也走在世界前列,从甘蔗、大豆、油棕桐等作物中提炼燃料,成为世界绿色能源发展的典范,但总体来说,高附加值和技术密集型的产品出口比例还不够高。从图4-10可以看出,简单技术制造也占较高的比重,达到了42.3%,高级技术制造业的比重仅占16%,与发达国家还有很大差距。

近年来,巴西又在对外贸易政策方面施行了重大的改革。巴西政府宣布进一步对外开放本国市场,建立各行业的出口竞争机制,督促企业不断提高产品质量,对出口企业给予奖励和补贴。这一系列的措施使得巴西的产品出口额飞速增加,产品质量和外贸结构都得到了优化,在国际市场上的竞争力大幅提高。除了农牧业传统优势之外,巴西已经谋求并成功发展了其他产业的机遇。如今,巴西已经建立了拉美国家中最为完善的产业体系,支柱产业包括服务业、工业、农牧业等多个产业。其中服务业的发展尤为迅猛,其产值和从业人口已经占到50%以上的比重。第三产业已成为巴西出口贸易一个新的发展趋势。

4.3.2 墨西哥出口贸易发展现状分析

墨西哥[①]是一个自由市场经济体,拥有现代化的工业与农业,私有经济比重也在大幅提升。1994年北美自由贸易区正式建立后,墨西哥与美国的贸易和投资往来增加很快,极大地促进了经济的发展和国民收入的提高。墨西哥是拉丁美洲地区仅次于巴西的第二大经济强国,拥有丰富的自然资源和优越的地理区位优势,经济发展速度迅猛,是国际市场上不可忽视的出口大国。作为世界上签订自由贸易协议最多的国家,目前墨西哥已经和44个国家签订了自由贸易协定,享受许多贸易优惠政策。从

---

① 墨西哥是拉丁美洲大国,国内生产总值仅次于巴西,位居拉丁美洲第二位,但同时又是北美自由贸易区成员国,本书根据WIOD数据库的分类,也将墨西哥按照拉丁美洲国家来分析。

外贸历史发展角度而言,墨西哥的外贸出口产业结构同中国有许多相似之处,二者同为纺织、服装、电子产品等加工贸易出口大国。此外,墨西哥是世界能源和矿产资源大国,石油、天然气储量及白银等矿产产量均居世界前列。工业门类较为齐全,拥有发达的能源、冶金、矿业和制造业。

一、墨西哥出口贸易总额

1995 到 2011 年,墨西哥的出口贸易变化趋势如图 4-11 所示:

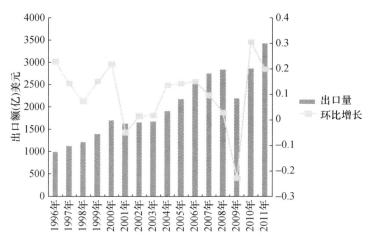

图 4-11　1996—2011 年墨西哥出口额以及增速走势图

数据来源:根据 WIOD 数据库计算。

由图 4-11 可以看出,墨西哥对于美国的经济依赖很深,美国经济的情况往往决定着墨西哥的经济发展。自 2001 年始,墨西哥经济随着美国经济的增长和衰退而呈现出波动的状态,2001 至 2003 年,墨西哥的年均增长率仅为 0.6%。2004 年以来,随着世界各国经济形势普遍好转,特别是美国的良好增长态势,墨西哥经济也出现复苏迹象。然而,在 2008 年的金融危机中墨西哥由于和美国之间紧密的贸易关系,出口下降 22.8%,但随后随着美国经济的调整,墨西哥的出口也在之后两年以平均 25.3% 的高速恢复。

二、墨西哥出口产业结构

2011 年墨西哥的出口总额达到了 3436 亿美元,为分析其出口结构,将其中排名前十和后十的行业挑出来,如图 4-12 和图 4-13 所示。

由图 4-12 和图 4-13 不难看出,墨西哥出口商品主要以运输设备、电器及光学设备和矿石出口为主。电气和光学设备制造业及交通运输设备制造业两者共计占墨西哥总出口额的 45%。技术密集型的陆用车辆、机

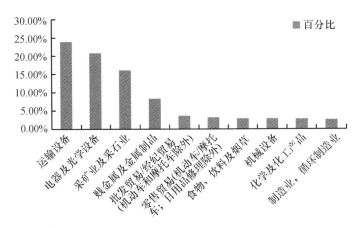

图 4-12 2011 年墨西哥出口额前十位行业

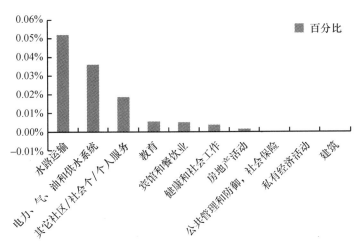

图 4-13 2011 年墨西哥出口额后十位行业

械产品及资源密集型的石油、农产品等,是墨西哥出口产品的两个主要特征,占据了约 1/3 的总出口份额,可见墨西哥在这两个产业具有显著的比较优势。因此,机动车辆和石油及其产品原料历来都是墨西哥两大出口商品。机电产品也在墨西哥出口产品结构中占有重要的地位。墨西哥的前十位出口商品构成也反映了其自然资源丰富、技术密集产业发达的特性。然而,同拉丁美洲的另一个大国类似的是,墨西哥的教育出口、水路运输也同样占很低的比重。

从出口商品所属的产业结构和行业分类来看,2011 年墨西哥商品出口如图 4-14 和图 4-15 所示:

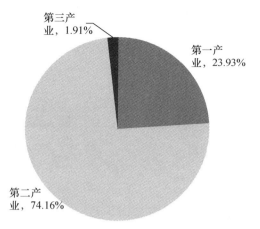

图 4-14 2011 年墨西哥出口结构

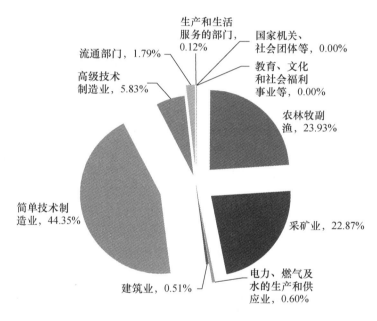

图 4-15 2011 年墨西哥出口行业十大分类

如图 4-14 和图 4-15 所示,将 2011 年中墨西哥的出口产品共分为十个大类,分别为高级技术制造业,简单技术制造业,流通部门,生产和生活服务部,采矿业,农林牧渔,教育、文化和社会福利事业,建筑业,电力、燃气及水的生产和供应业,国家机关、社会团体等。其中第一产业约占 23.93%,第二产业所占比重最大达到了 74.16%,第三产业只占 1.91%。

墨西哥的第一产业所占出口的比重比发达国家大,这是由于墨西哥是世界主要农业食品出口国之一,全国有可耕地3,560万公顷和牧地7,900万公顷。同时墨西哥还是世界能源和矿产大国,储量丰富,种类齐全,石油和石油产品出口是墨西哥经济发展主要动力之一,石油出口收入约占墨西哥财政收入的1/3。美国是墨西哥最大的石油产品出口市场,同时墨西哥在美国原油进口来源国中位居第三位,仅次于加拿大和沙特阿拉伯。虽然墨西哥工业门类比较齐全,能源、矿业、冶金和制造业较发达,但主要出口商品仍属于资源密集型产业,高附加值的高级技术制造业所占的出口比重较低,采矿业和简单技术制造业是墨西哥第二产业的主要构成。由图4-15可见,墨西哥的第三产业所占的出口比重极低,虽然近几年服务业增长迅速,但是与发达国家相比仍有较大差距。

4.4 北美主要国家出口贸易发展现状

北美主要包括美国、加拿大和墨西哥三个主要国家,三个国家签订的北美自由贸易协定(NAFTA)更为引人注目,它是第一个由一个发展中国家与两个发达国家所组成的非多边自由贸易协定,合作内容主要是自由贸易。NAFTA于1994年1月1日起实施,北美自由贸易区成立至今已经有20年了,虽然外界对其取得的成果贬褒不一,仍存在较大争议,但对于北美自贸区建立后由于取消贸易壁垒和开放市场而实现的经济增长和生产力提高是肯定的。尤其是由于墨西哥的加入,使得NAFTA成为20年来南北区域经济合作的成功范例,国际对于发达国家和发展中国家能否通过自由贸易实现经济的共同增长、迈向经济一体化的疑问基本得到消除。

20年来,北美自由贸易区取得的成果主要有:促进了地区贸易增长和增加了直接投资(FDI)、发达国家保持经济强势地位、发展中国家受益明显、合作范围不断扩大等。

北美自由贸易协定自生效以来,由于关税的减免,有力地促进了地区贸易的增长。根据国际货币基金组织的数据,经过10年的发展,NAFTA成员国之间的货物贸易额增长迅速,三边贸易额翻了一番,从1993年的3060亿美元增长到2002年的6210亿美元。由于NAFTA提供了一个强大、确定且透明的投资框架,确保了长期投资所需要的信心与稳定性,因而吸引了创纪录的直接投资。同时,从NAFTA区域外国家吸引的投资也在增长。

自由贸易区内经济一体化加快了发达国家与发展中国家间的贸易交往和产业合作,其中美国向墨西哥的出口增加了一倍多。自由贸易区还强化了各国的产业分工和合作,资源配置更加合理,协议国之间的经济互补性提高了各国产业的竞争力。如墨西哥、加拿大的能源资源与美国互补,加强了墨西哥、加拿大的能源生产能力。特别在制造业领域,墨西哥的人力资源与美国的技术资本互补,大大提高了美国制造业的竞争力,使美国将一些缺乏竞争性部门的工作转移到更有竞争性的部门,把低技术和低工资的工作转变为高技术和高工资的工作。在如汽车、电信设备等美国许多工业部门都可以看到这种就业转移的影响。在美国汽车工业中,1994年以来整个就业的增长速度远远快于NAFTA之前的年份。

由于墨西哥又属于拉丁美洲主要国家,本节仅对美国和墨西哥两个国家作详细分析。

4.4.1 美国出口贸易发展现状

近几年来,美国的出口贸易实现了快速增长,目前美国是世界上最大的服务贸易出口国和第三大货物贸易出口国(中国、德国分别为第一、第二大货物贸易出口国)。

一、美国的出口贸易总额

从1995到2011年,美国的出口贸易额有较为明显的波动变化,趋势如图4-16所示:

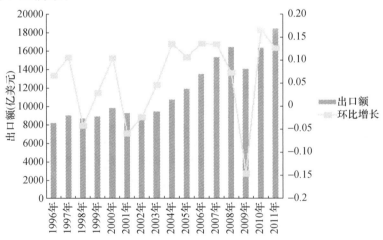

图4-16 1995—2011年美国出口额以及增速走势图

我们可以看出,从1995到2011年的十几年间,美国的出口总量呈现出一个总体上升、局部波动的态势,一共经历了三次较为强烈的下降,分别在1998、2001和2009年,分别由下列几次事件引起:美国出口增长对国外GDP非常敏感,在20世纪80年代晚期,美国出口增长比世界经济增长更快。1998至2001年,由于世界经济低迷,美国出口增长低于当期世界经济的增长。这是因为美国出口的主要产品是资本品和耐用品,它们对外国GDP的变动非常敏感。因此,在1998年由亚洲波及全球的金融危机中,美国的出口额下降幅度达到4.26%,在金融危机之后美国的出口很快以10.28%的增速在2000年恢复至更高的水平,2001年由于美国发生了"9·11"恐怖袭击,出口总量又大幅下跌,跌破了1998年金融危机的最低点。此后的7年中美国的出口以平均10.53%的增幅大幅增长了6年,并在2008年达到了16410亿美元的出口高点。此后,由于2008年由次贷危机引发的全球金融危机,美国的出口额在2009年呈现出14.6%的巨额负增长,2009年的出口额也达到了近五年来的最低点。2008年的金融危机之后,美国由于国内实施了各种政策拯救市场,出口很快恢复,在2010、2011年以平均14.61的增长幅度重新恢复了活力。

二、美国出口贸易的产业结构

2011年,美国的出口总额达到了18411亿美元,其中排名前十的行业如图4-17所示:

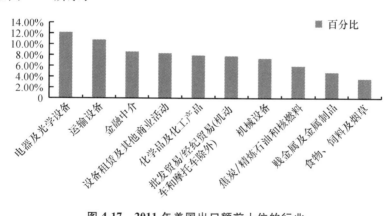

图4-17 2011年美国出口额前十位的行业

从图4-17可以看出,电器产品、运输设备、金融中介和设备租赁是美国的主要出口商品,2011年出口额分别为2230.1亿美元、1988.9亿美元、1579.4亿美元和1540.1亿美元,占美国出口总额的12.1%、10.8%、8.58%和8.37%。值得注意的是,同中国相比,美国的出口商品中金融中介占较大的份额,而中国的金融中介出口份额几乎排在后十位,这说明美国高度发达的领先全球的金融市场可以同实体经济一样为美国创造巨额的利润。

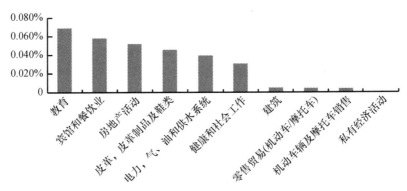

图4-18 2011年美国出口额前十位的行业

图4-18显示了美国2011年出口额后十位的行业,可以看出美国后十位的出口行业的出口份额均不足0.1%,尤其是能源和初级产品的出口,如石油、天然气和皮革以及皮革制品的出口。虽然教育业的出口在排名后十位的出口行业中,仅占0.069%,但仍远超其他国家。以1997年至2007年这段时间为例,美国私人服务项目,包括教育、金融、商业服务、专业服务等行业的平均出口增长率超过了70%,远高于货物贸易出口增长率(50%)。

从出口商品所属的产业结构和行业分类来看,2011年美国的商品出口如图4-19和4-20所示。

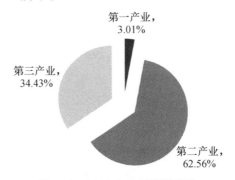

图4-19 2011年美国出口结构

如图4-19和图4-20所示,将2011年美国出口产品共分为十个大

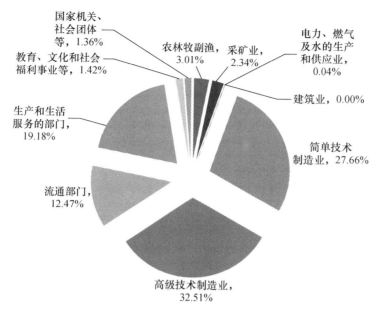

图 4-20　2011 年美国出口行业十大分类

类,分别为高级技术制造业,简单技术制造业,流通部门,生产和生活服务部门,采矿业,农林牧渔,教育、文化和社会福利事业,建筑业,电力、燃气及水的生产和供应业,国家机关、社会团体等。其中第一产业约占 3.01%,第二产业所占比例最大达到了 62.56%,第三产业占 34.43%。

　　出口商品的结构是一国外贸结构状况的综合体现,我们可以看出,美国的出口商品结构相对中国要优化、先进很多。首先,资源、劳动密集型的出口商品,如采矿业、电力、燃油供应业所占比重很低,大大减少了社会福利的流失。其次,低附加值的出口商品,如农林牧渔和简单技术制造业的出口份额占极小的比例,然而代表发展力水平的第三产业所占比重最大达到了 62.56%,而我国第三产业的出口仅占总出口额的 14%。作为全球第三产业最发达的国家,美国第三产业的繁荣为服务贸易打下了坚实的基础,高新科学技术的发展也不断降低了其交易成本,持续增长的服务贸易出口市场对于美国出口的持续稳定增长十分重要。目前,美国的私人服务贸易产量占 GDP 的 77%,而占总出口的比重不足 28%,还有很大的提升空间。同时,全球服务贸易自由化将给美国带来巨大的经济利益,因此美国必将在未来采取更多的措施来减少其他国家的服务贸易壁垒,大力推动全球服务贸易自由化。

　　从前面的分析可以看出,十几年来,美国出口贸易的政策取得了显著的效果。从目前美国出口贸易的趋势来看,美国对外贸易政策的主线依然是自由贸易,从自由贸易政策中获得了巨大的利益的美国将继续以高科技促进外贸尤其是第三产业的发展,出口贸易仍将保持稳定而较为快速的增长。

4.4.2 加拿大出口贸易发展现状

加拿大作为一个较为开放的经济体,进入21世纪后每年都是全球范围内投资以及商贸机会最多的几个国家之一。自由贸易的体制和相对完善良好的经济政策、体制使加拿大在全球经济衰退的大背景下,经济增长的动力依然强劲,经济增长速度在发达工业国中排名前列。在2008年由次贷危机引发的全球金融危机中,加拿大为刺激经济增长及时推出"经济行动计划",使本国于2009年下半年走出衰退的境地,并在2010年从根本上扭转了下滑趋势,GDP增长达到3.3%。

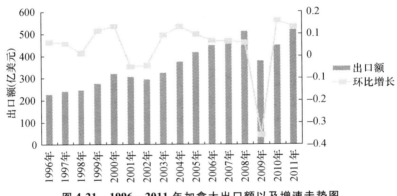

图4-21 1996—2011年加拿大出口额以及增速走势图

一、加拿大出口贸易总额

从图4-21中可以看出,1996年到2011年,加拿大的出口总额在较大程度上受系统性因素以及美国的影响,加拿大最重要的贸易伙伴是世界经济第一强国美国,同时1994年所签订的北美自由贸易协定也加深了加拿大对美国的经济依赖,当美国经济社会运转良好时,为加拿大带来了大量的出口和繁荣的投资,很大程度上增加了加拿大的经济增长,但是当美国经济陷入衰退时,也同时放大了加拿大所面临的贸易和金融风险。

加拿大是个典型的贸易型国家,其贸易和投资体制透明度与市场开放度均较高。加拿大国内生产总值(GDP)中约40%依赖于贸易,国内1/3的工作都是由贸易创造的。因此从图4-21中可以看到,加拿大增长率的三次较大幅度的下跌分别发生在1998年的全球金融危机、2001年美国"9·11"事件和2008年的全球金融危机时,均是受到了系统风险以及美国的影响。

从1993年到2011年,加拿大对外贸易额从2757亿美元增加到8021亿美元,增长了近3倍。出口增长速度快于进口增长速度,进口和出口年均增幅为8.5%和9.6%。2011年,加拿大对美国、英国、中国和日本的出口额分别占本国总出口额的73.8%、4.2%、3.7%和2.4%,分别为3338.3亿美元、188.4亿美元、169.4亿美元和107.9亿美元,增长14.9%、18.4%、31.5%和20.8%。

二、加拿大出口贸易的产业结构

2011年加拿大的出口总额达到了5180亿美元,其中排名前十和后十的行业如图4-22和图4-23所示:

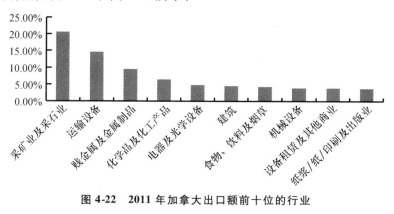

图4-22　2011年加拿大出口额前十位的行业

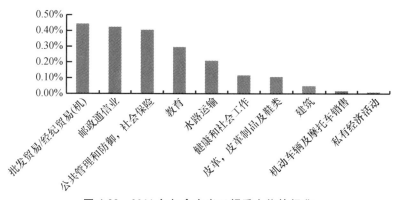

图4-23　2011年加拿大出口额后十位的行业

由图4-22和图4-23可知,加拿大是一个工业品出口大国,主要出口商品为矿产品、运输设备和机电产品,2011年出口额分别为1267.6亿美元、633.8亿美元和468.5亿美元,占加拿大出口总额的28.0%、14.0%和10.4%。全球经济回暖带动加拿大主要大类商品出口呈现增长,其中动植物油脂和贵金属及制品增幅分别为48.2%和30.3%。从出口前十位的产业中可以看到虽然加拿大的教育出口只占总出口的0.29%,但在发达国家中仍是一个相当高的比例,超过了邻国美国,与美国的相似之处在于,加拿大和美国的皮革及皮革制品、建筑、机动车辆及摩托车销售都占较低的比例。

从出口商品所属的产业结构和行业分类来看,2011年加拿大的出口如图4-24和图4-25所示:

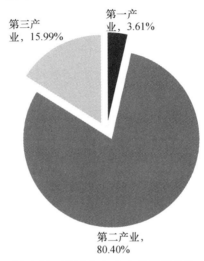

图4-24　2011年加拿大的出口结构

图4-24和图4-25显示,将2011年加拿大出口产品共分为十个大类,分别为采矿业及采石业,运输设备,贱金属及金属制品,化学品及化工产品,电器及光学设备,建筑业,食物、饮料及烟草,机械设备,设备租赁及其他商业活动,纸浆、纸、印刷及出版业。其中第一产业约占3.61%,第二产业所占比例最大达到了80.4%,第三产业占15.99%。

显然,从图4-25可知,第二产业中的矿石及原材料出口占据了加拿大出口总额中的较大比重,2011年加拿大能源产品、工业品和原材料类产品出口增长很快,这三类产品约占2011年加拿大出口总值的近一半。

工业品及原材料已经连续两年成为加拿大第一大类出口产品,2011年增长21.2%,增长值为204亿加元,该类产品出口总值为1170亿加元,占加拿大出口总值的25.5%。同时,价格上涨使该类产品出口值增加了

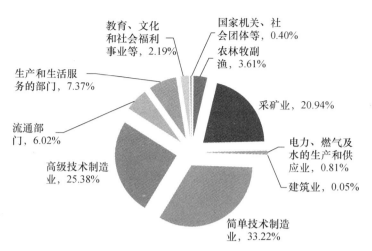

图 4-25　2011 年加拿大出口行业十大分类

2/3,对加拿大出口的贡献很大;能源产品是加拿大第二大类出口产品,在加拿大所有产品类别中出口增加幅度最大,出口值增加 211 亿美元,增长率为 23.2%,使该类产品 2011 年出口总值达 1121 亿加元。价格上涨是出口值增加的主要因素。

同时,加拿大除了是矿石和原材料的出口大国外,也是一个科技强国和社会教育、福利体制健全的大国,其中高附加值的高级技术制造业占总出口比例的 25.38%,教育、社会文化福利事业的出口也占相当大的比重,达到了 2.19%,在发达国家中排名前列。而中国目前是加拿大第二大贸易伙伴,第三大出口目的地和第二大进口来源国。虽然美国仍然是加拿大第一大贸易伙伴,但加拿大对中国的出口额在不断增长,在加拿大出口中所占的比重已经从 2006 年的 1.8% 增至 2011 年的 4.2%,并在未来的国际贸易发展中加拿大与中国的关系将变得更加密切。

4.5　亚太地区主要国家贸易发展现状

所谓亚太地区是指亚洲太平洋地区。包括东亚国家、东南亚国家,太平洋上的一些岛国,以及濒临太平洋的美国、澳大利亚等。具体国家主要是指中国、朝鲜、韩国、日本等东亚国家,也包括俄罗斯、美国、澳大利亚以及菲律宾、印尼、越南、文莱、马来西亚、新加坡等东南亚国家。本书单独分析了中国,美国作为北美主要国家进行分析,除此之外,对亚太地区其他国家,本书根据经济实力选择澳大利亚、日本、韩国和俄罗斯几个主要国家作为分析对象。

4.5.1 澳大利亚出口贸易发展现状

澳大利亚位于南半球,国际贸易因路途遥远而不具备运输成本优势,虽然人口仅二千多万,但澳大利亚得天独厚的地理气候和商业法治,则是北半球一些富国和人口大国所不及。澳大利亚经济采用西式的混和型经济发展模式,以第三类产业为主,特别是旅游业和教育业。矿产业和畜牧业也以效率著称。对外贸易是澳大利亚经济的重要组成部分,澳大利亚充分发挥其自然资源丰富的优势,已成为全球重要的初级产品出口国,其传统出口产品为矿产品、畜牧产品和农产品,进口以制造品为主。澳大利亚的产品和产业虽然在国际范围内有一定的影响力,但就总量和多样性来说仍然是一个小国。

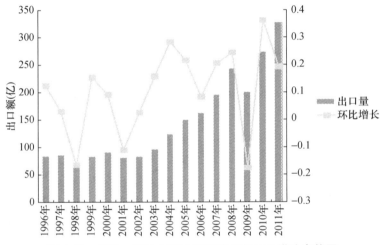

图 4-26　1996—2011 年澳大利亚出口额以及增速走势图

一、澳大利亚出口贸易总额

从图 4-26 中可以看出澳大利亚出口贸易近十几年来的变化趋势,同加拿大相似,澳大利亚的出口贸易额明显受到系统因素如全球金融危机和美国的影响。在 1998 年全球金融危机中,澳大利亚的出口为负增长,达到了 -16.47%,并同加拿大一样在金融危机的后一年迅速以高增长率恢复。同时,由于在 2000 年美国是澳大利亚最大的出口国,美国遭受了"9·11"恐怖袭击,进口需求大量减少,因此在 2001 年澳大利亚的出口额也大幅下降,环比下降 11%。此后,澳大利亚的出口迅速恢复,在 2002 至 2008 年的七年中,澳大利亚以平均 14.67% 的增长幅度,在

2008年猛增至2000亿美元。在此后的2009年中虽然遭受了全球金融危机的影响,出口环比下降17%,但在2010年和2011年分别以36%和20%的高增长恢复,这是因为作为一个资源供给型发达国家,澳大利亚国际贸易平衡很大程度上取决于矿业等资源产业。这一独特而显著的经济特征也令澳大利亚在金融危机的寒冬中幸免于难。

二、澳大利亚出口贸易的产业结构

2011年澳大利亚的出口总额达到了3268亿美元,其中排名前十和后十的行业如图4-27和图4-28所示:

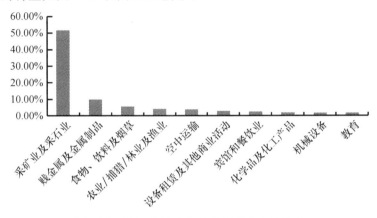

图4-27　2011年澳大利亚出口额前十位行业

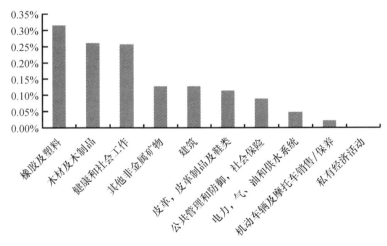

图4-28　2011年澳大利亚出口额后十位行业

通过图4-27和图4-28可以得知,矿产品、贱金属及制品和植物产品是澳大利亚主要的出口商品,2011年出口额分别占澳大利亚出口总额的51.6%、9.9%、5.8%,分别为1687美元、323亿美元和187亿美元。其中,贵金属及制品和植物产品分别减少10.8%和0.9%,矿产品增长0.6%。同时,澳大利亚也是教育出口大国,教育出口额占出口总额的1.74%,在发达国家中名列前茅。而橡胶、木材、皮革等原料则是澳大利亚相对缺乏的,分别只占总出口额的0.31%、0.26%和0.11%。可见作为一个外向型经济的国家,矿石资源在澳大利亚进出口贸易中起到了重要的作用。澳大利亚70%的资源产品用于出口。

从出口商品所属的产业结构和行业分类来看,2011年澳大利亚的商品出口如图4-29和4-30所示:

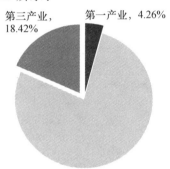

图4-29 2011年澳大利亚出口结构

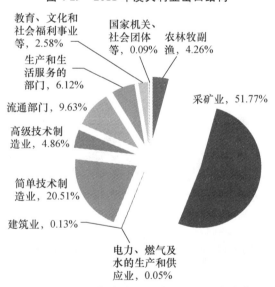

图4-30 2011年澳大利亚出口行业十大分类

图 4-29 和图 4-30 显示,将 2011 年澳大利亚出口产品共分为十个大类,分别为农林牧渔,采矿业,电力、燃气及水的生产和供应业,建筑业,简单技术制造业,高级技术制造业,流通部门,生产和生活服务的部门,教育、文化和社会福利事业等,国家机关、社会团体等。其中第一产业约占 4.26%,第二产业所占比例最大达到了 77.31%,第三产业占 18.42%。

澳大利亚主要出口产品在三个产业中均有涉及,采矿业、农业、制造业、服务业是澳大利亚的四大主导产业。在四大主导产业中第二产业的采矿业所占比重最大,这源于澳大利亚得天独厚的自然条件和丰富的矿产资源,仅采矿业就占据出口总量的 51.7% 左右,带来巨大的经济利益的同时,也提高了澳大利亚的就业率。澳大利亚资源出口占比较高,而涉及大量中间投入、附加值低的制造类产品占比有限,这也解释了为何过去十几年中,其他大多数国家增值贸易下降,但澳大利亚却保持相对稳定。紧随其后的是简单技术制造业,如食物、烟草等植物产品的出口,这与澳大利亚处于南半球的自然条件密不可分。而近年来,服务业成为澳大利亚优势产业,对华服务出口成上升态势,中国目前成为澳大利亚服务业最大的出口市场,其次为美国和英国。

在新兴经济体对原材料巨大需求的带动下,澳大利亚采矿业快速增长。澳大利亚农业在国民经济中的比重虽有所下降,但农业的产量、产值和效益均不断提高,农产品出口也在大幅增加。澳大利亚通过一系列有效的经济结构调整和改革,保证了国家经济金融和社会发展,经受住了亚洲金融危机的冲击与考验,连续 16 年保持快速增长,并维持了较低的通胀率和失业率。澳大利亚连续数年被 OECD 评为世界最具活力的经济体。

4.5.2 日本和韩国出口贸易发展现状

日本和韩国是亚太地区不可忽视的国家,和中国一样也是东亚经济的重要国家。东亚地区有着丰富的自然资源和历史,也曾经创造过令世人羡慕的经济奇迹,但在 1997 年遭受了亚洲金融危机之后,东亚地区各主要经济体遭受了巨大损失。在经过 1997 至 2001 年经济不稳定发展局势后,东亚经济制度性合作得以推进,已在区域政治合作、自由贸易区建设和货币金融合作方面取得较大进展,近几年来,随着欧盟自贸区的发展和北美自由贸易区经济贸易合作的进一步加强,以自由贸易协定(FTA)为主线的经贸合作渠道也在亚洲迅速蔓延开来。随着最近一轮经济危机之后全球经济面临新一轮调整,东亚经济一体化合作方向显得更加明确。目前全球经济正处在新一轮周期增长的进程之中,东亚再度成为全球经济增长最快的地区。中国、日本、韩国作为该地区三个最大的经济体,对区域内的贸易以及全球的经贸往来都有巨大的影响,因此本节将日本和韩国放在一起探讨。

一、日本出口贸易现状

自战后以来,日本一方面以"贸易立国之本"为指导方针,大力发展对外贸易,在很长一段时间内,出口总量排在世界第二,直到今年来被中国超越;另一方面由于过度追求"出口第一"的目标,对外贸易以不健康的方式快速膨胀。由于20世纪90年代泡沫经济破碎后的经济长期停滞,日本产业的竞争力减小,失去了原有的经济支撑力,日本政府不得不调整贸易的地区结构,发展与亚洲各国的经济贸易关系,并力争在亚洲经济合作中起主导作用,在推进区域内贸易的同时开拓亚太地区以外的市场。

(一)日本出口贸易总额

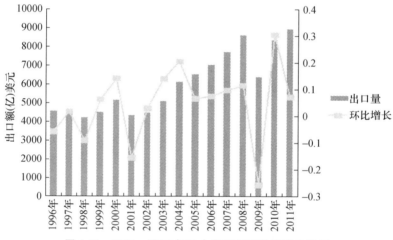

图 4-31　1996—2011 年日本出口额以及增速走势图

从图 4-31 中可以看出日本近十几年来的变化趋势,作为出口大国和发达的工业国家,日本出口额受到全球金融危机的影响明显。在 1998 年全球金融危机中,日本的出口总额环比下降 9.1%,在金融危机之后缓慢恢复增长。由于在 2000—2001 年间,美国是日本最大的贸易伙伴,美国遭受的"9·11"恐怖袭击,也很大程度上影响了日本的出口。同年,日本出口总额增幅 15.5%,但在此之后,日本出口很快以 10.4% 的增长率连续增长八年,直到2008年的新一波全球金融危机,在此次金融危机中日本的出口总额遭到近20年最大幅度的下降,环比下降25.7%,但在2010年日本经济又恢复30.5%的增速,很快达到了危机前的水平,然而因为福岛核泄漏事件,2011年日本的出口增速明显降低,为7.2%,同年日本的出口额位列中国、德国之后,排名世界第三。

（二）日本出口贸易的产业结构

2011年日本出口额达到了8955亿美元,其中排名前十和后十的行业如图4-32和图4-33所示:

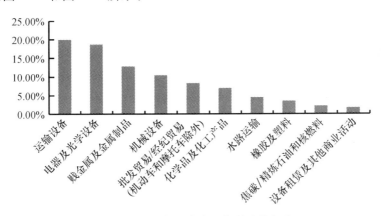

图4-32　2011年日本出口额前十位行业

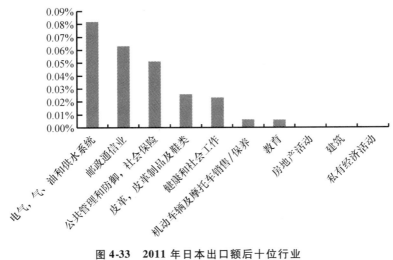

图4-33　2011年日本出口额后十位行业

通过图4-32和4-33我们可以看出,运输设备、电器及光学设备、贱金属及金属制品、机械设备是日本的主要出口商品,2011年出口额分别占日本出口总额的19.9%、18.6%、12.8%和10.5%,分别为1784亿美元、1669亿美元、1149美元和938亿美元,共占日本总出口额的61.9%,具有绝对优势。日本是世界七大工业国之一,汽车工业、造船工业和钢铁工业是日本的三大工业支柱。日本汽车以省油、性能好、价格便宜等优势享誉世界,钢铁工业现代化水平高,生产技术超过欧美。日本每年所生产的汽车、钢铁、乙烯、家用电器等主要工业产品均居世界前列,并依靠过硬的质量在国际市场上有很强的竞争力。因此,这不难解释运输设备、电器、金属制品、机械成为日本的主力出口产品。

日本自然资源极度的贫乏也使得日本几乎没有能源以及原材料出口。气、油、皮革等都占很低的出口比例。然而,电力工业在日本发展速度很快,总发电量占世界总发电量的7.4%,位于美国、中国之后,排名世界第三。因此,日本的电力出口也占据相当可观的份额。

从出口商品所属的产业结构和行业分类来看,2011年日本的商品出口如图4-34和4-35所示:

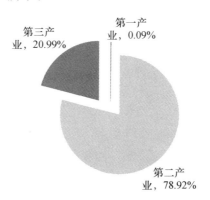

图4-34　2011年日本出口结构

如图4-34和图4-35所示,将日本2011年出口产品共分为十个大类,分别为农林牧渔,采矿业,电力、燃气及水的生产和供应业,建筑业,简单技术制造业,高级技术制造业,流通部门,生产和生活服务的部门,教育、文化和社会福利事业等,国家机关、社会团体等。其中第一产业约占0.09%,第二产业所占比例最大达到了78.92%,第三产业占20.99%。

日本与其他大陆国家的一个显著区别在于,日本出口产品中属于第二产业中的矿物出口所占的份额极少。这是因为日本矿产资源贫乏,只有石灰石、硫黄较为丰富,而其他资源特别是石油、天然气、煤炭、铀等能

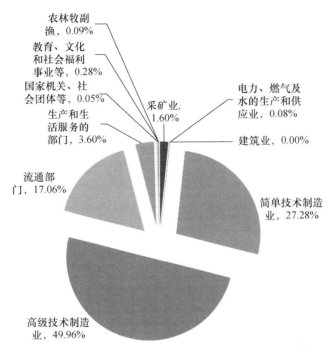

图 4-35　2011 年日本出口行业十大分类

源资源,铁矿砂、锰、铝、锌等金属矿产资源以及淡水资源尤为缺乏,因此日本的能源出口几乎为零。同时,因为日本的土地资源非常稀缺,耕地、森林资源有限,因此属于第一产业的农副产品出口也极少。

然而,日本第二产业中的制造加工业非常发达,由图 4-34 可见日本的高级技术制造业的比重占总出口的比重几乎达到了一半。近年来,日本出口结构也在进行积极的调整,消耗资源较多的钢铁和化学工业产品出口所占比重逐年下降,而技术密集型的机械产品出口所占比重逐年上升。同时,日本在汽车发动机、火箭、生产用机器人、办公自动化机器和新材料以及生物工程技术产业如医药、食品、半导体和大规模集成电路等领域,也保持着世界领先地位,出口额稳步增长。比如,日本多年来一直是生产机器人的最大出口国,日本在这一行业的优势甚至超过美国。日本的第三产业目前也处于世界领先地位,信息产业产品如游戏软件、视听产品以及金融服务业一直处在高速发展中。

二、韩国出口贸易现状

韩国国土面积狭小,自然资源贫乏,市场规模较小,其经济对国际市场和资源的依赖程度相当高。自20世纪六七十年代以来,韩国致力于发展大进大出的外向型经济,30多年来经济始终保持着较高速增长,其经济规模、社会财富、基础设施和人民生活水平不断提高,目前韩国早已迈入发达国家的行列。截至2011年12月5日,韩国年度累计出口5150亿美元,累计进口4850亿美元,成为全球第九个贸易额突破1万亿美元大关的国家。

(一)韩国出口贸易总额

韩国1995—2011年出口贸易总额增速如图4-36所示:

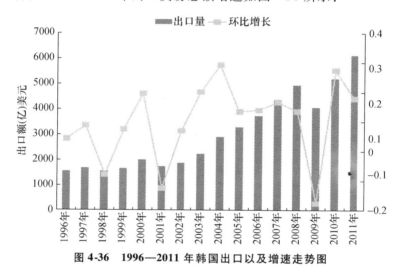

图4-36 1996—2011年韩国出口以及增速走势图

同日本类似,韩国的出口受全球经济环境的影响较为明显。在1998年全球金融危机中,韩国的出口总额环比下降7.9%,在金融危机之后韩国经济进入中速增长期,以平均13.5%的增速使经济得以恢复。同日本的类似之处还在于,在2000—2001年间,美国同样是韩国最大的贸易伙伴,直到2007年才被中国超越。2001年的美国"9·11"恐怖袭击,极大影响了韩国的出口,当年下降了12.5%。此后的八年中韩国的出口总额一直以平均16.3%的高速增长。直到2008年的全球金融危机,受全球经济环境的影响,韩国经济在此次金融危机中遭到17.6%的大幅下降。2008年9月的金融危机爆发后,韩国一度被认为会步冰岛后尘,成为第二个破产的国家。但不到一年,韩国经济强力复苏,以27.4%的出口增长率成为经合组织(OECD)30个会员国中复苏最快的国家。

(二)韩国出口贸易的产业结构

2011年韩国出口额达到了6126亿美元,其中排名前十和后十的行业如图 4-37 和图 4-38 所示：

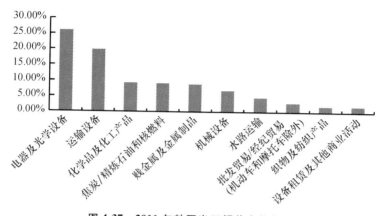

图 4-37　2011 年韩国出口额前十位行业

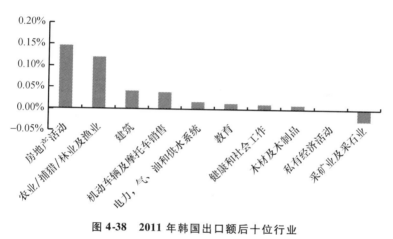

图 4-38　2011 年韩国出口额后十位行业

通过图 4-37 和 4-38 我们可以看出，电器及光学设备、运输设备、化学品及化工产品、贱金属及金属制品、机械设备是韩国的主要出口商品，2011 年出口额分别占韩国出口总额的 25.98%、19.78%、9.20% 和 8.80%，额度分别为 1592 亿美元、1212 亿美元、563 亿美元和 539 亿美元，共占韩国总出口额的 82.0%。半导体、造船、汽车、家电和石油化工是韩国的五大传统支柱产业，并在世界范围具有较高的市场占有率和影响力。其中，造船业是韩国重要出口创汇产业之一，2003 年以来韩国便成为世界头号造船大国，并将此头衔保持了 7 年，直到 2010 年被中国超越。

同时，韩国的农业和原材料、能源出口极少，这和韩国的地理条件有关,韩国国土狭小,是传统的农业国,随着工业化的进程,农业在韩国经济中所占的比例越来越小,是农产品的主要进口国家。能源也几乎完全依赖进口,矿产资源亦非常有限。

从出口商品所属的产业结构和行业分类来看,2011年韩国的商品出口如图4-39和4-40所示:

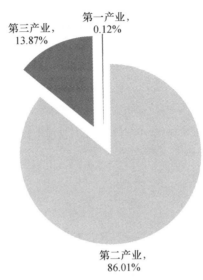

图4-39　2011年韩国出口结构

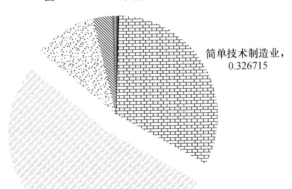

图4-40　2011年韩国出口行业十大分类

如图4-39和图4-40所示,2011年韩国出口产品共分为十个大类,分别为农林牧渔,采矿业,电力、燃气及水的生产和供应业,建筑业,简单技术制造业,高级技术制造业,流通部门,生产和生活服务的部门,教育、文化和社会福利事业等,国家机关、社会团体等。其中,第一产业约占0.12%,第二产业所占比例最大,达到了86.01%,第三产业约占13.87%。

韩国与其东亚邻国日本在出口结构上非常相似。第一产业和第二产业中矿物、能源的出口份额所占比例极少,因为韩国矿产资源也同样贫乏,已发现的200多种矿产中,有经济价值的只有50多种。有开采利用价值的铁、煤炭、铅、锌、钨等储藏量也比较小。韩国国土面积狭小,可用耕地较少,农林渔业由于成本过高,竞争力较差,因此第一产业的出口份额也极少,是政府重点保护的产业。正因为如此,韩国非常重视科学技术在经济增长中的作用。他们认为,韩国最重要的生产力是他们的人力资源。

韩国的第二产业中的制造加工业也非常发达,所占出口份额达到86%。油制品业在2008年超过汽车和半导体产业,成为韩国出口创汇的第一大产业。贱金属制造方面,韩国是世界第五大钢铁生产国,排在中国、日本、美国和俄罗斯之后。汽车工业也是韩国工业最重要的组成部分,韩国拥有世界上最大的汽车制造厂,同时也是世界第5位汽车出口大国。韩国电子工业也以高技术密集型产品为主,位为世界十大电子工业国之一。造船产业作为支柱产业之一,也是主要的出口创汇产业,韩国现代重工业公司旗下拥有5个世界最大的造船厂。

韩国服务业也发展迅速,目前已逐步形成以交通运输、旅游、工程承包等传统服务业为基础,现代服务业为首要,金融保险和电子信息服务等高附加值服务行业为重点对象的发展局面;运输业在韩国服务贸易中占据重要地位,是韩国进出口增长第一大行业,也是第一大顺差来源,韩国服务出口增势强劲,主要得益于运输业;金融服务进出口总额不断增长,为发展增速最快的行业之一,是次于运输服务的第二大顺差来源。目前,虽然韩国服务业以出口主导向作为发展模式,但在禀赋优势和竞争力方面依旧与世界发达国家有较大差距。

4.5.3 俄罗斯出口贸易发展现状

俄罗斯国土辽阔,自然资源十分丰富,工业基础和科技力量雄厚,作为世界贸易体系中的重要一环,俄罗斯在世界经济体系中处于贯穿东西、联系南北的枢纽地位,整体上维系着世界贸易一体化。自1991年俄罗斯经济转轨以来,外贸发展方向发生明显的变化,而进出口结构长时间没有实质性改变,出口在国民经济中占有重要地位,其中能源出口仍占出口总额的巨大比例。作为世界上最大的转型经济国家,俄罗斯巨大的市场成为世界各国争抢的对象。

一、俄罗斯出口贸易总额

俄罗斯出口额及其变化趋势图如图4-41所示。

图4-41　1996—2011年俄罗斯出口以及增速走势图

从图4-41可以看出俄罗斯近十几年来的出口变化趋势,在1991年苏联解体到1998年全球金融危机前,俄罗斯的出口以较低的速度匀速增长,1998年的全球金融危机中俄罗斯的对外出口遭到了19.4%的重挫,但在1999年末,由于国际石油价格的大幅上涨,以出口资源为主的俄罗斯通过石油出口换回大量外汇,外汇储备不断增加,成功稳定了卢布的价值,迅速地走出了金融危机的影响。从2001年普京执政开始,俄经济快速回升,出口以22.1%的平均增长率大幅增长9年。在2008年全球金融危机和国际油价暴跌的双重打击下,保持9年高速增长的俄出口大幅放缓,2008年末俄罗斯境内工业企业生产迅速萎缩,国内工业增加值大幅下降,2009出口总额环比下降32.5%。但在此后两年中俄罗斯的出口又以30%的速度增长,重新回到了世界十大经济体之中。

二、俄罗斯出口贸易的产业结构

2011年,俄罗斯出口额达到了4855亿美元,其中排名前十和后十的行业如图4-42和图4-43所示:

从图4-42和4-43可以看出,采矿业、内陆运输、精炼石油和核燃料、贱金属及金属制品、化学品及化工产品是俄罗斯的主要出口构成。由于俄罗斯拥有丰富的自然资源,蕴藏几乎地球上所有种类的矿物资源,在高度自给的情况下还可以出口,因此,仅采矿业一项就占据了总出口的

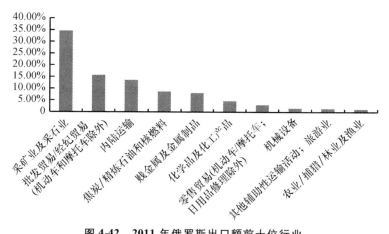

图 4-42　2011 年俄罗斯出口额前十位行业

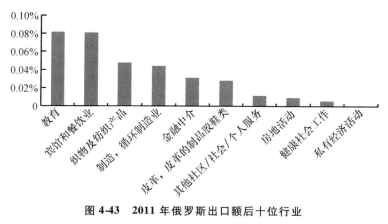

图 4-43　2011 年俄罗斯出口额后十位行业

34.5%,贱金属和金属制品的出口份额也达到了 8.1%。由于俄罗斯横跨欧亚大路发达的铁路、公路网络,也使俄罗斯的内陆运输出口达到了 15.8%,内陆运输成为第二大出口商品和服务。近年来,俄罗斯一直努力向国外推广核电设备,核能部门也是俄罗斯的出口大户,达到了总出口的 8.7%。从排名后十位的出口行业中可以看到,教育业、纺织业以及金融也是俄罗斯的出口弱项,其中纺织制品主要依靠进口,金融系统弱小,抗风险能力差。这主要是因为俄罗斯中央银行的紧缩性货币政策导致流动性不足和金融体系以及实体部门的普遍不稳定,目前俄罗斯金融体系规模较小也是问题所在,其货币化程度只有 40%,而发达国家普遍达到 80% 以上。因此,俄罗斯的金融中介的出口份额极小。

从出口商品所属的产业结构和行业分类来看,2011 年俄罗斯的商品出口如图 4-44 和 4-45 所示:

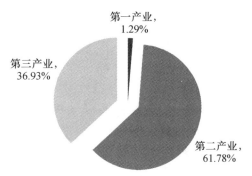

图 4-44 2011 年俄罗斯出口结构

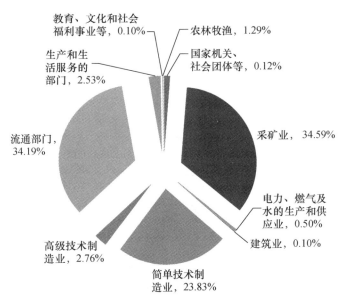

图 4-45 2011 年俄罗斯出口行业十大分类

由图 4-44 和图 4-45 可见,2011 年俄罗斯的出口产品共分为十个大类,分别为农林牧渔,采矿业,电力、燃气及水的生产和供应业,建筑业,简单技术制造业,高级技术制造业,流通部门,生产和生活服务的部门,教育、文化和社会福利事业等,国家机关、社会团体等。其中第一产业约占 1.29%,第二产业所占比例最大,达到了 61.78%,第三产业约占 36.93%。

俄罗斯虽然土地资源丰富,但由于水分、热量和土地资源的结合差,大部分国土处于寒冷的西伯利亚地带,同时经营模式也相对粗放,生产效率低下,单位产量低于发达国家,因此俄罗斯第一产业的出口份额极少,是世界上主要的粮食进口国。第一产业中主要的出口产品是木材,对中国出口量最大。俄罗斯第二产业虽然占出口中的较大比重,但燃料能源产品和金属及其制品依然占据主导地位,是俄罗斯的支柱产业,也是工业领域中劳动和生产效率最高的产业,这是由于俄罗斯的产业结构长期停留在资本密集型阶段,加上采掘工业发达,其初级产品出口比重在75%以上,仅燃料出口比重就达到了40%以上。俄罗斯的简单技术制造业和采矿业所占份额远高于高级技术制造业,高级技术制造业仅占2.76%,远低于发达国家的一般比重。俄罗斯的第三产业所占比重达到36.9%,远高于加拿大、澳大利亚、韩国等发达国家,这是因为俄罗斯横跨欧亚大陆,住处连接欧洲和亚洲的中心位置,其密布的铁路运输起到贯穿东西方的作用,相对廉价的劳动力也在一定程度上提高了俄罗斯运输服务的竞争力。俄罗斯服务贸易的总体规模偏小,服务贸易项目和地区分布不均衡。第三产业方面,俄罗斯服务贸易也不具备竞争优势,国际市场占有率很低,与第三产业发达的国家之间存在着较大的差距,与货物贸易的发展并不相匹配,目前俄罗斯的服务贸易出口项目仍处在比较低级化的阶段,服务贸易中的主要项目仍集中在传统的劳动或资源密集型产业,如同货物进出口直接关联的生产性服务业,即国际运输、旅游等服务业,而像金融中介、保险服务、信息技术服务等高附加值服务业所占比例极小,创汇能力较差。

4.6 欧盟主要国家出口贸易现状

欧盟现有27个成员国,人口5亿,GDP14.5万亿美元,欧盟27国总面积432.2万平方公里。欧盟的诞生使欧洲的商品、劳务、人员、资本自由流通,使欧洲的经济增长速度快速提高。欧盟是世界上一支重要的经济力量。12国面积为236.3万平方千米,人口3.46亿。1992年,欧盟12国国内生产总值为68412亿美元(按当年汇率和价格)。欧盟是世界上最大的贸易集团,1992年外贸总额约为29722亿美元,其中出口14518.6亿美元,进口15202.7亿美元。而目前,欧盟的经济实力已经超过北美自由贸易区居世界第一。随着欧盟的扩大,欧盟的经济实力将进一步加强。更重要的是,欧盟不仅因为新加入国家正处于经济起飞阶段而拥有更大的市场规模与市场容量,而且欧盟作为世界上最大的资本输出的国家集团和商品与服务出口的国家集团,再加上欧盟相对宽松的对外技术交流与发展合作政策,对世界其他地区的经济发展特别是包括中国在内的发展中国家至关重要。欧盟可以称得上是个经济"巨人"。据欧盟统计局统计,2011年1—9月欧盟货物贸易进出口33551亿美元,较上年同期

(下同)增长22.6%。其中,出口15849.5亿美元,增长23.0%;进口17701.5亿美元,增长22.2%;逆差1851.9亿美元,增长15.3%。

4.6.1 欧盟进出口贸易发展现状总体分析

一、进出口总额的分析

欧盟建立以来,作为世界上最大的区域经济集团,进出口均居世界首位,经济社会现代化程度高,总体经济实力强,在对外贸易方面表现出相当大的影响力。表4-2是2006—2011年欧盟货物贸易进出口总体情况。可见,2006—2008年欧盟的进出口稳定增长。2009年因受美国金融危机影响,贸易情况大幅扭转,欧盟的对外贸易总额一度下降到32014.27亿美元。出口下降20.6%,达15285.78亿美元;进口下降27.4%,达16728.49亿美元。2010年略有回升,对外贸易总额上升至37639.31亿美元,出口额上升至17862.73亿美元,进口额上升至19776.57亿美元。2011年,欧盟贸易恢复到金融危机之前的情况,进出口总额达到44744.12亿美元,同比增长18.1%,出口额为21300.28亿美元,进口额为23443.83亿美元。在2006—2011年间,欧盟一直都是贸易逆差,在2008年达到区间峰值3562.31亿美元,2011年的贸易逆差为2143.55亿美元。

表4-2　2006—2011年欧盟进出口总体情况　　金额单位:亿美元

时间	进出口		出口		进口			
	总额	同比%	总额	同比%	总额	同比%	差额	同比%
2006	31565.26	13.9	14578.52	11.5	16986.74	16	-2408.23	53.2
2007	36591.27	15.9	17026.04	16.8	19565.24	15.2	-2539.2	5.4
2008	42107.88	14.7	19272.78	13.1	22835.09	16	-3562.31	35.1
2009	32014.27	-24.3	15285.78	-20.6	16728.49	-27.4	-1442.72	-62.1
2010	37639.31	17.2	17862.73	16.6	19776.57	17.7	-1913.84	29
2011	44744.12	18.1	21300.28	19.2	23443.83	17.2	-2143.55	0.9

注:* 东盟:包括文莱、印度尼西亚、马来西亚、菲律宾、新加坡、泰国,1996年后增加越南,1998年后增加老挝和缅甸,2000年后增加柬埔寨。

** 欧盟:1994年前称欧共体,包括比利时、丹麦、英国、德国、法国、爱尔兰、意大利、卢森堡、荷兰、希腊、葡萄牙、西班牙,1995年后增加奥地利、芬兰、瑞典。自2004年5月起,统计范围增加塞浦路斯、匈牙利、马耳他、波兰、爱沙尼亚、拉脱维亚、立陶宛、斯洛文尼亚、捷克、斯洛伐克。自2007年1月起,增加罗马尼亚、保加利亚。自2013年7月起,增加克罗地亚。

二、欧盟出口商品结构分析

表4-3是欧盟在2006—2011年的出口商品结构情况。笔者根据欧盟统计局的资料,对商品进行分类,同时按每年年末汇率将欧元换算为美

表4-3 2006—2011年欧盟出口商品结构

金额单位:亿美元

	2006		2007		2008		2009		2010		2011	
总值	15322.98		18147.58		18360.68		15751.20		18156.72		20133.62	
初级产品	1917.68	13%	2309.88	13%	2561.44	14%	2110.96	13%	2549.46	14%	3027.82	15%
食品、活动物、饮料及烟酒等	763.64	5%	905.26	5%	953.22	5%	899.99	6%	1022.46	6%	1151.79	6%
非食用原料、动、植物油脂及蜡等	375.89	2%	442.41	2%	447.35	2%	398.40	3%	507.22	3%	580.43	3%
矿物燃料、润滑油及有关原料等	778.15	5%	962.21	5%	1160.87	6%	812.57	5%	1019.78	6%	1295.60	6%
工业制成品	13405.30	87%	15837.70	87%	15799.24	86%	13640.25	87%	15607.25	86%	17105.81	85%
化学品及有关产品	2434.69	16%	2889.54	16%	2770.48	15	2814.61	18%	3149.02	17%	3279.16	16%
机械及运输设备	6721.11	44%	8027.63	44%	8013.20	44%	6616.62	42%	7663.11	42%	8416.22	42%
杂项制品	3880.20	25%	4529.23	25%	4419.11	24%	3723.19	24%	4171.48	23%	4590.31	23%
未分类的其他商品	369.29	2%	391.31	2%	596.46	3%	485.82	3%	623.65	3%	820.11	4%

资料来源:欧盟统计局。

元。从表4-3可以看出,2006—2011年,欧盟的出口额不断增加,仅2009年受全球金融危机的影响有所下降,其出商品结构一直较为稳定。按出口产品来划分,初级产品占出口总额的13%左右,工业制成品占出口总额的87%左右,可见工业制成品在出口商品中占有重要的地位。初级产品和工业制成品下细分类别在总出口额中的比例也变化不大。工业制成品中,机械和运输设备占最高的份额,达到40%以上(见图4-46)。

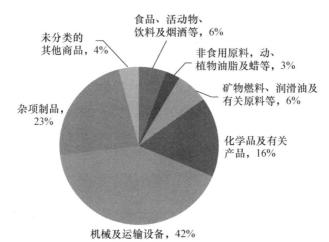

图 4-46　2011 年欧盟出口商品结构

三、欧盟主要贸易伙伴分析

欧盟的主要贸易伙伴有美国、中国、俄罗斯、瑞士、挪威等国家和地区,它们在欧盟的对外贸易当中占据主要的地位,扮演着十分重要的角色。从近几年的欧盟与贸易伙伴的双边贸易总额来看,欧盟主要贸易伙伴的地位基本稳定,与欧盟建立了紧密和稳定的长期贸易联系。表4-4是欧盟主要的贸易伙伴与欧盟的双边贸易情况。

表 4-4　2006—2011 年欧盟进出口情况　　金额单位:亿美元

		美国	中国	俄罗斯	瑞士	挪威
欧盟出口	2006	3518.83	840.14	953.56	1165.91	506.46
	2007	3784.58	1048.35	1300.95	1357.89	635.14
	2008	3450.55	1089.80	1460.49	1400.57	609.00
	2009	2914.93	1179.44	940.11	1271.16	537.41
	2010	3242.70	1516.29	1152.28	1477.48	560.75
	2011	3378.92	1764.61	1404.43	1804.77	603.75

(续表)

		美国	中国	俄罗斯	瑞士	挪威
欧盟进口	2006	2247.41	2570.54	1859.65	941.69	1043.25
	2007	2585.84	3396.19	2117.15	1119.90	1118.44
	2008	2541.93	3454.73	2484.79	1148.33	1336.46
	2009	2214.14	3069.70	1691.06	1155.08	985.97
	2010	2315.26	3780.70	2149.31	1137.56	1062.61
	2011	2468.12	3787.04	2588.61	1186.77	1212.68
双边贸易总额	2006	5766.23	3410.68	2813.21	2107.60	1549.71
	2007	6370.42	4444.54	3418.09	2477.79	1753.58
	2008	5992.48	4544.53	3945.28	2548.89	1945.47
	2009	5129.06	4249.14	2631.17	2426.24	1523.39
	2010	5557.96	5296.99	3301.59	2615.04	1623.36
	2011	5847.04	5551.65	3993.04	2991.54	1816.43

从表4-4得知,在欧盟的出口方面,美国一直是欧盟最大的出口国,但是近年来,出口额增速却不断下降,可见美国在欧盟出口中的重要性在降低。相反,中国在2009年超过了俄罗斯,成为欧盟第二大出口国,在2010年,欧盟对中国的出口增长将近30%。同样,2009年,瑞士也超过俄罗斯,排在第三位。俄罗斯则由以往的第二位,一度跌到第四位,欧盟对俄罗斯的出口额仅为940.11亿美元。在欧盟主要出口国中,排在第五位的是挪威,在2011年欧盟对挪威的出口达到603.75亿美元。

在进口方面,总的来说,欧盟对主要贸易伙伴的进口额变化不大。中国在欧盟进口国中屈居首位,但是增速缓慢,2011年相对2010年几乎没有增长。2011年,欧盟主要进口国排在第二位的是俄罗斯,进口额为2588.61亿美元。其次是美国,进口额为2468.12亿美元。挪威则排在第四位,对其进口额为1212.68亿美元。瑞士排在第五位,较2010年下降一位。

4.6.2 欧盟主要成员国贸易发展现状分析

一、德国出口贸易发展现状分析

德国是欧洲最大经济体,以汇率计算,德国是全球国内生产总值第四大国,同时以购买力平价计算,德国是国内生产总值第五大国。德国一直是日益全球化的经济的先驱,经济具有明显的外向型特征,多年来,对外贸易一直起着德国经济发动机的作用,其增长速度明显高于国民经济的总体增速。德国同 230 多个国家和地区保持贸易关系,产品以品质精良著称,技术领先,做工细腻,但成本较高。德国出口业素以质量高享誉世界,主要出口产品有汽车、机械产品、化学品、通讯技术、供配电设备和医学及化学设备。主要进口产品有化学品、汽车、石油天然气、机械、通讯技术和钢铁产品。主要贸易对象是西方工业国,其中进出口一半以上来自或销往欧盟国家。凭借其在 2012 年 1.516 万亿美元的出口额,德国是世界第三大出口国,出口额占 1/3 的国家输出。在 2013 年,德国在全球取得了 2700 亿美元的贸易顺差,成为全球最大的资本输出国。德国的对外贸易不仅在欧盟处于核心,在世界贸易中也占据着极为重要的地位。

(一)德国的出口贸易总额

从 1996 年到 2011 年,德国的出口贸易额有较为明显的波动,趋势如图 4-47 所示:

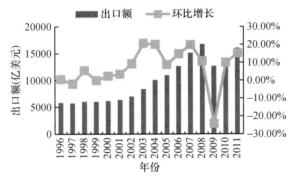

图 4-47　1996—2011 年德国出口额以及增速走势图

可见德国近十几年来出口的变化趋势,作为全球第三大出口国和欧盟经济实力最强的国家,在 2009 年之前,德国的出口增速一直呈现出逐年上升的趋势。在 1998 年的金融危机中德国的出口并未受到影响甚至较上一年有小幅的上升,这源于德国出口产品过硬的质量和优质的服务。2008 年,由于受到次贷危机的影响,欧洲的希腊等国发生了主权债务危机,德国的出口在次年遭受了近十几年来最大程度的跌幅,达到了 24.29%,但在随后的两年立即以 9.04% 和 15.18% 的速度恢复,在 2011 年到了最高点 16029 亿美元的出口总额。

(二)德国出口贸易的产业结构

通过分析德国细分行业的出口贸易可以阐明德国出口的贸易结构,2011 年德国出口贸易各行业的出口情况如图 4-48 和图 4-49 所示。

可见,运输设备、电器及光学设备、机械设备是德国的主要出口商品,

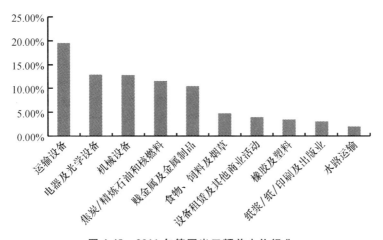

图 4-48　2011 年德国出口额前十位行业

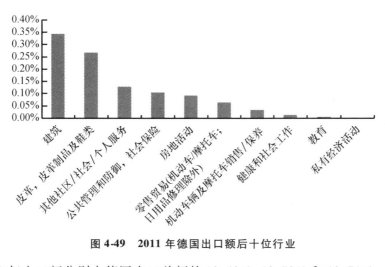

图 4-49　2011 年德国出口额后十位行业

2011 年出口额分别占德国出口总额的 19.49%、12.79% 和 12.71%，分别为 3124 亿美元、1669 亿美元、2050 美元和 2037 亿美元，占德国总出口的额的近一半，达到了 45%，具有绝对优势。由于德国拥有相对丰裕的资本，较为先进的技术，并且工业化水平较高，所以制成品贸易在对外贸易中占据了绝大多数份额，而这些制成品多为资本密集型和技术密集型产品，具有较高的附加值。2011 年，制成品在德国进口和出口贸易中的比重分别为 67.5% 和 84.8%，而半成品和原材料在进出口贸易中所占份额较小。因此，这不难解释运输设备、电器及光学设备、机械设备成为德国出口产品的主力。

同时，水路运输也成为出口前十行业中的一员，达到了 19.4%，这是因为德国历来重视发展内河航运，其天然河道基本上是南北走向。为了沟通东西部的天然河道，德国共开挖了总长度达 1800 公里的多条运河，从而在全国形成了四通八达的总长约 7300 公里的内河水运网。目前，德国的内河年货运量在 2 亿吨以上，约占全国货运总量的 1/4，最重要的水路是承担了大约 2/3 内河航运货运的莱茵河。

从出口后十位的行业中我们可以看到，作为一个平均教育程度相当高的发达国家，教育的出口只占出口份额的极小比例，远低于美国、加拿大等国。同时，由于德国是缺乏原料的国家，主要依靠进口来满足本国原料和能源的供给，因此原料的出口并不是德国的主要贸易方向，其现代工业所需要的许多原料，几乎完全依赖进口。近几年，轻纺等日用消费品进口大量增加，尤其是纺织及服装。

从出口商品所属的产业结构和行业分类来看，2011 年德国的商品出口如图 4-50 所示：

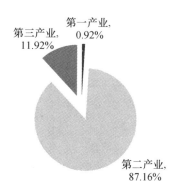

图 4-50　2011 年德国出口结构

如图 4-51 所示，德国 2011 年出口产品共分为十个大类，分别为农林牧渔，采矿业，电力、燃气及水的生产和供应业，建筑业，简单技术制造业，高级技术制造业，流通部门，生产和生活服务的部门，教育、文化和社会福利事业等，国家机关、社会团体等。其中第一产业约占 0.92%，第二产业所占比例最大，达到了 87.16%，第三产业占 11.92%。

德国的农业发达，机械化程度很高。2008 年共有农业用地 1693 万公顷，约占德国国土面积的一半，其中农田面积 1193.3 万公顷。2008 年农林牧渔业产值为 195.6 亿欧元，占国内生产总值的 0.8%。农业就业人口 85.5 万，占国内总就业人数的 2.12%。德国虽然农业发达，但其农产品产量仅能满足国内一半的需求，因此用于出口的农副产品

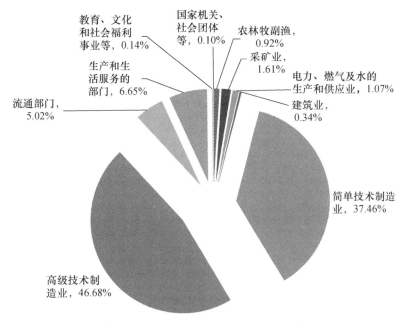

图 4-51　2011 年德国出口行业十大分类

只占极少的部分。

德国虽然是工业产品出口的大国,但同时也是一个原料缺乏的国家,主要依靠进口来满足本国原料和能源的供给。德国是世界上第五大能源消费国,所需天然能源的 2/3 强必须从国外进口,德国的石油消费几乎全部靠进口,在矿产品方面(如钢、铝、钨、锡、锰、钛等),对国外的依赖也很大,据统计,在西方采掘工业产品中,德国的消费量约占 10%,而它自己的采掘共有 1%。德国除煤炭和钾盐资源丰富以外,其他矿产资源或相当缺乏,或完全没有,因此,德国的对外出口主要依靠高附加值的工业制成品。由上图见,高级技术制造业几乎占据德国出口总额的一半,简单技术制造业也占据较高的比例。如 2011 年焦炭/精炼石油和核燃料、贱金属及金属制品以及橡胶及塑料的出口分别占当年出口总额的 11.54%、10.46%、3.43%,分别位于出口额前十位行业的第四、第五和第八位。

德国的服务业近年来也发展迅速,自上世纪 80 年代末逐渐向服务型经济转型以来,服务业占国内生产总值的比重逐年上升,德国服务业中尤以贸易、金融、保险、旅游和会展业等发展最为迅速。2005 年,德国服务业出口总值首次超过 1480 亿美元,第一次超过法国成为继美国、英国之后全球第三大服务业出口国。值得一提的是德国的会展业,德国的会展位居世界第一位,各行业的领先国际性展会中,有超过 2/3 的展会都是来自于德国,德国服务业的强势发展奠定了其在世界服务贸易体系中的重要地位。

二、法国出口贸易发展现状分析

法国是世界主要发达国家之一,国内生产总值位居世界第五。法国是仅次于美国的世界第二大农产品出口国,第三产业在法国经济中所占比重逐年上升。其中电信、信息、旅游服务和交通运输部门业务量增幅较大,服务业从业人员约占总劳动力的 70%。法国的矿产资源很丰富,铁矿、铝矾土、钾盐居西欧首位,还拥有具战略意义的铀矿,钾盐储量仅次于德国。同时,法国还是最发达的工业国家之一,在核电、航空、航天和铁路方面居世界领先地位。钢铁、汽车、建筑为其工业的三大支柱。法国的核能、石油化工、海洋开发、航空和宇航等部门近年来也发展较快。核电设备能力、石油和石油加工技术位居世界第二,而航空和宇航工业位居世界第三。

(一)法国的出口贸易总额

1996 年到 2011 年,法国的出口贸易额的变化趋势如图 4-52 所示:

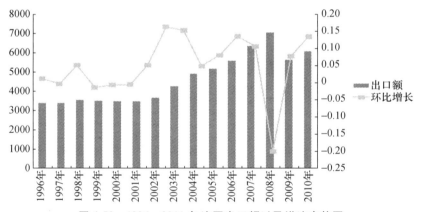

图 4-52　1996—2011 年法国出口额以及增速走势图

可以看到,法国的出口在 2003 年前一直处于一个较低的增长速度中,年平均增长速度仅为 1.35%,自 2003 年开始法国的出口进入一个相对高速的增长状态中,在 2003 年至 2008 年的六年中,法国出口的平均增长速度达到 11.57%,在 2003 年达到历史增长速度的高点 16.46%。在 2008 年法国的出口额也达到了近十几年来的最高点,为 7048.189 亿美元。但在 2009 年由于欧债危机的影响,法国的出口遭遇了近些年来的最大跌幅,较欧债危机前下降近 20%,但在随后两年中法国出口又以较高的速度恢复了增长,在 2011 年时几乎恢复到了欧债危机前的最好水平。

(二)法国出口贸易的产业结构

从图 4-53 和 4-54 可以看出,运输设备,化学品及化工产品,电器及光学设备,食物、饮料及烟草和机械设备是法国主要出口商品,2011 年出口额分别占法国出口总额的 18.46%、14.91%、10.31%、8.01%、6.88%,共占法国总出口额的 58.57%。

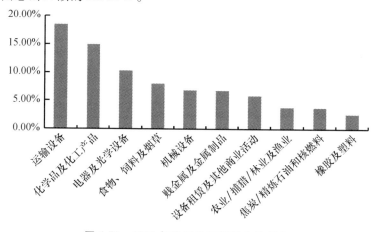

图 4-53　2011 年法国出口额前十位行业

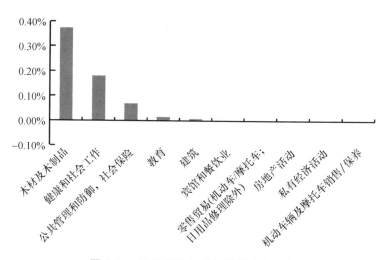

图 4-54　2011 年法国出口额后十位行业

法国是发达的工业国家,机械制造业以汽车、飞机、船舶、电子电器制造为主。在核电、航空、航天和铁路方面居世界领先地位。钢铁、汽车、建筑为其工业的三大支柱,法国的核能、石油化工、海洋开发、航空和宇航等部门近年来也发展较快。核电设备能力、石油和石油加工技术位居世界第二,而航空和宇航工业位居世界第三。

由于在船舶、汽车、航空运输方面具有优势地位,法国的运输设备出口是总出口中一支主要的力量,占据了总出口的近20%。同时,由于法国在核能和石油化工方面的发展非常迅速,化学品以及化工产品、焦炭/精炼石油和核燃料也是法国重要的出口组成。值得注意的是,在法国的出口中,食物、饮料以及烟草也占据相当高的比例,达到了8%,远高于同类发达国家,这是因为法国农业极为发达,是世界主要农业大国,主产小麦、大麦、玉米和水果蔬菜,葡萄酒产量居世界首位。有乳、肉用畜牧业和禽蛋业,是欧盟最大的农业生产国,也是世界主要农副产品出口国。机械化是法国提高农业生产率的主要手段,法国已基本实现了农业机械化,农业生产率很高。因此,农业食品加工业是法国外贸出口获取顺差的支柱产业之一。然而,从后十位的行业中可以看到,同德国类似,法国作为一个平均教育程度较高的国家,其教育的出口只占总出口的极小部分,远低于美国等教育出口大国。

从出口商品所属的产业结构和行业分类来看,2011年法国的商品出口如图4-55和4-56所示:

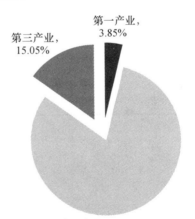

图4-55　2011年法国出口结构

如图4-55和4-56显示,法国2011年出口产品共分为十个大类,分别为农林牧渔,采矿业,电力、燃气及水的生产和供应业,建筑业,简单技术制造业,高级技术制造业,流通部门,生产和生活服务的部门,教育、文化

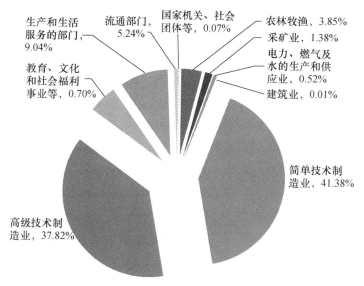

图 4-56 2011 年法国出口行业十大分类

和社会福利事业等,国家机关、社会团体等。其中第一产业约占 3.85%,第二产业所占比例最大,达到了 81.11%,第三产业占 15.05%。

作为欧洲经济实力最强的两个国家,法国同德国相比,在第一产业和第三产业上的份额都高于德国。作为欧盟第一农业大国,法国农业在世界农业中也有举足轻重的作用,法国甜菜、葡萄酒、牛奶、肉类、小麦、玉米产等产量位于世界前列。同时,法国的农业和林业用地占据了大部分的国土,农业和农产品行业产值在国民经济中占 5%,2004 年法国农业产值达 12285 亿欧元,进出口总额为 425 亿欧元,农产品外贸顺差达到了近 75 亿欧元。

在第二产业方面,法国同德国类似,但略逊于德国,其简单技术制造业如焦炭/精炼石油和核燃料、贱金属及金属制品以及橡胶和塑料所占的比重高于德国,而高级技术制造业的出口,如机械设备、电器及光学设备、运输设备,虽然也占较大的比重,但依旧略低于德国。

在第三产业方面,法国所占的比例要高于德国,其中一个重要的原因是,法国是世界四大旅游国之一,旅游贸易的大额顺差使得其服务贸易一直处于顺差地位。法国旅游业有着 150 年的历史,现已进入高度发达、成熟的阶段,属于世界上旅游业发达的国家之一,每年接待外国游客多达 8200 万人次,超过了法国的人口总数。目前,旅游业已成为法国营业额最高、收益最好、创造就业机会最多的行业之一。旅游业在法国经济中占有重要地位,其收入约占法国国内生产总值的6%。同时,通讯服务业也是法国商业服务业中最具活力的新兴产业之一,自20世纪70年代以来发展较快,连锁式经营相当发达,已扩展至零售、运输、房地产、旅馆、娱乐业等多种行业。

三、荷兰出口贸易发展现状分析

荷兰是发达的资本主义国家,西方十大经济强国之一。荷兰奉行自由贸易政策,属外向型经济。基础设施齐全,有完善的中介组织,经济环境较好。目前经济运行正常,优于欧盟平均水平。荷兰经济以稳定的劳资关系、适度的失业和通货膨胀率、巨大的经常账户盈余,以及一个作为欧洲运输枢纽的重要角色而闻名于世。商品与服务的出口约占国民生产总值的55%。电子、化工、水利、造船以及食品加工等技术先进,金融服务和保险业发达;陆、海、空交通运输十分便利,是欧洲大陆重要的交通枢纽;农业以高度集约化、高产著称,农产品出口额居世界前列。

(一) 荷兰的出口贸易总额

1996年到2011年,荷兰的出口贸易额的变化趋势如图4-57所示:

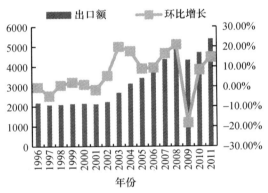

图4-57　1996—2011年荷兰出口额以及增速走势图

在1996至2001年,荷兰的出口增长处于一个较低的增速状态中,年平均增速甚至为-0.53%,但从2002年开始荷兰的出口进入一个高速增长的阶段,2002年至2008年的7年间,荷兰的年平均增速达到了14.15%,出口总额也在同年达到了金融危机前的最高点5278亿美元。同样受到金融危机和欧债危机的影响,荷兰的出口在2009年遭受了近十几年来最大的跌幅,达到了18.2%。但随后的两年中出口额又很快以8.43%和14.69%的增长速度恢复至危机前的水平,甚至略有增加。

（二）荷兰出口贸易的产业结构

通过图 4-58 和 4-59 我们可以看出化学品及化工产品,食物、饮料及烟草,焦炭/精炼石油和核燃料以及设备租赁及其他商业活动是荷兰的主要出口商品,2011 年出口额分别占荷兰出口总额的 15.16%、12.41%、10.67%、9.30%,共占荷兰总出口额的 47.54%。

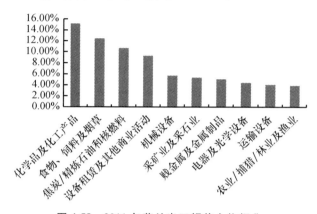

图 4-58　2011 年荷兰出口额前十位行业

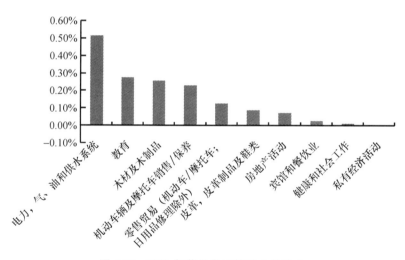

图 4-59　2011 年荷兰出口额后十位行业

荷兰工业发达,主要工业部门有食品加工、石油化工冶金、机械制造、电子、钢铁、造船、印刷、钻石加工等,近 20 年来重视发展空间、微电子、生物工程等高技术产业,传统工业主要是造船、冶金等。鹿特丹是欧洲最大的炼油中心。化学工业、食品工业和机械制造业是荷兰工业的三大支柱。

石油制品、化工产品、电子电器产品、纺织机械、食品加工机械、港口设备、运输机械、挖泥船、温室设备和技术等在世界市场有较强的竞争力。

从图4-58可以看出,化学品和化工产品占荷兰总出口的15.16%,这是因为荷兰石油化学工业在世界范围内位列前茅,其制品出口全球各地。以营业额计,荷兰的石化工业在欧洲排名第七,在世界上则位列第九,是全球第五大石化产品输出国。荷兰是欧洲最大的天然气出口国,其工业制成品约80%供出口。荷兰发展石化工业有其先天优势,包括拥有充沛的天然资源,例如煤、天然气、石油和海盐;石化产品运输和仓储基础建设十分先进。食物、饮料及烟草的出口额也在所有产品中排行第二,达到12.4%,因为荷兰的农业也非常发达,是世界第三大农产品出口国。花卉是荷兰的支柱性产业,出口占国际花卉市场的40%—50%。荷兰农业高度集约化,2005年荷兰农业产值450亿欧元,农产品和食品出口额超过480亿欧元,仅次于美国、法国,为世界第三大农产品出口国。重要的出口农产品有花卉、肉类、乳制品、蔬菜、土豆等。蘑菇、鲜花、奶酪和土豆种子的出口量居世界第一。

从出口商品所属的产业结构和行业分类来看,2011年荷兰的商品出口如图4-60和4-61所示:

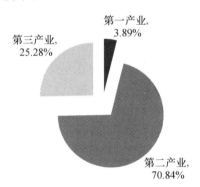

图4-60　2011年荷兰出口结构

如图4-61,荷兰2011年出口产品共分为十个大类,分别为农林牧渔,采矿业,电力、燃气及水的生产和供应业,建筑业,简单技术制造业,高级技术制造业,流通部门,生产和生活服务的部门,教育、文化和社会福利事业等,国家机关、社会团体等。其中,第一产业约占3.89%,第二产业所占比例最大,达到了70.84%,第三产业占25.28%。荷兰的农业占国内生产总值的3.89%,占就业人数的5%。荷兰为欧洲经济共同体重要的农业生产国。其农业高度集约化,是世界主要农产品出口国之一,主要农

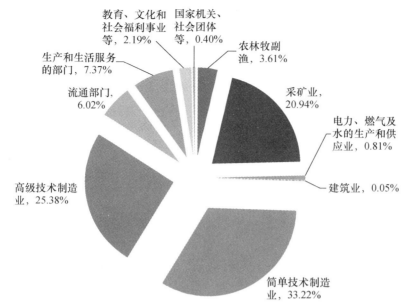

图 4-61　2011 年荷兰出口行业十大分类

产品有奶制品、谷物、马铃薯和甜菜。荷兰的牧业、蔬菜、园艺花卉也比较发达,花卉生产占世界第一位。

荷兰第二产业发达,占出口总额的 70.84%,主要工业部门有食品加工、石油化工、冶金、机械制造、电子、钢铁、造船、印刷、钻石加工等。近 20 年来,荷兰政府积极鼓励发展新兴工业,特别重视发展空间、微电子、生物工程等高技术产业。同时,其传统工业如造船、冶金等也生机勃勃,鹿特丹是欧洲最大的炼油中心,荷兰也是世界主要造船国家之一。高度机械化的农业为食品加工业和出口提供了巨大的顺差。工业品在国际市场上具有较强的竞争力。荷英壳牌石油公司、菲利浦、尤尼莱佛和阿克索人造纤维公司为荷兰四大垄断集团,也是世界上著名的跨国公司。荷兰有较完善的基础设施,水利事业发展很快。但是长期以来,纺织、成衣、制革和制鞋业却停滞不前。

值得注意的是,荷兰虽然国土面积狭小,但天然气的储量却十分丰富,2011 年开采天然气 2419 亿立方米,除满足自身需求外,还能出口。采矿业占荷兰总出口的 20.9%,成为一个相当重要的部分。

荷兰服务业在国民经济中居主导地位。它吸纳了荷兰 70% 的就业人员。荷兰的运输(港口)、金融、保险等第三产业闻名于世。荷兰由于处于"欧洲门户"的有利地理位置,拥有高度发达的水、陆、空运输网络、分拨能力和通讯系统。鹿特丹港已为世界第一大港,2000年吞吐量3.234亿吨。阿姆斯特丹机场也成为欧洲第三大空运货港。荷兰港口吞吐量占欧洲总量的40%,并承担欧盟跨界运输量的35%。荷兰已成为欧洲极其重要的分拨中心。在金融业方面,荷兰有著名的几大银行:荷兰银行(ABN-AMRO)、国际荷兰集团(ING)、荷兰合作银行(Rabobank)、FORTIS银行和两大保险公司(荷兰国民保险公司和AEGON公司)。阿姆斯特丹股票交易所为欧洲第五大证券交易所。

四、意大利出口贸易发展现状分析

意大利为全球十大外贸国之一,年进出口贸易总额长期稳定在世界第七至八位,2011年货物以及服务出口额为3757.19亿欧元,进口4000.52亿欧元。贸易总额占世界贸易总额的3%—3.5%。二战后,意大利经济发生了天翻地覆的变化。从一个农业国发展成为工业国,工业总量在世界位居第六。意大利是一个开放的经济体,是7大工业国集团成员、经济合作与发展组织成员国、国际货币基金成员国。意大利私有经济部分的显著特征是存在着大量的中小企业和数个大型的著名企业,如飞亚特和比瑞利等。最具有活力的产业和市场集中在意大利北部,这使得意大利南北收入差距很大,成为意大利最头痛的社会经济问题。过去,政府在经济中占据主导地位,拥有很多大型的工业和金融公司。从1994年进行的私有制和相关改革,使得政府在国民经济中的重要性下降。

（一）意大利的出口贸易总额

1996年到2011年,意大利的出口贸易额的变化趋势如图4-62所示:

图4-62　1996—2011年意大利出口额以及增速走势图

可见,在2000年前,意大利的出口增速一直处于上下震荡的过程,出口总量甚至呈现了总体略微下降的趋势,在2000至2002年的三年中,意大利的出口平均增速稳定在 2.7% 左右,并在 2003 年开始连续两年取得 18.2% 的平均增幅。但是,在随后的 2005 年,意大利国内机构改革导致的负面影响和在一些新市场尤其是亚洲市场中缺乏竞争性的价格,致使意大利的出口增速减缓。随着机构改革的进行,意大利的出口也随之恢复,在之后的三年里以平均 13.25% 的增速高速增长。2009 年,由于受到欧债危机的影响,意大利的出口总额遭到了近十几年来的最大跌幅,下跌幅度达到 24.6%,但随后两年中很快以较高的速度恢复到了金融危机前的水平。

(二)意大利出口贸易的产业结构

通过图 4-63 和 4-64 可以看出,机械设备、贱金属及金属制品、化学品及化工产品、运输设备、电器及光学设备是意大利的主要出口商品,2011 年出口额分别占意大利出口总额的 15.80%、12.32%、9.23%、8.46% 和 7.49%,共占意大利出口总额的 53.28%。

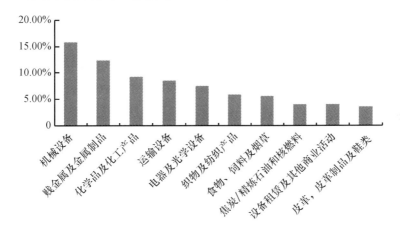

图 4-63 2011 年意大利出口额前十位行业

机械设备的出口占意大利出口总额的很大一部分,约为 15.80%,这是因为汽车产业是意大利从业人员最多的行业之一,总从业人数高达 120 万人,生产各类汽车出口到欧洲、非洲和地中海地区,是意大利机器制造业中最重要的工业部门。2011 年,意出口汽车 841089 辆,出口额约 112 亿欧元。其中新车出口 407381 辆,占年生产量的 60.5%。2011 年意汽车行业总出口额约 295 亿欧元,进口额约 284 亿欧元,顺差约 11 亿欧元。

贱金属及金属制品也占较大比例,因为意大利历来是欧洲乃至世界

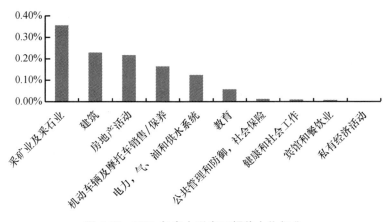

图 4-64　2011 年意大利出口额前十位行业

重要的钢铁生产国,在经过 2008 年金融危机打击后,于 2010 年重新恢复增长,2011 年意大利粗钢产量增长 10% 以上,达到 2871.7 万吨,居欧洲第二,仅次于德国。

化学品以及化工产品也是意大利的主要出口产品。尽管意大利缺乏发展化学工业的自然资源,但是地处地中海石油运输航线的中枢,又接近北非石油和天然气的主要产地,因此利用这个优势发展石油工业和石油化学工业。意大利的莫拉蒂石油公司在撒丁岛拥有欧洲最大的单个炼油厂,有"欧洲炼油厂"之称。其石油化工工业主要分布在西部沿海和西西里岛东部。

同时,由于意大利自然资源贫乏,仅有水力、地热、天然气等能源和大理石、黏土、汞、硫黄以及少量铅、铝、锌和铝矾土等矿产资源,因此,采矿业并不是其主要的部门。

从出口商品所属的产业结构和行业分类来看,2011 年意大利的商品出口如图 4-65 和 4-66 所示。

由图 4-66 可见,意大利 2011 年出口产品共分为十个大类,分别为农林牧渔,采矿业,电力、燃气及水的生产和供应业,建筑业,简单技术制造业,高级技术制造业,流通部门,生产和生活服务的部门,教育、文化和社会福利事业等,国家机关、社会团体等。其中第一产业约占 1.41%,第二产业所占比例最大,达到了 83.37%,第三产业占 15.22%。

意大利第一产业所占比例低于农业出口大国法国、荷兰等,略高于同为工业大国的德国,但意大利仍是欧洲主要的农业大国。意大利农业出口产品主要由葡萄酒、橄榄油、硬小麦加工的面和面粉以及蔬菜肉类加工

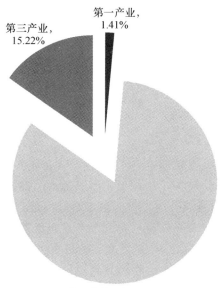

图 4-65　2011 年意大利出口结构

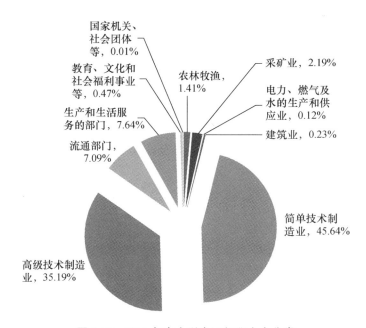

图 4-66　2011 年意大利出口行业十大分类

制成品四大部分组成。

意大利出口中第二产业所占的比例要高于法国、荷兰等国,略低于德国。其出口商品种类非常齐全,机械仪器、汽车、钢铁、化工化学、制药、家用电器、服装、制鞋、贵重金属等工业制成品均在全球市场有较高的竞争力。其国外市场主要为欧盟国家,对其出口量占总量一半以上。但是近年来,意大利对世界其他地区市场出口份额逐渐加大,出口欧盟占出口总份额的比例逐渐缩小。俄罗斯、日本、中国、巴西、美国等国家和地区都是意大利非欧盟国家中的重要贸易伙伴。

同法国类似,服务业也是意大利的一个支柱产业,意大利25%的就业人口从事服务业,服务业的产值占总产值的1/3。服务业主要包括商业、银行保险、医院、商店、通信、交通、旅游等领域。银行、保险、金融业发展得比较成熟,但区域分布不平衡也始终是意大利政府一直需要解决的问题。道路交通虽然发达,但还仍未能满足货车运输的需要,因为海陆运输未能有效结合,港口设施未能充分利用。意大利国内航空与国际航空相比,仍有很大的发展潜能。

意大利的旅游业十分发达,因为意大利具有悠久的历史和丰富的文化遗产,其独具特色的建筑风格和民风使意大利逐渐成为世界上吸引游客最多的国家之一。旅游业每年给意大利带来的盈余高达100—120亿里拉。

在意大利出口产品中,属于简单技术制造业的比例要高于德国、法国和荷兰三国,这是因为意大利是葡萄酒和橄榄油的出口大国,2011年葡萄酒出口接近50亿欧元,其中对中国出口为5000万欧元,涨幅最高,达到108%。意大利橄榄油出口目前位居世界第一,除2009年由于经济危机大幅下滑外,年产量基本为60万吨,出口额达10亿欧元,中国进口市场占有率接近40%,直逼第一位的西班牙。同时,纺织、服装的出口也居世界第一位。意大利的制鞋工艺优良、品种繁多,年产各种皮鞋5亿双,产量超过德、英、法三国的总和,出口占全球总量的70%,因此又被称作制鞋王国。

五、英国出口贸易发展现状分析

英国是欧盟中能源资源最丰富的国家,能源产业在经济中占有重要地位,主要工业有采矿冶金、化工、机械电子、电子仪器、汽车、航空等,生物制药、航空是最具创新力和竞争力的行业。服务业是英国经济的支柱产业,英国的农业以乳畜业为主,较为集中,高度机械化。英国的主要能源生产大约占总GDP的10%。服务业特别是银行业、保险业以及商业服务业占 GDP 的比重最大,而工业的重要性则不断下降,尽管英国仍是欧洲最大的军火、油产品、电脑、电视和手机的制造地。

(一)英国的出口贸易总额

1996 年到 2011 年期间,英国的出口贸易额的变化趋势如图 4-67 所示。

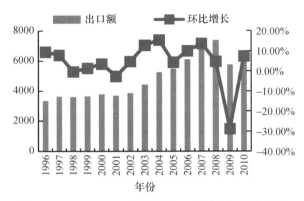

图 4-67　1996—2011 年英国出口额以及增速走势图

可见,英国的出口总额呈现出一个波动并总体下降的趋势,从 2001 年到 2004 年的四年中,英国的总出口进入一个高速增长的阶段,三年的平均增速达到 10.93%,从 2005 年开始英国的出口增长速度开始逐步放缓,并在 2008 年达到了近十几年来的最高点,即 6175 亿元。2009 年,由于受到欧债危机的影响,英国的出口总量遭遇了近 29% 的巨大跌幅,在此后的两年中,虽然以 7.3% 和 11.9% 的速度逐步恢复,但在 2011 年时仍未达到 2007 年时的出口水平。

(二)英国出口贸易的产业结构

图 4-68 和 4-69 显示了英国出口贸易的行业分布情况,可以看出金融中介、设备租赁及其他商业活动、运输设备、化学品及化工产品、电器及光学设备是英国的主要出口产品,2011 年出口额分别占英国出口总额的 15.80%、12.32%、9.23%、8.46% 和 7.49%,共占英国出口总额的 54.58%。

从图 4-68 可以看出,同其他发达国家明显不同的是,英国出口前十行业中排名第一和第二的是金融中介和商业活动,分别占出口总额的 13.92% 和 12.12%。这是因为,伦敦的金融和商业在世界范围内处领先地位,伦敦是世界最著名的金融中心,拥有现代化金融服务体系,从事跨国银行借贷、国际债券发行、基金投资等业务;同时也是世界最大外汇交

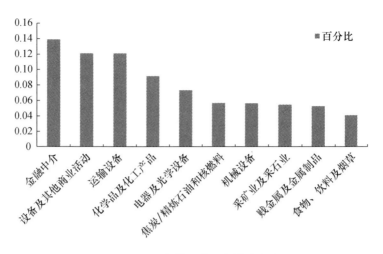

图 4-68　2011 年英国出口额前十位行业

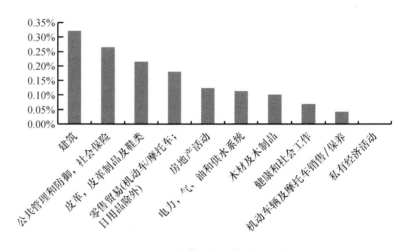

图 4-69　2011 年英国出口额后十位行业

易市场、最大保险市场、最大黄金现货交易市场、最大衍生品交易市场、重要船只借贷市场和非贵金属交易中心,并拥有数量最多的外国银行分支机构和办事处。

运输设备也占较高的比例,达到了 12.09%,因为英国是老牌资本主义强国,过去依靠海运发展强大,如今仍是海运强国。2005 年,英国沿海港口完成货物吞就达到了 5.86 亿吨。其造船工业也非常强大,20 世纪初船舶产量曾占世界总产量的 60%,直至 1955 年一直是世界造船业的龙头,以制造军舰、商船及海上采油设备为主。

化学品和化工产品也是英国的主要出口产品,英国是世界五大化工产品出口国之一,化工也是英国战后发展最快的工业部门之一,主要产品有无机化学产品以及塑料、药品、合成树脂、染料、化妆品等,产品的一半供出口。

另外,贱金属及金属制品在出口前十的产品中只排至第九位,而英国的钢铁业发展历史却十分悠久,是现代钢铁工业的发源地,很多炼钢方法均起源于英国。19世纪70年代,钢产量曾占世界1/2以上,后发展缓慢。2007年降至1430万吨,居西欧第四位,钢产量的一半左右供出口。

从出口商品所属的产业结构和行业分类来看,2011年英国的商品出口如图4-70和4-71所示:

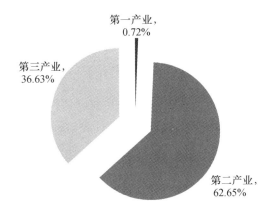

图4-70　2011年英国出口结构

可见,英国第一产业所占的比例较低,而第三产业占总出口的比例相对其他欧盟发达国家则高出很多。英国2011年出口产品共分为十个大类,分别为农林牧渔,采矿业,电力、燃气及水的生产和供应业,建筑业,简单技术制造业,高级技术制造业,流通部门,生产和生活服务的部门,教育、文化和社会福利事业等,国家机关、社会团体等。其中,第一产业约占0.72%,第二产业所占比例最大,达到了62.65%,第三产业占36.63%。

英国是高度发达的国家,其农业技术水平、专业化水平和劳动生产率都位于西欧的前列,目前英国是欧盟第四大农产品出口国。农业生产以小规模经营为主,主营畜牧业和捕鱼业,其中畜牧业精耕细作,机械化程度很高,分区专业化,主要种植饲料,用以经营高度商品化的乳肉业和培育良种牲畜。

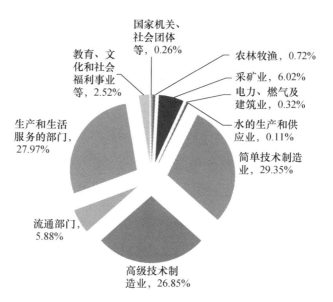

图 4-71 2011 年英国出口行业十大分类

英国的第二产业所占出口比例相对其他欧盟工业强国较低,由于战后英国政府对工业结构进行了较大幅度的调整,传统工业部门如纺织、采煤、冶金、造船等比重下降;新兴工业部门如石油加工、航空、电子等部门迅速发展,成为工业中的主导部门。

值得关注的是,英国总出口中第三产业所占的比例明显高于其他发达国家,达到了 36.63%。私有企业是英国经济的主体,占国内生产总值的 60% 以上,服务业占国内生产总值的 3/4,制造业仅占不到 1/5。第三产业包括金融保险、零售、旅游和商业服务等,是英国经济支柱产业。伦敦是世界著名金融中心,拥有现代金融服务体系,拥有世界最大外汇交易市场、最大保险市场、最大黄金现货交易市场、最大衍生品交易市场、重要的船贷市场和非贵金属交易中心,并拥有数量最多的外国银行分支机构和办事处,在伦敦金融城从业者就达到 32.4 万人。因此,英国的简单制造业和高级技术制造业所占出口的比例都低于其他第三产业并不十分发达的国家,出口结构的不同主要体现在生活和生产服务部门所占的较高比例上。

六、西班牙出口贸易发展现状分析

西班牙属于欧洲传统发达国家,拥有完善的市场经济,国民生产总值(GDP)居欧洲国家前五,是欧元区第四大经济体。西班牙的制造业十分发达,是世界最大的造船国之一,也是最大的汽车生产国之一。它还拥有十分优越的旅游资源,有"旅游王国"美誉。

(一)西班牙出口贸易总额

从图4-72中我们可以看出,西班牙经历了和瑞典相似的历史阶段,在2001年前保持了相对稳定的低速增长,从2002年起出口总额开始高速增长,并以14.32%的年平均增速连续增长七年,在金融危机前达到了历史高点3665亿,在金融危机和欧债危机中西班牙的出口遭受了近20%的跌幅,但此后两年的恢复速度也是惊人的,以9.70%和19.98%的增速达到并超越了金融危机前的出口水平。

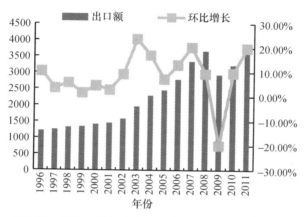

图4-72 1996—2011年西班牙出口额以及增速走势图

(二)西班牙出口贸易的产业结构

通过图4-73和4-74可以看出,运输设备,化学品及化工产品,贱金属及金属制品焦炭/精炼石油和核燃料,设备租赁及其他商业活动,食物、饮料及烟草是西班牙的主要出口商品,出口额分别占西班牙出口总额的20.46%、13.51%、12.03%、10.61%和10.61%。

在西班牙总出口中所占比例最高的产品是运输设备,这是因为西班牙的造船、钢铁、纺织等部门进入80年代后进行了合理化改革,经过几十年的发展,西班牙在世界造船业中列第五位,在西欧仅次于德国,名列第二位。而西班牙的机械设备则在前十位行业中排名较后,这是因为虽然汽车工业是西班牙的支柱行业,但其产量在世界上的排名已被泰国、加拿大和俄罗斯赶超,仅位居第12位。2012年西班牙汽车产量为197.92万辆,同比下降16.6%。同时,由于发达的农业,西班牙的食物、饮料以及烟草的出口也占据相当高的比例。

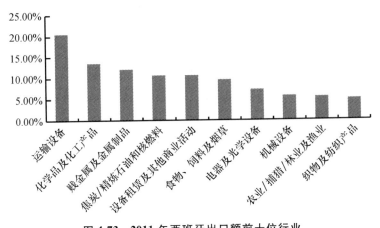

图 4-73　2011 年西班牙出口额前十位行业

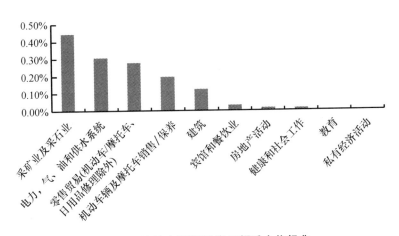

图 4-74　2011 年西班牙出口额后十位行业

在排名后十位的行业中,西班牙的教育出口在所有行业中排名倒数第二位,比例明显低于欧盟其他发达国家。

从出口商品所属的产业结构和行业分类来看,2011 年西班牙的商品出口如图 4-75 所示:

西班牙第一产业约占 4.18%,第二产业所占比例最大,达到了 74.93%,第三产业占 20.89%。西班牙 2011 年出口产品共分为十个大类(见图 4-76),分别为农林牧渔,采矿业,电力、燃气及水的生产和供应业,建筑业,简单技术制造业,高级技术制造业,流通部门,生产和生活服务的部门,教育、文化和社会福利事业等,国家机关、社会团体等。西班牙的第一产业所占出口比例相对其他欧盟发达国家较高,2012 年西班牙的

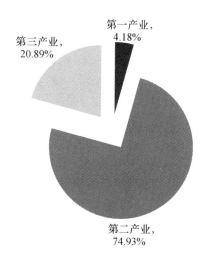

图 4-75　2011 年西班牙出口结构

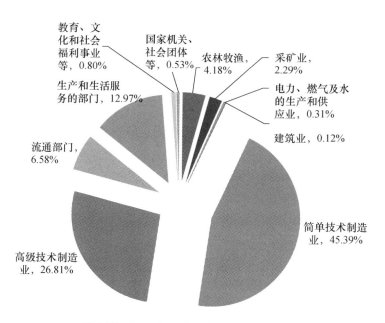

图 4-76　2011 年西班牙出口行业十大分类

农、林、渔业产值占国内生产总值的 2.5%，就业人口为 75.32 万。可用农业占地面积是国土面积的 13.8%，居欧盟第二位。农作物种植种类繁多，主要有葡萄、橄榄、柑橘等。猪肉、牛肉是西班牙主要饲养的畜类，头数分别占所有畜类的 41.5% 和 28.1%。猪肉、羊肉产量居欧盟第二位。

2010年,捕鱼99.27万吨,产量居欧盟首位。

西班牙的工业产值约占国内生产总值的35%,从业人员占总就业人口的30%。其主要产业是汽车、造船、化工、钢铁、纺织、服装、皮革制品等,这些行业同欧共体其他成员国相比较也具有相当的规模和竞争力。造船、钢铁、纺织等部门在进入80年代后进行了合理化改革。西班牙经济发展顺利,办公自动化设备、计算机、电子、电气机械、金属制品等部门增长迅速。

近年来,西班牙的服务业取得了显著的发展,在国民经济中占的比重约达60%,其中发展最快的是实现金融自由化后的金融、保险部门,此外运输、通讯部门也取得了持续发展,但是商业部门因国内产业结构变化而进展不大。观光旅游业是西班牙主要的获取外汇收入的来源之一,在弥补贸易收支赤字上起着重要作用。

从西班牙出口行业的分类来看,其简单技术制造业所占比例超过高级技术制造业,其高级技术制造业所占出口比例也低于欧盟其他发达国家,仅占26.81%,因为近些年来,受全球金融危机影响,西班牙金融风险加大,房地产泡沫破灭,失业率飙升,经济急速下滑,社会发展面临严峻挑战,这严重影响了西班牙高级技术制造业的发展。

七、比利时出口贸易发展现状分析

人口稠密的比利时是世界上工业最发达的地区之一,比利时是19世纪初欧洲大陆最早进行工业革命的国家之一。比利时拥有完善的港口、运河、铁路以及公路等基础设施,为与邻国更紧密的经济整和创造条件。作为欧盟的创始会员国之一,比利时十分期盼欧盟能整合整个欧洲的各个经济体。比利时1999年1月成为首批使用欧洲统一货币欧元的国家之一,原先的比利时法郎在2002年初被完全取代。

(一)比利时出口贸易总额

从图4-79可以看出,从1996年到2001年比利时的出口总额一直呈现小幅波动,上升和下降的幅度都很小,自2002年开始比利时出口总量进入高速增长的轨道中,直到2008年保持了年平均12.87%的较高增长速度,并在该年达到了近年来的出口最高点。仅在2002和2005年增长速度低于10%。2009年,由于受到欧债危机的影响,出口下降19.74%,在此后的两年中虽然逐渐恢复,但同英国一样,在2011年仍未恢复到2008年时的历史高点。

(二)比利时出口贸易的产业结构

通过图4-78和4-79可以看出,化学品及化工产品,焦炭/精炼石油和核燃料,贱金属及金属制品和食物、饮料及烟草是2011年比利时的主要

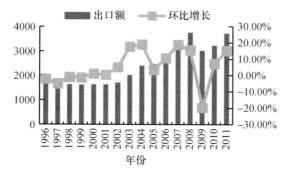

图 4-77 1996—2011 年比利时出口额以及增速走势图

出口商品,出口额分别占比利时出口总额的 19.13%、16.67%、15.46%、10.87%,共占比利时出口总额的 62.14%。

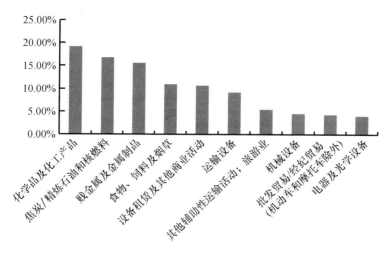

图 4-78 2011 年比利时出口额前十位行业

化学品及化工产品是比利时出口的最主要产品,占比利时总出口额的近 20%,其化工产业全球有名。全球最大的十几家跨国化工集团均在比利时设有工厂。比利时 GDP 只占欧盟的 3.2%,但比利时化工产业的营业额超过了全欧盟化工产业的 8%,出口的化工产品更是占欧盟总出口量的 17%。比利时聚氯乙烯产销量占全欧盟的 12% 左右。比利时化学工业主要瞄准出口市场,80% 以上的产品供出口。

钢铁及有色冶金是比利时的传统行业,近年来,随着产业结构的调整,企业大量兼并,产量下降,产品压缩,使这一行业在工业总产值中的比重逐年下降,2011 年约占总出口的 15.46%。机械制造业目前是比利时

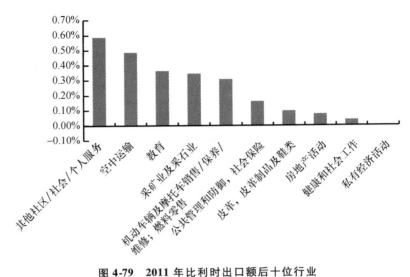

图 4-79 2011 年比利时出口额后十位行业

的支柱产业,尤其是汽车装配业和汽车的零配件制造业较为发达,比利时本国虽然没有汽车品牌,但由于其在欧洲所处的地理位置及安特卫普港的便利条件,吸引了世界著名汽车制造商建厂投资。

比利时系工业发达国家,但国内资源贫乏,对外依赖性较大,80%的原料依靠进口,绝大多数的工业品供出口,因此采矿业在比利时的总出口中占较低的比例。

从出口商品所属的产业结构和行业分类来看,2011 年比利时的商品出口如图 4-80 和 4-81 所示:

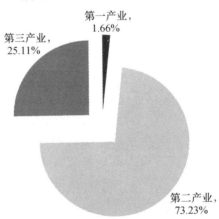

图 4-80 2011 年比利时出口结构

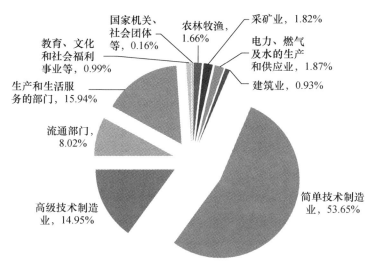

图 4-81 2011 年比利时出口行业十大分类

比利时第一产业约占 1.66%，第二产业所占比例最大达到了 73.23%，第三产业占 25.11%。比利时 2011 年出口产品共分为十个大类，分别为农林牧渔，采矿业，电力、燃气及水的生产和供应业，建筑业，简单技术制造业，高级技术制造业，流通部门，生产和生活服务的部门，教育、文化和社会福利事业等，国家机关、社会团体等。比利时的第一产业比较发达，农业总产值占国内生产总值的 1.7%，农业劳动人口占全国劳动人口的 2.3%。全国共有耕地 135.4 万公顷，占国土面积的 45%。主要农作物为小麦、大麦、甜菜、土豆及其他经济作物。全国拥有 63000 多个农场，粮食单产较高，粮食总产量可满足国内近 80% 的需求。比利时工业门类比较齐全，总产值占国内生产总值的 27.7%。主要行业有机械制造、化工医药、食品加工、钢铁及有色冶金、纺织业、通讯器材、组装汽车及配件。比利时企业以家族式的中小企业为主。据统计，比利时共有 51816 家企业，其中 50529 家人数为 5—100 人，占企业总数的 95% 以上。这些中小企业在比利时的经济中发挥着重要作用。比利时的第三产业发展迅速，2011 年附加值为 2515 亿欧元，约占国内生产总值的 68.3%。服务业就业人数约 347 万人，占总劳动人口的 78.2%。旅游业也相当发达，其收入约占国内生产总值的 2%。比利时每年接待约 670 万游客，大多来自法、德、荷、英等欧洲邻国，2010 年接待外国游客 718.6 万人次。旅游业收入约占国内生产总值的 2%。

比利时的出口产品中，简单技术制造业占据相当高的比例，远高于德、法、意、英等工业强国,这和比利时的主要出口产品有关,比利时是世界第二大巧克力出口国,其钻石工业、地毯加工业和台球制造业也拥有悠久的历史,在世界上享有盛誉,出口量均占世界第一位。同时,近年来发展迅速的印刷出版业、木材加工业、纸张包装业、玻璃工业也都属于简单技术制造业。

八、波兰出口贸易发展现状分析

波兰位于欧洲中部,濒临波罗的海,面积312679平方公里,居欧洲第九位和欧盟第六位。波兰90%以上面积是平原,密布着大小河流形成的水网。波兰是拥有很大的疆域、人口和经济潜力的欧洲国家。最近,其在世界经济中的参与及地位明显提高。

(一)波兰出口贸易总额

从图4-82可以看出,波兰的出口增速并不稳定,受到系统性因素的影响比较严重。在1997至1998年经历了三年的高速增长后,受到1998年全球金融危机的影响,在1999年遭遇了连续三年上涨以后的首个下跌,下跌幅度达到10.2%。之后,随着世界经济的恢复,波兰的出口连续以平均20.61%的惊人速度增长九年,在2008年时达到了历史高点2132亿。随后由于受到欧债危机和全球性金融危机的影响,在2009年波兰遭到了近十几年来最大出口跌幅,下跌22.2%。但在此后的两年中,波兰很快又以高速恢复了出口的活力,在2011年时的出口额恢复并略高于金融危机前的出口水平。

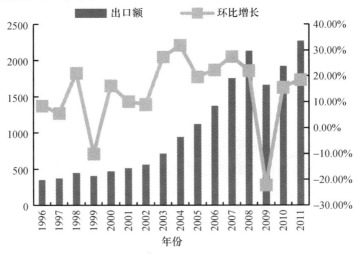

图4-82 1996—2011年波兰出口额以及增速走势图

(二)波兰出口贸易的产业结构

通过图 4-83 和 4-84 可以看出,运输设备,贱金属及金属制品,电器及光学设备,食物、饮料及烟草,化学品及化工产品,机械设备是 2011 年波兰的主要出口商品。出口额分别占波兰出口总额的 21.20%、14.23%、11.62%、11.59%、8.48% 和 7.49%。

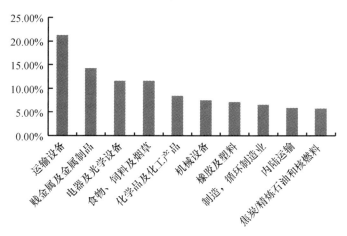

图 4-83　2011 年波兰出口额前十位行业

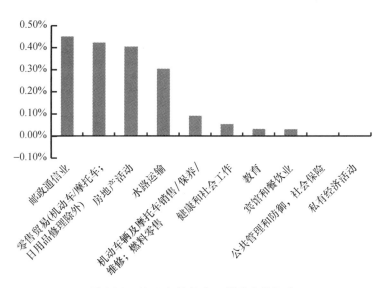

图 4-84　2011 年波兰出口额前十位行业

运输设备成为波兰最重要的出口产品,目前机电工业为波兰最大的和最重要的工业,包括金属加工、机器制造、汽车、造船、精密仪器、运输工具、电机和电子工业等,其中汽车工业为迅速发展的最大新型行业之一。燃料—动力工业也是波兰重要的基础工业,其中煤炭工业最为发达,其煤矿的开采是国家能源供应的基础和出口收入的重要来源。波兰是欧洲最大的(除俄罗斯外)硬煤生产和出口国,也是褐煤的重要生产国。冶金工业主要为钢铁工业和其他有色金属工业。因此,贱金属及金属制品和煤炭出口也成为波兰出口中的重要组成部分,值得注意的是,波兰的内陆运输也占相当大的比重,这是因为波兰地处欧洲中心的位置,使得运输,尤其是陆上运输可以发挥特别重要的作用。西欧向东,作为连接欧盟国家和俄罗斯、白俄罗斯和乌克兰及独联体其他国家的运输网的主要运输通道横贯波兰。通过波兰,连接波兰波罗的海港口和南欧诸国的南北运输通道的作用也越来越大。

从出口商品所属的产业结构和行业分类来看,2011年波兰的商品出口如图4-85和图4-86所示。

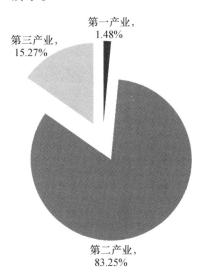

图4-85 2011年波兰出口结构

波兰第一产业约占1.48%,第二产业所占比例最大,达到了83.25%,第三产业占15.27%。波兰2011年出口产品共分为十个大类,分别为农林牧渔,采矿业,电力、燃气及水的生产和供应业,建筑业,简单技术制造业,高级技术制造业,流通部门,生产和生活服务的部门,教育、文化和社会福利事业等,国家机关、社会团体等。波兰农产品贸易占据重要地位。波兰农用土地面积1590万公顷,相当于欧盟农用土地面积

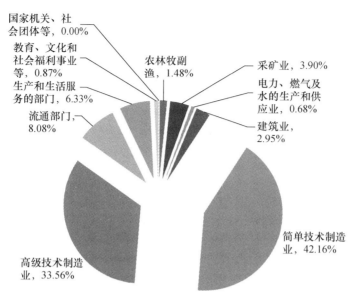

图 4-86　2011 年波兰出口行业十大分类

的 12%，占波兰国土的 50% 以上，从 1990 年起，波兰开始了国营农场的私有化，将原国营农场土地几乎全数转为私人使用，其农业机械化的水平也相当高。2005 年平均每 10 公顷农田有 1 辆农用拖拉机，主要作物为各种麦类和马铃薯、甜菜等。牲畜主要有牛、猪和羊。虽然第二产业占据了相当大的比重，近几年来波兰工业在国内生产总值中所占的比重呈缓慢而稳定的下降趋势，但其经济效益和产品质量却有了明显的提高。这是服务业和贸易快速发展以及工业结构从重工业向消费品工业转移的结果。此外，波兰工业正在进行大规模的结构和技术调整，国家经济特别重要的部门，如燃料与能源、钢铁、国防、重型化工、制药、纺织服装及一些高技术工业已实现了体制改革，并逐步使其取得国际质量认证。波兰的第三产业也发展迅速，凭借有利的地理条件，波兰的陆运、海运和航空运输都增长迅速，其中航空运输是增长最快的部门，2007 年，波兰机场承接的乘客人数达到 1700 多万，是 2000 年的 3 倍。在几乎所有的波兰机场，波兰和外国飞机明显增多。这种飞速发展归功于航空运输的自由化以及低廉航空公司进入波兰市场导致航空运输更加便捷。另一方面，商务旅行和海外工作的出国人数增加，以及越来越多的外国游客在一体化的欧洲内旅游，也起到了推动的作用。从行业分类来看，目前波兰的简单技术制造业仍旧占据较高的出口比重，低于欧洲发达国家的水平，但目前随着结构的转型,高级技术制造业所占的比重正在逐年增加,波兰加工制造业属于高技术领域的就业人数达到雇用50人的企业占就业总人数的4%左右。高技术行业在波兰加工制造业销售产值的比重达到5%,而如与中高技术部门一起计算则超过30%,在外合资公司达到50%。

九、芬兰出口贸易发展现状分析

芬兰是一个高度工业化、自由化的市场经济体,人均产出远高于欧盟平均水平,与其邻国瑞典相当。经济的主要支柱是制造业,主要以木材、金属、工程、电讯和电子工业为主。芬兰的通信产业非常发达,芬兰是号称因特网接入比例和人均手机持有量最高的国家。贸易对芬兰而言十分重要,GDP中大约1/3来自出口。除了木材和少数矿产,芬兰的原材料、能源和一些工业组件都倚赖进口。由于天气的原因,芬兰的农业仅维持在基本农产品自给自足的水平。林木业作为出口的主要支柱,为农村人口提供了第二个工作选择。芬兰在1999年加入欧元体制,目前为唯一使用欧元的北欧国家,在未来几年芬兰将更快地与西欧经济一体化。

(一)芬兰出口贸易总额

从图4-87可以看出,在2002年前芬兰的出口波动幅度较小,六年中平均增幅只有1.92%,但从2003年开始,芬兰的出口进入一个高速增长的轨道,在2003年至2008年的六年中,其出口年平均增速达到了15.16%。2008年出口总额较2003年翻了一番,达到了历史高点1233.9亿。但芬兰同样受到2008年金融危机和欧债危机的影响,2009年出口总额大跌近30%。即便在随后的两年中,芬兰仍以客观的增速恢复,但2011年其出口额仍未恢复至危机前的水平。

(二)芬兰出口贸易的产业结构

图4-88和图4-89是芬兰出口贸易的产业分布情况。

可见,电器及光学设备、纸浆/纸/印刷及出版业、贱金属及金属制品、机械设备是芬兰主要出口商品,分别占芬兰出口总额的18.08%、15.48%、14.60%和14.28%。

芬兰同其他国家最明显的区别在于,其纸浆/纸/印刷及出版业所占总出口的比重极大,达到了15.5%,这是因为芬兰是世界林业发达国家,虽然其森林面积不到世界总量的1%,木材产量也仅占世界总产量的1.5%,但由于大力提倡造纸企业林、浆、纸一体化发展,森林覆盖率一直高达70%左右,森林工业总值、林业出口总值、纸和纸板的出口分别约占世界总量的5%、10%、15%。目前芬兰是世界第六、欧洲第二大纸和纸板生产国,在欧洲仅次于德国。2006年,芬兰森林工业产值约210亿欧

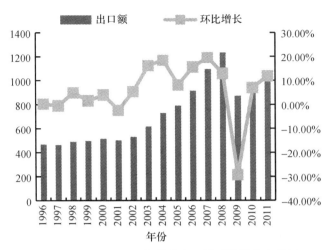

图 4-87　1996—2011 年芬兰出口额以及增速走势图

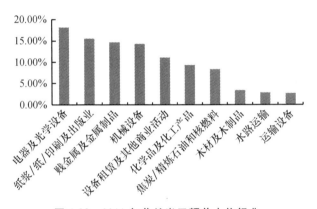

图 4-88　2011 年芬兰出口额前十位行业

元,同比增长 14%,创历史新高。其中,纸和纸板产量 1410 万吨,化学纸浆和机械制纸浆达到 1300 万吨,均创芬兰历史最高纪录。

占据芬兰出口比例第一位的是电器及光学设备,达到了 18.1%,这是由于芬兰政府积极实行以高科技为动力、建设外向型经济的产业结构调整战略,芬兰以电子工业为重点发展方向,大力改造传统产业,建立新兴工业,不断提高国际竞争力。电子、通讯、电气、应用生物工程、环保技术与产品等以高科技为核心的新型工业迅速发展,至 20 世纪 80 年代,这些产业企业已占芬兰企业总数的 10%。90 年代起,电子工业迅猛发展,其中移动通讯的技术及其产品在世界上最为著名。传统的锯木、造纸、冶金与机械工业的自动化水平和高新技术含量的产品几乎都达到了国际先

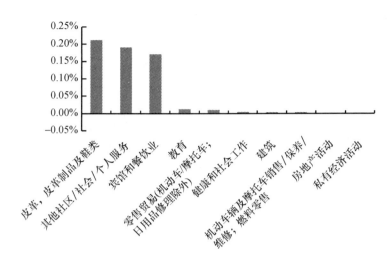

图 4-89　2011 年芬兰出口额前十位行业

进水平。

同时,芬兰拥有有铜、锌、金、铬、钴、钛、钒等矿藏,矿产资源中铜较多,还含有少量的铁、镍、钒、钴等;泥炭资源丰富,探明储量约 700 亿立方米,相当于 40 亿吨石油,因此,贱金属的出口也在总出口中占据较大的比例。

从出口商品所属的产业结构和行业分类来看,2011 年芬兰出口结构如图 4-90 和图 4-91 所示。

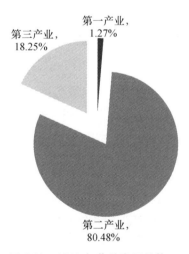

图 4-90　2011 年芬兰出口结构

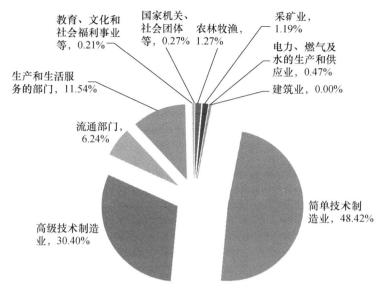

图 4-91　2011 年芬兰出口行业十大分类

芬兰第一产业约占 1.27%，第二产业所占比例最大，达到了 80.48%，第三产业占 18.25%。芬兰 2011 年出口产品共分为十个大类，分别为农林牧渔，采矿业，电力、燃气及水的生产和供应业，建筑业，简单技术制造业，高级技术制造业，流通部门，生产和生活服务的部门，教育、文化和社会福利事业等，国家机关、社会团体等。芬兰的林业发达，机械化程度较高，农畜产品自给有余。农林业产值约占国内生产总值的 3% 左右。农林密切结合，几乎所有的农户都经营一定数量的林地。2002 年耕地约 221.55 万公顷，从事农林业的劳动力为 11.3 万，约占总劳力的 5.1%。芬兰的第二产业主要以木材（采伐、加工）和造纸为主，次为炼油、机械、造船、钢铁、有色冶金、纺织等。工业于 20 世纪 90 年代得到快速发展，已从劳动、资金密集型转变为技术密集型。建立在森林基础上的木材加工、造纸和林业机械制造业为经济支柱，并具有世界领先水平，整个森林工业产量占世界总产量的 5%，是世界第二大纸张、纸板出口国（占世界出口量的 25%）及世界第四大纸浆出口国。芬兰的第三产业也相当发达，自 80 年代以来更为完善，基本分为私人服务业和公共管理服务业两大类，主要包括商业、贸易、旅馆、饭店、银行、保险、社会性服务业和公共服务业。2007 年旅游收入 21 亿欧元，占国内生产总值的 54.4%，从业人口为 69.5 万，占总劳力的 31.2%。游客主要来自俄罗斯、瑞典、德国、英国、法国、美国等。主要旅游点是赫尔辛基、图尔库、东部湖区、北部拉毕地区和奥兰岛。

从芬兰的行业分类所占的比重可以看出,作为欧洲最具有竞争力的国家,简单技术制造业依旧占据了较大的比重,这和芬兰的自然环境以及传统的优势出口项目——木材的生产和加工有关,其出口收入的40%—50%来自木材、木材制品、纸张和纸浆。

同时,芬兰的高级技术制造业也在飞速发展,现在芬兰已成为欧洲生命科技领先的国家,在诊断、生物制药、生物材料和工业酶等领域具有较强的实力。目前,芬兰共有约150家生命科技公司,约占欧洲生命科技公司总数的7%,而芬兰人口仅为欧洲的1%,其中,75%的公司成立于1990年后,25%的公司成立于本世纪。芬兰生命科技产业从业人员约1.3万人。全芬兰共建有5个生命科技和工业园。

十、瑞典出口贸易发展现状分析

瑞典面积为449964平方公里,为北欧第一大国。64%的国土由森林覆盖,人口密度低,只有在大都会地区人口密度较高,84%的人口居住在只占国土面积1.3%的城市里。瑞典经济以铁矿石、原木和充沛的水力发电能源为基础,现在的主要产业是林业、电信业、汽车业和制药业。瑞典2009年的出口额约为9650亿人民币。19世纪之前,农业一直是瑞典经济的主要支柱,而现在仅占GDP和就业人数的1%。

(一)瑞典出口贸易总额

从图4-92中我们可以看出,瑞典的出口在1996至2000年期间增长率较为稳定,仅在2001遭遇了9.15%的跌幅。但从2001年开始,瑞典也同芬兰类似进入高增速的轨道,以年平均13.93%的高速连续增长七年,在2008年时达到了历史高点1819亿,在随后的金融危机和欧债危机中,瑞典也未能幸免,遭遇了近27%的跌幅。但在随后的两年中,瑞典很快以16.61%、17.61%的高增速迅速恢复至危机前的水平,甚至略有超过。

(二)瑞典出口贸易的产业结构

从图4-93、4-94可以看出运输设备、电器及光学设备、机械设备、贱金属及金属制品、化学和化工制品是瑞典的主要出口商品,出口额分别占瑞典出口总额的14.95%、14.65%、12.43%、11.02%和9.64%。

瑞典超过1/3的国内生产总值来自于出口,其出口产品数量的一半以上是工程技术产品。而电器和机械设备在这一领域占有非常重要的地位。瑞典出口产品发展最快的是电子工业。其中包括通讯和电脑相关产品。尽管瑞典的制造业在国内生产总值中只占很少的一部分,但在瑞典

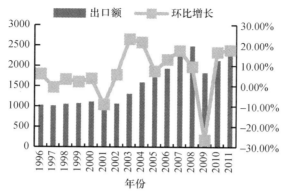

图 4-92 1996—2011 年瑞典出口额以及增速走势图

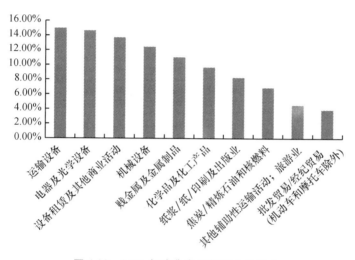

图 4-93 2011 年瑞典出口额前十位行业

的出口产品中仍处于优势地位。像爱立信、ABB、伊莱克斯、沃尔沃和萨伯这样的跨国公司所拥有的雇员占全部工业领域雇员的 70%。同时出口产品的 80% 为工业产品。

贱金属以及化学化工产品的出口都占据较大的份额,这是因为,钢铁工业是瑞典历史悠久的工业部门之一,而化学工业则是瑞典的主要工业部门之一。在化学工业内部,尤以石油化学、石油精炼最为突出,塑料、化纤、药品和化肥也有较大发展。同时,能源工业在瑞典经济中居于十分重要的地位。瑞典工业发达,能源密集企业居多,加上冬季漫长和交通线很长,是一个能源高消费国家,仅电力消耗每人年均达 1.3 万度左右。

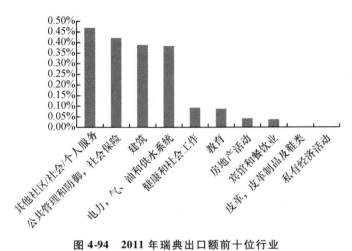

图 4-94　2011 年瑞典出口额前十位行业

值得注意的是,尽管电力、气、油和供水名列出口后十位,瑞典仍是世界上拥有最廉价的水和电的国家。

从出口商品所属的产业结构和行业分类来看,2011 年瑞典的商品出口如图 4-95 所示。

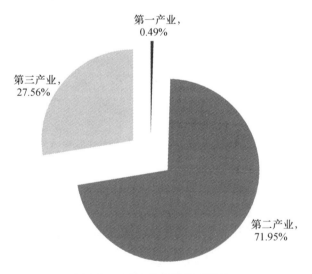

图 4-95　2011 年德国出口结构

如图 4-95 显示,瑞典第一产业约占 0.49%,第二产业所占比例最大,达到了 71.59%,第三产业占 27.56%。瑞典 2011 年出口产品共分为十个大类(见图 4-96),分别为农林牧渔,采矿业,电力、燃气及水的生产和

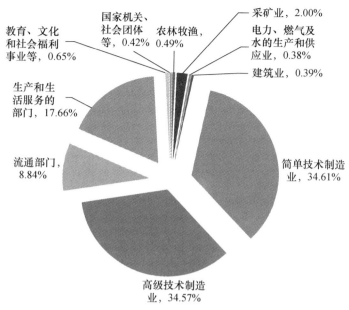

图 4-96　2011 年瑞典出口行业十大分类

供应业,建筑业,简单技术制造业,高级技术制造业,流通部门,生产和生活服务的部门,教育、文化和社会福利事业等,国家机关、社会团体等。瑞典第一产业在总出口中所占比重相对较小,因为瑞典曾是欧洲贫穷的农业国,在此后的近百年内,瑞典从一个以农业为主的国家,发展成为工业发达的国家。瑞典第一次大的产业结构变动是在 19 世纪 70 年代到第二次世界大战前。在德国工业化的影响下,瑞典逐渐形成了三个主要的工业部门,即森林和纸浆工业、矿山和钢铁工业、机械工业,构成了瑞典独具特色的工业体系。到 20 世纪初,瑞典基本上实现了工业化,工业超过农业成为主要的经济部门。瑞典在 19 世纪和 20 世纪从以农业为根本转型为以重工业为中心。瑞典的第二产业十分发达,正是因为瑞典很好地利用了其所拥有的自然资源。森林、铁矿和水力是瑞典的三大自然资源,瑞典在此基础上发展并形成了采矿冶金、林业造纸、电力和机械制造四大传统工业体系。作为一个具有丰富的木材、铁矿、水力资源的国家,瑞典着重发展以出口为导向的工业化经济。然而,自 70 年代中期以后,随着瑞典工业结构的变化,一度作为瑞典主要出口部门的钢铁、木材加工业已逐渐被机械制造、电子精密仪器和汽车等工业部门所代替,造船、纺织等工业日益衰落。与此同时,第三产业在国民经济中的比重越来越大,铁路运输和通信都是瑞典近年来发展较快的部门。

从瑞典出口行业的分类来看,其简单技术制造业和高级技术制造业所占的比例基本相同。另外,在简单技术制造业比例逐渐下降的同时,高级技术制造业所占的比例逐渐上升,这是因为20世纪70年代中期以后,瑞典加大科研与发展的力度和投入,高科技产业迅速发展,交通、通讯、医药保健、信息、环保领域在世界上具有较强的竞争力,一度作为瑞典主要出口部门的钢铁、木材加工业已逐渐被机械制造、电子精密仪器和汽车等工业部门所代替。金属加工和机器制造业成为瑞典最重要的工业部门,其机械产品具有精密、耐用和工艺水平高的特点,滚珠轴承、冷冻设备等传统产品在国际市场上都享有很高的声誉。

第五章 中国与世界主要国家分行业 RCA 测度与对比

本书的主要目的之一就是用原有的显性比较优势（RCA）指数来测度世界主要国家分行业的比较优势，找出各国最具有比较优势的几个行业以及最不具有比较优势的行业，并且分析每个行业比较优势的纵向变化。基于该目的，本章首先介绍了 RCA 的测度方法，然后基于该方法按国家分行业进行测度并进行对比分析。

5.1 测度方法介绍及数据来源

国际上一般用 Balassa（巴拉萨，1965）首先提出的显性比较优势（Revealed Comparative Advantage, RCA）指数来衡量一国的比较优势。后来经 Kojima(1968) 等人的理论推导和整理，显示比较优势分析方法得以完善，并得到了较为广泛的推广。显性比较优势指数指的是一国某类商品出口在世界上的相对占有率与该国全部出口商品在世界上的相对占有率之比。一般而言，当前一个占有率大于后一个占有率也即该指数大于 1 时，表明该国该商品比其已出口商品占有更大的市场份额，从而具有更强的国际竞争力。巴拉萨的显性比较优势指数公式为：

$$RCA_{ij} = \frac{X_{ij}/X_i}{X_{wj}/X_w}$$

这里的 RCA_{ij} 为 i 国 j 类产品的显性比较优势指数，X_{ij} 表示 i 国某年 j 类产品的出口额；X_i 表示 i 国同年各类产品总出口额；X_{wj} 为 j 类产品全世界贸易出口额，X_w 为世界所有产品的总出口额。若 RCA_{ij} 大于 1，则表明 i 国 j 类产品的出口比例要高于世界水平，这意味着 i 国在 j 类产品的出口上具有比较优势，且数值越大，比较优势越显著；若 RCA_{ij} 小于 1，则表明 i 国 j 类产品的出口比例要低于世界水平，这意味着 i 国在 j 类产品的出口上具有比较劣势,且数值越小,比较劣势越显著。①

此后,日本贸易振兴会又在巴拉萨的判定标准(RCA≥1 作为具有显性比较优势产品的判定标准)基础上进行了细分。根据日本贸易振兴会设定的判断产品比较优势强弱的标准(游敏君,1997),当显性比较优势大于 2.5 时,表示该产品具有极强的出口竞争力;当显性比较优势大于 1.25 时,表示该产品具有较强的出口竞争力;当显性比较优势小于 0.8 时,表示该产品的出口竞争力较差。

本研究的数据主要来源于中国国家统计局和世界投入产出数据库(World Input-Output Database,WIOD)等。WIOD 通过整合几大数据库资源,并结合双边贸易数据,形成全球范围的国家间细分行业投入产出的时间序列数据。2012 年 5 月,WIOD 数据正式向公众发布,为从价值增值角度考察国际分工提供了有力的数据支持。该数据库由 5 个子数据库构成。其中,与贸易增加值统计联系最为紧密的是世界投入产出表(World Input-Output Tables,WIOTs②)。WIOTs 涵盖从 1995 到 2011 年 41 个国家和地区的 35 个部门的数据,与传统投入产出表不同,WIOTs 反映了连续时间序列形式的国家间投入产出关系,这是它最大的优势和创新。

为保证数据来源的统一性、测度结果的可参考性,本章各国出口数据均来源于 WIOTs,而世界出口数据是由 WIOD 数据库分区域投入产出表中区域出口数据加总整理得到,文中不再一一赘述。

RCA 指数反映了一个出口行业在本国总出口中的份额相对于该行业在世界出口中所占份额的大小,依据现实的外贸结构来对经济体的产业优势作出推测。然而,由于目前世界各国间资源交流频繁,生产分工普遍,一个行业的总出口额已经不能准确地反映本国的投入及增加值,因而传统的仅依靠总出口额进行贸易结构和产业优势分析的显性比较优势指数具有很大的局限性。

本书将首先进行传统的显性比较优势指数分析,将 35 个出口行业分为第一、第二和第三产业三大类,随后测度各国的代表性行业 RCA 指数并探究其行业优势。

---

① 燕春蓉,张秋菊. 中国与欧盟贸易互补性和竞争性的实证研究[J]. 财贸研究,2010,2:40—45.

② http://www.wiod.org/new_site/home.htm.

5.2 中国分行业 RCA 的测度

5.2.1 中国出口行业平均显性比较优势(RCA)的测度

本节根据 WIOD 整理所得的数据对 1995 年到 2011 年中国各行业的显性比较优势指数进行了测度,同时将各行业各年份的 RCA 指数求平均值并进行排序,如表 5-1 所示:

表 5-1 1995—2011 中国各行业平均 RCA 指数

部门	平均RCA指数	产业	部门	平均RCA指数	产业
C5 皮革/皮革制品及鞋类	3.909	2	C13 通用、专用设备制造业	0.724	2
C4 纺织及织物产品	3.614	2	C1 农林牧渔业	0.642	1
C10 橡胶和塑料	1.947	2	C6 化学工业	0.564	2
C14 电气和光学设备制造业	1.887	2	C17 电力、热力的生产和供应业	0.551	2
C11 其他非金属矿物	1.703	2	C33 卫生、社会工作业	0.487	3
C34 居民服务和其他服务业	1.650	3	C30 租赁和商务服务业	0.464	3
C22 宾馆和餐饮业	1.647	3	C23 内陆运输业	0.463	3
C21 零售业	1.430	3	C32 教育	0.407	3
C14 电气及光学设备	1.382	2	C7 纸浆/纸/印刷及出版业	0.373	2
C6 木材加工及家具制造业	1.204	2	C15 交通运输设备制造业	0.325	2
C18 建筑业	1.161	2	C8 炼焦/石油及核燃料	0.309	2
C12 金属冶炼及压延加工业	1.024	2	C31 公共管理和国防社会保障业	0.225	3
C20 批发业	1.020	3	C2 煤炭开采和洗选业	0.188	2
C25 空中运输业	0.988	3	C28 金融中介业	0.029	3
C27 邮政业	0.822	3	C19 机动车辆销售和维修业	0.000	3

(续表)

部门	平均RCA指数	产业	部门	平均RCA指数	产业
C24 水上运输业	0.802	3	C34 私人住宅业	0.000	3
C26 运输辅助业；旅行社	0.787	3	C29 房地产业	0.000	3
C3 食品制造及烟草加工业	0.739	2			

可见，32个出口行业中，13个行业的平均RCA指数大于1，所占比例不到一半。平均显性比较优势最高的五大行业集中在第二产业，分别为皮革/皮革制品及鞋类、织物及织物产品、塑料和橡胶制造业、电气和光学设备制造业及非金属矿物制品业；而石油、煤炭和金融业则垫底。其中，两个纺织相关行业平均RCA指数为3.9和3.6，远超其他行业，反映中国在纺织行业具有巨大的出口竞争优势。第三产业中，居民服务和其他服务业、住宿和餐饮业以及零售业的平均显性比较优势指数也在1.25之上，说明中国这三种服务业的出口也具有较大的比较优势。除此以外，大部分第三产业的平均RCA指数均小于1，表明中国在过去的十几年里还未在第三产业的出口贸易中建立起竞争优势。作为农业大国，中国的农林牧渔业平均RCA指数仅为0.64，表明中国第一产业的出口在国际市场上并不具有比较优势。

5.2.2 中国细分行业RCA的测度

本节将对中国细分行业的RCA进行测度。首先将35个行业分为第一、二、三类产业，然后分析各大类产业中细分行业的具体测度值。

一、第一产业RCA的测度

在1995年至2011年，中国C1农林牧渔业的RCA具有连年下滑的趋势，如图5-1所示。

可以看到，农林牧渔业的RCA指数由1995年的1.63下降到了2011年的0.33。这说明中国农林牧渔业产品在国际市场上具有比较优势的时代一去不复返，该行业早在1996年就失去了出口竞争力。

造成这种趋势的原因主要是由于中国劳动力的转移。90年代开始，随着改革开放的浪潮，中国第二、三产业急剧发展，"打工热潮"的出现使得第一产业劳动力转移至第二、三产业，越来越多的农民洗脚上田而成为彻底的非农产业从业者。受二、三产业发展的挤压，第一产业的外部环境

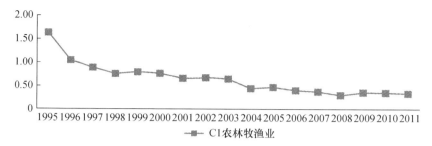

图 5-1 中国农林牧渔业 RCA 趋势图

也逐渐失去优势,农产品过剩和价格低迷,再加上土地税赋较重,致使农户种地比较效益下降,农户种田积极性受挫,这导致更多的劳动力转移。部分外出打工的农民将土地承包出去,但还有相当一部分农民受"恋土情结","守田为安"这些传统观念的影响,现行农村中有相当一部分的外出劳动力宁愿选择兼业,或让土地闲置、抛荒,也不愿将其多余的承包农地转出,阻碍了农地资源的优化配置和高效利用。这一现象目前在中国中部和东部农村地区较为突出。另外,根据巴拉萨的阶段比较优势理论,一国随着经济的发展,技术的创新和进步,资本积累的增加,其要素禀赋会发生变化,转化路径为资源密集型——劳动密集型——资本和技术密集型。第一产业比较优势的减弱表示中国产品的出口情况符合巴拉萨的阶段比较优势理论,表示中国的经济、技术都在持续发展。

二、第二产业 RCA 的测度

(一)按年份进行测度

1995 年到 2011 年,中国第二产业各行业的出口竞争力在近 10 年间基本保持平稳不变,但其显性比较优势指数分布较广,从 0 到 4 均有,体现了在比较优势方面的巨大差异性。本节选取 1995、2000、2005 和 2011 四个年份进行测度,各行业的总体变化趋势如图 5-2 所示。

根据图 5-2,纺织业和纺织服装鞋帽皮革羽绒及其制品业的显性比较优势显著高于其他行业,然而在 1995 年,这两个行业的 RCA 指数约为 9,此后在巨幅下降后稳定在 3 左右。电气和光学设备制造业的显性比较优势指数则经历了最为显著的上升,由 1995 年的 1.63 攀升到了 2011 年的 2.41,表示中国在电气和光学设备制造领域的出口竞争力有了飞跃。另外,塑料和橡胶制造业的 RCA 指数也保持 2 左右的较高水平。造纸业、交通运输设备制造业、石油和煤炭行业的 RCA 指数则多年处在 0.5 以下的最低位,但近年来造纸业和交通运输设备制造业呈现出了上涨的态势。

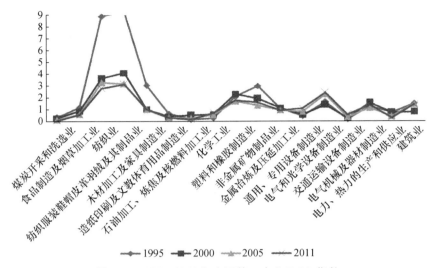

图 5-2 1995—2011 年中国第二产业 RCA 指数

(二) 按行业进行测度

本节将第二产业分为简单技术制造业、复杂技术制造业以及其他行业,测度这些细分行业不同年份的 RCA 指数,以展示每个行业 RCA 指数的变化特点。

1. 中国简单技术制造业 RCA 测度与对比

中国第二产业中简单技术制造业各行业 RCA 指数情况及变化趋势如图 5-3 所示:

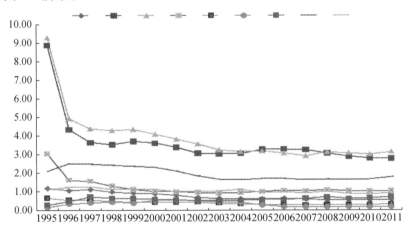

图 5-3 中国简单技术制造业 RCA 指数

有些行业的 RCA 指数在 1996 年前较高,即具有很强的外贸比较优势,但是在 1997 年后逐渐减弱;还有一部分行业比较优势始终处于较强的状态,即具有比较稳定的外贸比较优势;其他行业的 RCA 指数均小于 1,且比较集中。

为了更清楚地看到第二产业中简单制造业各行业的比较优势趋势变化,我们将其分为三类:

(1) RCA 前期很强,后期优势逐渐减弱的行业

在中国第二产业简单技术制造业中,织物及纺织产品,皮革、皮革制品及鞋类两个行业的比较优势变化非常引人注目。

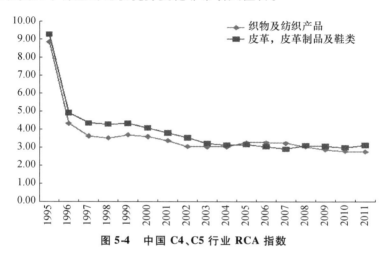

图 5-4　中国 C4、C5 行业 RCA 指数

由图 5-4 可以看出,1995 年时,织物及纺织产品,皮革制品及鞋类行业的 RCA 指数分别达到了 8.8712、9.2898,比较优势显著。这是因为中国皮革行业经过调整优化结构,在全国已初步形成了一批专业化分工明确、对拉动当地经济起着举足轻重作用的皮革生产特色区域和专业市场。从分散的、个体的、手工作坊式的弱小行业,发展成了今天从业人员 1100 万人,拥有生产、经营、科研到人才培养的完整工业体系,成为具有较强国际竞争力的优势行业。特别是上世纪 80 年代末 90 年代初,随着世界生产及贸易格局的调整,作为劳动密集型产业的皮革行业,由于劳动力成本昂贵、环境保护不断强化等因素的影响,开始由发达国家向发展中国家转移,中国逐步成为世界关注的皮革加工中心及销售中心。

实际上,中国皮革行业得到了快速发展,到 1997 年基本形成了资源、市场、配套三大优势。李玉中(2011)分析说,2001 到 2006 年,出现了内

外贸双增长,是中国皮革业发展最快最好的时期。而纺织产业是在一定历史条件下,中国以劳动密集型产品切入"国际经济大循环",为工业发展快速积累资金,解决农村劳动力转移的问题,中国纺织工业成为发展外向型经济、承接国际产业转移的先锋产业。

(2)始终处于较强比较优势的行业

橡胶及塑料行业具有传统比较优势,显性比较优势指数一直在2左右上下浮动。同时,木材及木制品行业在1995年RCA指数一度达到3.0以上,1996至2011年间RCA指数一直处于较高水平,这表明木材及木制品行业始终具有较强的比较优势,如图5-5所示:

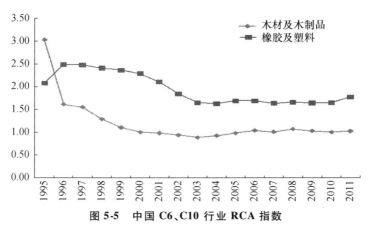

图 5-5 中国 C6、C10 行业 RCA 指数

(3)始终处于较弱比较优势的行业

包括食品业,纸浆、纸、印刷及出版业,焦炭、精炼石油和核燃料行业,化学品及化工产品行业,碱性金属及金属制品行业在内的几个简单技术制造业的RCA指数在1995至2011年几乎一直低于1,即比较优势始终较弱,如图5-6所示。

根据图5-6,食物、饮料及烟草行业在1995至1997年具有一定的外贸比较优势,RCA指数大于1,但是在1997年之后,RCA指数逐渐下降,外贸比较优势消失。这说明中国的食品行业在世界上的竞争力逐渐降低。由于中国技术水平、生产条件落后,食品法律法规不健全,食品安全标准与国际标准存在差距,使得中国的食品行业出口难度较高。特别是中国在加入WTO之后,食品业面临更加严峻的挑战,受到WTO的冲击,出口量明显减少。而近年来中国的食品安全方面问题层出不穷,市场可信度不高,也是导致出口量减少,以致RCA指数降低的原因之一。与之

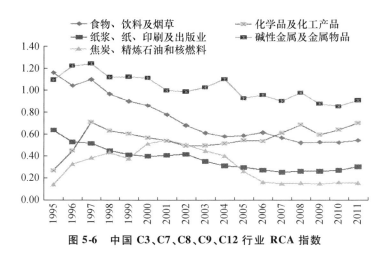

图5-6 中国C3、C7、C8、C9、C12行业RCA指数

类似,虽然碱性金属及金属制品行业在1995年至2004年RCA指数几乎一直处于1以上,但是相对而言RCA指数数值不大,代表该行业比较优势始终较弱。另外,纸浆、纸、印刷及出版业,焦炭、精炼石油和核燃料行业,化学品及化工产品行业的RCA指数一直小于1,即比较优势始终较弱。

2. 中国复杂技术制造业RCA测度

中国第二产业中复杂技术制造业各行业RCA指数及变化趋势如图5-7所示:

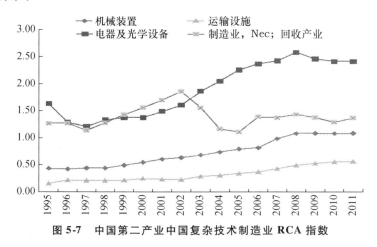

图5-7 中国第二产业中国复杂技术制造业RCA指数

可见,在复杂技术制造业中,电器及光学设备行业、制造业,以及Nec回收行业具有一定的外贸比较优势,因为其RCAC指数一直大于1。就电器及光学设备行业来看,其RCA指数在20世纪末21世纪初呈现一小段下降趋势,在 2002 年之后,RCA 指数一路飙升,2008 年达到 17 年间最高点,为 2.5765,随后的三年里 RCA 指数一直大于 2,这表明该行业外贸比较优势很强,这一行业的比较优势正在增强。特别从 2001 年中国加入 WTO 开始,出口额便明显持续增加。其中,中国的电子设备出口规模迅速增大。新加坡、日本、美国、韩国、马来西亚和中国香港都是中国电子设备的主要出口国或地区。

同样,对于中国而言,机械装置行业以及运输设施行业都不具有比较优势,RCA 指数几乎一直低于 1。其中,机械装置行业的 RCA 指数在 2008 至 2011 年间上升至 1 以上,原因在于改革开放之后开始引进国外先进技术,使得中国的工程机械产品的质量大幅攀升,中国加入 WTO 之后,面对更为平等的国际竞争,出口扩大、引入外资。机械装备行业的出口贸易进入一个全新而迅速发展的时期。中国逐渐与多个国家或地区进行贸易,特别是 2005 至 2008 年间,和东盟 10 国、智利、新加坡分别签订自由贸易协定,出口增速明显加快,比较优势也随之逐渐升高。

3. 中国第二产业其他行业 RCA 测度

中国第二产业其他行业 RCA 指数情况及变化趋势如图 5-8 所示:

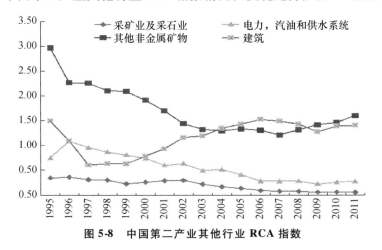

图 5-8　中国第二产业其他行业 RCA 指数

根据图 5-8,其他非金属矿物产业的显性比较优势很强。从图上可以看出,其 RCA 指数从 1995 年的 3.0 逐渐下降为 2.0 左右,最后维持在 1.5 左右。这是因为中国非金属矿储量丰富,菱镁矿、重晶石、膨润土、石墨、石膏等矿种均居世界首位,萤石、滑石、硅灰石、温石棉、芒硝等储量居世界第二。多年来,中国非金属矿工业持续快速发展,年增长 7%—9%,初步实现了产业规模化,非金属矿总产值占全球产值的近 20%。受世非金属矿业热的影响,非金属矿业也越来越受到国家的重视和人民的关注。自 90 年代以来,非金属矿业高速发展,出口国家和地区主要是美国、西欧、日本、独联体国家等。但由于中国的采矿技术以及政策的滞后,导致私人小矿疯狂采掘,多矿产的有效利用率低,浪费大量资源并造成环境污染,为以后的采掘及发展造成不必要的负面影响,虽然出口额在增加,但与世界水平相比仍处于下降趋势。近年来,由于国家政策的扶持力度增强,非金属矿产的比较优势有所上升。

除此之外,建筑行业的 RCA 指数经历了 1995 年至 1999 年的滑坡之后,在 21 世纪初期逐渐上升,在经历 1996 年的 1.49 到 1998 年的 0.5997 之后开始缓慢稳定上升到 1 之上,即中国建筑行业的比较优势逐渐增强。另一方面,电力、汽油和供水系统行业以及采矿采石业 RCA 指数基本一直低于 1,并有下降趋势,因此完全不具有比较优势。这是因为中国人口众多,此行业在国内供求极不平衡,出口难以发展起来。

三、第三产业 RCA 的测度

(一)按年份进行测度

相比第二产业,中国第三产业的显性比较优势指数经历了更为大幅的变化,也有更多行业的出口比较优势正在上升,但近年的整体 RCA 指数不高(见图 5-9)。

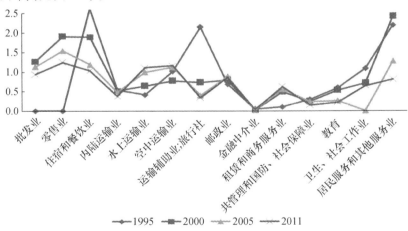

图 5-9 1995—2011 年中国第三产业 RCA 指数

居民服务和其他服务业及住宿和餐饮业的显性比较优势指数均下降明显,其中居民服务和其他服务业的 RCA 指数由 1995 年的 2.19 降低到 2011 年的 0.81,已不具有出口优势;住宿和餐饮业的 RCA 指数从 2.63

下降到1.02,近年有上升的趋势;水上运输业出口竞争力则不断增加,RCA指数由1995年的0.41上升到2011年的1.11,开始具有比较优势;金融业的RCA指数则稳定地保持在接近于0的水平,表明该行业完全不具有比较优势。

(二)按行业进行测度

我们将第三产业划分为三类:第一类是流通部门,其中包括C19—C27;第二类是生产生活服务的部门,其中包括C28、C29、C31、C34;第三类是其他部门,包括C30、C32、C33。

1. 中国第三产业流通部门RCA测度

从图5-10可见,21世纪前,中国宾馆和餐饮业以及其他辅助性运输活动、旅游业的比较优势明显,RCA指数都大于1,然而在2000年之后,辅助性运输活动以及旅游业逐渐显现出比较劣势;即便宾馆和餐饮业的RCA指数一直大于1,但是比较优势明显不如从前。

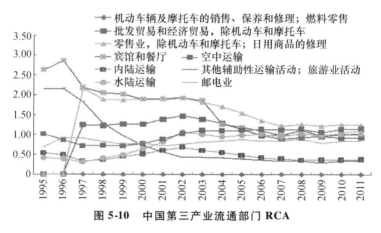

图5-10 中国第三产业流通部门RCA

宾馆和餐厅行业、其他辅助性运输活动、旅游业活动(除机动车和摩托车的零售业)、日常商品的修理,这几个行业的特点是RCA指数开始都较高,比较优势较明显,但随着时间的推移,其RCA指数皆有较大幅度的下降,到2011年为止皆在1上下,几乎不再存在比较优势。

同时,内陆运输、水路运输和空中运输,为运输服务行业。除了陆地运输,其他行业RCA指数都在缓慢提高,并有上升趋势。邮电行业的发展趋势则比较平稳,RCA指数在0.8周围徘徊,没有比较优势。

2. 中国第三产业生产生活服务部门RCA测度

中国第三产业中为生产生活服务的部门总体来说不具有明显的比较

优势,为了更清楚地分析其 RCA,我们将各个行业 RCA 的变化趋势用图 5-11 表现出来。

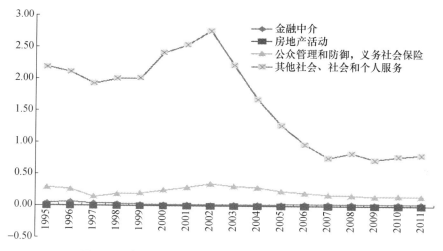

图 5-11 中国第三产业生产生活服务部门的 RCA 指数

根据图 5-11,我们发现中国第三产业中为生产生活服务的部门里,其他社区、社会和个人服务行业具有明显的比较优势,在 1995 至 2002 年间,RCA 指数一度从 2.1941 上升至 2.7637,随后比较优势不断减弱,到 2006 年仅有 0.9750,并且在 2006 年至 2011 年间,RCA 指数没有再超过 1,即该行业逐渐失去了比较优势。

同时,金融中介业,房地产活动行业,公众管理和防御、义务社会保险行业在中国的外贸发展中不具有任何比较优势,RCA 指数一直处于 0.5 以下。

3. 中国第三产业其他行业 RCA 测度

中国第三产业其他行业的 RCA 指数如图 5-12 所示,机电租赁及其他商业活动行业、教育业和健康及社会工作业的 RCA 指数变化各有特点。

可见,2002 年,健康和社会工作行业的 RCA 指数出现了负值 -0.003,直到 2006 年一直处于比较劣势,这是因为中国社区工作和健康工作一直做得不到位。

同时,教育业和机电租赁及其他商业活动 RCA 指数的变化趋势是相反的,就教育业而言,虽然 1995 至 1997 年间,RCA 指数从 0.5917 上升到 0.8556,但是紧接着就面临了骤降,在 2003 至 2011 年,RCA 指数仅为 0.2 左右,完全不具有比较优势;就机电租赁及其他商业活动行业而言,

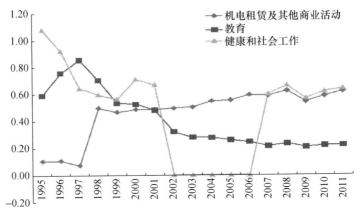

图 5-12　中国第三产业中其他行业 RCA 指数

RCA 指数整体来看逐渐增长,最高值出现在 2008 年,为 0.6238,因此可以说该行业比较优势在逐渐增强。

以社区养老服务业为例,中国社区养老服务事业和西方国家相比存在着显著的差距。据民政部社会福利和社会事务司 1999 年的统计,全国 1.26 亿老人中大约有 1400 万老人要求进入福利机构养老,占 11% 以上。但是各种福利机构能够提供给老人的床位不足 100 万张。在北欧,19% 的老人享有国家提供的社会服务,在英国接受政府和私人服务机构提供护理帮助的 65 岁以上的老人的比例为 15%,加上享受其他种类社会服务,老人享有社会服务的比例高达 26%。相比之下,中国老人对社区服务需求的满足程度还相当低下,社区服务拥有十分广阔的发展空间。

5.3　中国与拉美主要国家分行业 RCA 的对比

对于拉美国家,根据 WIOD 数据库的国家样本,考虑到数据的可得性,本书主要选取巴西和墨西哥两个国家进行研究。首先对这两个国家的 RCA 进行分行业测度,然后与中国进行对比。

5.3.1　巴西分行业 RCA 的测度

一、巴西出口行业平均 RCA 的测度

本节首先考察巴西各行业在 1995 年至 2011 年间的平均 RCA 指数。表 5-2 显示了巴西各部门的平均 RCA 指数。

表 5-2　1995—2011 年巴西各行业平均 RCA 指数

部门	平均 RCA 指数	产业	部门	平均 RCA 指数	产业
住宿和餐饮业	4.413	3	内陆运输业	0.601	3
农林牧渔业	3.491	1	运输辅助业；旅行社	0.592	3
食品制造及烟草加工业	3.426	2	零售业	0.585	3
纺织服装鞋帽皮革羽绒及其制品业	2.655	2	化学工业	0.570	2
房地产业	2.453	3	通用、专用设备制造业	0.563	2
木材加工及家具制造业	2.333	2	租赁和商务服务业	0.444	3
建筑业	1.742	2	卫生、社会工作业	0.411	3
居民服务和其他服务业	1.555	3	电气机械及器材制造业	0.389	2
造纸印刷及文教体育用品制造业	1.504	2	纺织业	0.322	2
金属冶炼及压延加工业	1.361	2	电力、热力的生产和供应业	0.279	2
邮政业	1.309	3	电气和光学设备制造业	0.210	2
非金属矿物制品业	1.131	2	教育	0.208	3
交通运输设备制造业	1.052	2	金融中介业	0.208	3
煤炭开采和洗选业	0.920	2	空中运输业	0.090	3
石油加工、炼焦及核燃料加工业	0.789	2	批发业	0.055	3
公共管理和国防、社会保障业	0.768	3	水上运输业	0.043	3
塑料和橡胶制造业	0.672	2			

对平均 RCA 指数排序后发现，巴西的第一、第二、第三产业都是拥有较大出口竞争力的行业。住宿和餐饮业、农林牧渔业、食品制造及烟草加工业和纺织服装鞋帽皮革羽绒及其制品业是四个平均 RCA 指数大于 2.5 的具有绝对显性比较优势的行业，跨越了三大产业。巴西有 20 个出口行业的平均 RCA 指数低于 1，表明具有出口劣势的行业占总行业数的 60%，其中第二和第三产业占比基本持平。金融、空中和水上运输以及批发业是巴西平均出口竞争力最低的几个行业。

二、巴西第一产业 RCA 的测度

针对巴西第一产业的分析发现,1995 年到 2011 年,巴西农林牧渔业的 RCA 指数具有上涨的趋势,如图 5-13 所示:

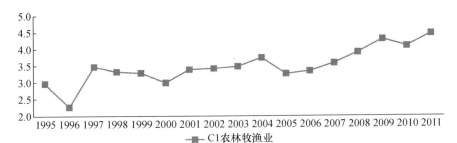

图 5-13　1995—2011 年巴西第一产业 RCA 指数

由图 5-13 可以发现,1995 年该指数为 2.98,2004 年为 3.74,至 2011 年已达到 4.48。这表明巴西的农林牧渔业在对外出口中始终具有显著的比较优势,且该优势持续上升,仍具有潜力。

三、巴西第二产业 RCA 的测度

1995 年后,巴西第二产业的显性比较优势总体下滑,但在 2010 年后整体呈现上升趋势,见图 5-14:

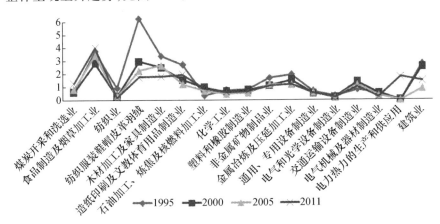

图 5-14　1995—2011 年巴西第二产业 RCA 指数

第二产业中,食品制造及烟草加工业历年来都具有很强的出口比较优势,1995 年其 RCA 指数为 3.74,2000 年降到最低点 2.83,此后的 10 年都保持持续上升,至 2011 年达到约 4。这显示了巴西的食品制造及烟草加工业在外贸出口中拥有传统的且不断增强的竞争力。纺织服装鞋帽皮革羽绒及其制品业和木材加工及家具制造业的 RCA 指数则在 17 年中有显著下降,尤其是纺织服装鞋帽皮革羽绒及其制品业,从 1995 年的 6.78 下滑到了 2011 年的 1.78。与此相反的是电力、热力的生产和供应业,其 RCA 指数经历了多年 0.05 以下的极低位后自 2008 年开始大幅上升至 2011 年的 1.78,显示了这个行业具有极大的潜力。另一方面,纺织业、电气和光学设备制造业的 RCA 指数则始终低于 0.5,出口比较劣势明显。

四、巴西第三产业 RCA 的测度

巴西第三产业的显性比较优势近年来有整体上升的趋势,如图 5-15 所示:

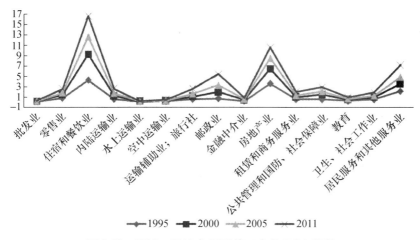

图 5-15　1995—2011 年巴西第三产业 RCA 指数

其中,住宿和餐饮业的比较优势遥遥领先,其 RCA 指数始终维持在 3 以上,在经历了巨幅波动之后,2011 年约为 3.9。房地产业也具有较大的出口竞争力,但这些年正在逐渐下降,其 RCA 指数从 3.58 降到了 2011 年的 2.01。邮政业及居民服务和其他服务业的 RCA 指数则展现了强有力的上升态势,比 2004 年分别上涨了 84% 和 136%,目前均超过了 2,是第三产业中出口比较优势增幅最大的行业。然而,除了以上四个行业,其余的第三产业行业的 RCA 指数则普遍长期低于 1,说明均不在外贸出口中拥有比较优势。

5.3.2　墨西哥分行业的测度

一、墨西哥出口行业平均 RCA 的测度

首先,由下表可以看出,墨西哥在该时间段内对外贸易的 RCA 指数总体较低。

表 5-3　1995—2011 年墨西哥各行业平均 RCA 指数

部门	平均 RCA 指数	产业	部门	平均 RCA 指数	产业
零售业	7.241	3	空中运输业	0.315	3
交通运输设备制造业	1.946	2	化学工业	0.302	2
电气和光学设备制造业	1.262	2	通用、专用设备制造业	0.292	2
电气机械及器材制造业	1.244	2	运输辅助业;旅行社	0.283	3
内陆运输业	1.211	3	石油加工、炼焦及核燃料加工业	0.246	2
煤炭开采和洗选业	1.200	2	金融中介业	0.238	3
批发业	1.197	3	木材加工及家具制造业	0.223	2
非金属矿物制品业	0.960	2	电力、热力的生产和供应业	0.168	2
塑料和橡胶制造业	0.864	2	卫生、社会工作业	0.085	3
纺织业	0.854	2	租赁和商务服务业	0.060	3
农林牧渔业	0.795	1	教育	0.040	3
金属冶炼及压延加工业	0.738	2	水上运输业	0.037	3
邮政业	0.701	3	居民服务和其他服务业	0.025	3
食品制造及烟草加工业	0.497	2	住宿和餐饮业	0.017	3
纺织服装鞋帽皮革羽绒及其制品业	0.467	2	房地产业	0.010	3
造纸印刷及文教体育用品制造业	0.345	2			

在全行业中,仅有七个行业的平均 RCA 指数大于 1,其他行业均不具有明显的出口比较优势。其中,平均 RCA 指数大于 1.25,即拥有较大出口竞争力的行业只有零售业、交通运输设备制造业和电气和光学设备制造业,均在墨西哥自 1995 年以后出口额前十大的行业之中。零售业的平均 RCA 指数为 7.24,远远高于其他行业,与世界相比墨西哥在该行业具有最为显著的比较优势。

二、墨西哥第一产业 RCA 的测度

就第一产业而言(见图 5-16),1995 年该产业的 RCA 指数为 1.26,1996 年下降到 0.69,此后有小幅上升,但始终低于 1。2011 年墨西哥农林牧渔业的 RCA 指数为 0.83。

图 5-16 说明,墨西哥农林牧渔业在外贸出口中已不具有显性比较优势。该行业的出口额占总出口的比重也有所下降。

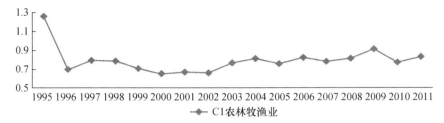

图 5-16　1995—2011 年墨西哥第一产业 RCA

数据来源:根据 WIOD 数据库计算。

三、墨西哥第二产业 RCA 的测度

墨西哥第二产业的显性比较优势指数分布如图 5-17 所示:

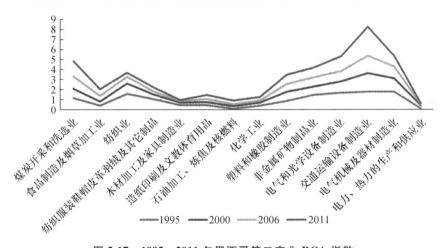

图 5-17　1995—2011 年墨西哥第二产业 RCA 指数

图 5-17 显示,交通运输设备制造业显示出了明显的比较优势和强劲的增长势头,其 RCA 指数从 1995 年的 1.81 增长到了 2011 年的 2.88,在出口中拥有绝对的竞争力。这也从一个角度支持了墨西哥交通运输设备制造业的出口额在全行业中位居第二,而陆用汽车产品历来都是其生产和出口强项。煤炭业及电气和光学设备制造业也具有较强的显性比较优势,二者的 RCA 指数近年都小幅上涨,达到了 1.5 左右。此外,大量的制造业在出口中都不具有竞争力。木材加工及家具制造业以及电力、热力

的生产和供应业则是墨西哥出口劣势最大的行业,且该劣势还在持续加强。

四、墨西哥第三产业 RCA 的测度

墨西哥第三产业的总体出口竞争优势不容乐观。图 5-18 显示了 1995 年以来墨西哥第三产业显性比较优势的变化情况。

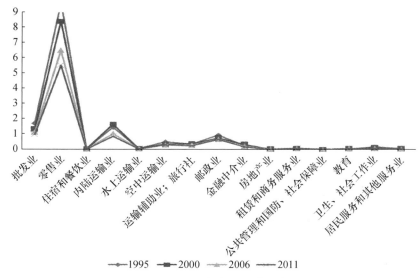

图 5-18　1995—2011 年墨西哥第三产业 RCA

墨西哥零售业的 RCA 指数始终保持在 5 以上的强势优势,然而同 1995 年相比已经有大幅下降,从 10 左右降到了 5.5。批发业和内陆运输业的总体 RCA 指数也较高,但近年来已经逐渐下滑到低于 1,表明两个传统优势行业正在失去它们向世界出口的优势。墨西哥 RCA 指数最低的行业也集中在第三产业,居民服务和其他服务业、住宿和餐饮业以及房地产业的比较劣势在全行业中最大。

5.3.3　中国与拉美主要国家 RCA 对比

在对巴西和墨西哥的出口 RCA 指数进行分行与测度之后,本节将两国与中国的数据进行对比。总体而言,中国和巴西同样有 13 个行业的 RCA 指数在 1995 到 2011 年间平均值大于 1,在对世界的出口中具有显性比较优势。相对而言,墨西哥在出口中的显性比较优势总体较弱,仅有 7 个行业的平均 RCA 指数大于 1,大部分出口部门都没有比较优势。

中国、巴西和墨西哥 RCA 优势行业对比如表 5-4 所示:

表 5-4　1995—2011 年中国、巴西和墨西哥 RCA 优势行业对比

RCA	中国 1 纺织服装鞋帽皮革羽绒及其制品业	2 纺织业	3 塑料和橡胶制造业	4 住宿和餐饮业	巴西 1 农林牧渔业	2 食品制造及烟草加工业	3 电力、热力的生产和供应业	4 房地产业	墨西哥 1 零售业	2 交通运输设备制造业	3 电气和光学设备制造业	4 煤炭开采和洗选业
1995	9.29	8.87	2.08	2.63	2.99	3.74	0.01	3.58	9.62	1.81	1.73	1.19
1996	4.93	4.33	2.49	2.86	2.28	3.18	0.01	2.69	10.77	1.95	1.06	1.48
1997	4.36	3.63	2.48	2.19	3.47	3.20	0.01	2.63	7.34	1.77	1.26	1.34
1998	4.29	3.52	2.41	2.05	3.33	3.07	0.01	2.33	7.82	1.72	1.34	1.01
1999	4.34	3.70	2.37	2.02	3.29	3.28	0.01	2.76	7.92	1.81	1.26	1.03
2000	4.08	3.61	2.29	1.89	2.99	2.84	0.01	2.86	8.39	1.87	1.11	0.96
2001	3.81	3.38	2.11	1.89	3.40	3.38	0.00	3.27	7.23	1.92	1.26	0.87
2002	3.55	3.06	1.85	1.92	3.41	3.49	0.00	2.66	6.42	1.92	1.19	1.04
2003	3.23	3.03	1.65	1.86	3.48	3.40	0.01	2.21	6.20	1.79	1.11	1.25
2004	3.14	3.04	1.63	1.26	3.74	3.44	0.01	2.12	6.30	1.73	1.11	1.24
2005	3.17	3.27	1.69	1.19	3.26	3.43	0.01	2.03	6.33	1.70	1.09	1.20
2006	3.05	3.27	1.69	1.10	3.36	3.46	0.01	2.01	6.48	1.70	1.03	1.17
2007	2.91	3.24	1.64	0.99	3.58	3.40	0.01	1.91	7.01	1.65	1.06	1.32
2008	3.11	3.06	1.66	1.11	3.91	3.76	0.06	2.16	7.16	2.26	1.74	1.38
2009	3.07	2.87	1.64	0.98	4.29	3.57	1.22	2.06	5.39	1.95	1.25	1.21
2010	2.99	2.79	1.65	1.01	4.08	3.60	1.59	2.34	5.35	2.20	1.08	1.23
2011	3.13	2.76	1.77	1.03	4.48	3.99	1.78	2.09	5.50	2.88	1.45	1.53

一、中拉第一产业 RCA 对比

就第一产业(即农林牧渔业)而言,虽然中国与拉美主要国家巴西和墨西哥都拥有广袤的土地和丰富的物产,但其比较优势有较大差异,如图 5-19 所示:

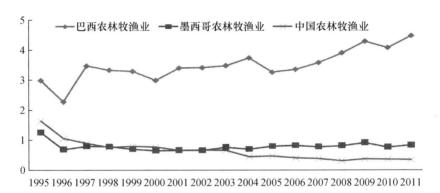

图 5-19　1995—2011 年中国、巴西和墨西哥第一产业 RCA 指数对比

巴西第一产业的显性比较优势非常强,其 RCA 指数常年保持在 3 以上,而中国和墨西哥的农林牧渔业 RCA 指数则始终低于 1,表明早已不具备比较优势。

二、中拉第二产业 RCA 对比

第二产业方面,中国制造业的 RCA 指数基本保持平稳,两个拉美国家即巴西、墨西哥的第二产业 RCA 指数则有上升趋势。各国在第二产业中值得注意的代表性行业对比如表 5-5 所示:

表 5-5　1995—2011 年中国、巴西和墨西哥第二产业 RCA 优势及劣势行业对比

	RCA 优势及潜力行业	RCA 缺乏潜力行业
中国	纺织业、纺织服装鞋帽皮革羽绒及其制品业、电气和光学设备制造业、塑料和橡胶制造业	造纸业、石油和煤炭行业
巴西	食品制造及烟草加工业以及电力、热力的生产和供应业	纺织业、电气和光学设备制造业
墨西哥	交通运输设备制造业、电气和光学设备制造业、煤炭业	木材加工及家具制造业以及电力、热力的生产和供应业

中国在第二产业具有明显比较优势的部门有纺织业、纺织服装鞋帽皮革羽绒及其制品业、电气和光学设备制造业以及塑料和橡胶制造业,这些行业在中国总出口中所占的比重也较大。跟中国相反,巴西的纺织业

以及电气和光学设备制造业的 RCA 则极低,出口劣势明显。巴西在食品制造及烟草加工业拥有巨大的比较优势;其电力、热力的生产和供应业则显示了巨大的潜力。交通运输设备制造业的竞争力在墨西哥第二产业中首屈一指,该国出口额最大的商品也是陆用车辆。墨西哥在电气和光学设备制造业具有与中国相近的显性比较优势,两者可能在国际市场上存在竞争关系。作为煤炭储备量大国,该行业的 RCA 也反映了墨西哥具有得天独厚的资源优势。

三、中拉第三产业 RCA 对比

第三产业方面,中国与拉美主要国家的情况也各不相同,对比如表 5-6 所示:

表 5-6　1995—2011 年中国、巴西和墨西哥第三产业 RCA 优势及劣势行业对比

	RCA 优势及潜力行业	RCA 缺乏潜力行业
中国	住宿和餐饮业、水上运输业	居民服务和其他服务业、金融业
巴西	房地产业、居民服务和其他服务业、邮政业	纺织业、电气和光学设备制造业及几乎其他所有
墨西哥	零售业	批发业、内陆运输业、房地产业、居民服务和其他服务业、住宿和餐饮业

中国第三产业的传统优势不高,但近年有越来越多的服务行业开始具有显性比较优势,其中住宿和餐饮业以及水上运输业的优势相对较大,居民服务和其他服务业曾有的比较优势已经丧失。巴西第三产业的传统优势同样较低,但 RCA 上升较为明显,房地产业具有显著优势,居民服务和其他服务业以及邮政业的 RCA 增幅明显。相反,同为拉美国家的墨西哥的房地产业以及居民服务和其他服务业则为显性比较劣势最大的行业,其零售业具有 RCA 指数大于 5 的强劲优势。

总体来说,中国、巴西和墨西哥都是发展中国家,幅员辽阔,传统上以中低技术制造业出口为主,但三者具有显性比较优势的行业各不相同,向世界出口的产品结构具有较大的互补性。从显性比较优势指数的角度而言,中国的纺织相关产业及电气和光学设备制造业、巴西的农林牧渔业和烟草加工业、墨西哥的交通运输设备制造业和零售业拥有最为强劲的出口竞争力。

5.4 中国与北美主要国家分行业的测度与对比

本节选择美国和加拿大两个主要国家,根据测度数据直接分行业进行对比与分析。

5.4.1 美加第一产业 RCA 测度

1995 年至 2011 年期间,北美主要国家美国和加拿大在第一产业上的 RCA 指数的变化均有显著特点,如表 5-7 所示。

对于美国而言,其 RCA 指数起初呈下降趋势,在 1998 年至 2001 年间 RCA 指数低于 1,表明美国第一产业在这几年间不具有外贸比较优势,其他时候 RCA 指数始终在 1 左右浮动;对于加拿大而言,其第一产业一直具有传统的外贸比较优势,RCA 一直在 1 左右小范围波动,在 2007 至 2011 年间,RCA 指数虽然变化明显,但其大于 1.4 的值体现出加拿大在第一产业上具有明显的外贸比较优势。

为了更好地呈现中国、美国、加拿大第一产业 RCA 的特点和具体变化趋势,我们做了折线图进行深入分析,如图 5-20 所示:

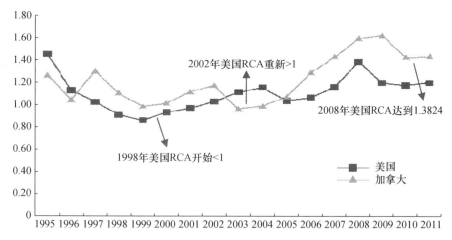

图 5-20　1995—2011 年美国与加拿大第一产业 RCA 指数

通过图 5-20,可以得出以下结论:
一、美国第一产业比较优势比较稳定
美国第一产业的比较优势从 1995 年至 1997 年都维持在比较稳定的

表 5-7　1995—2003 年中国、美国和加拿大第一产业 RCA 指数对比

国家/年份	1995	1996	1997	1998	1999	2000	2001	2002	2003
美国	1.4495	1.1241	1.0229	0.9058	0.8569	0.9295	0.9674	1.0263	1.1101
加拿大	1.2614	1.0405	1.3003	1.0995	0.9837	1.0103	1.1134	1.1693	0.9611

国家/年份	2004	2005	2006	2007	2008	2009	2010	2011	
美国	1.1536	1.0353	1.0640	1.1606	1.3824	1.1960	1.1733	1.1969	
加拿大	0.9858	1.0680	1.2899	1.4282	1.5969	1.6207	1.4235	1.4332	

水平,1998年到2001年期间,农业发展有些停滞不前,因此RCA指数一直位于1以下。直到2002年RCA指数重新回归到大于1的水平上,美国的农业又重新具有了比较优势,这是因为2002年新农业法的推行。新法案决定在1996年农业法的基础上,增加对农业的投入和补贴,从而刺激了美国农业的发展。另外,美国农业具有比较优势的另一大原因是主要以畜牧业为主,现代化水平高,成本低,效率高。从整体的角度看,美国农业之所以成功,关键是它在上百年的历史演化和市场竞争中形成的农业产业体系,也就是市场化的农业及与其相关产业的组织结构和经营机制构成的有竞争力的农业产业体系。

二、加拿大第一产业具有明显的比较优势

加拿大农业的出口具有传统的显性比较优势,在1995年至2011年这17年的时间里,加拿大第一产业的RCA指数一直在1左右浮动,最高达到了2009年的1.6207,并且2007至2011年间,RCA指数一直居高不下,表明加拿大在第一产业上具有稳定的外贸比较优势。加拿大第一产业具有稳定的贸易比较优势的原因有以下几点:加拿大农牧业并重,畜牧业略占优势;种植业发达,小麦是最重要的农作物,人均谷物产量居世界前列,为五大谷物出口国之一;渔业发达,纽芬兰渔场十分著名。

5.4.2 美加第二产业RCA测度

一、美国第二产业RCA测度

(一)美国简单技术制造业RCA测度

美国第二产业中简单技术制造业各行业RCA指数情况及变化趋势如图5-21所示。

1. 始终处于较强比较优势的行业

美国纸浆、纸、印刷及出版业的RCA指数在1995年接近2,中间年份均为1.3—1.5,后几年又逐渐上升到1.7左右,由此可以看出该行业在美国的发展比较稳定,在出口贸易中一直具有稳定的比较优势。

2. 前期比较优势较弱,后期比较优势增强的行业

美国化学品及化工产品行业的RCA指数从1995年的0.8698逐渐上升至2004年的1.0061,并在随后的几年时间里一直具有稳定的比较优势;焦炭、精炼石油和核燃料行业的RCA指数最低点出现在1995年,仅有0.2895,完全不具有比较优势,而在随后的几年时间里,RCA一直在0.5左右浮动,直到2010年,该行业RCA指数达到1.0771,开始具有一

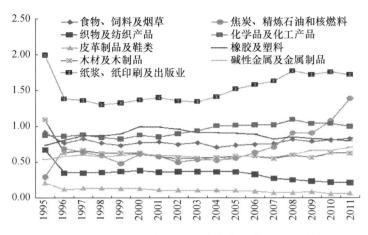

图 5-21　1995—2011 年美国简单技术制造业 RCA 指数

定的比较优势。

3. 始终处于较弱比较优势的行业

从图 5-21 中不难发现,食品烟草业、橡胶塑料业、碱性金属及金属制品业、木材及木制品业、织物及纺织产品业、皮革制品及鞋业,在 1995 年至 2011 年间,除了橡胶塑料业在 2000 年至 2002 年间 RCA 指数接近 1,略微有一定的比较优势外,其他行业在这 17 年间 RCA 指数均小于 1,且水平较低,因此都不具有外贸比较优势。

(二) 美国复杂技术制造业 RCA 测度

美国第二产业中复杂技术制造业各行业 RCA 指数情况及变化趋势如图 5-22 所示,整体来说,美国在机械装置业上的比较优势较为明显。

美国复杂技术制造业中机械装置业和运输设施业有很明显的比较优势;电器及光学设备这一行业 RCA 指数呈下降趋势,并逐渐失去比较优势;而制造业、循环制造业、回收产业一直不具有比较优势。

1. 比较优势始终较强的行业

美国机械装置业的 RCA 指数一直在 1 左右,说明美国机械制造业具有一定的比较优势。据研究,2010 年,美国工程机械行业市场出口总值相较于上年增长了 27.88%,高达 164.2 亿美元。2010 年与 2009 年相比,美国工程机械行业出口金额增长,海外市场逐渐转好。2010 年,加拿大是美国工程机械的主要出口市场,占比达 31%,其次是澳大利亚、墨西哥、智利、巴西,美国工程机械制造业的出口情况一直十分乐观。

美国的运输设施行业 RCA 指数一直维持在 1.2—1.3,具有较强的比

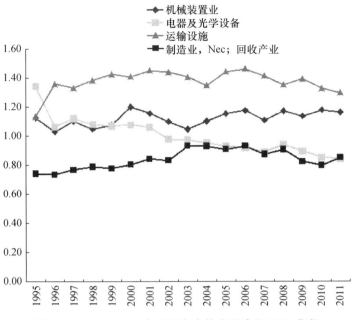

图 5-22　1995—2011 年美国复杂技术制造业 RCA 指数

较优势。这是因为美国拥有完整而便捷的交通运输网络,运输工具和手段多种多样。比如说在水运方面,1996 年百吨级以上商用轮船注册数已经达到了 5289 艘,总吨位 1202 万吨。在空运方面,航空运输在交通运输中的比重逐年提高。目前,美国国内客货空运约占世界总量的 50%。虽然铁路在客运中不占重要地位,但是公路运输以及水上运输、空中运输都发展迅速。

2. 比较优势始终较弱的行业

电器及光学设备这一行业 RCA 指数在 1995 年达到了 1.3446,是这 17 年的最高值,随后不断下降,2002 年仅为 0.9781,逐渐失去比较优势;而美国的制造业,循环制造业、回收产业 RCA 指数一直低于 1,因此不具有比较优势。

(三) 美国第二产业其他行业 RCA 测度

美国第二产业中其他行业 RCA 指数情况及变化趋势如图 5-23 所示,四个行业 RCA 随着事件的变化各有其特点,但是 RCA 指数均低于 1。

美国第二产业非制造业都不具备比较优势。非金属矿物业的 RCA 指数在 1995 年最高点时也仅有 0.8931,此后均在 0.7 上下浮动;而其他行业如采矿业、采石业,电力、汽油和供水业以及建筑业都不具有比较优势。

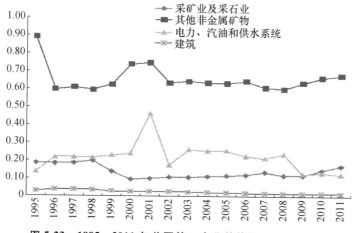

图 5-23 1995—2011 年美国第二产业其他行业 RCA 指数

二、加拿大第二产业 RCA 测度

(一)加拿大简单技术制造业 RCA 测度

加拿大第二产业中简单技术制造业 RCA 指数情况及变化趋势如图 5-24 所示:

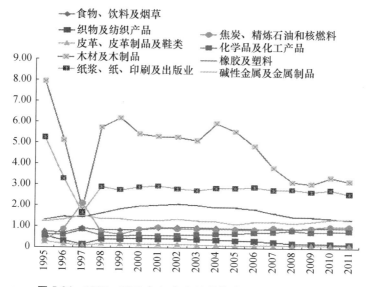

图 5-24 1995—2011 年加拿大简单技术制造业 RCA 指数

有些行业的 RCA 指数经历了大幅度变动且一直具有明显的比较优势,如木材、木制品行业和纸浆、纸、印刷及出版业;有些行业的 RCA 指数一直处于比较平稳的状态,即具有稳定的比较优势,如橡胶和塑料业、碱性金属及金属制品业;其他行业 RCA 指数比较集中,都低于 1,即比较优势始终较弱。

1. 具有极强比较优势的行业

加拿大具有极强比较优势的行业如图 5-25 所示:

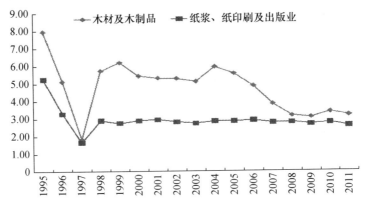

图 5-25　1995—2011 年加拿大木材及木制品业,纸浆、纸、印刷及出版业 RCA 指数

木材及木制品是加拿大最具有贸易比较优势的行业之一。在 1995 年至 2011 年这 17 年的时间里,其 RCA 指数几乎一直处于 5 以上,1997 年骤降到 1.8327,之后一直保持在 5 以上,直到 2006 年开始下降到 4.8764,2009 年为 3.0705。这是因为加拿大地理环境优越,有大片的针叶森林资源,其森林覆盖率达到了国土面积的 59% 左右,大约为 588.23 平方公里,其中大约 80% 为针叶林。另外,由于加拿大的管理比较好,针叶的生长量大于采伐量,资源优势显而易见,由此所带来的价格上的优惠也比其他木材及木制品输出国要大,因此加拿大的木材及木制品行业有很明显的比较优势。

同样地,纸浆、纸、印刷及出版业的 RCA 指数从 1995 年的 5.2568 下降到 1997 年的 1.6540,而在随后的 1998 年至 2009 年这 10 年里,RCA 指数一直处于 3 左右,说明加拿大在该行业具有显著比较优势。

2. 具有较强比较优势的行业

橡胶及塑料行业、碱性金属及金属制品行业是加拿大简单技术制造业中两个具有稳定比较优势的行业,其 1995 年至 2011 年的 RCA 指数如图 5-26 所示:

1995 年至 2011 年间,橡胶及塑料行业、碱性金属及金属制品业的 RCA 指数一直高于 1,可以总结为加拿大具有传统比较优势。

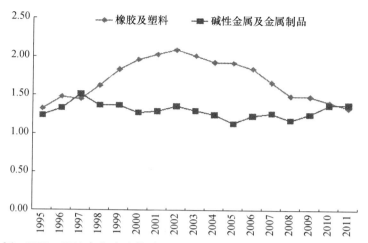

图 5-26　1995—2011 年加拿大橡胶及塑料、碱性金属及金属制品行业 RCA 指数

3. 比较优势始终较弱的行业

简单技术制造业中的其他几个行业,如食品烟草业、织物及纺织产品业、皮革及皮革制品行业等的 RCA 指数一直集中在 1 以下,其中织物及纺织产品业和皮革及皮革制品行业的 RCA 指数几乎接近于零,可以总结为完全不具备比较优势。

(二)加拿大复杂技术制造业 RCA 测度

加拿大第二产业中复杂技术制造业 RCA 指数情况及变化趋势如图 5-27 所示:

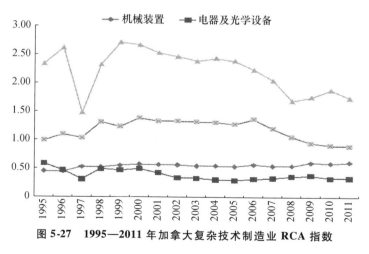

图 5-27　1995—2011 年加拿大复杂技术制造业 RCA 指数

加拿大运输设施行业具有比较明显的比较优势,1995 年和 1996 年

第五章　中国与世界主要国家分行业 RCA 测度与对比 ┃ 151

的 RCA 指数分别为 2.3348 和 2.6154,1997 年下降到 1.4708,1998 年至 2007 年一直大于 2,因此可以总结为加拿大运输设施行业具有较强的比较优势。

同时,制造业、Nec、回收产业的 RCA 指数一直在 1 上下徘徊,这也表明该行业具有传统的比较优势,但不是非常明显。而机械装置业和电器及光学设备业的 RCA 指数一直在 0.5 附近波动,2010 年分别达到最高值 0.8998 以及 0.8795,这两个行业均不具有比较优势。

(三) 加拿大第二产业其他行业 RCA 测度

如图 5-28 所示,加拿大的其他非金属矿物行业和建筑业都不具有比较优势,RCA 指数一直低于 1,变化很不明显。

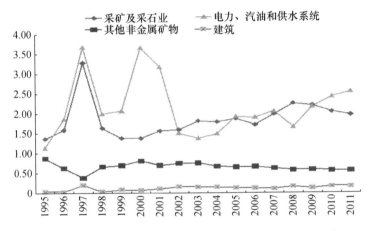

图 5-28　1995—2011 年加拿大第二产业其他行业 RCA 指数

加拿大的采矿采石业以及电力、汽油和供水系统行业的 RCA 指数在 1995 至 2011 年间都经历了急升急降,分别从 1.3631 和 1.1361 上升到 3.2747 和 3.6686,而电力汽油和供水系统行业的 RCA 指数又在 2000 年达到第二高点 3.6550,随后下降,即比较优势逐渐减弱,2008 年后略有回升。总体来看,这两个行业还是具有比较优势的。

5.4.3　美加第三产业 RCA 测度

一、美国第三产业 RCA 测度

(一) 美国第三产业流通部门 RCA 测度

美国第三产业流通部门 RCA 指数测度结果如图 5-29 所示:

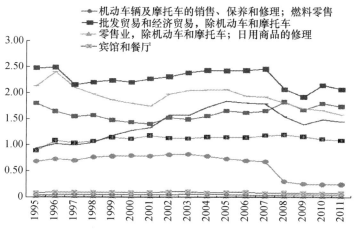

图 5-29 1995—2011 年美国第三产业流通部门 RCA 指数

美国的批发贸易和经济贸易行业（除机动车和摩托车）的 RCA 指数在 1995 到 2011 年一直维持在 2 左右，说明该行业比较优势一直比较稳定，这是因为美国商品贸易发展一直比较稳定。

包括内陆运输、水路运输和空中运输以及其他辅助性运输在内的几个行业 RCA 变化虽然不明显，但是需要指出的是，美国的水路运输行业 RCA 指数一直低于 1，且呈下降状态，因此不具备比较优势；而内陆运输、空中运输行业具有一定的比较优势；其他辅助性运输活动的 RCA 指数从 1995 年的 0.9352，逐步上升到 2005 年的 1.8445，虽然之后经历了一定的跌落，但是必须承认美国在该行业上具有外贸比较优势。

同时，美国的邮电业比较优势呈逐年递减的状态。美国是世界上邮政业最发达的国家之一，近年来，随着高科技特别是网络技术的迅速发展，传统书信逐渐被电子邮件等其他互联网通信方式所取代，电子商务以及电子阅读的盛行，更导致邮局处理传统邮件的数量剧减。据了解，美国邮政公司连年亏损主要是受到互联网普及、电子邮件和社交媒体发展迅速的影响。邮电行业的 RCA 指数在 1995 至 2011 年期间，从起初大于 2 逐渐降低，直到 21 世纪初，才得以回升到 2，然而由于互联网的普及和多媒体的发展，又逐渐下降，比较优势减弱。

（二）美国第三产业生产生活服务部门 RCA 测度

如图 5-30 所示，美国第三产业生产生活服务部门中，金融中介业，公共管理和防御、社会保险业具有较强的比较优势；其他社区、社会和个人服务行业则具有稳定的比较优势；而房地产行业不属于美国的优势行业。

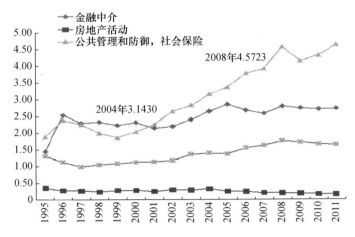

图5-30 1995—2011年美国第三产业生产生活服务部门RCA指数

1995年,金融中介业的RCA指数为1.4343,1996年之后大于2,且是上升的。对美国经济发展略微研究便可发现,外汇市场的动荡与协调交错造成了美元忽低忽高的结果。继1994年外汇市场出现较大的起伏波动之后,1995年上半年外汇市场仍在动荡中发展,美元对西方主要货币的汇率波动幅度加大,再次跌破二战以来的汇率最低点,这也许是1995年美国金融中介行业RCA指数仅为1.4343的原因之一。而1995年下半年,在多种利好因素的有力支持下,美元汇率持续上升。

美国公共管理和防御、社会保险行业具有明显的比较优势。值得注意的是,20世纪90年代末期,RCA指数经历了小幅度波动,这与当时政府对社会服务业的政策改革密不可分。进入21世纪后,几乎每5年都是一个新的起点,美国公众管理和防御以及义务社会保险行业的比较优势日益明显。

美国公共管理和防御、社会保险行业具有比较优势的原因有很多,其中很重要的原因是美国是世界上非盈利组织最为发达的国家。据统计,全美约有160万个非盈利组织是在政府正式登记注册的享有免税资格的组织,其中有101万个从事教育、健康、退休保护等服务性公益组织,6.5万个私人基金会,35万个免税宗教组织。非盈利组织作为政府在公共治理中的好伙伴确实发挥了重要作用,一方面有效地促进了经济发展,另一方面促进了社会和谐,同时也促进了民主和科学决策。

(三)美国第三产业其他行业 RCA 测度

由图 5-31 可以得出如下结论:对美国而言,教育业以及健康和社会工作行业完全不具有比较优势,而机电租赁以及其他商业活动这一行业在 1995 年至 2011 年间 RCA 指数总体呈上升状态,具有传统比较优势。

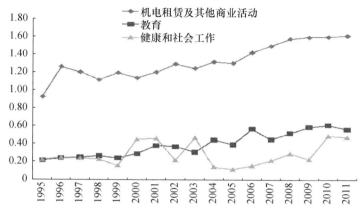

图 5-31 1995—2011 年美国第三产业其他行业 RCA 指数

二、加拿大第三产业 RCA 测度

除了美国,北美洲的另一大贸易大国当属加拿大,对加拿大第三产业各行业显性比较优势指数的研究也十分有必要。

(一)加拿大第三产业流通部门 RCA 测度

加拿大第三产业流通部门 RCA 指数如图 5-32 所示。可见,宾馆和餐厅行业的 RCA 指数虽然经历了很大幅度的波动,但是其水平一直较高,最高时达到了 2002 年的 3.24,可以说具有较强的比较优势。而包括内陆运输、水路运输、空中运输以及其他辅助性运输活动在内的运输部门相关行业,RCA 指数比较稳定,都在 1 以下平稳波动,可以总结为不具有比较优势。

与美国所不同的是,加拿大邮电业的 RCA 指数一直在 0.5 上下浮动,1997 和 2008 年超过 0.5,但是始终没有达到 1。这表明加拿大邮电业不具备比较优势。

(二)加拿大第三产业生产生活服务部门 RCA 测度

加拿大第三产业生产生活服务部门 RCA 指数如图 5-33 所示。可见,加拿大的房地产行业具有明显的比较优势,RCA 指数一直居高不下。公共管理和防御、社会保险行业以及其他社区、社会和个人服务行业的

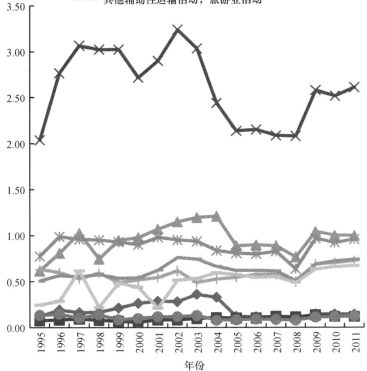

图 5-32　1995—2011 年加拿大第三产业流通部门 RCA 指数

RCA 指数在 1 与 2 附近波动,显现出加拿大在这两个行业上具有稳定的比较优势;而加拿大的金融中介业则不具有比较优势,RCA 指数在这 17 年间没有明显变化。

(三)加拿大第三产业其他行业 RCA 测度

加拿大第三产业其他行业的 RCA 指数如图 5-34 所示。可见,加拿大的机电租赁及其他商务活动行业、教育业、健康和社会工作行业的 RCA 指数在 1995 年至 2011 年间经历了明显的波动。

加拿大教育业的 RCA 指数从 1995 年仅有 1.0225 上升到 1997 年的 2.2551,之后经历了下降和回升,2006 年达到了 2.2310,2009、2010、2011

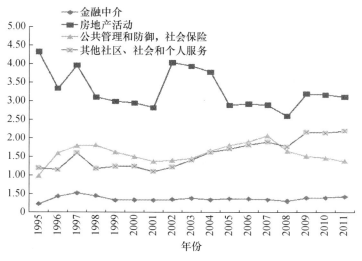

图 5-33 1995—2011 年加拿大第三产业生产生活服务部门 RCA 指数

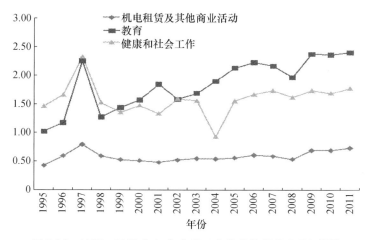

图 5-34 1995—2011 年加拿大第三产业其他行业 RCA 指数

年分别为 2.3778、2.3642、2.4045。由此可以看出,教育业具有较强的比较优势。

同时,加拿大的健康和社会工作行业除了 2004 年 RCA 指数跌破 1,仅为 0.9291 外,其他年份均大于 1,并且自 2005 年后稳步上升,由此可以看出该行业具有稳定且不断增强的比较优势。

相反,加拿大的机电租赁及其他商业活动 RCA 指数一直在 0.5 左右徘徊,不具有外贸比较优势。

5.4.4 中国与北美主要国家 RCA 的对比

经过对三个国家分行业 RCA 的测度与对比,我们得出以下几点结论:

一、第一产业三个国家 RCA 测度结果对比

美国和加拿大第一产业的 RCA 指数均呈上升趋势,且在 1999 年之后一直大于中国,由此可以推断,中国和美国以及加拿大可以在农业、林业或者渔业上发展贸易。值得注意的是,美国的农业主要以畜牧业为主,加拿大农牧业并重,畜牧业略占优势;种植业发达,小麦是最重要的农作物;渔业发达。在进行贸易时可以充分考虑这几点。

二、第二产业三个国家 RCA 测度结果对比

在简单技术制造业中,中国的织物及纺织产品行业,皮革、皮革制品及鞋行业的比较优势非常明显,而美国和加拿大在这两个行业上没有比较优势,所以中国和美国以及加拿大可以在这两个行业产生贸易;另外,美国和加拿大的纸浆、纸、印刷及出版业比较优势较强,而中国该行业的 RCA 指数一直处于 1 以下,所以在纸浆、纸、印刷及出版业这一行业上也可以产生贸易。

在复杂技术制造业中,首先,中国的电器及光学设备行业具有明显的比较优势,美国该行业也有一定的比较优势,而加拿大该行业完全不具备比较优势,所以三个国家可以在该行业上进行贸易往来;其次,中国在运输业及机械业上的 RCA 指数一直低于 1,完全不具有外贸比较优势,而美国和加拿大在运输业上都具有传统的比较优势,美国拥有完整而便捷的交通运输网络,运输工具多种多样,中国可以在借鉴美国运输业经验的同时,与美国在该行业上进行贸易往来;最后,美国的机械装置业 RCA 指数一直维持在 1 左右,说明其具有相应的比较优势,有资料显示,加拿大是美国工程机械的主要出口市场,我们建议中国和美国之间也可以在机械装置业上产生贸易。

三、第三产业三个国家 RCA 测度结果对比

中国与北美主要国家第三产业的对外贸易方向各不相同。美国和加拿大作为发达国家,其第三产业十分发达,美国的第三产业主要靠金融中介业以及公共管理和防御、社会保险行业撑腰,其外贸比较优势显著,是世界上非盈利组织最为发达的国家,全美约有 160 万个非盈利组织是在政府正式登记注册的享有免税资格的组织,这点值得中国和加拿大学习。

中国的外贸"王牌"依旧是廉价劳动力,技术较弱,导致目前还无法完成从传统服务业到现代服务贸易的转型,但可以看出传统服务贸易的比较优势有下降趋势。同时,需要指出的是,中国的零售业,除机动车和摩托车外,日用商品的修理行业还是有一定的比较优势的,因此可以与美国与加拿大产生贸易。

就加拿大而言,宾馆和餐厅业、房地产行业、教育业是其对外贸易的重中之重。现在越来越多的中国学生选择去加拿大留学深造,也为其教育业带来足够的利润。实际上,在宾馆和餐厅业、房地产行业,中国也可以在借鉴成功经验的同时,与加拿大进行贸易往来。

5.5 亚太地区主要国家 RCA 的测度

这里主要对澳大利亚、日本、韩国和俄罗斯四个国家进行测度与对比。

5.5.1 澳大利亚细分产业 RCA 的测度

一、澳大利亚第一产业 RCA 的测度

为了分析澳大利亚第一产业从 1995 年到 2011 年各自的比较优势发展趋势,本节计算出澳大利亚第一产业 RCA 指数,如图 5-35 所示。

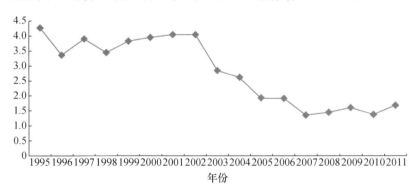

图 5-35　1995—2011 年澳大利亚第一产业 RCA 指数

澳大利亚第一产业从 1995 年到 2011 年的 RCA 指数一直保持在 1 以上,具有较高的比较优势。在初期(1995—1998 年)出现比较优势波动,最高点是 1995 年的 4.2825,最低点是 1996 年的 3.3498。一直到 2002 年出现持续稳定的增长,4 年间增长了 17.23%。之后开始大幅度降低,从 2002 年的 4.0506 降到 2011 年的 1.6935,其中虽有些微的增长但幅度很小,总体仍有很明显的下降趋势。表示澳大利亚第一产业一直存在比较优势,但前期波动性较强,后期下降幅度很大。造成这种变化的原因主要有:

1. 亚洲金融危机的影响以及澳大利亚贸易对象的紧急调整

1995 至 1998 年,比较优势出现波动,较大幅度的波动之后是 5 年的持续回升,回升的原因在于从 1999 年开始,澳大利亚开始向东南亚以外的国家进行农林牧渔业的出口。其中对南美市场增长 20% 以上,对中东地区增长 11%,对西欧增长 5.6%,对南亚地区增长 4.5%。随着日本和韩国从亚洲金融危机中复苏,对这些国家的出口也随之增长。澳统计局的数字显示,澳农产品出口增长了 5200 万澳元,由此造成了 1999 年到 2002 年的比较优势指数回升。

2. 澳大利亚出口商品的结构变化

澳大利亚第一产业的比较优势在经过 2002 年之前极不稳定的涨落之后,开始稳步下降。而这次的下降是由于澳大利亚出口商品的结构变化。近年来,澳大利亚农业出口占其所有外贸出口的比值越来越小,矿产及第三产业出口的增加导致农业占比减小,出现了"荷兰病"效应,即某些贸易部门的繁荣对其他贸易部门有挤出效应,因此造成比较优势的减弱(从农产品到矿产品)。但技术的发展、政策的改善使得澳大利亚第一产业仍具有较强的比较优势,并在近年出现 RCA 指数上升趋势。

比较中国和澳大利亚第一产业的 RCA,两个国家都具有下降趋势,但澳大利亚具有更强的比较优势,在 1995 年到 2011 年的 17 年间虽然处于下降趋势,并且下降的幅度较大,但一直具有比较优势。中国由于从 1995 年开始 RCA 指数相对澳大利亚就较低,并且下降幅度相对较大,所以在 1996 年之后就不再有比较优势。因此澳大利亚第一产业的比较优势从总体上来看比中国强。

二、澳大利亚第二产业 RCA 的测度

(一)简单技术制造业 RCA 的测度

简单技术制造业是指研发强度和知识员工比率都低于产业平均数的制造行业和部门,主要包括食品制造业、纺织服装业、塑料与橡胶业、交通设施业、家具业、饮料业、金属制品工业等技术与市场条件成熟的产业。与高技术制造业不同,低技术制造业的市场相对稳定,产出主要是必需品,因此产品缺乏需求弹性,该类产业主要使用已有的技术进行生产,技术不是企业获取收益的主要渠道,技术绩效与商业绩效也无直接关系,生产商很少关注技术功能而更重视产品与市场,竞争优势的获得依赖于产品差异成本优势和对补充性资产的控制。

为了分析澳大利亚第二产业简单技术制造业从1995到2011年各自的比较优势发展趋势,本节计算出澳大利亚简单技术制造业17年间的RCA指数,之后就每个行业的上升与下降趋势和RCA指数的大小进行更进一步的对比和分析。

为了更清楚地显示不同行业的发展趋势,笔者将澳大利亚的简单技术制造业比较优势情况分为两个部分,如图5-36和5-37所示。图5-36包括C3—C6行业,图5-37包括C7、C8、C10、C12行业。

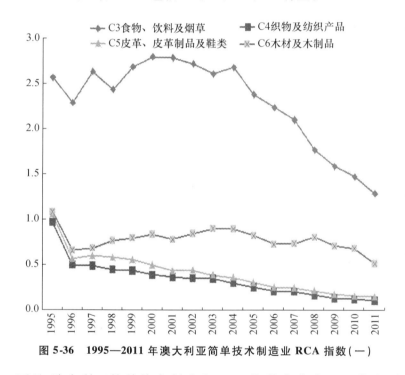

图5-36　1995—2011年澳大利亚简单技术制造业RCA指数(一)

可见,澳大利亚简单技术制造业RCA指数变化有一些特点,归纳如下:

1. 具备比较优势的行业RCA指数分析

澳大利亚简单技术制造业包含的8个行业中大部分RCA指数是在1之下,说明大部分行业没有比较优势。而食品、饮料及烟草行业(C3)和碱性金属及金属制品行业(C12)的RCA指数基本都在1之上,原因是澳大利亚矿产资源非常丰富,农牧业也比较发达,因此生产成本较低,所以

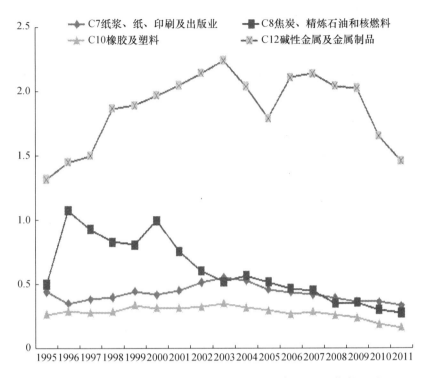

图 5-37　1995—2011 年澳大利亚简单技术制造业 RCA 指数（二）

这两个相关行业的比较优势较高。但是两个行业在后期都有不同程度的下降趋势。

2. 不具备比较优势的行业 RCA 指数分析

织物及纺织品行业（C4）与皮革制品及鞋类行业（C5）RCA 指数非常相近，在 1996 年后就持续低于 1，并且发展趋势也一致，都是持续下降。纸浆、纸、印刷及出版业（C7）和橡胶及塑料行业（C10）发展趋势较平稳，并且基本都处于 0.5 以下，没有比较优势。原因在于这几个行业都是对劳动力要求较高的行业，澳大利亚作为劳动力缺失较严重的国家在属于劳动密集型产业的行业 RCA 指数很明显低于其他行业。

焦炭、精炼石油及核燃料行业（C8）在 2000 年前一直在 1 上下浮动，但 2000 年后处于下降的趋势。其原因在于在澳大利亚矿产工业或资源工业中，石油等燃料行业相对属于国际竞争力低的产业，不仅上游资源储量有限，而且与世界主要国家相比，其下游炼制业也不占优势，因此逐渐变成澳大利亚的一个"短板"行业。

而木材及木制品行业(C6)的比较优势指数一直在 0.7 上下小幅度浮动,发展趋势比较稳定,但在近年出现下降趋势,原因是近年木材价格的上涨导致此行业成本的增加,因此出口规模较前几年变小。

大部分属于简单技术制造业的行业没有比较优势,说明澳大利亚简单制造业不发达。其原因在于澳大利亚地广人稀,简单技术制造业的发展需要较低的生产成本以及大量劳动力。劳动力缺乏以及生产原料的高运输成本导致简单制造业创造利润十分困难。除此之外,澳大利亚只有农牧业和矿业十分发达,其他资源仍有缺乏。因此如 C6、C7、C8、C10 行业仍不能够做到独立生产,生产成本较高,在高成本的压力下,澳大利亚还面临中国及一些东南亚国家这些竞争力很强的国家的压力,因此几乎没有比较优势。

对中国和澳大利亚的简单技术制造业比较优势进行比较之后发现,澳大利亚具有比较优势的行业只有食品、饮料及烟草行业(C3)和碱性金属及金属制品行业(C12)。这两个行业的上游产业非常发达,说明澳大利亚的简单技术制造业是由资源密集型的产业主导的,而其他劳动密集型产业基本没有比较优势,说明澳大利亚劳动力较缺乏。因此,澳大利亚简单技术制造业发展较缓慢。

而中国与澳大利亚相比恰恰相反,在食品、饮料及烟草行业(C3)和碱性金属及金属制品行业(C12)几乎都没有比较优势,反而在织物及纺织产品(C3)、皮革制品(C4)和橡胶及塑料产品(C10)等劳动密集型的行业有较强的比较优势。说明中国第二产业大部分依赖数量多且廉价的劳动力。

(二)复杂技术制造业 RCA 的测度

这里的复杂技术制造业是指国民经济行业中 R&D 投入强度(即 R&D 经费支出占主营业务收入的比重)相对较高的制造业行业。符合复杂技术制造业分类的行业有 C9、C13、C15、C16。

为了分析澳大利亚第二产业复杂技术制造业从 1995 到 2011 年各行业的比较优势强弱及发展趋势,笔者计算出其 RCA 指数,如图 5-38 所示:

澳大利亚复杂技术制造业的 RCA 指数都在 0.5 以下,说明没有比较优势,并且其中的五个行业 RCA 指数都有不同程度的下降,未来上升的趋势很小。其原因可能在于澳大利亚劳动力少,专有技术人才十分紧俏。需要这些劳动力的企业劳动力成本相对较高。同时,鉴于澳大利亚农牧业和矿业及部分服务行业出口额占比很大,导致复杂技术制造业的出口

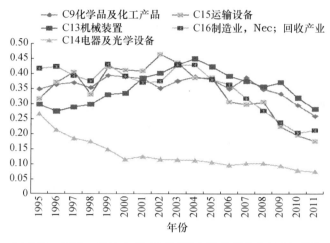

图 5-38 1995—2011 年澳大利亚复杂技术制造业 RCA 指数

规模相对较小。两方面导致 RCA 指数很低。

对澳大利亚和中国的复杂技术制造业进行比较之后发现,两国发展情况差别较大。澳大利亚复杂技术制造业几乎没有比较优势,并且没有非常明显的上升、下降趋势,波动性较强。这说明澳大利亚在这方面出口情况较差,只能被国际的需求所控制,需求高的年份出口多,需求少的年份出口少。而中国大部分行业有明显的增长趋势,其中电器及光学设备行业的比较优势最强,说明中国的复杂技术制造业的出口情况正处于蓬勃发展的阶段。其中大部分原因是中国作为发展中国家参与复杂技术制造业的国际分工的劳动密集型加工生产阶段的日益强化,导致中国大量出口高技术产品,高出口额导致 RCA 指数升高。

(三)第二产业其他行业 RCA 的测度

为了分析澳大利亚第二产业其他行业从 1995 到 2011 年各行业的比较优势强弱及发展趋势,笔者计算出其 RCA 指数并用折线图 5-39 表示。

1. 具备比较优势的行业 RCA 指数分析

从图 5-39 可以看出,澳大利亚采矿和采石行业(C2)RCA 指数基本在 3 到 5 之间,说明有很强的比较优势。但从 1998 年到 2003 年,RCA 指数开始急剧下降,从 4.9559 下降到 2.8778。

采矿和采石行业 RCA 衰退的原因在于澳大利亚自身矿产勘探衰退。由于 1997 年的亚洲金融危机和 2001 年北美、西欧和日本经济衰退的持续打击,亚洲和欧美的工业发展都遭受到了严重的打击,对矿产的需求大

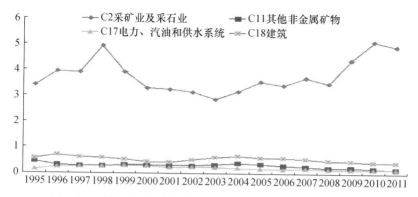

图 5-39 1995—2011 年澳大利亚第二产业其他行业 RCA 指数

大降低,是导致澳大利亚矿产勘探衰退的国际原因。另外,在此期间澳大利亚对原住民土地权的土地使用问题进行了较严格的审查,并且拨给矿产勘探的费用明显减少。国际和国内双重问题导致澳大利亚矿产出口受到较大的负面影响。但是从 2003 年开始,RCA 指数又逐渐升高,尤其从 2008 年开始,由于许多国家从金融危机复苏引发矿产资源需求量激增,为澳大利亚矿产出口提供了强劲的动力。

2. 不具备比较优势的行业 RCA 指数分析

其他非金属矿物行业(C11)、电力汽油及供水系统(C17)及建筑行业(C18)三个行业的 RCA 指数都低于 1,并且没有明显的上升与下降趋势,没有比较优势。由于澳大利亚其他非金属矿产及石油等燃料产量丰富程度远低于金属矿,因此非金属矿物行业,电力、汽油及供水系统行业发展缓慢。建筑行业(C18)由于对劳动力要求较高,对于澳大利亚这个劳动力短缺的国家来说,要想发展,面对的障碍很难消除。

对比澳大利亚和中国第二产业其他行业的比较优势,发现澳大利亚在采矿业这类资源密集型行业具有极强的比较优势,并且 RCA 指数是逐渐上升的,说明仍有发展空间。而在其他行业 RCA 指数明显低于 1,没有比较优势。中国由于金属矿产较少,因此在此行业没有比较优势。中国的非金属矿产的比较优势较高,但仍低于澳大利亚采矿业的比较优势,并伴有下降趋势。除此之外,对于建筑业这类劳动力需求较高的行业,中国也有较强的比较优势。

综上,澳大利亚资源密集型的行业比较优势较强,中国劳动力密集型的行业比较优势较强。

三、澳大利亚第三产业 RCA 的测度

本节主要测度了澳大利亚第三产业 1995 年至 2011 年间的 RCA 指数，主要分为流通部门和服务部门两个部分来分析。

（一）流通部门 RCA 的测度

流通部门指负责信息与物件的流通，包括交通运输业、邮电通讯业、商业饮食业、物资供销和仓储业等。在 WIOD 的 35 个行业中，属于流通部门的行业有 C19、C20、C21、C22、C23、C24、C25、C26、C27。笔者将澳大利亚第三产业流通行业从 1995 到 2011 年各行业的比较优势强弱及发展趋势测度出来，如图 5-40 和 5-41 所示。图 5-40 包括 C21、C22、C25、C26、C27，这五个行业总体 RCA 指数都高于 1，具有比较优势。图 5-41 包括 C19、C20、C23、C24，这四个行业 RCA 指数都低于 1。

从图 5-40 和 5-41 中可以得到以下结论：

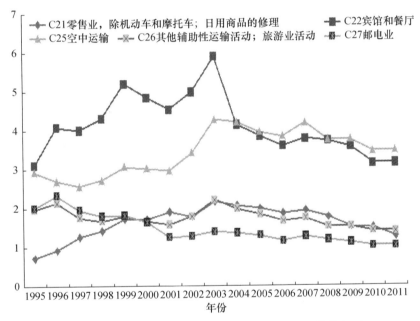

图 5-40　1995—2011 年澳大利亚流通行业 RCA 指数（一）

1. 具备比较优势的行业 RCA 指数分析

属于运输行业的航空运输的 RCA 指数很高，其发展趋势从 1995 年的 2.9298 上升到 2003 年的 4.2668，2003 年到达高点之后出现下降趋势，一直降到 2011 年的 3.4650。其他辅助性运输活动、旅游业活动行业的 RCA 指数虽然总体不如航空运输行业，但趋势与其非常类似。与旅游

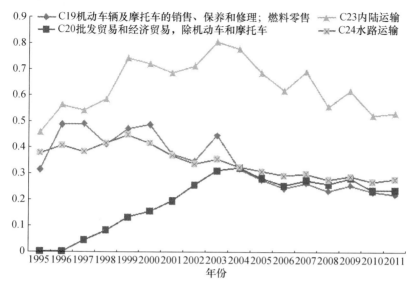

图 5-41　1995—2011 年澳大利亚流通行业 RCA 指数（二）

业有关的酒店和餐厅行业 RCA 指数较高,虽然波动较大,但都在 3 以上,有较高的比较优势。

2. 比较优势从无到有的行业 RCA 指数分析

图 5-40 中属于批发零售行业的零售业,除机动车和摩托车,日用商品的修理行业(C21)从 1995 年的 0.7274 到 2003 年的 2.1695,RCA 指数稳步上升,比较优势逐渐显现,虽然 2003 到 2011 年 RCA 指数有下滑趋势,但保持在 1 之上,仍具有比较优势。

结合具备比较优势的行业可知,发展趋势相同的 C21、C22、C25、C26 都与国际旅游有关,旅游业已经成为澳大利亚服务业中发展最快最好的产业。因此旅游业的兴盛使航空运输发展远超其他运输方式,而旅游业带动了旅游服务业的发展,如免税店等对外的销售使得零售行业比其他销售方式的比较优势强很多。同时,解决旅客住宿和餐饮问题的行业也被旅游业带动,有很强的比较优势,并能从数据中看出其比较优势最强,最具有竞争力。

3. 不具备比较优势的行业 RCA 指数分析

属于批发零售行业的机动车辆及摩托车的销售、保养和修理以及燃料零售行业,批发贸易和经济贸易行业 RCA 指数都很低,特别是在 2003 年之后,几乎都在 0.3 左右,说明这两个行业没有比较优势。属于运输行业的陆地运输和水路运输 RCA 指数分别在 0.5 和 0.3 左右,没有比较优势。

可以看出,同属批发零售业,面向的对象不同会导致比较优势差别很大,机动车销售及批发贸易明显与旅游业联系较少,因此比较优势与零售业相比差距很大。同理,同属于运输行业的陆地运输和水路运输,由于没有航空运输与旅游业的关系密切,所以比较优势远不如航空运输,并且随着旅游业的兴盛和航空运输的发达,两行业的比较优势在近年出现了明显的下降趋势。

将中澳流通部门 RCA 指数对比之后发现,总体上澳大利亚的比较优势优于中国。其原因在于澳大利亚的旅游业非常发达,带动的其他行业如零售业和航空运输比较优势都相对较高。这些行业在中国也有较高的比较优势,但由于中国旅游业不是很发达,因此比较优势较弱。从趋势来看,澳大利亚的大部分流通业行业都在近年出现了下降的趋势,中国具有比较优势的几个行业也出现这样的情况,但运输行业整体出现 RCA 上升的趋势,有较好的发展前景。

(二)服务部门 RCA 的测度

服务部门包括为生产和生活服务的部门,包含金融、保险业,房地产、公用事业、居民服务业、旅游业、咨询信息服务业和各类技术服务业等;以及为提高科学文化水平和居民素质服务的部门,包括教育、文化、广播电视事业,科学研究事业,卫生、体育和社会福利事业等。

为了更清楚地呈现数据,本节将测度数据分成两部分,如图 5-42 和 5-43 所示。图 5-42 包括 C29、C32、C33,这三个行业总体 RCA 指数都远高于 1,具有较强的比较优势。图 5-43 包括 C28、C30、C31、C34,这四个行业 RCA 指数整体都低于 1。

1. 具备比较优势的行业

澳大利亚第三产业服务业中,整体来看只有三个行业有比较优势,分别是教育行业(C32)、健康和社会工作(C33)及房地产行业(C29)。其中教育行业 RCA 指数极高,虽然波动较强并具有缓慢下降趋势,但最低的 RCA 指数也有 14.2601,最高为 34.0395。说明比较优势极强。澳大利亚的教育服务贸易已经成为澳大利亚最大的服务出口。相比较其他国家,澳大利亚受留学生欢迎的原因是:首先,澳洲教育水平高、教学质量有保证。其次,相对其他国家,澳大利亚的入学要求较低。语言和学术成绩都相对比较容易达到,签证也更容易通过。除此之外,政府对教育的扶持以及潜在就业、移民机会都是留学生选择澳大利亚的原因。

与教育行业相比,其他行业都相对较弱,其中健康和社会工作虽然有较强的比较优势,但 RCA 指数从 1995 年的 11.7006 直降到 2011 年的

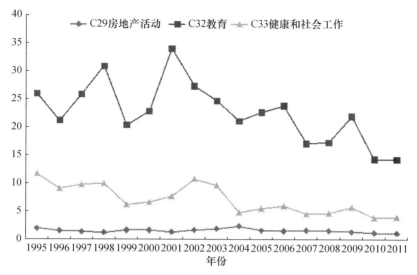

图 5-42 1995—2011 年澳大利亚服务业 RCA 指数（一）

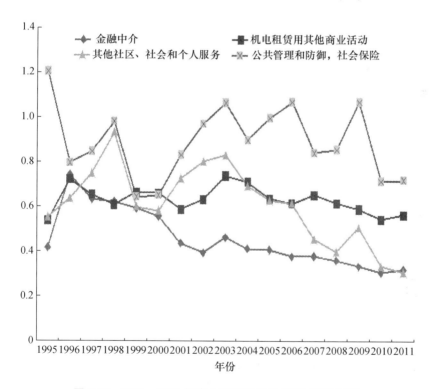

图 5-43 1995—2011 年澳大利亚服务业 RCA 指数（二）

3.9318,下降幅度很大;房地产行业虽然存在比较优势,但是 RCA 指数也有轻微的下降。其原因可能是劳动力的缺乏导致 RCA 指数下降。

2. 不具备比较优势的行业

除上述三个行业,其他行业的 RCA 指数都低于 1,没有比较优势,并且大多处于下降趋势。可以看出,澳大利亚第三产业的发展并非都具有比较优势,只是由教育业领跑,相对较发达。

总体来看,中国和澳大利亚的服务行业 RCA 差距较大,澳大利亚在服务行业特色较明显,其教育业、社会工作和房地产行业都有较强的比较优势,特别是教育业,是 35 个行业中比较优势最强的行业。而中国在这方面表现平平,基本没有比较优势。发展中国家和发达国家的差距由此可以较明显地观察出来。

5.5.2 日本和韩国细分行业 RCA 的测度

日本和韩国也是东亚的重要国家。在分析日本和韩国以及下一节的俄罗斯时,本书采用了相对比较优势的方法。相对比较优势指数是两个国家显性比较优势的比值,比如中日两国相对显性比较优势可以表示为:

$$\frac{\text{RCA}_{CHI}}{\text{RCA}_{JpN}} = \frac{\dfrac{Z_{CHij}/\sum_j Z_{ij}}{\sum_j Z_{wj}/\sum_w \sum_j Z_w j}}{\dfrac{Z_{JpN_j}/\sum_j Z_{ij}}{\sum_j Z_{wj}/\sum_w \sum_j Z_w j}}$$

其中,全球 j 商品的出口总额与全球的总出口额,在公式中始终不变,因而式中相关式可以约掉,得:

$$\frac{\text{RCA}_{CHI}}{\text{RCA}_{JpN}} = \frac{\dfrac{Z_{CHij}}{\sum_{CHI} Z_{ij}}}{\dfrac{Z_{RUSj}}{\sum_{jpN} Z_{ij}}}$$

此即为中国与日本的相对 RCA 指数。

一、日本和韩国第一产业相对比较优势测度

根据上文提出的相对比较优势指数的概念,结合第一产业的分类,分别算出中日、中韩、日韩的相对比较优势指数,如表 5-8 所示:

表 5-8　中日韩第一产业相对比较优势指数变动：1995—2011 年

国家\年份	1995	1996	1997	1998	1999	2000	2001	2002	2003
中日	15.500	11.893	9.9200	7.7690	9.5240	8.4290	6.4170	6.0000	6.0000
中韩	0.5830	0.4170	0.3090	0.2580	0.2450	0.2480	0.2060	0.1970	0.1970
日韩	0.0380	0.0350	0.0310	0.0330	0.0260	0.0290	0.0320	0.0330	0.0330

国家\年份	2004	2005	2006	2007	2008	2009	2010	2011
中日	3.3000	2.8820	2.5810	2.8570	1.9170	2.4720	2.2310	1.8890
中韩	0.1320	0.1380	0.1170	0.1140	0.0930	0.1020	0.1040	0.1010
日韩	0.0400	0.0480	0.0450	0.0400	0.0490	0.0410	0.0470	0.0530

资料来源：根据 WIOD 数据库计算。

根据表 5-8 可以看出，中日第一产业的相对比较优势指数都大于 1，但呈逐年下降的趋势，中韩和日韩的第一产业相对比较优势指数都小于 1。这说明中国的第一产业相对于日本来说，具有明显的比较优势。然而近年来，中日相对比较优势指数不断下降，从 1995 年的 15.5 到 2011 年的 1.88，这表明中国的第一产业对日本的比较优势在不断弱化。中韩第一产业的相对比较优势指数小于 1，且呈不断下降的趋势，这意味着韩国的第一产业更具备比较优势，且其相对比较优势在不断强化。虽然日韩的相对比较优势指数也小于 1，但它呈现的是不断上升的趋势，这表明韩国对日本的相对比较优势在不断弱化。

二、日本和韩国第二产业相对比较优势测度

第二产业占据中日韩三国对外出口的最大比例，因此衡量三国工业制成品比较优势具有很大的意义。中日韩第二产业的相对比较优势指数如表 5-9 所示：

表 5-9　中日韩第二产业相对比较优势指数变动：1995—2011 年

国家\年份	1995	1996	1997	1998	1999	2000	2001	2002	2003
中日	1.018	1.08	1.022	0.986	0.983	0.997	0.974	0.958	0.985
中韩	1.044	1.058	0.997	0.975	0.98	0.982	0.958	0.932	0.926
日韩	1.026	0.98	0.976	0.989	0.997	0.986	0.983	0.973	0.94

国家\年份	2004	2005	2006	2007	2008	2009	2010	2011
中日	1.035	1.048	1.067	1.081	1.084	1.088	1.081	1.08
中韩	0.966	0.985	0.998	1.016	1.014	1.003	1.001	0.991
日韩	0.933	0.94	0.936	0.94	0.935	0.922	0.925	0.918

可见,中国对日本和韩国都具有比较优势,但都不是非常明显,保持在 1 左右。在 1998 年发生金融危机后,这种优势相对减弱,但 2006 年以后又恢复到 1 以上。为进一步了解三国第二产业的发展,将第二产业细分为简单技术制造业和高级技术制造业进行分析。

(一) 简单技术制造业 RCA 的测度

基于相对比较优势指数的计算方法,利用 WIOD 提供的数据和第二产业的分类标准,算出了 1995 年到 2011 年中日韩简单技术制造业的相对比较优势指数,如图 5-44 所示:

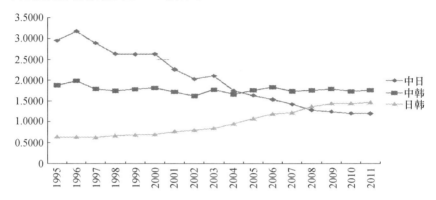

图 5-44　中日韩简单技术制造业相对比较优势指数的变动:1995—2011 年

1995 到 2011 年间,中日和中韩简单制造业的相对比较优势指数始终大于 1,但是该数值呈现逐年下降态势,日韩的简单制造业的相对比较优势指数则不断上升,2005 年突破 1 的分界点。中日简单制造业相对比较优势指数从 1995 年的 2.9544 跌至 2011 年的 1.1999,中韩简单制造业相对比较优势指数从 1995 年的 1.8793 跌至 1.7599。这说明,中国的简单制造业对日本和韩国都有明显的相对比较优势,但这一相对比较优势正在不断弱化。造成这一局面的一个重要原因为低科技工业制成品多为劳动密集型产品,符合中国劳动力富足的特点。这也说明,与日本和韩国相比,中国的工业化程度相对较低,总体的技术水平也比较落后,不过近年来中国在不断进行产业升级,因此简单技术制造业的比较优势也在弱化。日韩的简单制造业相对比较优势指数从 0.6361 上升至 2011 年的 1.4667,表明韩国在简单制造业的相对比较优势不断丧失。造成这一现象可能是由于日本的高科技制造业的竞争力弱化造成的,并不能够说明日本在简单技术制造业方面具有上升的比较优势。

(二)高级技术制造业 RCA 的测度

通过相对比较优势指数的公式,我们可以得到 1995 到 2011 年中日韩高级技术制造业的相对比较优势指数变动,如图 5-45 所示。1995 到 2011 年,中日高级技术制造业的相对比较优势指数在不断上升,2008 年超越 1 的分界点;中韩高级技术制造业的相对比较优势指数小于 1,但呈现上涨的态势;反观日韩高级技术制造业的相对比较指数却不断下降。通过以上的观察可以得出,日本对中国的高级技术制造业的相对比较优势已经丧失,中国的高级技术制造业的相对比较优势在不断强化。此外,虽然目前为止,韩国高级技术制造业对中国具有相对比较优势,但数值的上升过程说明中国的竞争力也在提升。2002 年以前,日本对韩国在高级技术制造业方面的相对比较优势非常明显,但 2002 年之后,韩国的高级技术制造业反而更有竞争力。

以上情况说明,韩国比较好地实现了产业结构和出口结构的升级,具有了新兴工业化国家的基本特色。与韩国和日本相比,中国的高科技工业制成品起初处于劣势,但是这一局面也在不断地改变,这说明中国第二产业开始呈现出产业升级的特点。因此,日本在 20 世纪 90 年代的高级技术制造业方面的优势不断丧失。

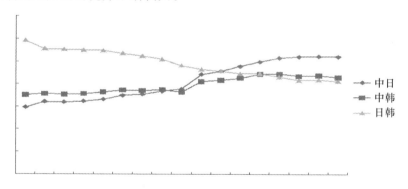

图 5-45 中日韩高级技术制造业相对比较优势指数变动:1995—2011 年

三、日本和韩国第三产业相对比较优势测度

1995 年到 2011 年间中日韩三国第三产业的相对比较优势指数如表 5-10 所示:

表 5-10　中日韩第三产业相对比较优势指数变动:1995—2011 年

国家\年份	1995	1996	1997	1998	1999	2000	2001	2002	2003
中日	0.683	0.532	0.802	0.96	0.971	0.928	1.034	1.105	0.988
中韩	0.634	0.593	0.902	1.027	1.002	0.998	1.132	1.272	1.318
日韩	0.929	1.114	1.124	1.07	1.032	1.075	1.095	1.151	1.333

国家\年份	2004	2005	2006	2007	2008	2009	2010	2011
中日	0.823	0.771	0.707	0.657	0.654	0.639	0.656	0.663
中韩	1.141	1.032	0.967	0.872	0.889	0.933	0.948	1.007
日韩	1.387	1.339	1.367	1.327	1.359	1.462	1.445	1.518

中日第三产业的相对比较优势波动很大,但近年来其相对比较优势指数多小于1,中韩相对比较优势指数的波动也很大,但从2006年起,该数值有回升的态势。与此同时,日韩第三产业相对比较优势指数则不断上升,从1996年起,该数值就大于1。这说明总体来看,近年来日本第三产业对中国的相对比较优势非常明显,韩国对中国的相对比较优势则在丧失中,日本的第三产业对韩国具有明显的相对比较优势。

(一)中日韩流通部门的相对比较优势

根据相对比较优势理论,中日、中韩、日韩第三产业流通部门的相对比较优势指数可以计算出来,图5-46所示的就是1995年到2011年间三国流通部门的相对比较优势指数的变动。

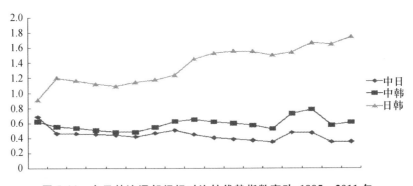

图 5-46　中日韩流通部门相对比较优势指数变动:1995—2011 年

中日第三产业流通部门的相对比较优势指数在1995年到20011年间始终小于1,且在不断下降,中韩相对比较优势指数也小于1,但波动比较大,日韩相对比较优势指数大于1,且在不断上升。这表明,中日两国之间,日本在流通部门的相对比较优势十分明显,且在不断强化。中韩两国对比来看,韩国流通部门更加具有竞争力。对比日本和韩国,则可以发现日本流通部门的比较优势很强,且这种优势在不断扩大。总而言之,三个国家中,日本流通部门的相对比较优势最强。

(二)中日韩为生产和生活服务部门的相对比较优势

为生产和生活服务部门的相对比较优势指数也可以通过上述计算方法得出,图5-47是中日韩三国1995年到2011年相对比较优势指数的变动。

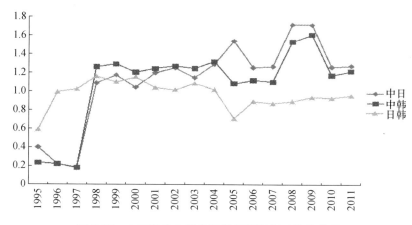

图5-47 中日韩为生产生活服务部门相对比较优势指数变动:1995—2011年

近年来,中日、中韩为生产和生活服务部门的相对比较优势指数都超过了1的关键分界点,而日韩为生产和生活服务部门的相对比较优势指数近年来呈现下降的趋势,2005年后,跌至小于1。通过分析可以发现,中国为生产和生活服务部门的相对比较优势很强劲,面对韩国和日本都非常有竞争力。而日本和韩国两国之间,韩国为生产和生活服务部门的相对比较优势更为明显。

(三)中日韩为提高科学文化水平和居民素质服务部门的相对比较优势

为提高科学文化水平和居民素质服务部门的相对比较优势指数也可以通过上述计算方法得出,如图5-48所示。中日、中韩为提高科学文化水平和居民素质服务部门相对比较优势指数几乎都大于1,而日韩的相对比较优势指数则小于1。这说明中日两国间,中国在提高科学文化水平方面的相对比较优势很大。这可能是由于随着经济发展,中国越来越关注发展科教文卫事业,提高居民素质。中韩两国相比,中国具有相对比较优势,但最近几年,这种优势也逐步弱化。日本和韩国相比,韩国在提高科教文化和居民素质方面的相对比较优势非常强。造成这一现象的一大可能原因是韩国近年来在这方面投入的资金量很大,而日本由于是一个比较成熟的现代社会,居民素质已经比较高,因此投入的资金相对来说不如韩国多。

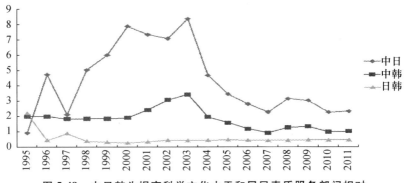

图 5-48　中日韩为提高科学文化水平和居民素质服务部门相对比较优势指数变动:1995—2011 年

5.5.3　俄罗斯细分行业的测度与对比

根据上文相对显性比较优势指数,结合 WIOD 关于中国与俄罗斯的分行业贸易数据,可以算出中国与俄罗斯各行业相对 RCA 指数,如表 5-11 所示:

表 5-11　1995—2011 年中国与俄罗斯相对 RCA 指数

	S1	S2	S3	S4	S5	S6	S7	S8	S9	S10
1995	1.7052	0.1857	0.6687	6.1971	1.9063	4.2884	0.1597	1.2639	27.739	1.2608
1996	1.3994	0.1953	0.5504	2.9885	2.0273	4.2321	0.1311	1.3765	27.301	0.6441
1997	1.1563	0.1832	0.4672	1.6131	1.9588	4.4317	0.2876	1.2289	27.28	0.3405
1998	0.8811	0.1835	0.4269	1.7677	1.6549	3.8954	0.2908	1.8413	26.796	0.3879
1999	0.7976	0.1608	0.4318	2.0267	1.7169	3.3515	0.2999	1.7746	27.776	0.4531
2000	0.8961	0.1434	0.4302	2.5181	1.7291	4.5341	0.3207	1.7733	31.991	0.5844
2001	0.7933	0.1359	0.4114	2.9717	1.8298	4.7249	0.3295	1.7031	35.535	0.7198
2002	0.6481	0.1262	0.3979	3.5007	1.735	5.288	0.3424	1.61	39.563	0.8883
2003	0.7618	0.0964	0.3528	3.7757	1.6364	6.1581	0.3329	1.7192	27.892	0.7785

(续表)

	S1	S2	S3	S4	S5	S6	S7	S8	S9	S10
2004	0.6577	0.0785	0.3832	4.3106	1.5195	7.7521	0.3207	2.0643	20.506	0.7004
2005	0.718	0.0698	0.3471	4.6777	1.5022	10.144	0.3092	2.0701	14.916	0.6109
2006	0.5958	0.0691	0.199	4.0975	1.2467	9.6447	0.2815	1.696	9.0827	0.4355
2007	0.5585	0.0525	0.2178	5.0391	1.4309	11.441	0.2506	1.9848	8.6742	0.4476
2008	0.6388	0.0583	0.2327	4.8489	1.513	12.41	0.2406	1.9103	8.5642	0.4418
2009	0.6298	0.0494	0.1963	4.9696	1.5355	12.822	0.2388	1.7852	8.5328	0.4395
2010	0.9036	0.0488	0.195	4.9951	1.4735	17.488	0.2438	1.8131	8.4803	0.437
2011	0.662	0.0514	0.1737	4.3921	1.3981	17.977	0.2641	1.6304	7.2886	0.3761

为了更直观地对中俄相对 RCA 指数进行比较，笔者对数据进行了进一步处理，以 1 为基准，正数为中国对俄罗斯出口 RCA 指数的倍数，负数则为俄罗斯对中国出口 RCA 指数的倍数，如表 5-12 所示。

如果单纯从中俄出口贸易的 RCA 指数来看，中国在 S4、S6、S9 类商品上具有显著的比较优势。其中 S6 的比较优势在不断扩大，而 S9 类商品的相对比较优势则在不断减小；俄罗斯在 S2、S3、S7、S9 类别商品上占有相对比较优势，其中 S2 商品的比较优势呈迅速增长态势，S3、S9 商品的比较优势亦在稳步扩大，而 S7 类别商品的比较优势正在逐渐减小。

根据表 5-12 的数据，可以画出 1995—2011 年中俄相对 RCA 指数堆积柱形图，如图 5-48 所示。

另外，为了更直观地表示其数值变化，我们用两条红色的辅助线分别连接 1995 年的最高点和 2011 年的最高点，以及 1995 年的最低点和 2011 年的最低点。图中，0 以上为正值，表示中国在该年的总行业比较优势，0 以下为负值，表示俄罗斯在该年的总行业比较优势。因而 0 以上数值越高，则代表中国在该年的总行业比较优势越大，0 以下数值越低，代表俄罗斯在该年的总行业比较优势明显。

从图 5-48 中我们可以得出以下几点结论：

（1）从图 5-48 中的两条红色的辅助线，可以发现，这两条线段呈开口向右的略张喇叭形态，这说明中俄分行业贸易的差别在逐渐扩大，两国的贸易特征越来越明显。

（2）从图 5-48 中可以看出，从 1995 年至 2004 年，中国总体的贸易比较优势较大，而从 2005 年以后，中俄总体的贸易比较优势趋于平衡。

表 5-12 1995—2011 年中国与俄罗斯处理后的相对 RCA 指数

	S1	S2	S3	S4	S5	S6	S7	S8	S9	S10
1995	1.7052	-5.3854	-1.4954	6.1971	1.9063	4.2884	-6.2619	1.2639	27.739	1.2608
1996	1.3994	-5.1213	-1.8169	2.9885	2.0273	4.2321	-7.6275	1.3765	27.3012	-1.5526
1997	1.1563	-5.4581	-2.1403	1.6131	1.9588	4.4317	-3.4765	1.2289	27.2801	-2.9372
1998	-1.135	-5.4486	-2.3422	1.7677	1.6549	3.8954	-3.4382	1.8413	26.796	-2.5778
1999	-1.2538	-6.2193	-2.3157	2.0267	1.7169	3.3515	-3.3343	1.7746	27.7762	-2.207
2000	-1.1159	-6.9712	-2.3244	2.5181	1.7291	4.5341	-3.1184	1.7733	31.9912	-1.7111
2001	-1.2606	-7.3593	-2.4305	2.9717	1.8298	4.7249	-3.0345	1.7031	35.5347	-1.3893
2002	-1.543	-7.924	-2.5132	3.5007	1.735	5.288	-2.9208	1.61	39.563	-1.1258
2003	-1.3127	-10.3738	-2.8344	3.7757	1.6364	6.1581	-3.0038	1.7192	27.8924	-1.2845
2004	-1.5204	-12.7432	-2.6099	4.3106	1.5195	7.7521	-3.1179	2.0643	20.5058	-1.4277
2005	-1.3928	-14.3366	-2.881	4.6777	1.5022	10.144	-3.2339	2.0701	14.9163	-1.6369
2006	-1.6783	-14.472	-5.0261	4.0975	1.2467	9.6447	-3.5526	1.696	9.0827	-2.2963
2007	-1.7905	-19.0499	-4.5916	5.0391	1.4309	11.441	-3.9908	1.9848	8.6742	-2.2342
2008	-1.5654	-17.1538	-4.2975	4.8489	1.513	12.41	-4.1566	1.9103	8.5642	-2.2633
2009	-1.5879	-20.2426	-5.0933	4.9696	1.5355	12.8218	-4.187	1.7852	8.5328	-2.2753
2010	-1.1067	-20.5014	-5.1269	4.9951	1.4735	17.4879	-4.1016	1.8131	8.4803	-2.2883
2011	-1.5107	-19.4366	-5.7572	4.3921	1.3981	17.9773	-3.787	1.6304	7.2886	-2.6589

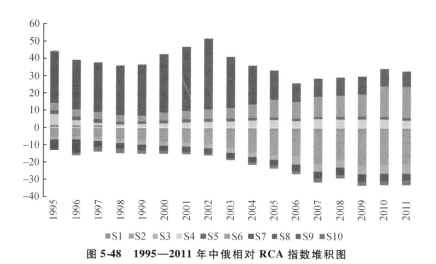

图 5-48　1995—2011 年中俄相对 RCA 指数堆积图

5.6　中国与欧盟主要国家细分行业的测度与对比

本节将对中国和欧盟的主要国家 1997—2011 年的显性比较优势进行分析,欧盟主要国家包括德国、荷兰、英国、法国、意大利、比利时、西班牙、波兰、瑞典和芬兰。选择它们的原因是这些国家进出口总额大,且与中国有密切的贸易往来,分析这些国家从一定程度上能反应欧盟贸易的总体情况,同时对中国与欧盟的贸易会有一定的启示作用。在本小节的分析中,笔者参照燕春蓉(2011)和《国际贸易标准分类》(修订4)对产业的分类,对 WIOD 提供的投入产出表的第1至第17部门作了如下重新分类,其中 C1、C2、C3、C8、C11、C17 出口的大多是传统产品和初级产品,主要靠一国的自然资源禀赋,我们将其视为资源密集型产品;C4、C5、C6、C7、C10、C12、C16 出口的大多数是工业制成品,主要依靠劳动力,我们将其视为劳动力密集型产品;C9、C13、C14、C15 主要依靠资本或技术,被视为资本和技术密集型产品。如果一国具有比较优势的出口商品更多地集中在这三类中的某一类的话,根据 H-O 模型的逻辑,即可大致推断该国的禀赋结构的基本状况及其变动趋势。表5-13、5-14、5-16 计算了从 1997 年到 2011 年中国和欧盟各国按 WIOD 分类的各行业的显性比较优势指数,不但能够反映出各国在各大类产品上的比较优势,而且能够反映比较优势的变化趋势。

5.6.1 资源密集型产品 RCA 测度

一、各国资源密集型产品显性比较优势（RCA）测度结果

表 5-13 所显示的是中国和欧盟主要国家在 1997—2011 年资源密集型产品的显性比较优势。资源密集型产品包括农林牧渔业、食物、饮料和烟草、焦炭、精炼石油和核燃料、其他非金属矿物以及电力、天然气和水的供应。

二、测度结果分析

在下面的分析中，笔者主要依据表 5-13 的测度结果，首先以国家为类别，分析该国在资源密集型产品上的显性比较优势的总体情况。其次针对某一些行业进行中国和欧盟主要国家之间的对比分析。

从表 5-13 中，我们可以明显看出中国在多数资源密集型产品上已经不具备比较优势，而且近年来具有显著的比较劣势。图 5-49 显示的是中国 1997—2011 年其他非金属矿物的比较优势。可以看出，中国在其他非金属矿物上还是具有较强的比较优势。这也与中国其他非金属矿产种类繁多、储量丰富的情况相一致，但是这一优势随着时间的推移呈现出下降的趋势。这可能与中国出口政策的变化有关，中国开始逐渐建立大规模战略储备，所以对一些珍稀矿产资源的出口有一定的限制。总的来说，中国在资源密集型产品上呈现出比较劣势。

德国在食物、饮料及烟草，其他非金属矿物，电力、天然气和水的供应这三个行业具有比较优势。图 5-50 是德国具有比较优势的三大资源密集型产业的显性比较优势变化趋势。食物、饮料及烟草在 2006 年开始具有比较优势，但是并没有很强的国际竞争力。近年来，德国生产的食品因在国际上享有良好声誉而成了畅销的出口产品。德国食品主要出口到瑞士、俄罗斯和美国等欧美国家，中国也是其重要的出口国之一。在欧盟内部，德国食品主要销往荷兰、意大利和法国。肉类制品是出口最多的产品，占出口总额的 1/5，紧随其后的为奶制品（占 16%）、甜食（占 13%）和含酒精饮品（占 7%）。其他非金属矿物一直呈现较强的比较优势，在 1999 年该指数一直保持大于 2.5，并且从图 5-50 可以看出该优势有逐渐增强的趋势。

另外，德国的电力、天然气和水的供应在 1997 年到 2011 年一直有很强的国际竞争力，尤其在 2002 年后，电力、天然气和水的供应的比较优势指数大于 2.5，并且稳步增加，维持在 3 以上的较高水平。从比较优势可

表 5-13 1997—2011 年各国资源密集型产品显性比较优势(RCA)指数

		1997	1998	1999	2000	2001	2002	2003	2004	2005	2006	2007	2008	2009	2010	2011
农、林、牧、渔业(C1)	中国	0.89	0.75	0.79	0.77	0.66	0.67	0.65	0.44	0.47	0.40	0.38	0.30	0.36	0.36	0.34
	德国	0.29	0.31	0.33	0.39	0.35	0.34	0.32	0.32	0.35	0.36	0.35	0.37	0.38	0.36	0.37
	荷兰	2.30	2.41	2.52	2.61	2.60	2.64	2.68	2.73	2.81	2.93	2.77	2.45	2.58	2.48	1.54
	英国	0.28	0.27	0.27	0.28	0.24	0.25	0.29	0.27	0.29	0.32	0.27	0.27	0.26	0.28	0.28
	法国	1.46	1.44	1.46	1.42	1.27	1.36	1.36	1.41	1.41	1.45	1.45	1.52	1.39	1.42	1.53
	意大利	0.53	0.54	0.59	0.57	0.59	0.59	0.59	0.55	0.60	0.61	0.59	0.59	0.59	0.61	0.56
	比利时	0.58	0.60	0.60	0.58	0.56	0.57	0.59	0.62	0.70	0.72	0.74	0.75	0.73	0.68	0.66
	西班牙	2.29	2.27	2.25	2.22	2.25	2.34	3.69	2.24	2.24	2.25	2.01	1.88	2.01	1.91	1.66
	瑞典	0.97	0.87	0.96	0.57	0.64	0.68	0.70	0.76	0.91	0.82	0.76	0.65	0.84	0.70	0.59
	芬兰	0.23	0.21	0.19	0.21	0.25	0.23	0.23	0.21	0.23	0.23	0.24	0.22	0.21	0.21	0.19
采矿业及采石业(C2)	中国	0.46	0.30	0.28	0.38	0.38	0.35	0.32	0.31	0.33	0.33	0.32	0.31	0.29	0.44	0.50
	德国	0.30	0.29	0.22	0.25	0.28	0.29	0.21	0.16	0.13	0.08	0.07	0.07	0.05	0.05	0.05
	荷兰	0.05	0.05	0.04	0.04	0.03	0.04	0.05	0.04	0.03	0.02	0.02	0.02	0.04	0.03	0.04
	英国	0.37	0.39	0.30	0.30	0.41	0.41	0.37	0.40	0.39	0.43	0.43	0.58	0.45	0.52	0.51
	法国	0.74	0.73	0.80	0.77	0.83	0.82	0.75	0.63	0.57	0.59	0.53	0.50	0.49	0.56	0.52
	意大利	0.04	0.04	0.04	0.02	0.02	0.03	0.03	0.03	0.03	0.02	0.03	0.02	0.05	0.04	0.04
	比利时	0.06	0.08	0.04	0.03	0.03	0.03	0.03	0.03	0.02	0.02	0.04	0.04	0.04	0.04	0.04
	西班牙	0.06	0.08	0.05	0.05	0.04	0.04	0.05	0.05	0.04	0.03	0.04	0.04	0.04	0.04	0.03
	波兰	0.82	0.73	0.66	0.38	0.43	0.41	0.31	0.34	0.30	0.30	0.27	0.23	0.22	0.24	0.21
	瑞典	0.07	0.13	0.09	0.06	0.05	0.06	0.05	0.07	0.08	0.09	0.09	0.08	0.09	0.14	0.14
	芬兰	0.03	0.00	0.04	0.00	0.01	0.01	0.02	0.01	0.02	0.01	0.02	0.01	0.02	0.03	0.03

（续表）

		1997	1998	1999	2000	2001	2002	2003	2004	2005	2006	2007	2008	2009	2010	2011
食物、饮料及烟草（C3）	中国	1.10	0.97	0.90	0.86	0.78	0.68	0.61	0.58	0.59	0.62	0.57	0.52	0.53	0.52	0.54
	德国	0.89	0.86	0.85	0.93	0.89	0.86	0.91	0.92	0.97	1.01	1.00	1.07	1.09	1.07	1.06
	荷兰	3.05	2.90	2.89	2.99	2.79	2.84	2.80	2.86	2.79	2.89	2.95	2.83	2.77	2.77	2.78
	英国	1.04	0.94	0.91	0.90	0.81	0.85	0.87	0.86	0.85	0.95	0.83	0.82	0.84	0.90	0.91
	法国	1.80	1.63	1.67	1.70	1.56	1.63	1.68	1.67	1.69	1.78	1.79	1.80	1.73	1.75	1.79
	意大利	0.92	0.91	0.99	1.01	0.96	1.06	1.08	1.11	1.15	1.16	1.13	1.20	1.28	1.28	1.25
	比利时	1.90	1.70	1.65	1.75	1.69	1.69	1.71	1.77	1.83	1.86	1.90	1.89	1.85	1.83	1.83
	西班牙	1.64	1.54	1.52	1.58	1.58	1.59	1.55	1.68	1.70	1.72	1.65	1.70	1.68	1.71	1.65
	波兰	2.09	1.60	1.32	1.33	1.34	1.27	1.35	1.50	1.71	1.80	1.74	1.74	1.78	1.89	1.86
	瑞典	0.44	0.41	0.42	0.42	0.45	0.49	0.49	0.51	0.52	0.54	0.53	0.56	0.57	0.56	0.52
	芬兰	0.62	0.47	0.43	0.57	0.50	0.51	0.57	0.49	0.44	0.40	0.40	0.40	0.40	0.43	0.44
焦炭、精炼石油和核燃料（C8）	中国	0.38	0.43	0.38	0.51	0.54	0.50	0.45	0.40	0.26	0.16	0.15	0.16	0.15	0.16	0.15
	德国	0.37	0.42	0.40	0.64	0.58	0.54	0.51	0.52	0.56	0.62	0.52	0.49	0.43	0.37	0.37
	荷兰	2.00	1.97	1.83	2.76	2.63	2.11	1.91	1.92	2.02	2.09	1.96	1.89	1.79	2.20	2.47
	英国	1.06	0.93	0.90	1.30	1.08	0.98	1.02	0.95	0.94	0.68	0.88	0.94	1.00	1.15	1.31
	法国	0.72	0.80	0.72	1.11	1.01	0.81	0.81	0.75	0.83	0.86	0.82	0.90	0.85	0.84	0.88
	意大利	0.70	0.74	0.63	0.95	0.83	0.65	0.72	0.65	0.80	0.77	0.82	0.79	0.75	0.98	0.93
	比利时	1.98	1.74	1.76	2.99	2.64	2.26	2.19	2.07	2.17	2.19	2.08	2.13	2.13	2.51	2.90
	西班牙	1.20	1.39	1.22	1.72	1.39	1.03	0.77	1.05	1.04	1.29	1.33	1.46	1.31	1.43	1.89
	波兰	1.53	1.57	1.11	0.94	0.98	0.82	0.78	0.94	0.72	0.67	0.61	0.62	0.56	0.80	0.95
	瑞典	0.93	0.90	0.95	1.34	1.18	0.96	0.96	0.95	0.99	1.08	1.02	1.12	1.22	1.29	1.26
	芬兰	0.96	1.04	1.07	1.74	1.46	1.37	1.24	1.10	1.08	1.06	1.09	1.08	1.21	1.40	1.63

（续表）

		1997	1998	1999	2000	2001	2002	2003	2004	2005	2006	2007	2008	2009	2010	2011
其他非金属矿物制品（C11）	中国	2.25	2.10	2.09	1.91	1.70	1.44	1.32	1.29	1.33	1.30	1.21	1.31	1.41	1.46	1.60
	德国	1.18	1.21	1.26	1.26	1.23	1.30	1.33	1.38	1.33	1.37	1.35	1.40	1.47	1.42	1.47
	荷兰	0.85	0.91	0.93	0.89	0.77	0.77	0.77	0.77	0.74	0.77	0.77	0.74	0.78	0.75	0.81
	英国	0.89	0.86	0.82	0.80	0.78	0.79	0.84	0.82	0.79	0.92	0.75	0.72	0.69	0.72	0.73
	法国	1.33	1.29	1.31	1.29	1.28	1.33	1.34	1.37	1.30	1.30	1.29	1.23	1.24	1.22	1.25
	意大利	2.74	2.77	2.89	2.88	2.67	2.78	2.79	2.77	2.65	2.60	2.49	2.43	2.41	2.31	2.29
	比利时	1.71	1.69	1.65	1.67	1.66	1.82	1.87	1.83	2.06	1.98	2.00	1.93	2.06	1.89	1.84
	西班牙	2.60	2.66	2.70	2.67	2.69	2.79	3.14	2.64	2.61	2.54	2.50	2.39	2.42	2.31	2.30
	波兰	1.87	1.72	1.96	1.79	1.92	2.08	2.24	2.13	2.14	2.27	2.12	1.97	1.99	1.95	2.11
	瑞典	0.71	0.69	0.65	0.66	0.68	0.74	0.67	0.70	0.75	0.74	0.71	0.72	0.76	0.68	0.71
	芬兰	0.89	0.86	0.94	0.97	1.09	1.20	1.25	1.25	1.18	1.27	1.12	1.06	0.96	0.98	1.08
电力、天然气和水的供应（C17）	中国	0.95	0.86	0.80	0.74	0.60	0.62	0.49	0.51	0.40	0.27	0.27	0.28	0.22	0.25	0.27
	德国	1.50	1.42	1.27	1.15	1.55	2.65	2.70	3.00	2.87	3.46	3.26	3.21	3.41	3.60	3.35
	荷兰	0.87	0.80	0.83	0.73	1.33	1.58	1.43	1.42	1.42	1.43	1.43	1.44	1.54	1.58	1.61
	英国	0.22	0.23	0.32	0.43	0.29	0.41	0.46	0.44	0.44	0.29	0.45	0.42	0.31	0.35	0.36
	法国	4.26	4.00	3.76	3.44	2.78	3.06	2.38	2.48	2.44	1.99	1.56	1.45	1.43	1.55	1.62
	意大利	0.63	0.63	0.63	0.53	0.46	0.61	0.53	0.55	0.61	0.63	0.38	0.38	0.38	0.41	0.39
	比利时	1.11	1.29	1.50	2.59	2.64	3.73	5.08	6.56	8.00	8.65	5.33	5.35	5.56	6.27	5.85
	西班牙	0.74	0.39	0.48	0.60	0.48	1.33	0.39	1.62	1.03	0.55	0.75	0.79	0.80	0.89	0.96
	波兰	1.93	1.63	2.22	2.85	3.22	3.71	3.33	2.59	2.72	2.42	2.16	1.87	1.75	1.96	2.13
	瑞典	2.01	1.71	0.86	0.25	0.92	0.78	1.00	1.35	1.53	1.19	1.03	1.08	1.09	1.24	1.20
	芬兰	1.10	0.68	0.56	0.16	0.37	0.66	1.57	1.45	0.39	0.99	0.93	1.13	1.43	1.57	1.46

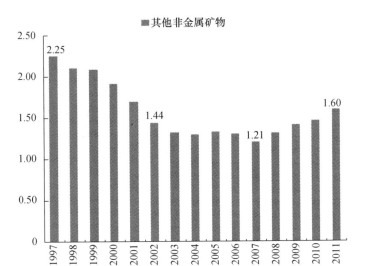

图 5-49　1997—2011 年中国其他非金属矿物显性比较优势（RCA）指数变化趋势

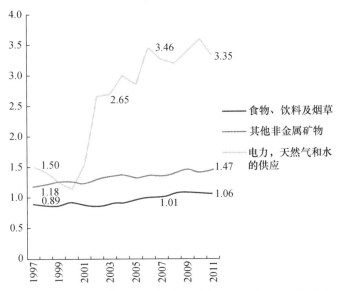

图 5-50　1997—2011 年德国资源密集型产品比较优势指数变化趋势

以看出，德国在一些自然资源的储备上比较丰富。总体上来说，德国近年来在资源密集型产品上的竞争力略有增强。

图 5-51 是荷兰资源密集型各行业的比较优势变化。荷兰在农林牧渔，食物、饮料及烟草行业具有比较优势，而电力、天然气和水的供应在

2001年由以前的比较劣势转为比较优势,并保持着连年增长的势头。荷兰农林牧渔业一直保持较强的国际竞争力,仅在2011该指数有明显的下降,但仍然为1.54,具有较强的出口竞争力。荷兰食物、饮料及烟草具有极强的比较优势,且一直较为稳定,在世界市场占有较大的份额。荷兰一直是世界上最大的食物出口国之一。可见,荷兰在资源密集型产品上一直具有较强的比较优势。

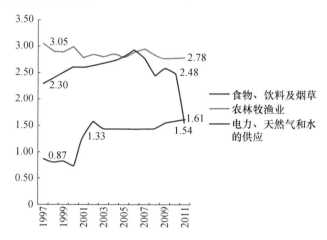

图 5-51　1997—2011 年荷兰资源密集型产品比较优势变化趋势

从表 5-13 中可以看出,英国的资源密集型产品的比较优势指数普遍小于1,并且较为平稳,一直以来在资源密集型产品的出口上不具有国际竞争力,具有较强的比较劣势。英国近年来在焦炭、精炼石油和核燃料方面表现出的比较优势,可能与其大量的石油等资源开采有关。

法国在农林牧渔,食物、饮料及烟草,其他非金属矿物,电力、天然气和水的供应方面都具有比较优势。图 5-52 是法国在资源密集型产品上比较优势的变化趋势。图 5-52 显示出,法国的农林牧渔、食物、饮料及烟草、其他非金属矿物产品的比较优势变化稳定,但是电力、天然气和水的供应有着明显的下降,比较优势在不断丧失。在农林牧渔方面,比较优势指数一直维持在 1.4 左右,表明该出口产品有较强的比较优势。同样,食物、饮料及烟草的比较优势指数从 1997 年以来就一直大于 1.25,并徘徊在 1.75 附近,在国际市场上有着较强的竞争力。其他非金属矿物的比较优势指数也一直高于 1.25,有着较强的出口竞争力。电力、天然气和水的供应 1997 年比较优势指数高达 4.26,在后续的年份里不断下降,到 2011 年仅为 1.62,尽管仍然具有较强的出口竞争力,但是相比之前比较优势大幅下降。比较优势下降的一个原因是许多出口企业因受到国际市场天然气低廉价格、国内天然气行业低利润以及需求的下降的冲击而纷纷倒闭,导致近年来出口额没有明显的增加。总的来说,法国资源密集型产品具有较强的比较优势。

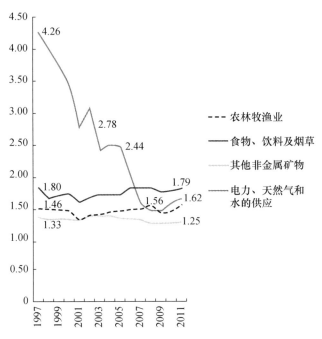

图 5-52　1997—2011 年法国资源密集型产品比较优势变化趋势

意大利在食物、饮料及烟草和其他非金属矿物上具有比较优势。图 5-53 反映了意大利在资源密集型产品上比较优势的变化情况。在食物、饮料及烟草出口方面,2002 年意大利该类产品表现出较弱的比较优势,并且不断增加,到 2011 年,该产品已变成在国际市场占有较强的份额,具有较强的国际竞争力。对于其他非金属矿物,比较优势指数在 2007 年之前一直高于 2.5,有着极强的出口竞争力,尽管后来有所下降,但是仍保持较高水平,具有较强的比较优势。总体来说,意大利资源密集型产品的比较优势一般。

比利时在多个部门都具有显性比较优势,其中包括食物、饮料及烟草,焦炭、精炼石油和核燃料,其他非金属矿物,电力、天然气和水的供应。图 5-54 为比利时资源密集型产品比较优势变化情况。总的看来,比利时各行业比较优势变化不大,但是电力、天然气和水的供应的比较优势波动

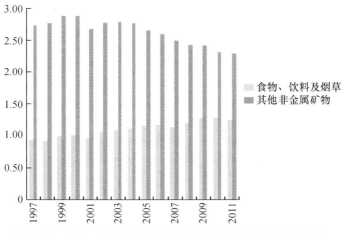

图 5-53　1997—2011 年意大利资源密集型产品比较优势变化

较大。从图 5-54 可以看出,食物、饮料及烟草和其他非金属矿物的比较优势指数相对稳定,在分析的 15 年里均高于 1.25,这两个部门有着较强的出口竞争力,而且变化不大。焦炭、精炼石油和核燃料的比较优势指数从 1997 年的 1.98,具有较强的出口竞争力,一路攀升,到 2011 年达到接近 3.0,具有极强的国际竞争力。同样,电力、天然气和水的供应从 2000年开始比较优势指数就一直大于 2.5,具有极强的比较优势,其后也显著增长,在 2005 年和 2006 年分别达到 8.0 和 8.65,随后有所下降,但仍在国际市场占据很高的份额。总的来说,比利时资源密集型产品具有极强的国际竞争力,并有上升的趋势。

西班牙在农林牧渔,食物、饮料和烟草,焦炭、精炼石油和核燃料,其他非金属矿物方面都具有比较优势。图 5-55 反映的是西班牙在资源密集型产品上比较优势变化趋势。可以看出,西班牙农林牧渔业比较优势指数呈现下降的趋势,在 2003 年有较大波动,猛增到 3.69,但是 2004 年又回到往年的水平。但是截止到 2011 年,该部门仍具有一定的出口竞争力。而食物、饮料和烟草以及其他非金属矿物的显性比较优势指数相对稳定,前者一直保持在 1.6 左右,后者一直保持在 2.5 左右,都有较强的比较优势。焦炭、精炼石油和核燃料的比较优势指数稳中有略微上升的势头,在世界市场占有较大的份额。总的来说,西班牙资源密集型产品具有较强的比较优势。

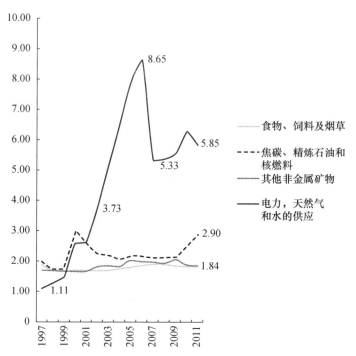

图 5-54 1997—2011 年比利时资源密集型产品比较优势变化

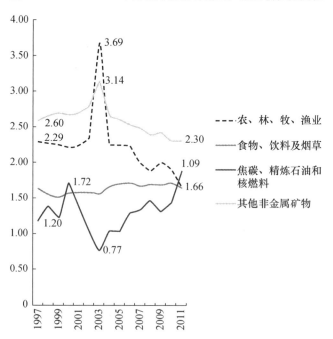

图 5-55 1997—2011 年西班牙资源密集型产品比较优势变化趋势

波兰在食物、饮料和烟草,其他非金属矿物,电力、天然气和水的供应方面有比较优势。图5-56显示了波兰资源密集型产品的比较优势变化情况。可以看出,食物、饮料和烟草以及其他非金属矿物的比较优势略有波动,但总体比较稳定,具有较强的出口竞争力。电力、天然气和水的供应的比较优势先逐年增加,在2002年比较优势指数高达3.71,随后有所下降,维持在2.0左右,但仍具有较强的出口竞争力。相反,焦炭、精炼石油和核燃料在2000年由比较优势转为比较劣势,具有较弱的出口竞争力。

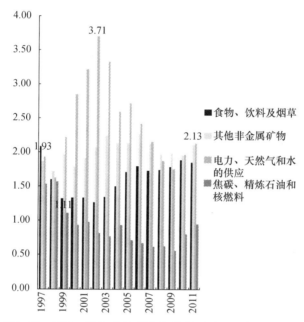

图5-56　1997—2011年波兰资源密集型产品比较优势变化

从表5-13可以看出,瑞典和芬兰在资源密集型产品上大多数呈现出显著的比较劣势。近年来,瑞典和芬兰在焦炭、精炼石油和核燃料方面开始逐渐表现出比较优势,并具有较强的国际出口竞争力。同样,在电力、天然气和水的供应上,也呈现出比较优势的现状,占有一定的世界市场的份额。

三、小结

图5-57是中国和欧盟主要国家部分行业的比较优势对比。综合各个国家的情况来看,中国和欧盟主要国家在其他非金属矿物方面普遍具有较强的比较优势,可以说具有一定的竞争性。但是,由表5-13,我们得

知中国除了其他非金属矿物之外的资源密集型产品都具备比较劣势,并且较为显著。但是,欧盟一些国家在资源密集型产品上具有一定的比较优势,如德国、法国、荷兰、比利时、西班牙。从图5-57可以看出,欧盟主要国家在食物、饮料及烟草,电力、天然气和水的供应上都有较强的比较优势,而中国这两个部门都呈现比较劣势。这就表明中国可以向欧盟主要国家进口一定量的资源密集型产品。

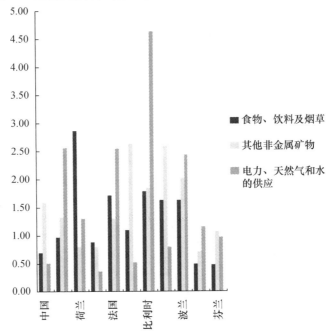

图5-57 中国和欧盟主要国家资源密集型产品比较优势对比

5.6.2 劳动力密集型产品RCA测度

一、各国劳动力密集型产品显性比较优势(RCA)测度结果

利用显性比较优势指数的方法,笔者在本小节测度了中国与欧盟主要国家劳动力密集型产品的显性比较优势。表5-14所显示的是中国和欧盟主要国家在1997—2011年劳动力密集型产品的显性比较优势。劳动力密集型产品包括织物及纺织产品,皮革、皮革制品及鞋类,木材及木制品,纸浆、纸、印刷及出版业,橡胶及塑料,碱性金属及金属制品,其他制造业和再生产品。

表 5-14 1997—2011 年各国劳动力密集型产品显性比较优势（RCA）指数

		1997	1998	1999	2000	2001	2002	2003	2004	2005	2006	2007	2008	2009	2010	2011
织物及纺织制品类 (C4)	中国	3.63	3.52	3.70	3.61	3.38	3.06	3.03	3.04	3.27	3.27	3.24	3.06	2.87	2.79	2.76
	德国	0.65	0.66	0.66	0.63	0.59	0.57	0.58	0.59	0.58	0.55	0.55	0.52	0.48	0.45	0.43
	荷兰	0.36	0.37	0.38	0.35	0.33	0.32	0.31	0.29	0.29	0.28	0.28	0.25	0.23	0.22	0.22
	英国	0.56	0.52	0.50	0.46	0.43	0.42	0.44	0.53	0.52	0.54	0.49	0.43	0.39	0.39	0.37
	法国	0.72	0.73	0.75	0.73	0.71	0.72	0.72	0.72	0.73	0.73	0.75	0.71	0.66	0.62	0.59
	意大利	1.82	1.80	1.83	1.84	1.86	1.80	1.80	1.81	1.80	1.75	1.70	1.67	1.49	1.45	1.39
	比利时	1.04	1.04	1.04	0.92	0.87	0.85	0.82	0.81	0.80	0.77	0.76	0.63	0.61	0.59	0.55
	西班牙	0.70	0.72	0.78	0.76	0.79	0.84	0.77	0.85	0.86	0.91	0.90	0.92	0.95	0.92	0.91
	波兰	1.58	1.82	1.78	1.61	1.51	1.55	1.37	1.38	1.21	1.11	1.03	1.04	0.97	0.91	0.86
	瑞典	0.20	0.21	0.22	0.21	0.22	0.24	0.24	0.23	0.21	0.19	0.19	0.17	0.17	0.16	0.15
	芬兰	0.28	0.25	0.25	0.26	0.24	0.27	0.24	0.24	0.22	0.23	0.21	0.19	0.17	0.18	0.19
皮革、皮革制品及鞋类 (C5)	中国	4.36	4.29	4.34	4.08	3.81	3.55	3.23	3.14	3.17	3.05	2.91	3.11	3.07	2.99	3.13
	德国	0.39	0.40	0.40	0.41	0.39	0.43	0.42	0.46	0.44	0.41	0.44	0.39	0.39	0.34	0.34
	荷兰	0.17	0.19	0.18	0.16	0.13	0.14	0.14	0.14	0.14	0.13	0.13	0.12	0.12	0.11	0.11
	英国	0.43	0.40	0.40	0.36	0.32	0.32	0.30	0.28	0.28	0.44	0.27	0.25	0.24	0.22	0.27
	法国	0.68	0.68	0.76	0.79	0.83	0.86	0.86	0.89	0.88	0.91	0.91	0.97	1.04	0.90	0.78
	意大利	3.88	3.81	3.84	4.16	3.99	3.94	3.95	4.11	4.12	4.25	4.20	4.36	4.11	4.13	4.46
	比利时	0.19	0.20	0.21	0.15	0.13	0.14	0.14	0.14	0.13	0.12	0.13	0.12	0.14	0.13	0.12
	西班牙	1.93	1.88	1.78	1.73	1.72	1.72	2.20	1.54	1.45	1.43	1.41	1.51	1.55	1.44	1.48
	波兰	1.54	1.37	1.37	1.10	0.95	0.96	0.90	0.80	0.71	0.63	0.60	0.55	0.51	0.58	0.62
	瑞典	0.13	0.14	0.13	0.13	0.14	0.13	0.14	0.14	0.14	0.14	0.13	0.12	0.00	0.00	0.00
	芬兰	0.26	0.25	0.21	0.26	0.21	0.21	0.15	0.19	0.17	0.20	0.20	0.22	0.24	0.24	0.27

（续表）

		1997	1998	1999	2000	2001	2002	2003	2004	2005	2006	2007	2008	2009	2010	2011
木材及木制品(C6)	中国	1.55	1.29	1.11	1.00	0.98	0.94	0.89	0.92	0.98	1.04	1.01	1.07	1.03	1.00	1.03
	德国	0.60	0.72	0.73	0.79	0.81	0.85	0.85	0.90	0.99	1.03	1.11	1.21	1.20	1.19	1.14
	荷兰	0.49	0.52	0.51	0.52	0.52	0.52	0.49	0.52	0.54	0.62	0.63	0.62	0.60	0.53	0.50
	英国	0.21	0.23	0.24	0.22	0.24	0.24	0.27	0.24	0.22	0.25	0.21	0.21	0.20	0.21	0.20
	法国	0.59	0.66	0.67	0.68	0.67	0.64	0.65	0.66	0.70	0.76	0.79	0.85	0.78	0.74	0.73
	意大利	0.68	0.78	0.81	0.83	0.87	0.88	0.82	0.79	0.80	0.83	0.81	0.88	0.83	0.85	0.85
	比利时	0.79	0.84	0.90	0.98	1.00	1.09	1.26	1.23	1.43	1.48	1.53	1.52	1.34	1.38	1.39
	西班牙	0.70	0.79	0.79	0.82	0.85	0.88	0.81	0.85	0.85	0.87	0.87	0.97	0.93	0.88	0.88
	波兰	3.17	3.59	3.89	4.26	4.19	4.28	4.17	4.25	4.27	3.99	3.65	3.75	3.67	3.81	3.64
	瑞典	4.00	3.83	3.66	3.59	3.54	3.66	3.62	3.24	3.39	3.56	3.56	3.47	3.85	3.79	3.41
	芬兰	6.70	7.39	6.80	7.30	6.88	6.94	6.85	6.54	6.28	5.64	5.81	5.13	5.17	5.66	5.70
纸浆、纸、印刷及出版业(C7)	中国	0.52	0.45	0.41	0.40	0.41	0.42	0.35	0.31	0.30	0.27	0.25	0.26	0.26	0.27	0.30
	德国	1.48	1.46	1.50	1.61	1.56	1.68	1.77	1.88	2.06	2.12	2.08	2.19	2.23	2.26	2.13
	荷兰	1.22	1.20	1.19	1.18	1.25	1.24	1.31	1.28	1.30	1.34	1.31	1.23	1.16	1.20	1.15
	英国	1.18	1.16	1.14	1.09	1.12	1.19	1.28	1.25	1.29	1.48	1.27	1.30	1.22	1.32	1.25
	法国	1.04	1.00	1.04	1.07	1.07	1.10	1.14	1.17	1.21	1.24	1.23	1.29	1.24	1.25	1.26
	意大利	0.78	0.77	0.79	0.82	0.80	0.86	0.86	0.90	0.94	0.96	0.94	1.01	0.99	1.06	1.02
	比利时	1.11	1.11	1.12	1.17	1.14	1.16	1.18	1.22	1.22	1.22	1.21	1.27	1.18	1.21	1.14
	西班牙	1.14	1.10	1.11	1.25	1.26	1.26	1.16	1.26	1.29	1.35	1.34	1.39	1.31	1.43	1.39
	波兰	0.83	0.77	0.91	1.15	1.18	1.27	1.35	1.27	1.33	1.40	1.39	1.41	1.50	1.65	1.70
	瑞典	3.87	3.65	3.59	3.97	4.14	4.19	4.17	4.08	4.16	4.22	4.04	4.45	4.59	4.70	4.56
	芬兰	8.48	8.04	8.27	8.50	8.96	8.93	8.45	8.65	7.63	8.94	8.35	8.01	7.25	9.08	9.16

（续表）

		1997	1998	1999	2000	2001	2002	2003	2004	2005	2006	2007	2008	2009	2010	2011
橡胶及塑料（C10）	中国	2.48	2.41	2.37	2.29	2.11	1.85	1.65	1.63	1.69	1.69	1.64	1.66	1.64	1.65	1.77
	德国	1.80	1.77	1.79	1.87	1.80	1.84	1.84	1.89	1.81	1.85	1.80	1.87	1.80	1.81	1.78
	荷兰	1.33	1.31	1.33	1.35	1.34	1.35	1.30	1.27	1.24	1.23	1.19	1.10	1.06	0.96	0.94
	英国	1.14	1.13	1.06	1.01	0.98	0.95	0.97	0.91	0.93	0.95	0.89	0.86	0.81	0.80	0.80
	法国	1.53	1.54	1.51	1.50	1.45	1.45	1.47	1.51	1.47	1.50	1.53	1.54	1.42	1.39	1.36
	意大利	1.80	1.78	1.84	1.90	1.83	1.85	1.88	1.92	1.89	1.85	1.77	1.79	1.70	1.67	1.67
	比利时	1.56	1.57	1.62	1.47	1.36	1.35	1.31	1.44	1.47	1.42	1.36	1.28	1.19	1.13	1.17
	西班牙	1.54	1.59	1.59	1.64	1.69	1.55	1.54	1.54	1.51	1.49	1.46	1.46	1.39	1.38	1.43
	波兰	1.41	1.41	1.66	1.69	1.89	2.15	2.31	2.29	2.39	2.54	2.49	2.54	2.47	2.53	2.65
	瑞典	1.18	1.13	1.08	1.06	1.06	1.03	1.07	0.98	0.95	0.96	0.93	0.94	0.92	0.89	0.84
	芬兰	1.07	1.01	1.02	1.00	1.09	1.14	1.04	1.11	1.10	1.03	1.00	0.99	1.01	1.00	1.08
碱性金属及金属制品（C12）	中国	1.24	1.12	1.12	1.11	1.00	0.99	1.03	1.10	0.93	0.95	0.90	0.98	0.88	0.85	0.91
	德国	1.46	1.36	1.39	1.44	1.40	1.37	1.34	1.28	1.33	1.37	1.34	1.34	1.40	1.49	1.54
	荷兰	0.97	0.96	1.00	0.99	0.77	0.77	0.74	0.70	0.71	0.68	0.69	0.69	0.76	0.77	0.74
	英国	0.87	0.80	0.77	0.80	0.79	0.76	0.75	0.68	0.75	0.63	0.71	0.71	0.67	0.71	0.77
	法国	1.05	0.98	1.03	1.03	1.01	1.00	0.97	0.91	0.94	0.97	0.98	0.94	0.92	0.94	0.99
	意大利	1.32	1.29	1.35	1.39	1.35	1.38	1.39	1.42	1.49	1.53	1.51	1.55	1.60	1.65	1.81
	比利时	1.69	1.60	1.60	1.56	1.40	1.46	1.41	1.39	1.64	1.71	1.71	1.59	1.46	1.60	1.71
	西班牙	1.25	1.05	1.09	1.15	1.05	1.02	1.20	0.95	1.06	1.05	1.13	1.19	1.18	1.32	1.36
	波兰	1.64	1.32	1.52	1.44	1.44	1.44	1.50	1.46	1.36	1.31	1.26	1.23	1.26	1.33	1.50
	瑞典	1.39	1.28	1.29	1.31	1.34	1.39	1.32	1.26	1.26	1.19	1.21	1.15	1.05	1.20	1.28
	芬兰	1.46	1.27	1.26	1.43	1.35	1.45	1.46	1.55	1.57	1.65	1.63	1.38	1.16	1.75	1.82

（续表）

		1997	1998	1999	2000	2001	2002	2003	2004	2005	2006	2007	2008	2009	2010	2011
其他制造业；再生产品（C16）	中国	1.13	1.27	1.43	1.56	1.70	1.85	1.56	1.16	1.11	1.38	1.37	1.43	1.37	1.28	1.36
	德国	0.72	0.70	0.69	0.72	0.70	0.63	0.67	0.66	0.62	0.70	0.73	0.79	0.71	0.64	0.66
	荷兰	0.76	0.78	0.78	0.82	0.67	0.64	0.65	0.65	0.62	0.67	0.63	0.68	0.64	0.57	0.56
	英国	0.87	0.81	0.71	0.65	0.70	0.65	0.70	0.68	0.68	0.66	0.73	0.74	0.64	0.68	0.73
	法国	0.84	0.83	0.81	0.86	0.87	0.82	0.83	0.92	0.89	1.01	0.96	0.96	0.80	0.77	0.85
	意大利	2.44	2.31	2.29	2.34	2.14	1.97	1.89	1.79	1.64	1.70	1.61	1.55	1.33	1.31	1.34
	比利时	1.22	1.17	1.11	1.21	1.16	0.98	0.99	1.00	0.92	1.03	0.93	0.89	0.69	0.65	0.67
	西班牙	0.90	0.92	0.87	0.81	0.83	0.73	0.80	0.70	0.62	0.61	0.57	0.55	0.48	0.46	0.46
	波兰	2.65	2.56	2.67	2.42	2.42	2.33	2.74	2.73	2.45	2.49	2.21	2.09	1.85	1.72	1.84
	瑞典	0.85	0.90	0.86	0.83	0.77	0.71	0.72	0.76	0.63	0.66	0.63	0.63	0.60	0.55	0.55
	芬兰	0.75	0.63	0.56	0.55	0.51	0.47	0.44	0.49	0.38	0.32	0.31	0.28	0.24	0.24	0.24

二、测度结果分析

以下的分析,均依据表 5-14 的数据,笔者首先按产品分类对 11 个国家的比较优势进行横向对比分析,其次因为中国历来在资源密集型产品具有比较优势,所以对中国进行纵向再分析。

图 5-58 是部分国家织物及纺织产品比较优势变化情况。对于织物及纺织产品,中国该产品的比较优势从 1997 年到 2011 年一直高于 2.5,表明中国织物及纺织品具有极强的出口竞争力,但是从趋势来看,有所波动且略有下降。意大利该产品的比较优势在这 15 年来也是稳中有降,但是始终高于 1.25,具有较强的国际竞争力。而比利时和波兰该产品都由原来的比较优势转变为比较劣势,这也反映出发达国家劳动力成本高、劳动力缺乏的现状。

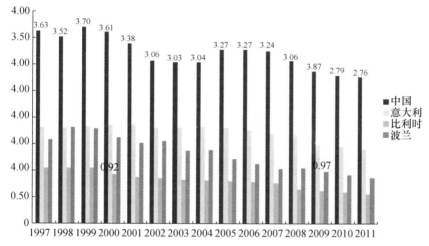

图 5-58　1997—2011 年织物及纺织品比较优势(按国别)

对于皮革、皮革制品及鞋类,图 5-59 反映的是部分国家皮革、皮革制品及鞋类的比较优势情况。中国的比较优势相对早年略有下降,但 2004 年后稳定在 3.0 左右,一直高于 2.5,具有极强的比较优势,在世界市场上占有较强的份额。意大利同样在皮革、皮革制品及鞋类上有极强的比较优势,从 1997 年开始就大于 2.5,比较优势指数为 3.88,并且一直呈现上升的趋势,到 2011 年达到 4.46。同样,西班牙的比较优势指数相对稳定,但均大于 1.25,具有较强的出口竞争力。波兰在 1997 年到 1999 年都具有比较优势,从 2001 年开始由先前的比较优势转为比较劣势,并一直没有逆转的情况。

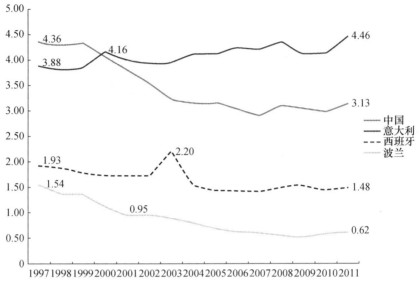

图 5-59　1997—2011 年皮革、皮革制品及鞋类比较优势（按国别）

在木材及木制品方面,波兰、瑞典和芬兰都表现出极强的比较优势,波兰和瑞典的比较优势指数相对稳定,芬兰近年来略微下降,但是仍然很高,如图 5-60 所示。比如,1997—2011 年这 15 年,显性比较优势指数最高达到 7.3,2011 年也有 5.7,反映出芬兰在木材及木制品方面具有极强的出口竞争力。芬兰已经凭借着上百年的森林利用和管理经验,发展出了一套完整的森林产业体系。芬兰以其强大的森林产业链和处于最前沿的信息技术,在全球造纸自动化产业和技术领域扮演着领导角色。通过十几年的迅速发展,芬兰林纸工业无论在技术和管理方面还是在产品和质量上都被公认为世界领先。在今天的信息社会里,作为芬兰支柱产业的林纸工业又以其"林纸产业群体"的模式影响着未来制浆造纸工业的发展。中国在木材及木制品方面也具有比较优势,但相对比较薄弱。

中国和欧盟主要国家纸浆、纸、印刷及出版业比较优势情况如图 5-61 所示。在分析的 11 个国家中,仅有中国呈现出比较劣势的情形,并且比较显著,表明中国的纸浆、纸、印刷及出版业的出口国际竞争力十分薄弱,对纸浆的进口需求很大。但是,以前纸张生产主要集中在欧洲和北美,现在最大的纸张生产国是中国。2010—2011 年,中国在纸张生产上发展非常迅速,已经成为纸张生产第一大国。可见,中国在纸张上的出口有望不断增加。

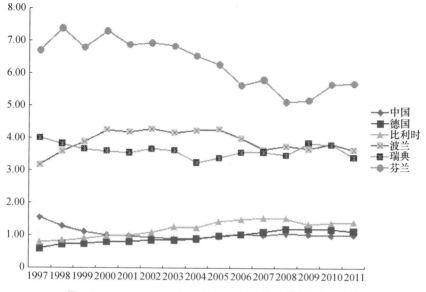

图 5-60　1997—2011 年木材及木制品比较优势（按国别）

从图 5-61 可以看出,德国、荷兰、英国、法国、比利时以及西班牙的比较优势指数都相对稳定,具有较强的出口竞争力。瑞典该部门的比较优势呈现上升趋势,均高于 2.5,在 2011 年达到 4.56,表现出极强的比较优势。同样,芬兰该部门的比较优势尤为显著,多年比较优势指数高于 8.0,在 2010 年和 2011 年还有上升,分别为 9.08 和 9.16,在世界市场占有极大的份额。

图 5-62 反映了中国和欧盟主要国家橡胶及塑料部门的比较优势变化情况。我们可以看出这 11 个国家在之前均具有一定的比较优势,但是荷兰、英国和瑞典逐渐由比较优势转化为比较劣势。其中中国、比利时和西班牙的比较优势相比之前都稳中有所下降。而德国、法国、意大利和芬兰的比较优势一直以来比较平稳,变化不大,且前三个国家都有较强的比较优势。波兰的比较优势指数逐年递增,由原来较强的比较优势逐步转变为极强的比较优势,在世界市场占有较大的份额。

图 5-63 反映的是碱性金属及金属制品各国的比较优势情况。对于碱性金属及金属制品,荷兰和英国都表现为比较劣势。中国和法国由先前的比较优势变成了比较劣势。德国、意大利、比利时、西班牙、波兰、瑞丹和芬兰在该部门都具有一定的比较优势,其中西班牙和芬兰的比较优势指数在近年略有上升,其他几个国家都比较平稳,但均大于 1.25,具有

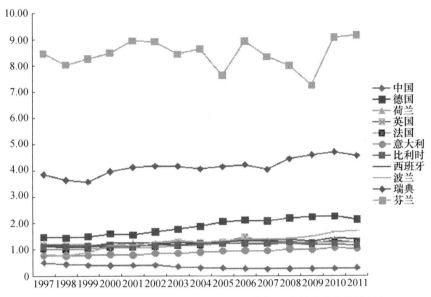

图 5-61　1997—2011 年纸浆、纸、印刷及出版业比较优势（按国别）

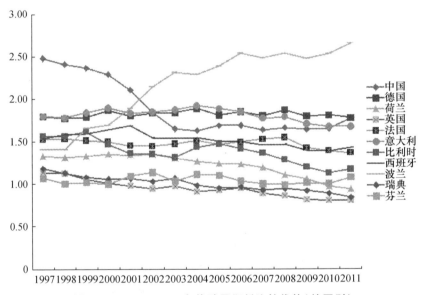

图 5-62　1997—2011 年橡胶及塑料比较优势（按国别）

较强的国际出口竞争力。

图 5-64 是其他制造业及再生产品的比较优势变化情况。对于其他制造业及再生产品，有比较优势的国家仅有中国、意大利和波兰，但是意

大利和波兰都出现下降的趋势,三国的比较优势均多年高于1.25,可见都在世界市场上具有较强的出口竞争力。比利时也由以往的比较优势转为现在的比较劣势,并有继续下降的趋势。其他欧盟国家该部门均呈现比较劣势的情况。

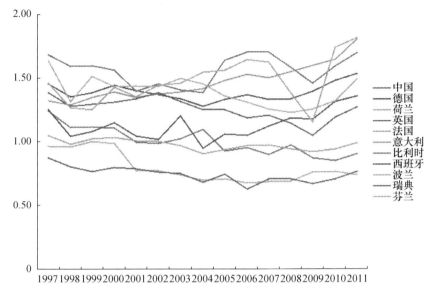

图 5-63　1997—2011 年碱性金属及金属制品比较优势(按国别)

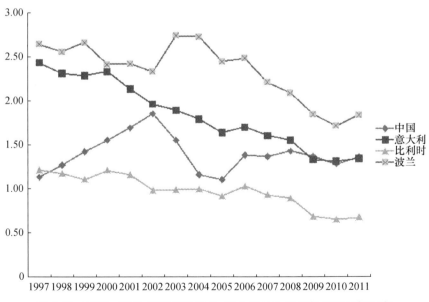

图 5-64　1997—2011 年其他制造业、再生产品比较优势变化(按国别)

三、小结

上文按照劳动力密集型产品的分类对各个国家的劳动力密集型产品的显性比较优势作了一定的分析，接下来跨国家对劳动力密集型产品作横向分析，以发现中国和欧盟主要国家在劳动力密集型产品上的竞争性与互补性关系。从表5-15来看，意大利劳动力密集型产品更具优势，具有比较优势的部门高达六个。在劳动力密集型产品分类中，中国、波兰各有五个产品具有比较优势，德国、比利时、西班牙和芬兰各有四个部门具有比较优势。可见，这些国家在劳动力密集型产品上具有一定的国际出口竞争力。中国织物及纺织品、皮革制品和橡胶及塑料等具有比较优势，而欧盟国家主要在纸浆、纸、印刷及出版业，橡胶及塑料和碱性金属及金属制品方面具有较强的比较优势。因此，中国在劳动力密集型产品上仅与意大利有着明显的竞争关系，而与其他欧盟国家则是互补关系更为明显。

表5-15 各国具有显性比较优势劳动力密集型产品汇总

	具有显性比较优势的劳动力密集型产品
中国(5)	织物及纺织产品，皮革、皮革制品及鞋类，木材及木制品，橡胶及塑料，其他制造业、再生产品
德国(4)	木材及木制品，纸浆、纸、印刷及出版业，橡胶及塑料，碱性金属及金属制品
荷兰(3)	纸浆、纸、印刷及出版业，橡胶及塑料
英国(1)	纸、印刷及出版业
法国(2)	纸、印刷及出版业，橡胶及塑料
意大利(6)	织物及纺织产品，皮革、皮革制品及鞋类，纸、印刷及出版业，橡胶及塑料，碱性金属及金属制品，其他制造业、再生产品
比利时(4)	木材及木制品，纸、印刷及出版业，橡胶及塑料，碱性金属及金属制品
西班牙(4)	皮革、皮革制品及鞋类，纸、印刷及出版业，橡胶及塑料，碱性金属及金属制品
波兰(5)	木材及木制品，纸、印刷及出版业，橡胶及塑料，碱性金属及金属制品，其他制造业、再生产品
瑞典(3)	木材及木制品，纸、印刷及出版业，碱性金属及金属制品
芬兰(4)	木材及木制品，纸、印刷及出版业，橡胶及塑料，碱性金属及金属制品

注：括号中的数值代表该国具有显性比价优势的劳动力密集型产品的个数。

5.6.3 资本和技术密集型产品 RCA 测度

一、各国资本和技术密集型产品显性比较优势测度结果

本小节测度了中国与欧盟主要国家资本和技术密集型产品的显性比较优势。表 5-16 所显示的是中国和欧盟主要国家在 1997—2011 年资本和技术密集型产品的显性比较优势。资本和技术密集型产品包括化学品及化工产品、机械装置、电器及光学设备、运输设施和其他制造业及再生产品。

二、测度结果分析

以下的分析均依据表 5-16 的数据,笔者首先按产品分类对 11 个国家的比较优势进行横向对比分析,其次再对中国进行详细分析。

在化学品及化工产品上,欧盟国家的比较优势更为明显。在这 11 个国家中有六个国家具有比较优势,分别是德国、荷兰、英国、法国、比利时和西班牙。

图 5-65 是中国欧盟国家化学品及化工产品比较优势变化情况。这些国家的比较优势指数一直以来波动不大,相对稳定,具有比较强的比较优势。意大利和瑞典在化学品及化工产品上都是由以前的比较劣势逐渐转为比较优势,可见意大利和瑞典的出口结构有所转变。

图 5-66 是中国和欧盟国家机械装置比较优势的变化情况。在机械装置上,仍然是欧盟国家具有优势,在这 11 个国家中有 5 个国家具有较强的比较优势,分别是德国、法国、意大利、瑞典和芬兰。这些国家的比较优势指数都较为稳定,意大利的比较优势相对显著,在 2.5 左右。英国由原来的比较优势在 1999 年开始逐渐转为比较劣势,并没有好转的趋势。而相反,中国和波兰却在机械装置上由原来的比较劣势向比较优势转化,具有一定的出口竞争力。中国在机械装置上近年来表现出比较优势,证明中国出口结构不断调整升级,逐渐向资本和技术密集型产品转变。

图 5-67 反映的是电器及光学设备具有显性比较优势的国家的情况。在电器及光学设备上,与前两个部门的情况恰恰相反,中国的比较优势较为显著,而欧盟国家却以比较劣势居多。

从图 5-67 可以看出,中国在电器及光学设备上一直以来都有较强的出口竞争力,并且有上升的势头。这可能与中国不断吸引国外资本与跨国企业来中国进行生产有关。芬兰在该部门也具有比较优势,但是近年来比较优势指数走低,出现竞争力下降的情形。而英国和瑞典都由原来的比较

表 5-16 1997—2011 年各国资本和技术密集型产品显性比较优势（RCA）指数

		1997	1998	1999	2000	2001	2002	2003	2004	2005	2006	2007	2008	2009	2010	2011
化学品及化工产品(C9)	中国	0.71	0.63	0.60	0.57	0.54	0.49	0.50	0.51	0.54	0.54	0.61	0.69	0.60	0.64	0.70
	德国	1.62	1.54	1.53	1.47	1.40	1.31	1.34	1.40	1.44	1.51	1.48	1.58	1.51	1.51	1.44
	荷兰	1.84	1.71	1.64	1.82	1.76	1.73	1.75	1.84	1.91	2.02	1.98	1.85	1.61	1.79	1.90
	英国	1.39	1.37	1.36	1.38	1.41	1.42	1.44	1.32	1.35	1.36	1.33	1.36	1.44	1.25	1.15
	法国	1.64	1.59	1.62	1.71	1.64	1.67	1.67	1.74	1.80	1.90	1.88	1.95	1.95	1.93	1.87
	意大利	0.93	0.90	0.96	1.06	1.02	1.07	1.03	1.01	1.08	1.09	1.04	1.04	1.08	1.15	1.15
	比利时	1.86	1.79	1.77	2.02	1.90	1.85	1.94	1.88	1.93	1.93	1.89	1.93	1.76	1.84	1.80
	西班牙	1.08	0.95	1.04	1.03	1.10	1.14	0.92	1.16	1.26	1.26	1.29	1.29	1.29	1.43	1.30
	波兰	0.78	0.62	0.57	0.57	0.55	0.55	0.56	0.57	0.60	0.64	0.64	0.70	0.65	0.75	0.76
	瑞典	0.93	0.94	0.95	0.98	1.06	1.08	1.12	1.07	1.05	1.10	1.01	1.01	1.13	1.06	0.95
	芬兰	0.64	0.57	0.56	0.65	0.63	0.69	0.64	0.68	0.67	0.75	0.72	0.77	0.64	0.95	0.99
机械装置(C13)	中国	0.44	0.44	0.49	0.54	0.60	0.63	0.68	0.73	0.79	0.81	0.98	1.08	1.08	1.08	1.08
	德国	1.95	1.93	1.95	1.91	1.92	1.92	1.89	1.89	1.92	1.98	1.87	2.03	2.01	1.95	2.00
	荷兰	0.71	0.71	0.75	0.84	0.88	0.95	0.91	0.91	0.89	0.92	0.92	0.84	0.91	0.91	0.89
	英国	1.10	1.07	0.99	0.94	0.95	0.92	0.91	0.81	0.86	0.98	0.79	0.83	0.79	0.83	0.88
	法国	1.09	1.10	1.10	1.07	1.10	1.15	1.13	1.11	1.13	1.20	1.17	1.23	1.14	1.07	1.08
	意大利	2.32	2.27	2.40	2.42	2.44	2.45	2.48	2.44	2.45	2.49	2.44	2.60	2.62	2.45	2.48
	比利时	0.63	0.65	0.68	0.68	0.65	0.65	0.65	0.63	0.61	0.59	0.56	0.55	0.57	0.52	0.52
	西班牙	0.77	0.84	0.77	0.87	0.79	0.79	0.89	0.70	0.70	0.71	0.69	0.72	0.74	0.69	0.68
	波兰	0.56	0.55	0.58	0.64	0.69	0.74	0.81	0.83	0.95	1.00	1.02	1.03	1.02	0.94	0.84
	瑞典	1.49	1.45	1.48	1.47	1.51	1.62	1.62	1.51	1.54	1.60	1.57	1.61	1.54	1.55	1.54
	芬兰	1.85	1.74	1.67	1.43	1.51	1.44	1.45	1.49	1.68	1.72	1.74	1.90	2.01	1.80	1.91

（续表）

		1997	1998	1999	2000	2001	2002	2003	2004	2005	2006	2007	2008	2009	2010	2011
电器及光学设备（C14）	中国	1.21	1.33	1.37	1.37	1.49	1.60	1.86	2.05	2.25	2.37	2.42	2.58	2.46	2.41	2.41
	德国	0.91	0.88	0.84	0.86	0.87	0.84	0.85	0.84	0.84	0.81	0.84	0.88	0.82	0.84	0.89
	荷兰	0.50	0.49	0.46	0.41	0.43	0.39	0.39	0.36	0.35	0.34	0.33	0.33	0.32	0.29	0.31
	英国	1.12	1.15	1.06	1.01	1.01	0.89	0.77	0.68	0.62	1.16	0.52	0.56	0.53	0.51	0.51
	法国	0.81	0.84	0.83	0.82	0.84	0.77	0.74	0.71	0.71	0.70	0.70	0.73	0.70	0.70	0.72
	意大利	0.50	0.50	0.48	0.47	0.50	0.48	0.48	0.49	0.50	0.50	0.51	0.54	0.51	0.51	0.52
	比利时	0.32	0.33	0.32	0.32	0.32	0.28	0.29	0.27	0.24	0.23	0.23	0.23	0.24	0.21	0.21
	西班牙	0.47	0.49	0.48	0.43	0.46	0.42	0.46	0.43	0.43	0.41	0.41	0.44	0.40	0.39	0.38
	波兰	0.34	0.41	0.45	0.43	0.52	0.57	0.59	0.53	0.54	0.55	0.60	0.66	0.61	0.61	0.58
	瑞典	1.10	1.13	1.14	1.06	0.92	0.85	0.80	0.80	0.80	0.77	0.76	0.83	0.84	0.78	0.81
	芬兰	1.15	1.42	1.48	1.40	1.33	1.31	1.47	1.46	1.61	1.52	1.54	1.74	1.49	1.14	1.07
运输设施（C15）	中国	0.21	0.21	0.21	0.24	0.23	0.23	0.28	0.30	0.34	0.37	0.43	0.49	0.52	0.55	0.56
	德国	1.99	1.96	2.17	2.33	2.33	2.32	2.38	2.34	2.39	2.28	2.23	2.19	2.08	2.25	2.34
	荷兰	0.52	0.55	0.59	0.60	0.55	0.54	0.54	0.55	0.52	0.51	0.53	0.54	0.45	0.45	0.49
	英国	1.35	1.24	1.30	1.40	1.30	1.31	1.37	1.25	1.29	1.43	1.21	1.20	1.25	1.41	1.45
	法国	1.72	1.71	1.86	2.08	2.10	2.06	2.12	2.26	2.22	2.16	2.08	2.10	2.16	2.35	2.22
	意大利	0.85	0.88	0.93	1.07	0.95	1.00	1.00	1.02	1.01	1.04	1.07	1.11	1.08	1.07	1.02
	比利时	1.18	1.18	1.22	1.26	1.28	1.23	1.16	1.20	1.16	1.12	1.00	0.92	0.95	0.84	0.83
	西班牙	2.29	2.19	2.31	2.49	2.25	2.20	2.43	2.44	2.38	2.31	2.11	1.93	1.98	1.91	1.89
	波兰	0.56	0.79	1.06	1.52	1.53	1.44	1.55	1.76	1.86	1.87	1.80	1.89	2.00	1.80	1.82
	瑞典	1.38	1.33	1.32	1.41	1.39	1.37	1.46	1.59	1.60	1.57	1.50	1.37	1.05	1.21	1.42
	芬兰	0.42	0.41	0.41	0.52	0.63	0.57	0.51	0.39	0.40	0.50	0.51	0.47	0.60	0.44	0.27

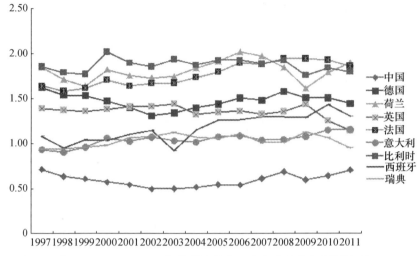

图 5-65 1997—2011 年化学品及化工产品比较优势(按国别)

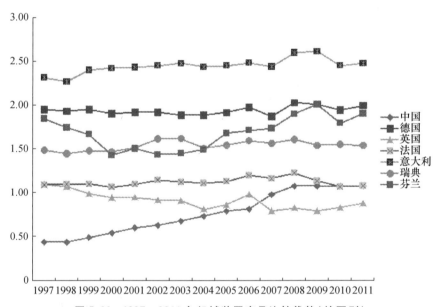

图 5-66 1997—2011 年机械装置产品比较优势(按国别)

优势在 2001 年前后逐渐发展为比较劣势,在出口上的国际竞争力变弱。

在运输设备上,一直具有比较优势的国家有德国、英国、法国、西班牙和瑞典。图 5-68 是各国在运输设备上比较优势的变化情况。可以看出,德国、英国、法国和瑞典的比较优势指数比较平稳,德国和法国的比较优

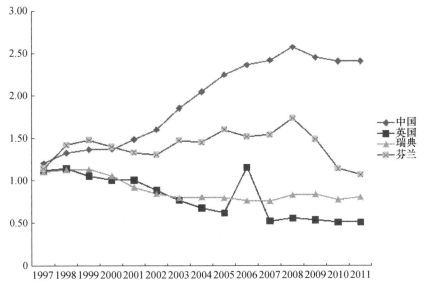

图 5-67 1997—2011 年电器及光学设备比较优势(按国别)

势较为显著,但是西班牙的比较优势略有下降,这些国家都有较强的世界市场的竞争力。意大利和波兰该部门由以往的比较劣势转为现在具有比较优势,而且波兰的比较优势指数多年高于 1.25,有较强的出口竞争力。相反,比利时近年来的出口竞争力有所下降,该部门呈现比较劣势的情形。

三、小结

上文按产业分类,分别讨论了中国和欧盟国家在资本和技术密集型产品上的比较优势和变化情况,接下来对中国和欧盟主要国家的资本和技术密集型产品的比较优势情况作一个汇总分析。图 5-69 是中国和欧盟国家在 1997—2011 年资本和技术密集型产品比较优势算数平均值的分布情况。可以看出,德国、法国、意大利和瑞典有三个类别具有比较优势,即化学品及化工产品、机械装置和运输设备。可见,欧盟发达国家资本和技术密集型产品的优势更为显著,这与其有着丰厚的资本和先进的技术密不可分。从表 5-16 可以看出,这几个国家在资本和技术密集型产品上一直都具有较强的比较优势,出口结构较为平稳。在两个类别上有比较优势的国家有英国、比利时、西班牙和芬兰,仍然是欧盟的发达国家。但是,在前文的分析中,我们也得知英国作为发达国家,其资本和技术密集型产品的出口竞争力开始有所减弱。中国、荷兰和波兰仅在一个类别具有比较优势,可见这些国家在资本和密集型产品上的出口竞争力相对

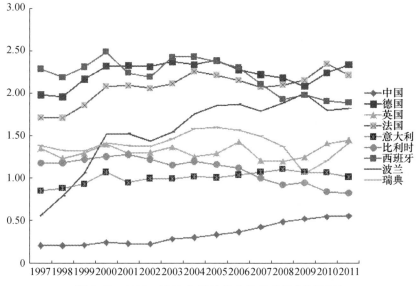

图 5-68　1997—2011 年运输设备比较优势（按国别）

薄弱，需要不断吸引资本，引进技术，从而改变出口结构。尽管中国在资本密集型产品上优势不明显，但是有着上升的势头，这与中国产业结构不断升级有一定的关联。

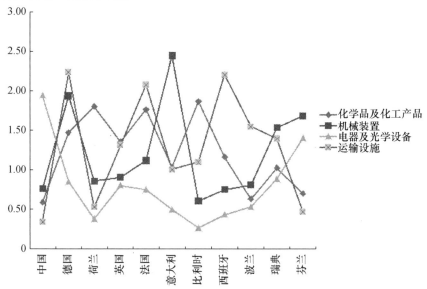

图 5-69　各国家资本和技术密集型产品显性比较优势（RCA）指数均值分布

第六章 中国与世界主要国家分行业 VACA 测度与对比

上一章讨论了中国同世界主要国家不同产业类别和细分上商品的显性比较优势,也进行了不同程度的对比,但是,显性比较优势所使用的出口额数据是基于传统的统计方法。在国际分工充分发展之前,国家间贸易主要采取一般贸易形式。流入或流出一国的商品完全由外国或本国生产,通关贸易统计可以准确地反映一国的贸易总额及国家间的贸易差额。但是,随着新的国际分工体系的出现,在全球生产网络下的产品内分工,各国资源在世界范围内进行优化配置,中间品贸易大量出现,加工贸易广泛开展,产品的生产链和价值链也被最大限度地在国家间进行拆分及整合。所以,传统的通关贸易总量统计已经不能准确反映一国真实的贸易数量和贸易利益,不能体现一国产业和产品在国际上的比较优势和贸易地位。本章提出用增加值比较优势(VACA)来对原来的 RCA 指数进行修正。在介绍 VACA 测度方法的基础上,本章首先对各国细分产业完全增加值系数进行测度,进而测度各行业出口的完全增加值,并用其对 RCA 指数进行修正,测度各国细分行业增加值比较优势。

6.1 VACA 测度方法的介绍——对 RCA 指数的修正

测算出口的国内增加值系数的方法有很多,本书主要参考了刘遵义(2007)的办法,并进行了修正。刘遵义主要是用非竞争型方法,利用非竞争型投入产出表对各行业出口的国内完全增加值进行测算。本节首先对该方法进行介绍,然后介绍如何用出口的完全国内增加值去修正原有的显性比较优势(RCA)指数,得到增加值比较优势(VACA)指数。

6.1.1 出口的国内完全增加值系数的测度

根据对进口商品的处理方法的不同,投入产出模型可以分为两种:

竞争型投入产出模型和非竞争型投入产出模型。在竞争型投入产出模型中,各生产部门消耗的中间投入部分没有区分哪些是本国生产的,哪些是进口的,通常假定二者可以完全替代,只在最终需求象限中有一个进口列向量。因而,此类投入产出模型无法反映各生产部门与进口商品之间的联系。非竞争型投入产出模型的中间投入,则分为国内生产的中间投入和进口品中间投入两大部分(数据表形式见表6-1),反映了二者的不完全替代性。

现代国际贸易发展的一个重要特点是国家间的分工和联系日益广泛、深入,在一个国家出口品的生产过程中,经常大量使用其他国家或地区的进口品作为中间投入。因此可以说,一个国家的出口品是很多国家共同生产的结果。一个国家的出口品可以分为国内成分和国外成分两个部分。进而,一个国家的出口总额也可以分为两大部分,即出口品的完全国内增加值和出口品的完全进口额,即完全国外增加值。因此,想要求出一个国家出口品的完全国内增加值,首先需要计算该国的出口品的完全进口额。下文将简单介绍出口品的完全进口额的计算方法。

令 $A^D = [a_{ij}^D] \equiv [X_{ij}^D/Xj]$ 为国内产品直接消耗系数矩阵;$A^M = [a_{ij}^M] \equiv [X_{ij}^M/Xj]$ 为进口品直接消耗系数矩阵。

在产品生产中消耗的原材料、能源和部件等,为直接消耗。国内产品直接消耗系数 $A^D = [a_{ij}^D] \equiv [X_{ij}^D/X_j]$,表示第 j 部门单位产品生产过程中直接消耗的第 i 部门国内产品的数量。直接进口消耗系数 $A^M = [a_{ij}^M] \equiv [X_{ij}^M/X_j]$,表示第 j 部门单位产品生产过程中直接消耗的第 i 部门进口品的数量。在原材料、能源和部件等生产中又消耗了进口产品,这就形成了对进口品的间接消耗。完全进口等于直接消耗进口和所有间接消耗进口的总和。我们可以用以下矩阵计算完全进口消耗系数:

$$B^M = A^M + B^M A^D \tag{6-1}$$

$$B^M = A^M (I - A^D)^{-1} \tag{6-2}$$

其中,$B^M = [b_{ij}^M]$ 为完全进口消耗系数矩阵。

根据 D. Hummels(2001)等提出的概念,垂直专业化表示出口品生产中使用的进口品数额,垂直专业化率表示单位出口品生产中所使用的进口品数额。某个部门出口品的直接垂直专业化率也就是该部门单位出口品生产中所使用的直接进口额之和,而某个部门出口品的完全垂直专业化率也就是该部门单位出口品生产中所使用的完全进口额之和。一个国家出口品的垂直专业化率等于各部门的垂直专门化率的加权平均数(以出口结构

表 6-1 非完全竞争模型数据表形式

投入		产出	中间使用		最终使用				国内总产出或进口
			国内生产 1,2,…,n	中间使用合计	消费	资本形成总额	出口	其他	最终使用合计	
中间投入	国内产品中间投入	1…n		F^{DC}	F^{DI}	F^{DE}			F^D	X
	进口产品中间投入	1…n		F^{MC}	F^{MI}				F^M	X^M
	中间投入合计									
最初投入	固定资产折旧,劳动者报酬,税金,利润		V							
	增加值合计									
总投入			X^T							

系数为权数)。我们所研究和计算的单位出口品的完全国内增加值系数等于 1 减去垂直专业化率,也就是说,完全进口额系数等于垂直专业化率。

即一国出口品的完全国内增加值 Av 为:

$$Ex - Ex * B^M = Ex * (1 - B^M) \quad (6-3)$$

其中,Ex 为该国某部门出口额。

6.1.2 增加值比较优势指数(VACA)

传统海关统计的出口额数据在产品内分工下虚高了一国的贸易量,所以这里我们用一国一行业的国内完全增加值替代该行业的出口额,来重新测量一国的比较优势,修正的公式如下:

$$VACA_{ij} = \frac{VA_{ij}/Xi}{X_{wj}/X_w} \quad (6-4)$$

其中,$VACA_{ij}$ 为 i 国 j 类产品的显性比较优势指数;VA_{ij} 表示 i 国某年 j 类产品的完全国内增加值;Xi 表示 i 国同年各类产品总出口额;X_{wj} 为 j 类产品全世界贸易出口额,X_w 为世界所有产品的总出口额。若 $VACA_{ij}$ 大于 1,则表明 i 国 j 类产品的出口比例要高于世界水平,这意味着 i 国在 j 类产品的出口上具有比较优势,且数值越大,比较优势越显著;若 $VACA_{ij}$ 小于 1,则表明 i 国 j 类产品的出口比例要低于世界水平,这意味着 i 国 j 类产品的出口具有比较劣势,且数值越小,比较劣势越显著。

本书从 WIOD 数据库中获得了中国和世界主要国家 1995 至 2011 年的非竞争型投入占用产出表,包含 35 个出口行业的数据。在非竞争型投入产出表的基础上,分行业计算各国附加值比较优势,并将其与显性比较优势指数的结论作出对比,从而完成中国与拉美主要国家分行业贸易的双重测度与对比。

6.2 中国细分行业 VACA 的测度

6.2.1 中国出口细分行业完全国内增加值系数

一、各行业 1995 年到 2011 年平均完全国内增加值系数

首先,我们对 1995 年至 2011 年中国 35 个行业的完全国内增加值系数进行了平均,如表 6-2 所示:

表 6-2　1995—2011 年中国平均出口完全国内增加值系数

部门	平均完全国内增加值系数	产业大类	部门	平均完全国内增加值系数	产业大类
金融中介业	0.945	3	水上运输业	0.859	3
农林牧渔业	0.934	1	木材加工及家具制造业	0.853	2
住宿和餐饮业	0.924	3	租赁和商务服务业	0.848	3
批发业	0.920	3	建筑业	0.843	2
零售业	0.920	3	造纸印刷及文教体育用品制造业	0.841	2
公共管理和国防、社会保障业	0.916	3	卫生、社会工作业	0.837	3
教育	0.915	3	纺织业	0.832	2
食品制造及烟草加工业	0.908	2	空中运输业	0.831	3
内陆运输业	0.903	3	纺织服装、鞋帽、皮革、羽绒及其制品业	0.831	2
运输辅助业;旅行社	0.892	3	通用、专用设备制造业	0.807	2
煤炭开采和洗选业	0.888	2	交通运输设备制造业	0.805	2
居民服务和其他服务业	0.883	3	化学工业	0.801	2
邮政业	0.883	3	金属冶炼及压延加工业	0.798	2
电力、热力的生产和供应业	0.873	2	塑料和橡胶制造业	0.792	2
非金属矿物制品业	0.864	2	电气和光学设备制造业	0.710	2
电气机械及器材制造业	0.860	2	石油加工、炼焦及核燃料加工业	0.702	2

由表 6-2 计算结果发现,自 1995 年以来,中国的机动车辆销售和维修业、房地产业及私人住宅业的完全国内增加值系数为 1 或接近于 1,即几乎不使用进口资源投入;同时,这三个行业在本书数据的十几年间出口额始终为 0,即从未参与出口贸易。因此在此处的分析中剔除了这三个行业。对平均国内增加值系数排序后发现,中国出口行业中完全国内增

加值比重最高的三个部门分别为金融业、农林牧渔业、住宿和餐饮业。另外,在平均完全国内增加值比重前十的部门中,第三产业占据了8个,该指数较高的唯一的第二产业是食品制造及烟草加工业。塑料和橡胶制造业、电气和光学设备制造业以及石油加工、炼焦及核燃料加工业则是1995—2011年间在出口贸易中中国完全国内增加值系数最低的行业。

为了更深入地研究中国分行业的国内增加值情况,本书将35个行业分为第一、第二、第三产业分别进行考察。

一、中国第一产业完全国内增加值系数

1995年至2011年,中国第一产业(即农林牧渔业)的完全国内增加值系数显著降低,如图6-1所示:

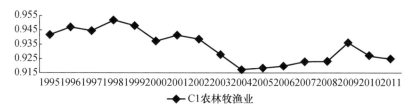

图6-1 中国第一产业完全国内增加值系数

从图6-1中可以看出,1995年中国农林牧渔业的国内增加值指数约为95%,该指数在1997年达到了顶峰。1998年后,第一产业的完全国内增加值系数持续下滑,在2004年达到0.91的最低值,此后虽有所上升,但近年仍然呈现下降的趋势。中国第一产业(即农林牧渔业)的完全国内增加值系数总体而言保持在92%以上的较高水平,表明该产业使用进口投入品的比例较低;趋势下降,同国际贸易深化分工、产业内贸易不断发展的形势一致。

二、中国第二产业完全国内增加值系数

图6-2显示了1995年到2011年中国第二产业各行业的完全国内增加值系数变化情况。第二产业总体的完全国内增加值系数主要在0.75至0.95的范围内,在过去的几年中整体经历了相近的下降趋势。

由图6-2可见,自1995年后,中国第二产业完全国内增加值系数整体缓慢降低,到2004年达到谷底,其后保持平稳中微弱上升的趋势,并在2009年再次遭遇转折和下滑。其中,食品制造及烟草加工业、煤炭开采和洗选业的完全国内增加值比重始终保持在较高的水平,表明本国产品投入较大;电气和光学设备制造业的完全国内增加值指数在研究的时间段内跌幅尤为明显,曾达到60%的低位,但近年快速上升。另一个完全

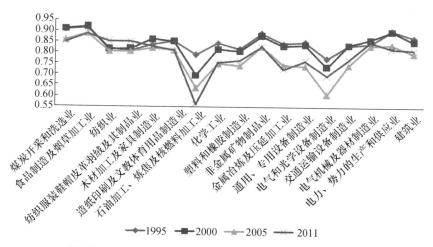

图 6-2 1995—2011 年中国第二产业完全国内增加值系数

国内增加值比重较低的行业是石油加工、炼焦及核燃料加工业。该产业的国内增加值系数经历并保持了巨幅下降的趋势,显示了中国石油行业产业内贸易形势的深入发展。

三、中国第三产业完全国内增加值系数

如图 6-3 所示,中国第三产业的完全国内增加值系数整体保持在80%以上的较高水平。

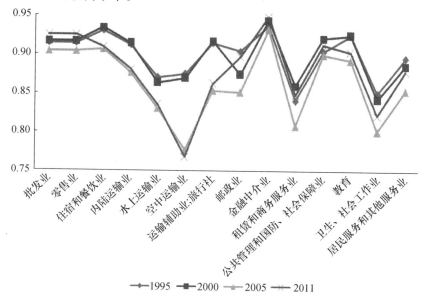

图 6-3 1995—2011 年中国第三产业完全国内增加值系数

与第一、第二产业不同的是，2011年第三产业的国内增加值系数同1995年相比并没有明显的下降，不少部门的国内投入资源使用比重还有微弱增加。其中，住宿和餐饮业、批发业和零售业的完全国内增加值系数较高且趋势平稳。租赁和商务服务业，卫生、社会工作业及空中运输业的国内产品投入比重则相对较低，空中运输业的下降趋势最为明显，在未来该部门还将更多地涉入国际贸易分工。

对中国的国内增加值系数进行测算后，可以发现，中国出口行业中完全国内增加值比重最高的三个部门分别为金融业、农林牧渔业、住宿和餐饮业。第三产业的完全国内增加值比重总体较高，而第二产业的完全国内增加值比重相对较低。然而，仅仅分析完全国内增加值系数并不能完全说明问题，为了更准确地分析中国的出口附加值情况，本节将完全国内增加值与各行业的出口额结合，分析中国的附加值比较优势指数（VACA）。

6.2.2 中国细分行业出口附加值比较优势（VACA）

一、中国出口行业平均附加值比较优势（VACA）

从1995年到2011年的各行业平均附加值比较优势（VACA）指数来看，中国有10个行业的平均VACA指数大于1，即总体上具有国内附加值优势，占全部出口行业数的31%。

表6-3　1995—2011年中国平均出口VACA指数

部门	平均VACA指数	产业	部门	平均VACA指数	产业
纺织服装鞋帽皮革羽绒及其制品业	3.244	2	农林牧渔业	0.602	1
纺织业	3.004	2	通用、专用设备制造业	0.575	2
塑料和橡胶制造业	1.553	2	电力、热力的生产和供应业	0.490	2
住宿和餐饮业	1.529	3	化学工业	0.451	2
非金属矿物制品业	1.482	2	内陆运输业	0.419	3
居民服务和其他服务业	1.463	3	卫生、社会工作业	0.411	3
电气和光学设备制造业	1.316	2	租赁和商务服务业	0.392	3
零售业	1.316	3	教育	0.375	3

(续表)

部门	平均VACA指数	产业	部门	平均VACA指数	产业
电气机械及器材制造业	1.189	2	食品制造及烟草加工业	0.674	2
体育用品制造业	0.316	2	造纸印刷及文教		
木材加工及家具制造业	1.028	2	交通运输设备制造业	0.258	2
建筑业	0.971	2	石油加工、炼焦及核燃料加工业	0.225	2
批发业	0.938	3	公共管理和国防、社会保障业	0.206	3
金属冶炼及压延加工业	0.822	2	煤炭开采和洗选业	0.170	2
空中运输业	0.814	3	金融中介业	0.028	3
邮政业	0.726	3	机动车辆销售和维修业	0.000	3
运输辅助业;旅行社	0.714	3	私人住宅业	0.000	3
水上运输业	0.685	3	房地产业	0	3

由表 6-3 可以看出,平均 VACA 指数大于 1 的行业中,制造业占70%,其余为第三产业。纺织服装鞋帽皮革羽绒及其制品业和纺织业以约为 3 的平均 VACA 指数排名前二,说明这两个传统的生产和出口行业确实具有比较优势。塑料和橡胶制造业、住宿和餐饮业、非金属矿物制品业、居民服务和其他服务业、电气和光学设备制造业、零售业也都具有比较明显的附加值优势。

二、中国第一产业附加值比较优势(VACA)

中国农林牧渔业的附加值比较优势指数自 1995 年以来持续下跌,从 1.54 降到 0.31,如图 6-4 所示:

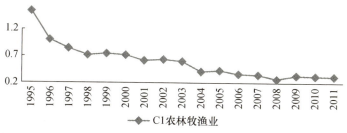

图 6-4　1995—2011 年中国第一产业附加值比较优势(VACA)指数

VACA 指数的趋势图表明农林牧渔业的出口已不能对中国贡献附加

值,失去了其比较优势。

三、中国第二产业附加值比较优势(VACA)

1. 中国简单技术制造业 VACA 测度与对比

中国第二产业中简单技术制造业各行业 VACA 指数情况及变化趋势如图 6-5 所示:

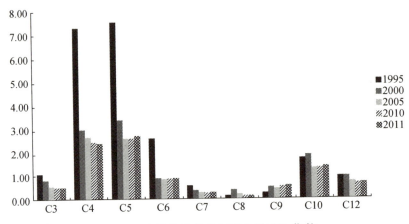

图 6-5　中国简单技术制造业 VACA 指数

根据图 6-5 可以发现,有些行业的 VACA 指数从极高值逐渐下降,即开始比较优势很强,之后比较优势减弱但仍然较强,如 C4、C5。有些行业的 VACA 指数一直在 1.5 上下浮动,比较优势明显,如 C10、C6,其中 C6 木材及木制品行业在 1995 年至 1998 年一直具有稳定的贸易附加值比较优势,VACA 指数从 1995 年的 2.5441 逐渐下降到 1998 年的 1.1541,随后一直低于 1。其余行业除了 C3 在 1995 年达到 1.0623,C7、C8、C9 和 C12 四个行业 VACA 指数均小于 1,不具有比较优势。

2. 中国复杂技术制造业 VACA 测度与对比

中国第二产业中复杂技术制造业各行业 VACA 指数情况及变化趋势如图 6-6 所示。

从图 6-6 可以看出,C14 电器及光学设备行业、C16 制造和循环制造业这两个行业具有一定的外贸比较优势,其 1995 年的 VACA 指数分别为 1.2671 和 1.0673,其中 C14 的 VACA 指数在 2000 年降到了 1.0105,随后又逐渐回升到 2005 年的 1.3760,在 2005 至 2011 年几乎处于上升趋势,最高值为 2008 年的 1.7342,具有明显的比较优势。而 C16 的 VACA 指数最高值为 2001 年的 1.4833,比较优势明显。而 C13 机械装置行业和

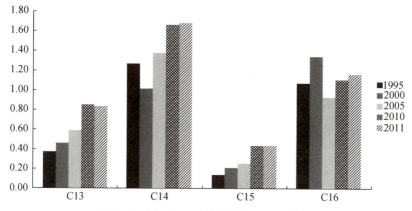

图 6-6　中国复杂技术制造业 VACA 指数

C15 运输设施行业的 VACA 指数一直低于 1，由此推断这两个行业不具有比较优势。

3. 中国第二产业其他行业 VACA 测度与对比

中国第二产业中其他各行业 VACA 指数情况及变化趋势如图 6-7 所示：

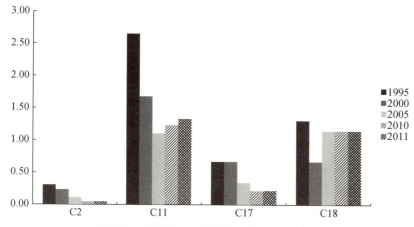

图 6-7　中国第二产业其他行业 VACA 指数

由图 6-7 可以发现，中国 C11 和 C18 两个行业具有贸易附加值比较优势，C11 为其他非金属矿物业，1995 年其 VACA 指数为 2.6471，为图中所示年份最高值，虽然 2000 年下降到 1.6826，但是整体来看，由于 VACA 指数一直大于 1，所以中国在其他非金属矿物业上具有比较优势。相对来说，C18 建造业的比较优势较稳定，也相对较弱，而 C2 和 C17 则不具备贸易比较优势。

四、中国第三产业附加值比较优势(VACA)

1995到2011年，中国第三产业的VACA整体下降，附加值降低，如图6-8所示：

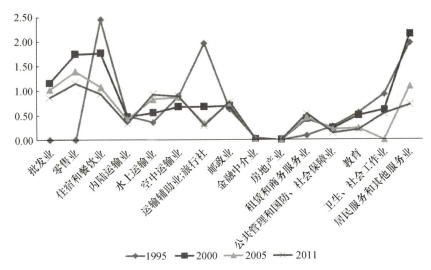

图6-8 1995—2011年中国第三产业附加值比较优势(VACA)指数

其中，住宿和餐饮业曾经拥有VACA指数2.5的显著比较优势，但近年来已下降到0.9左右，附加值优势流失。居民服务和其他服务业也经历了VACA指数由2下降到0.7，附加值优势大幅减弱的过程。零售业在1995和1996年并无出口，但此后在对外贸易中异军突起，VACA指数始终维持在1以上，也是2011年中国第三产业中唯一具有附加值比较优势的行业。

第三产业主要以流通部门服务业为主，为了更有针对性，我们在此挑选流通部门各个行业，即C19—C27进行分析，如图6-9所示。

从图6-9可以发现，在起初的几年，中国C22宾馆和餐饮业以及C26其他辅助性运输活动、旅游业的比较优势比较明显，VACA指数都大于1，在1995年分别为2.4491和1.9671，然而在2000年之后，辅助性运输活动以及旅游业逐渐显现出比较劣势。2000年C26的VACA指数仅有0.6702。即便宾馆和餐饮业的VACA指数水平一直维持在1左右，但是比较优势明显不如从前。而C20和C21的VACA指数都是从0到有，并且C20在2000年至2005年间维持着稳定的比较优势，从1.1628转变为

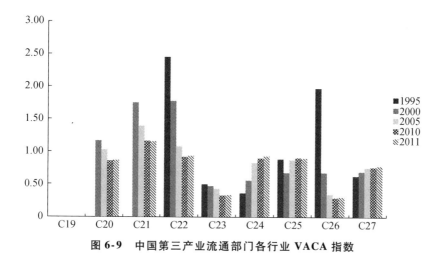

图 6-9 中国第三产业流通部门各行业 VACA 指数

1.0239,随后下降到 1 以下,比较优势不再明显。实际上,C21 在 1997 年之后一直具有稳定的比较优势,2000 年达到了 1.7492,接下来的 11 年呈下降趋势,比较优势虽然减弱,但始终维持在 1 以上,2011 年 C21 的 VACA 指数为 1.1499。

6.3 拉美主要国家分行业 VACA 的测度

本节重点分析和比较巴西和墨西哥两国出口贸易的主体为国家经济带来的实际贡献率有多大,以及两国的传统优势出口贸易产业所拥有的国际分工地位究竟如何。

6.3.1 巴西附加值比较优势(VACA)指数的测度

一、巴西细分行业出口完全国内增加值系数

(一)巴西行业出口平均完全国内增加值系数

对 1995 年到 2011 年间巴西全行业的国内增加值指数进行平均,如图 6-10 所示,虽然巴西的出口额连年上升,但其完全国内增加值却有所递减。

1995 年,巴西每向世界出口 100 美元可以获得 93 美元的完全国内增加值,到了 2001 年仅能获得 90 美元,该指数在 2010 年为 0.91。通过对 1995 年至 2011 年巴西非竞争型投入产出表中 35 个行业的数据处理,本章得到了这 35 个出口行业 16 年的完全国内增加值系数(其中巴西私人

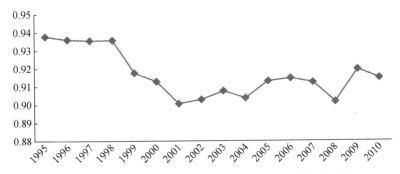

图 6-10　1995—2011 年行业出口平均完全国内增加值系数

住宅业数据为 0),并对其取平均数(见表 6-4)。

表 6-4　1995—2011 年巴西平均完全国内增加值系数

出口部门	平均国内增加值系数	产业	出口部门	平均国内增加值系数	产业
房地产业	0.994	3	建筑业	0.928	2
教育	0.969	3	卫生、社会工作业	0.924	3
金融中介业	0.968	3	食品制造及烟草加工业	0.919	2
机动车辆销售和维修业	0.965	3	纺织业	0.913	2
批发业	0.965	3	电气机械及器材制造业	0.910	2
零售业	0.965	3	煤炭开采和洗选业	0.905	2
公共管理和国防、社会保障业	0.961	3	造纸印刷及文教体育用品制造业	0.903	2
住宿和餐饮业	0.947	3	非金属矿物制品业	0.901	2
居民服务和其他服务业	0.947	3	纺织服装鞋帽皮革羽绒及其制品业	0.899	2
租赁和商务服务业	0.946	3	金属冶炼及压延加工业	0.871	2
电力、热力的生产和供应业	0.942	2	通用、专用设备制造业	0.869	2
内陆运输业	0.938	3	化学工业	0.855	2

（续表）

出口部门	平均国内增加值系数	产业	出口部门	平均国内增加值系数	产业
水上运输业	0.938	3	塑料和橡胶制造业	0.843	2
空中运输业	0.938	3	交通运输设备制造业	0.825	2
运输辅助业；旅行社	0.938	3	电气和光学设备制造业	0.804	2
木材加工及家具制造业	0.935	2	石油加工、炼焦及核燃料加工业	0.782	2
农林牧渔业	0.932	1	私人住宅业	/	3
邮政业	0.928	3			

从表 6-4 可以看出，巴西第三产业国内增加值比率普遍较高，反映了第三产业使用的国外投入资源显著较少。虽然第二产业在巴西总出口额中占比相当大，但其国内增加值指数则大多低于 0.92，明显低于第三产业，显示制造业在产过程中使用进口消耗品的比例较高，国际分工地位较低。第一产业农林牧渔业是巴西的传统生产和出口产业，而其平均国内增加值系数约为 0.93，处于全行业中游。

（二）巴西第一产业完全国内增加值系数

就第一产业而言，其国内增加值指数在 1995 年至 2010 年总体呈现下降的趋势，表明在生产过程中正在越来越多地使用进口投入品，如图 6-11 所示：

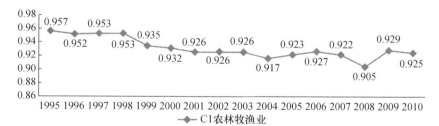

图 6-11　1995—2011 年巴西第一产业完全国内增加值系数

1995 年，巴西第一产业的国内增加值系数为 0.957；2008 年，第一产业的国内增加值系数达到谷底，为 0.905。此后该系数有所回升，但近年又呈现下滑趋势，2010 年约为 0.925，比 1995 年下降约 0.3 个百分点。正如上文所述，第一产业是巴西的传统生产和出口产业，大豆、甜菜、咖啡等均属于农林牧渔业,而其平均国内增加值系数处于全行业中游。

（三）巴西第二产业完全国内增加值系数

就巴西的第二产业而言,从图 6-12 中可以看出,1995 至 2010 年,第二产业的国内增加值系数主要集中在 0.75 到 0.95 的区间内。

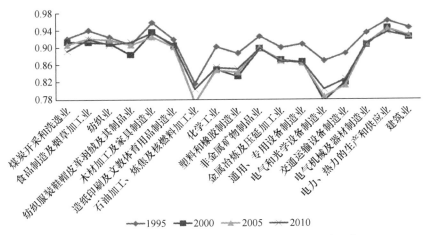

图 6-12　1995—2011 巴西第二产业完全国内增加值系数

2009 年左右,第二产业的国内增加值系数在达到一个 10 年来的小高峰后整体回落,这可能是由国际金融危机带来的国际贸易格局改变所致。其中,电力、热力的生产和供应业,木材加工及家具制造业是第二产业中国内增加值系数较高的行业。相比之下,石油加工、炼焦及核燃料加工业以及电气和光学设备制造业的国内增加值比率显著低于其他行业,在 80% 左右大幅浮动,表明这两个行业历来使用的国外消耗品比例较高。

（四）巴西第三产业完全国内增加值系数

图 6-13 显示,相比于第一和第二产业,巴西的第三产业国内增加值系数整体较高,使用进口资源的比例较小。这也是由第三产业本身的特性引起的。

由图 6-13 可知,1995 年到 2010 年,巴西第三产业的国内增加值系数始终保持在 0.9 以上。同第二产业相似,第三产业国内增加值系数也在 2001 年左右探到谷底,随后又经历了 2009 年的转折点。房地产业、教育业和金融中介业是巴西全行业出口中国内增加值系数最高的三大部门,其中房地产业的国内比率始终接近 100%。第三产业中国内增加值系数较低的是邮政业、卫生和社会工作业以及运输辅助业和旅行社,三者的系数在 1995 年至 2001 年经历了大幅跌落,跌幅约为 3%。尽管第三产业国

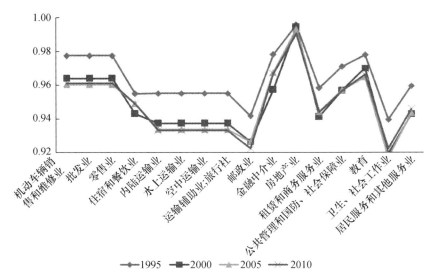

图 6-13 1995—2011 巴西第三产业完全国内增加值系数

内增加值系数整体较高,但第三产业占巴西出口额的比重最低。

以上数据表明,虽然巴西的出口额连年上升,但其完全国内增加值却有所递减。巴西的出口行业中第三产业的完全国内增加值比重总体较高,而第二产业的完全国内增加值比重相对较低。然而,仅仅分析完全国内增加值系数并不能完全说明问题,为了更准确地分析巴西的出口附加值情况,本节将完全国内增加值与各行业的出口额结合,分析巴西的附加值比较优势(VACA)指数。

二、巴西出口附加值比较优势(VACA)

(一)巴西出口平均附加值比较优势(VACA)

通过对巴西 1995 年到 2011 年的平均附加值比较优势(VACA)指数(见表 6-5)进行分析发现,该国有 12 个行业的平均 VACA 指数大于 1,即具有出口竞争力。

表 6-5 1995—2011 年巴西平均出口 VACA 指数

部门	平均VACA指数	产业	部门	平均VACA指数	产业
住宿和餐饮业	4.207	3	零售业	0.554	3
农林牧渔业	3.191	1	内陆运输业	0.550	3
食品制造及烟草加工业	3.116	2	运输辅助业;旅行社	0.533	3

（续表）

部门	平均VACA指数	产业	部门	平均VACA指数	产业
房地产业	2.460	3	通用、专用设备制造业	0.489	2
纺织服装鞋帽皮革羽绒及其制品业	2.434	2	化学工业	0.487	2
木材加工及家具制造业	2.209	2	租赁和商务服务业	0.408	3
建筑业	1.637	2	卫生、社会工作业	0.370	3
居民服务和其他服务业	1.428	3	电气机械及器材制造业	0.363	2
造纸印刷及文教体育用品制造业	1.335	2	纺织业	0.299	2
金属冶炼及压延加工业	1.195	2	教育	0.201	3
邮政业	1.164	3	金融中介业	0.197	3
非金属矿物制品业	1.021	2	电力、热力的生产和供应业	0.174	2
交通运输设备制造业	0.867	2	电气和光学设备制造业	0.168	2
煤炭开采和洗选业	0.812	2	空中运输业	0.082	3
公共管理和国防、社会保障业	0.735	3	批发业	0.052	3
石油加工、炼焦及核燃料加工业	0.609	2	水上运输业	0.040	3
塑料和橡胶制造业	0.567	2			

其中，住宿和餐饮业、农林牧渔业、食品制造及烟草加工业的平均VACA指数均大于3，展现了强势的国际竞争力和国内附加值。在平均VACA指数大于1的行业中，第二产业占了约六成。

（二）巴西第一产业附加值比较优势（VACA）

巴西的农林牧渔业始终拥有非常显著的附加值比较优势，并且该优势还呈现不断提高的趋势，如图6-14所示。

1995年，农林牧渔业的VACA指数为2.85，该指数在2001年后的10年中始终保持在3以上。作为一个拥有充沛自然资源的农业大国，巴西的农林牧渔业确实为本国带来了极高的附加值和出口中的绝对优势。

（三）巴西第二产业附加值比较优势（VACA）

1995年以来，巴西的许多制造行业也为本国贡献了较高的增加值，见图6-15。

其中，食品制造及烟草加工业的VACA指数多年来都远远高于2.5，

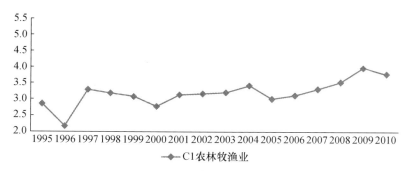

图 6-14 巴西第一产业 VACA

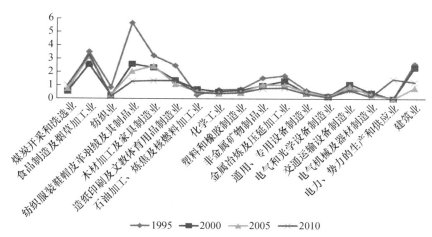

图 6-15 1995—2011 年巴西第二产业附加值比较优势(VACA)指数

近年来更在 3 以上的水平持续上升,显示了强劲的附加值比较优势和发展潜力,这也和巴西作为烟草出口大国的地位相符。纺织服装鞋帽皮革羽绒及其制品业和木材加工及家具制造业也是该国的两个传统优势行业,但其 VACA 指数都经历了急剧的下降,分别从 1995 年的 5.7 和 3.2 下降到了 1.3 左右,虽然仍然具有比较优势,但这两个行业的增加值正在不断流失。相反,自 2008 年以来,电力、热力的生产和供应业的 VACA 指数从 0.01 以下猛升到了约 1.5,表明该行业对巴西的增加值贡献有了质的飞跃,出口产品的技术含量不断提高。

(四)巴西第三产业附加值比较优势(VACA)

从图 6-16 可见,就第三产业而言,巴西住宿和餐饮业的 VACA 表现了该行业强烈的附加值优势。

图 6-16 显示,1995 年住宿和餐饮业的 VACA 指数为 4,2003 年上升

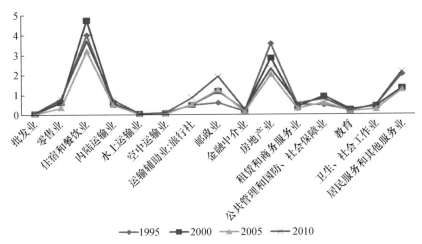

图6-16 1995—2011年巴西第三产业附加值比较优势(VACA)指数

到了5.6,此后逐年下滑,2007年为2.9,后在3以上浮动。尽管仍然有较大优势,但该行业在发展中的增加值已不如过去。另一个具有显著附加值比较优势的是房地产业,其VACA指数基本保持在2以上,近年有小幅上升趋势。居民服务和其他服务业以及邮政业则展示了强有力的附加值潜力,自2001年以来二者的VACA指数从1左右连年上升到2,已经具有明显的附加值比较优势。相比之下,巴西运输业的国内增加值优势则普遍很低。

6.3.2 墨西哥附加值比较优势(VACA)测度

一、墨西哥完全国内增加值系数
(一)墨西哥出口行业平均完全国内增加值系数

对1995年到2011年间墨西哥全行业的国内增加值指数平均值进行分析后发现,墨西哥的整体国内增加值相比1995年有所减少,如图6-17所示。

从图6-17可以看出,1995年该国每出口100美元产品可获取86美元的完全国内增加值,而2011年这个数字为83美元。这意味着随着国际贸易的发展,出口产品带给墨西哥的完全国内增加值在不断下降。

通过对1995年至2011年墨西哥非竞争型投入产出表中35个行业的数据处理,本节得到了这35个出口行业17年的完全国内增加值系数,并对其取平均数,如表6-6所示。

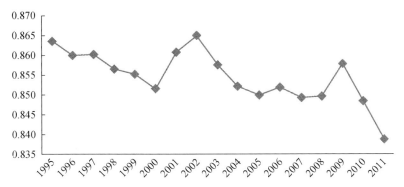

图 6-17　1995—2011 年墨西哥出口行业平均完全国内增加值系数

表 6-6　1995—2011 年墨西哥平均完全国内增加值系数

出口部门	平均完全国内增加值系数	产业	出口部门	平均完全国内增加值系数	产业
私人住宅业	0.999	3	木材加工及家具制造业	0.869	2
房地产业	0.983	3	水上运输业	0.867	2
教育	0.979	3	食品制造及烟草加工业	0.852	2
煤炭开采和洗选业	0.952	2	化学工业	0.844	2
公共管理和国防、社会保障业	0.946	3	机动车辆销售和维修业	0.842	2
住宿和餐饮业	0.945	3	电力、热力的生产和供应业	0.840	2
金融中介业	0.945	3	建筑业	0.833	2
运输辅助业;旅行社	0.936	3	空中运输业	0.832	3
零售业	0.932	3	造纸印刷及文教体育用品制造业	0.808	2
居民服务和其他服务业	0.929	3	纺织服装鞋帽皮革羽绒及其制品业	0.806	2
批发业	0.927	3	纺织业	0.751	2
租赁和商务服务业	0.921	3	金属冶炼及压延加工业	0.751	2
石油加工、炼焦及核燃料加工业	0.920	2	塑料和橡胶制造业	0.727	2

（续表）

出口部门	平均完全国内增加值系数	产业	出口部门	平均完全国内增加值系数	产业
内陆运输业	0.916	3	电气机械及器材制造业	0.696	2
卫生、社会工作业	0.915	3	通用、专用设备制造业	0.680	2
邮政业	0.915	3	交通运输设备制造业	0.631	2
农林牧渔业	0.898	1	电气和光学设备制造业	0.439	2
非金属矿物制品业	0.887	2			

对表6-6数据排序后，可以看出平均国内增加值系数最高的前十位行业中第三产业占据了九个，且第三产业中所有的出口行业的国内增加值系数均位于平均水平之上。第一产业农林渔牧业的平均国内增加值系数约为90%。相比之下，占据墨西哥出口总额最多的制造业，其平均国内增加值系数基本处于90%以下，在所有行业中位居下游。

（二）墨西哥第一产业完全国内增加值系数

1995年至2011年，墨西哥第一产业的国内增加值系数显示了下滑的趋势，由1995年的91.5%下降到2011年的85.5%。尤其是在2003年之后，农林牧渔业的国内增加值率持续加快下滑。

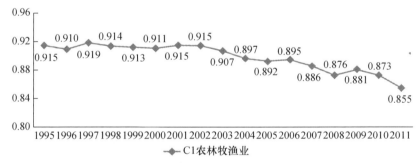

图6-18 墨西哥第一产业完全国内增加值系数

虽然蔬菜、水果等属于农林牧渔业的产品历来为墨西哥的主要出口商品之一，但其完全国内增加值比率总体不高且下滑趋势明显。

（三）墨西哥第二产业完全国内增加值系数

墨西哥第二产业的完全国内增加值系数（见图6-19）主要集中于

0.95 到 0.65 之间,总体国内增加值率不高。除石油业和化学工业外,第二产业国内增加值率在 2009 年后整体呈现下降的趋势,国际金融危机可能是原因之一。

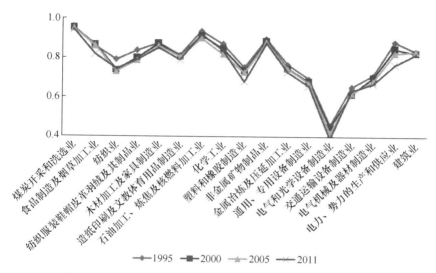

图 6-19　1995—2011 年墨西哥第二产业完全国内增加值系数

第二产业中,煤炭业是国内增加值系数最高的行业,自 1995 年以来稳定在 0.95 左右,在全行业中位居前列。墨西哥石油业的完全国内增加值系数则在 92% 左右浮动,近年来呈现出小幅上升的趋势。另一个有上升趋势的行业化学工业的国内增加值率约为 84%,年涨幅约 1%。墨西哥第二产业中国内增加值系数最低的行业为电气和光学设备制造业,自 1995 年的 0.46 下降到 2011 年的 0.38,它也是该国出口行业中国内增加值系数最低的行业。值得注意的是,机动车辆、电力、通用设备制造等占据墨西哥较大出口份额的行业,完全国内增加值系数普遍不高且日渐降低,反映了使用进口投入品的增加和产业内贸易分工地位的下滑。

(四)墨西哥第三产业完全国内增加值系数

墨西哥第三产业的国内增加值系数普遍较高,分布在 0.8 至 1 之间,且主要集中于 0.9 至 0.95 的高比率之间,如图 6-20 所示。

同第二产业一样,第三产业在 2009 年也遭遇了一个转折点,各行业国内增加值有不同程度的下滑。其中,私人住宅业、房地产业和教育业是墨西哥全行业出口中国内增加值系数最高的三个行业,自 1995 年以来始终稳定在 97% 以上。第三产业中,空中运输业、建筑业以及车辆销售和

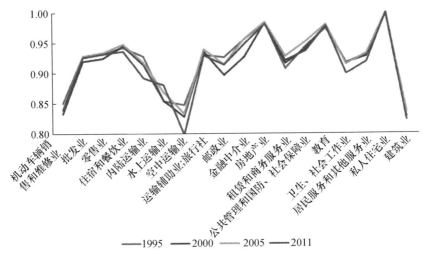

图 6-20 1995—2011 年墨西哥第三产业完全国内增加值系数

服务业的国内增加值系数较低且下降幅度较大,表明这几个出口行业越来越多地使用进口投入品。

对墨西哥的国内增加值系数进行测算后发现,墨西哥的完全国内增加值系数近年来明显下滑。墨西哥第三产业的完全国内增加值比重总体较高,而第二产业的完全国内增加值比重相对较低,只有煤炭和石油行业的国内增加值比重较高。然而,仅仅分析完全国内增加值系数并不能完全说明问题,为了更准确地分析墨西哥的出口附加值情况,本节将完全国内增加值与各行业的出口额结合,分析墨西哥的 VACA 指数。

二、墨西哥附加值比较优势(VACA)

(一)墨西哥平均附加值比较优势(VACA)

对 1995 年到 2011 年间墨西哥分行业的 VACA 指数平均值进行分析后发现,从整体上来说,墨西哥从对外出口产品中获取的国内增加值较低,如表 6-7 所示:

表 6-7 1995—2011 年墨西哥平均附加值比较优势(VACA)指数

部门	平均VACA指数	产业	部门	平均VACA指数	产业
零售业	6.683	3	运输辅助业;旅行社	0.266	3
交通运输设备制造业	1.205	2	空中运输业	0.260	3
煤炭开采和洗选业	1.147	2	化学工业	0.250	2

(续表)

部门	平均VACA指数	产业	部门	平均VACA指数	产业
批发业	1.106	3	石油加工、炼焦及核燃料加工业	0.223	2
内陆运输业	1.100	3	金融中介业	0.222	3
电气机械及器材制造业	0.859	2	通用、专用设备制造业	0.196	2
非金属矿物制品业	0.848	2	木材加工及家具制造业	0.188	2
农林牧渔业	0.712	1	电力、热力的生产和供应业	0.138	2
纺织业	0.644	2	卫生、社会工作业	0.075	3
邮政业	0.638	3	租赁和商务服务业	0.054	3
塑料和橡胶制造业	0.626	2	教育	0.040	3
电气和光学设备制造业	0.542	2	水上运输业	0.031	3
金属冶炼及压延加工业	0.538	2	居民服务和其他服务业	0.023	3
食品制造及烟草加工业	0.419	2	住宿和餐饮业	0.015	3
纺织服装鞋帽皮革羽绒及其制品业	0.363	2	房地产业	0.010	3
造纸印刷及文教体育用品制造业	0.277	2	公共管理和国防、社会保障业	0.000	3

表6-6中,仅有5个行业的平均VACA指数高于1,即具有附加值比较优势,分别为零售业、交通运输设备制造业、煤炭开采和洗选业、批发业以及内陆运输业。其中,零售业的平均VACA指数达到了6.68,表明该行业的附加值比较优势巨大;其他4个行业的平均VACA指数均在1至1.2间,仅具有一般的比较优势。占据1995年至2011年墨西哥出口额比重最大的是电气和光学设备制造业,但其平均VACA指数仅为0.54,并不具有优势。

(二)墨西哥第一产业附加值比较优势(VACA)

墨西哥农林牧渔业的VACA指数(见图6-21)在1995年为1.15,但随后就丧失了附加值比较优势,十几年中始终在0.7左右浮动,表明墨西哥第一产业并不具备附加值比较优势。

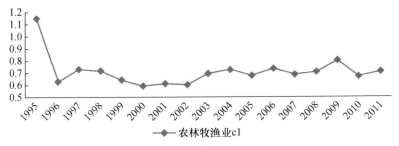

图 6-21　墨西哥第一产业附加值比较优势

(三)墨西哥第二产业附加值比较优势(VACA)

在本书考察的时间段内,大部分第二产业的 VACA 指数都在 1 以下,如图 6-22 所示:

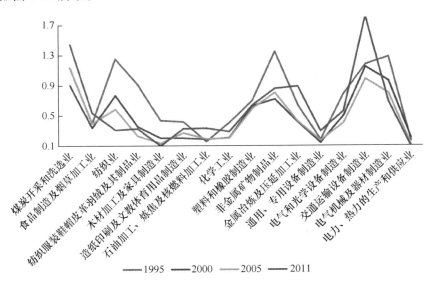

图 6-22　1995—2011 年墨西哥第二产业附加值比较优势(VACA)指数

第二产业中,交通运输设备制造业和煤炭业是墨西哥两个具有附加值比较优势的行业,其中,煤炭业的 VACA 指数从 2001 年跌到 0.88 的谷底后,持续上升,保持了它的比较优势;交通运输设备制造业的 VACA 指数则从 1995 年的 1.18 增加到 2011 年的 1.82,成为墨西哥的一大传统优势行业。另外,电气和光学设备制造业是墨西哥第一大出口行业,出口额占总额约 25%,然而其 VACA 指数从 0.78 降低到 0.56,表明产业内贸易地位下降。纺织业的 VACA 指数从 1995 年的 1.25 直线下降到 2011 年的 0.31,表明该行业的出口对国内增加值的贡献大大减少,目前已具有显著劣势。

(三)墨西哥第三产业附加值比较优势(VACA)

在第三产业中(见图6-23),零售业的国内附加值相对其他行业有非常明显的比较优势,其VACA指数虽然从9下降到5,但比较优势仍然巨大。批发业的VACA指数从1995年的1.57下滑到2011年的0.9,作为占出口总额近10%的出口第四大行业,其附加值比较优势正在逐渐流失。内陆运输业的附加值比较优势指数也从1.3降低到0.75。

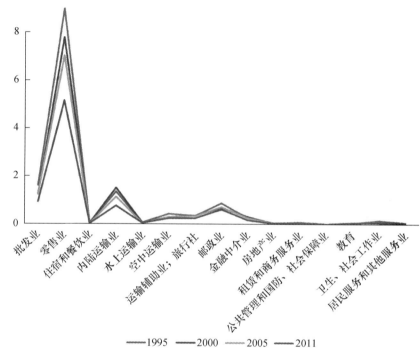

图6-23 1995—2011年墨西哥第三产业附加值比较优势(VACA)指数

6.3.3 中国与拉美主要国家分行业VACA指数的比较

一、中国与拉美主要国家各行业平均VACA指数的比较

首先,表6-8显示了1995—2011年中国、巴西和墨西哥的各行业VACA指数。总体来看,1995至2011年间,巴西平均VACA指数大于1的行业有12个,中国有10个,墨西哥则有5个,表明墨西哥在贸易出口中的附加值比较优势整体低于中国和巴西。

表 6-8 1995—2011 年中国、巴西和墨西哥平均附加值比较优势（VACA）指数

部门	中国	巴西	墨西哥
农林牧渔业	0.602	3.191	0.712
煤炭开采和洗选业	0.17	0.812	1.147
食品制造及烟草加工业	0.674	3.116	0.419
纺织业	3.004	0.299	0.644
纺织服装鞋帽皮革羽绒及其制品业	3.244	2.434	0.363
木材加工及家具制造业	1.028	2.209	0.188
造纸印刷及文教体育用品制造业	0.316	1.335	0.277
石油加工、炼焦及核燃料加工业	0.225	0.609	0.223
化学工业	0.451	0.487	0.25
塑料和橡胶制造业	1.553	0.567	0.626
非金属矿物制品业	1.482	1.021	0.848
金属冶炼及压延加工业	0.822	1.195	0.538
通用、专用设备制造业	0.575	0.489	0.196
电气和光学设备制造业	1.316	0.168	0.542
交通运输设备制造业	0.258	0.867	1.205
电气机械及器材制造业	1.189	0.363	0.859
电力、热力的生产和供应业	0.49	0.174	0.138
建筑业	0.971	1.637	0
批发业	0.938	0.052	1.106
零售业	1.316	0.554	6.683
住宿和餐饮业	1.529	4.207	0.015
内陆运输业	0.419	0.55	1.1
水上运输业	0.685	0.04	0.031
空中运输业	0.814	0.082	0.26
运输辅助业；旅行社	0.714	0.533	0.266
邮政业	0.726	1.164	0.638
金融中介业	0.028	0.197	0.222
房地产业	0	2.46	0.01
租赁和商务服务业	0.392	0.408	0.054
公共管理和国防、社会保障业	0.206	0.735	0
教育	0.375	0.201	0.04
卫生、社会工作业	0.411	0.37	0.075
居民服务和其他服务业	1.463	1.428	0.023

二、中国与拉美主要国家第一产业 VACA 指数对比

中国和拉美国家第一产业附加值比较优势的对比情况如图 6-24 所示:

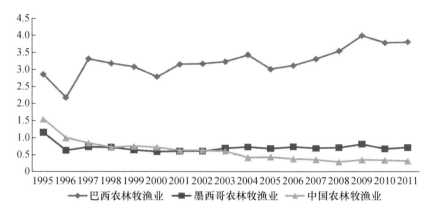

图 6-24　1995—2011 年中国、巴西和墨西哥第一产业 VACA 指数对比

第一产业方面,巴西的农林牧渔业 VACA 指数始终保持在 3 以上,拥有很高的附加值比较优势;墨西哥该行业的 VACA 指数在 0.7 左右,中国则仅为 0.3,二者的农林牧渔业都不具备附加值比较优势。

三、中国与拉美主要国家第二产业 VACA 指数对比

第二产业方面,近年来,中国和巴西均有约 1/3 的制造业拥有附加值比较优势,而墨西哥仅有 2 个制造业部门的 VACA 指数处在 1 之上。中国、巴西和墨西哥第二产业 VACA 值得注意的优势及劣势行业的对比如表 6-9 所示:

表 6-9　1995—2011 年中国、巴西和墨西哥第二产业 VACA 优势及劣势行业对比

	VACA 优势及潜力行业	VACA 缺乏潜力行业
中国	纺织业、纺织服装鞋帽皮革羽绒及其制品业、电气和光学设备制造业、塑料和橡胶制造业、非金属矿物制品业	石油业、煤炭行业
巴西	食品制造及烟草加工业,纺织服装鞋帽皮革羽绒及其制品业、电力、热力的生产和供应业	电气和光学设备制造业
墨西哥	交通运输设备制造业、煤炭业	电气和光学设备制造业、纺织业

中国的纺织业和纺织服装鞋帽皮革羽绒及其制品业仍旧具有无可比拟的高附加值优势,其VACA指数都在2.5左右;电气和光学设备制造业的VACA指数近年来持续上升,前景较好;此外,中国的塑料和橡胶制造业以及非金属矿物制品业也具有附加值比较优势。巴西的纺织服装鞋帽皮革羽绒及其制品业同样具有较高的附加值,但其出口竞争力远远不如中国,且有下降的趋势。巴西最具有附加值比较优势的是食品制造及烟草加工业,其VACA显示了强劲的附加值比较优势和发展潜力;电力、热力的生产和供应业则前景看好。墨西哥第二产业中具有比较优势的只有交通运输设备制造业和煤炭业,其他部门都不具备竞争力。总体上,三国制造业的出口商品的技术含量均较低。

四、中国与拉美主要国家第三产业VACA指数对比

就第三产业而言,中国和墨西哥该产业的附加值比较优势不如巴西。1995—2011年中国、巴西和墨西哥第三产业值得注意的VACA优势及劣势行业对比如表6-10所示:

表6-10　1995—2011年中国、巴西和墨西哥第三产业VACA优势及劣势行业对比

	VACA优势及潜力行业	VACA缺乏潜力行业
中国	零售业	住宿和餐饮业、居民服务和其他服务业
巴西	住宿和餐饮业、房地产业、居民服务和其他服务业以及邮政业	批发业、空中运输业、水上运输业
墨西哥	零售业	批发业、内陆运输业、房地产业、居民服务和其他服务业、住宿和餐饮业

中国服务业的VACA持续走低,目前只有零售业具有附加值比较优势,但也较弱。同中国相似,墨西哥也仅有零售业具有附加值比较优势,但远远高于中国,展现了强劲的竞争力。巴西的住宿和餐饮业、房地产业、居民服务和其他服务业以及邮政业等都拥有较高的附加值,第三产业优势明显。

总体而言,巴西的第一产业和第三产业部门贡献的附加值相对较大;中国在工业出口方面拥有较大的比较优势;而墨西哥现有出口结构的整体附加值最低,优势行业较少。

6.4 北美主要国家分行业 VACA 的测度

6.4.1 北美主要国家国内完全增加值系数测度与对比

一、第一产业出口国内增加值系数测度与对比

根据前文提出的国内增加值系数测算方法,我们对 1995 年至 2011 年美国和加拿大各个行业的国内增加值系数做了计算,并和中国数据放在一起进行对比。中国、美国和加拿大第一产业即 C1 行业的国内增加值系数及平均值如表 6-11 所示:

表 6-11 中国、美国和加拿大第一产业国内增加值系数

国家年份	1995	1996	1997	1998	1999	2000	2001	2002	2003
CHN	0.9419	0.9476	0.9444	0.952	0.9483	0.9373	0.9417	0.939	0.928
USA	0.9279	0.9321	0.9287	0.9312	0.9232	0.9134	0.9194	0.9191	0.9166
CAN	0.8533	0.8512	0.8304	0.8329	0.8371	0.8253	0.8227	8282	0.8308
	2004	2005	2006	2007	2008	2009	2010	2011	平均值
CHN	0.9174	0.9187	0.9201	0.9231	0.9232	0.9366	0.9275	0.925	0.9366
USA	0.9155	0.8961	0.8885	0.8862	0.867	0.8952	0.8819	0.8704	0.9066
CAN	0.8481	0.8342	0.8323	0.8336	0.8175	0.8234	0.837	0.8307	0.8335

由第一产业的对比可知,美国和加拿大的国内增加值系数平均值比中国分别低 0.03 和 0.1031,在 2005 年前,中国和美国国内增加值的差值一般都小于 0.03,有的年份甚至仅有 0.005 左右,这说明中国农林牧业的国内增加值系数虽然高于美国,但是差距相对较小。而中国和美国的系数都大于 0.9,说明在第一产业上,中国和美国的中间投入率都很低。相反,加拿大国内增加值系数平均值仅有 0.8335,出口贸易中中间投入率相对较高。

二、第二产业出口国内增加值系数测度与对比

在分析国内增加值系数的时候,我们将第二产业分为简单技术制造业、复杂技术制造业和其他行业,分别计算美国和加拿大的增加值系数,并和中国进行对比。

(一) 第二产业简单技术制造业增加值系数测度与对比

美国、加拿大和中国第二产业简单技术制造业的增加值系数如表 6-12 表示,我们先对比每个国家各个行业的国内增加值系数平均值,

接着分析系数变化趋势,再进行对比。

表 6-12　中国、美国、加拿大简单技术制造业国内增加值系数

中国									
1995	0.8901	0.9809	0.7963	0.8926	0.8487	0.7257	0.7971	0.8062	0.8497
1996	0.8905	0.8098	0.8717	0.8956	0.8489	0.7438	0.8037	0.8123	0.848
1997	0.8833	0.7974	0.851	0.8878	0.8462	0.7659	0.8063	0.8147	0.8396
1998	0.8857	0.8036	0.8433	0.8846	0.8446	0.7792	0.8017	0.8142	0.8224
1999	0.8786	0.7866	0.7998	0.8743	0.8391	0.7472	0.7941	0.8024	0.8293
2000	0.8792	0.7931	0.8024	0.8713	0.8366	0.7147	0.792	0.8051	0.8274
2001	0.8864	0.8051	0.8114	0.8816	0.8507	0.6978	0.8	0.8083	0.8311
2002	0.8824	0.8091	0.8083	0.8796	0.8611	0.7336	0.8099	0.8154	0.8353
2003	0.8923	0.8419	0.8247	0.8918	0.8746	0.7436	0.8251	0.8291	0.8333
2004	0.8917	0.8428	0.8248	0.8866	0.8755	0.7295	0.8207	0.8101	0.809
2005	0.8887	0.8451	0.8274	0.8842	0.8729	0.7161	0.8122	0.8016	0.7864
2006	0.8844	0.8462	0.8286	0.8822	0.8745	0.6889	0.8127	0.8021	0.7587
2007	0.88	0.8458	0.828	0.8772	0.8685	0.6742	0.8055	0.7956	0.7424
2008	0.8849	0.8441	0.8377	0.8382	0.8148	0.575	0.7549	0.7632	0.7414
2009	0.889	0.8587	0.8424	0.8875	0.8816	0.7568	0.8229	0.812	0.7785
2010	0.8925	0.8632	0.8474	0.8886	0.8796	0.7463	0.8229	0.8122	0.7607
2011	0.8815	0.854	0.8372	0.8786	0.8721	0.6913	0.8071	0.798	0.7217
平均值	0.8861	0.8503	0.8249	0.8839	0.8617	0.7195	0.8072	0.8071	0.8

美国									
年份 行业	C3	C4	C5	C6	C7	C8	C9	C10	C12
1995	0.9035	0.8912	0.8432	0.8915	0.9042	0.7169	0.883	0.8765	0.8699
1996	0.9024	0.8878	0.8393	0.8872	0.9095	0.7046	0.8797	0.8736	0.8722
1997	0.9011	0.8838	0.8348	0.8835	0.9098	0.7049	0.8793	0.8787	0.8711
1998	0.9068	0.8894	0.8465	0.8878	0.915	0.761	0.8879	0.8855	0.8732
1999	0.9091	0.8822	0.8323	0.8827	0.9174	0.7042	0.8802	0.8791	0.8734
2000	0.8994	0.8728	0.812	0.8741	0.9029	0.651	0.8545	0.8582	0.8592
2001	0.9063	0.875	0.8099	0.8858	0.9078	0.6921	0.865	0.8666	0.8699
2002	0.908	0.8761	0.8359	0.8858	0.9124	0.6606	0.871	0.8684	0.8722
2003	0.9029	0.8614	0.8365	0.8832	0.9096	0.6751	0.8534	0.8572	0.8709
2004	0.89	0.8608	0.8381	0.8633	0.8995	0.6636	0.8329	0.8359	0.8404
2005	0.8774	0.8429	0.8026	0.8565	0.895	0.6472	0.8163	0.8208	0.8301
2006	0.8728	0.8346	0.7993	0.8482	0.8893	0.607	0.8143	0.8113	0.8057
2007	0.8698	0.8491	0.8174	0.8587	0.8905	0.6025	0.8222	0.8197	0.8051
2008	0.8539	0.8439	0.8236	0.8547	0.8796	0.5535	0.7786	0.787	0.7913

(续表)

美国									
年份\行业	C3	C4	C5	C6	C7	C8	C9	C10	C12
2009	0.8857	0.8606	0.8429	0.8796	0.9045	0.61	0.8332	0.8258	0.8473
2010	0.8682	0.8135	0.8344	0.8694	0.8825	0.5924	0.8133	8188	0.8062
2011	0.859	0.8039	0.829	0.861	0.8796	0.5507	0.798	0.8064	0.7989
平均值	0.8892	0.8605	0.8281	0.8737	0.9005	0.6528	0.8449	0.8456	0.8445

加拿大									
年份\行业	C3	C4	C5	C6	C7	C8	C9	C10	C12
1995	0.8338	0.7353	0.7283	0.8658	0.8358	0.5663	0.7877	0.7397	0.7265
1996	0.8305	0.7352	0.7312	0.8672	0.835	0.6015	0.78	0.7463	0.7301
1997	0.8176	0.7195	0.7183	0.8546	0.8221	0.5788	0.7593	0.7299	0.7172
1998	0.8159	0.7121	0.7228	0.8491	0.8139	0.6083	0.7503	0.7212	0.7066
1999	0.8203	0.7315	0.7362	0.8635	0.8114	0.6585	0.7336	0.7109	0.6716
2000	0.8109	0.7364	0.736	0.8483	0.8197	0.6343	0.715	0.6963	0.6807
2001	0.8118	0.7384	0.6957	0.848	0.8201	0.5681	0.7208	0.7163	0.6944
2002	0.8128	0.7409	0.769	0.8545	0.8207	0.5984	0.734	0.7185	0.7146
2003	0.823	0.7477	0.7368	0.8566	0.819	0.6267	0.7382	0.73	0.7297
2004	0.8385	0.7427	0.7862	0.8701	0.8297	0.6713	0.7359	0.7288	0.6438
2005	0.8385	0.743	0.7417	0.862	0.8341	0.6453	0.7261	0.7174	0.6691
2006	0.8375	0.7397	0.7478	0.8588	0.8407	0.6746	0.73	0.7142	0.6291
2007	0.8371	0.7457	0.7501	0.8637	0.8452	0.6843	0.7329	0.7184	0.6316
2008	0.8255	0.7393	0.739	0.8577	0.8417	0.6031	0.6912	0.6892	0.6449
2009	0.8269	0.7507	0.7469	0.8623	0.8461	0.7019	0.718	0.7049	0.673
2010	0.8381	0.7675	0.7628	0.8735	0.8591	0.6501	0.7504	0.7536	0.6768
2011	0.8338	0.7661	0.7592	0.8719	0.8595	0.6266	0.7385	0.7488	0.6812
平均值	0.8266	0.7407	0.7416	0.8604	0.8326	0.6293	0.7378	0.7226	0.6836

由表 6-12 可以发现，美国简单技术制造业各个行业的国内增加值系数几乎均呈逐年下降趋势。其中 C3、C4、C5、C8、C10 及 C12 行业的下降趋势比较明显，C3 即食物、饮料及烟草行业，其国内增加值系数起初一直在 0.90 左右浮动，到 2004 年降为 0.8900，并在随后的几年时间里一点点下降到 2011 年的 0.8590；C4 的增加值系数从接近 0.90 一直下降到 2011 年的 0.8039；C5 的系数是从较小的 0.8432 下降到 2011 年更小的 0.8290；另外，C8 焦炭、精炼石油和核燃料行业十分值得注意，其增加值系数从 0.7 左右降到 0.6 左右，直到最近降到了 0.5 左右，且平均值只有

0.6528,由此可以看出美国在该行业的中间投入率高,不适合对其进行出口。

就加拿大自身而言,C3、C6、C7 三个行业的国内增加值系数均大于 0.8,并且在均值上下平稳波动,几乎辨认不出上升或者下降趋势。由此可知,食物、饮料及烟草行业,木材及木制品业,纸浆、纸、印刷及出版业这三大行业在加拿大简单技术制造业中属于进口投入率较低,生产出口可以给本国带来经济利润的行业;同时,C12 即碱性金属及金属制品行业国内增加值系数总体呈下降趋势,这表明该行业中间进口投入率在不断上升。

就 17 年的平均值来看,C3、C4、C5、C7、C10、C12 这五个行业美国的国内增加值系数高于加拿大和中国;C6、C8 这两个行业中国的国内增加值系数最高;加拿大在简单技术制造业中的国内增加值系数一直处于三国中的最低水平。这说明从增加值系数的角度来看,中国和美国简单技术制造业略胜于加拿大。

更具体点来分析,就美国而言,美国虽然在 C3、C4、C5、C7、C10 以及 C12 这几个行业上增加值系数相对最高,但是这五个行业的增加值系数总体上都呈下降趋势,其中 2004 至 2005 年变动最大,这也表明美国的进口投入率在逐渐升高;而在 C6 和 C8 两个行业上,美国的国内增加值系数在均值附近小范围波动,没有明显的上升或者下降趋势。就加拿大而言,C3、C4、C5、C7、C10 行业的增加值系数变化趋势不明显,即中间投入率变化不大,而加拿大的 C12 碱性金属及金属制品行业增加值系数处于下降趋势,值得关注;C6 的国内增加值系数在均值附近波动,没有明显变化;C8 除了 2001 和 2008 年出现突然下降,其他时间段的国内增加值系数处于上升趋势。就中国而言,C3 的增加值系数一直在均值 ±0.01 范围内波动,C7 的增加值系数在均值 ±0.02 范围内浮动,而 C10 除了 2007 和 2008 年增加值系数突然降至 0.8 以下,其他年份的增加值也在均值附近波动,C12 在 17 年间处于下降趋势,C4、C5 的增加值系数整体趋势是先下降再上升,由此可见,在织物及纺织产品和皮革、皮革制品及鞋类行业上,中国的进口投入在减少,即可以考虑发展出口贸易。

总体来看,美国 C7、加拿大 C6 和中国 C3 的国内增加值系数平均值最高,分别是 0.9005、0.8604 和 0.8861,都比第一产业低,这也说明第二产业简单制造业进口中间投入率较高。另外,美国 C7 纸浆、纸、印刷及出版业,C9 化学品及化工产品,C10 橡胶及塑料以及 C12 碱性金属及金属制品国内增加值系数的平均值与中国和加拿大差距较大,由此推断,从增加值系数的角度来看,美国的简单制造业略胜一筹。

(二)第二产业复杂技术制造业增加值系数的测度与对比

中国、美国和加拿大第二产业复杂技术制造业的增加值系数如表6-13所示。为了更好地进行对比,我们将三个国家 C13、C14、C15、C16 的增加值系数陈列在同一张表格里,在比较每个国家各个行业的国内增加值系数平均值之后,分析系数变化趋势,再进行对比。

表6-13 中国、美国和加拿大复杂技术制造业增加值系数

		1995	1996	1997	1998	1999	2000	2001	2002	2003
C13	中	0.8514	0.8674	0.8536	0.8764	0.8643	0.8391	0.842	0.826	0.7936
	美	0.8709	0.8693	0.8706	0.8798	0.8755	0.8563	0.8662	0.8673	0.8609
	加	0.7364	0.7411	0.731	0.7226	0.7221	0.7127	0.7358	0.7256	0.7349
C14	中	0.7775	0.7943	0.7954	0.8086	0.7796	0.737	0.7417	0.7123	0.6633
	美	0.842	0.8483	0.8525	0.864	0.8529	0.8395	0.853	0.8668	0.87
	加	0.5842	0.5956	0.6057	0.6025	0.6479	0.611	0.6008	0.6121	0.6342
C15	中	0.8367	0.8522	0.8411	0.8692	0.8581	0.8381	0.8428	0.8326	0.7925
	美	0.8248	0.8255	0.8218	0.8256	0.8202	0.8124	0.8176	0.8223	0.8166
	加	0.5738	0.5745	0.5511	0.5428	0.5516	0.5477	0.5623	0.5768	0.5861
C16	中	0.8453	0.8711	0.8792	0.8911	0.8807	0.8648	0.875	0.868	0.8535
	美	0.8954	0.8983	0.8954	0.8981	0.8965	0.8876	0.8945	0.8911	0.8864
	加	0.751	0.7366	0.724	0.7222	0.7657	0.7527	0.7542	0.7487	0.7746
		2004	2005	2006	2007	2008	2009	2010	2011	平均值
C13	中	0.7392	0.7409	0.7456	0.7465	0.7783	0.8077	0.787	0.7653	0.8165
	美	0.834	0.8241	0.8116	0.8139	0.8018	0.8502	0.832	0.8218	0.8474
	加	0.7189	0.7324	0.705	0.7095	0.6993	0.7202	0.7257	0.7236	0.7233
C14	中	0.6135	0.6106	0.6244	0.6363	0.6731	0.7193	0.6918	0.6962	0.7202
	美	0.8333	0.8365	0.8357	0.8321	0.8368	0.878	0.881	0.8788	0.853
	加	0.6371	0.6531	0.6596	0.6679	0.6547	0.6703	0.6719	0.6701	0.634
C15	中	0.7425	0.7452	0.744	0.7512	0.7777	0.8051	0.784	0.7707	0.8143
	美	0.7834	0.7731	0.7592	0.761	0.7507	0.7922	0.7266	0.7127	0.7909
	加	0.5595	0.5568	0.5544	0.5626	0.5666	0.6109	0.6454	0.6483	0.5748
C16	中	0.8356	0.8366	0.8401	0.8423	0.8534	0.875	0.8585	0.8522	0.8661
	美	0.8672	0.8595	0.8561	0.861	0.8448	0.8738	0.8664	0.8587	0.8783
	加	0.7585	0.7696	0.7721	0.7793	0.7719	0.7883	0.8008	0.7986	0.7629

如表6-13所示,复杂技术制造业中,各个行业美国的增加值系数均高于加拿大,由此可以判断出美国在复杂技术制造业上的平均中间投入率低于加拿大,即具有相应的外贸比较优势。这其中,C14 即电器及光学

设备行业的增加值系数平均值差距最大,美国 0.8530 与加拿大 0.6340 的差值为 0.219。

就美国而言,C13、C15 和 C16 的增加值系数都有明显的下降趋势,2004 年三个行业的增加值系数仅有 0.834、0.7834 和 0.8672,与前一年的值相差 0.2 之多。而 C14 在上升到 1998 年的 0.862 之后迅速下降至 2000 年的 0.8395,随后又上升至 2003 年的 0.87,之后一路跌到 2008 年的 0.8368,直到 2009 年增加值系数才重新回到 0.878,比 1995 年有一定的增加。

就加拿大而言,C13 的增加值系数在均值 ±0.02 范围内波动,C14 的增加值系数 1999 年突然上涨至 0.6475,2001 年又突然下降至 0.6008,随后一直处于上升趋势,2010 年达到了最大值 0.6719,但这仍属于较低水平的增加值系数,所以,从增加值系数看,加拿大 C14 电器及光学设备行业中间投入率较大,不具备外贸出口优势。C15 增加值系数仅有 0.5 左右,也不具备出口优势,C16 的增加值系数相对稳定,没有明显的上升或下降趋势。

中国在复杂技术制造业上的增加值系数明显低于简单技术制造业,说明中国的复杂技术制造业发展相对来说比较欠缺。通过对比发现,中国只有 C15 的增加值系数平均值 0.8143 比美国的 0.7909 大,但是差距并不大。而 C13、C14 和 C16 的增加值系数整体看来都低于美国,其中 C13 机械装置业和 C14 电器及光学设备业,也是先上升后下降,说明中间产品投入率变动比较大。

(三)第二产业其他行业增加值系数的测度与对比

在测度和对比第二产业其他行业增加值系数的时候,由于加拿大的各个行业增加值系数和美国相当,我们为了更有针对性地分析并突出对比结果,根据经验以及相关数据,只对比美国和中国,如表 6-14 所示:

表 6-14 美国和中国第二产业其他行业国内增加值系数

美国					中国				
行业 年份	C2	C11	C17	C18	行业 年份	C2	C11	C17	C18
1995	0.9388	0.919	0.9396	0.9169	1995	0.9067	0.8913	0.9062	0.8749
1996	0.9367	0.9145	0.9313	0.9139	1996	0.9168	0.9011	0.9132	0.8894
1997	0.936	0.9216	0.9219	0.9141	1997	0.9134	0.8945	0.9074	0.8843
1998	0.9372	0.9225	0.9286	0.9191	1998	0.9291	0.9088	0.9262	0.8948

(续表)

行业 年份	美国				行业 年份	中国			
	C2	C11	C17	C18		C2	C11	C17	C18
1999	0.9343	0.9206	0.9165	0.9184	1999	0.9241	0.8984	0.92	0.8811
2000	0.9221	0.9064	0.8785	0.9114	2000	0.9105	0.8796	0.9032	0.8557
2001	0.9304	0.9144	0.8859	0.918	2001	0.9167	0.8855	0.9089	0.8598
2002	0.9321	0.917	0.8944	0.918	2002	0.9133	0.8761	0.9027	0.8466
2003	0.9178	0.9108	0.8686	0.9142	2003	0.8923	0.8566	0.8767	0.8239
2004	0.8999	0.8948	0.8536	0.9012	2004	0.8659	0.8331	0.8517	0.7994
2005	0.8902	0.8843	0.8185	0.8946	2005	0.8593	0.8304	0.8416	0.8015
2006	0.8932	0.8744	0.8458	0.889	2006	0.8517	0.8263	0.8215	0.8039
2007	0.8872	0.8781	0.8394	0.8886	2007	0.8498	0.829	0.824	0.8088
2008	0.8798	0.8611	0.8109	0.879	2008	0.8571	0.8357	0.8264	0.8197
2009	0.9308	0.9009	0.8978	0.8997	2009	0.8806	0.8618	0.8552	0.8465
2010	0.8889	0.8731	0.8891	0.8847	2010	0.8637	0.8428	0.834	0.8277
2011	0.8733	0.8668	0.8711	0.8776	2011	0.8513	0.8307	0.8219	0.8167
平均值	0.9135	0.8988	0.8819	0.9034	平均值	0.8938	0.8706	0.8800	0.8515

在第二产业中 C2、C11、C17、C18 行业,美国的增加值系数均大于中国,差额分别为 0.0917、0.0282、0.0019、0.0519。美国的 C2 和 C11 除了 2008 年至 2009 年经历了骤升(从 0.8798 上升至 0.9308,从 0.8611 上升至 0.9009)之外,其他时间段都处于下降趋势;C17 的增加值系数整体处于下降趋势,其中 2004 至 2005 年从 0.8536 下降至 0.8185,在随后的 2009 年猛升至 0.8978;C18 的增加值系数在均值 0.9034 附近波动,2011 年达到最低点 0.8776。而中国四个行业的发展趋势比较相似,几乎都呈缓慢下降趋势,其中 2002 至 2004 年的下降幅度比较大。总体来看,中国和美国的国内增加值系数平均值都大于 0.85,可以总结为在这四个行业产生贸易的过程中,进口中间投入较少。

三、第三产业增加值系数测度与对比

(一)第三产业流通部门增加值系数测度与对比

为了对比方便,我们仍旧将第三产业分成三类,计算出三个国家第三产业流通部门增加值系数并进行对比,如表 6-15 所示:

表 6-15　中国、美国、加拿大第三产业流通部门国内增加值系数

中国

行业 年份	C20	C21	C22	C23	C24	C25	C26	C27
1995	0.9151	0.9151	0.9312	0.9128	0.871	0.8756	0.9153	0.9052
1996	0.9258	0.9258	0.9416	0.9218	0.87	0.8849	0.9178	0.9114
1997	0.9263	0.9263	0.9408	0.9202	0.8527	0.8779	0.9107	0.9052
1998	0.9372	0.9372	0.9483	0.9413	0.9077	0.9077	0.9392	0.9114
1999	0.9306	0.9306	0.9463	0.9345	0.8967	0.8949	0.9335	0.897
2000	0.9174	0.9174	0.935	0.9149	0.8644	0.8703	0.9179	0.875
2001	0.9219	0.9219	0.9385	0.9213	0.8799	0.8764	0.9212	0.875
2002	0.9168	0.9168	0.9349	0.916	0.8771	0.8703	0.9148	0.8613
2003	0.9085	0.9085	0.9208	0.8991	0.8568	0.8346	0.8809	0.8525
2004	0.8994	0.8994	0.9061	0.8798	0.8329	0.7932	0.8564	0.8422
2005	0.9044	0.9044	0.9072	0.8771	0.8311	0.7774	0.8542	0.8522
2006	0.9086	0.9086	0.9061	0.8724	0.8254	0.7594	0.8523	0.8612
2007	0.9168	0.9168	0.9068	0.8803	0.8376	0.7668	0.8601	0.8755
2008	0.9217	0.9217	0.9041	0.8799	0.8351	0.7684	0.8602	0.8876
2009	0.9361	0.9361	0.9219	0.9051	0.8699	0.8142	0.8898	0.9081
2010	0.9283	0.9283	0.9113	0.8912	0.8518	0.7895	0.8735	0.8983
2011	0.9255	0.9255	0.9098	0.8815	0.8358	0.7688	0.8629	0.8979
平均值	0.9200	0.9200	0.9241	0.9028	0.8585	0.8311	0.8918	0.8833

美国

行业 年份	C20	C21	C22	C23	C24	C25	C26	C27
1995	0.9767	0.9741	0.9494	0.9394	0.9146	0.9399	0.9716	0.9677
1996	0.9793	0.975	0.9499	0.9346	0.9103	0.9389	0.9697	0.9661
1997	0.9809	0.9762	0.9504	0.9361	0.9113	0.9404	0.9703	0.9628
1998	0.9821	0.9771	0.9536	0.9444	0.9204	0.9496	0.9727	0.9642
1999	0.9784	0.9747	0.9543	0.9404	0.9108	0.9385	0.9644	0.9583

(续表)

美国

行业 年份	C20	C21	C22	C23	C24	C25	C26	C27
2000	0.9748	0.973	0.9493	0.9278	0.8906	0.9144	0.9565	0.9534
2001	0.9777	0.9771	0.9543	0.9398	0.9102	0.9239	0.9623	0.959
2002	0.9747	0.9769	0.9553	0.9353	0.8939	0.9275	0.9629	0.9617
2003	0.975	0.9756	0.9524	0.9323	0.8878	0.9249	0.9624	0.9596
2004	0.9688	0.9694	0.9463	0.9184	0.8602	0.9122	0.9586	0.9521
2005	0.9662	0.9691	0.9437	0.9036	0.8353	0.8855	0.9511	0.9501
2006	0.9637	0.9667	0.9402	0.8941	0.8512	0.8772	0.9445	0.9443
2007	0.9643	0.9659	0.94	0.8853	0.82	0.8515	0.9356	0.9471
2008	0.9584	0.9614	0.9303	0.8647	0.7986	0.8183	0.9254	0.9422
2009	0.9769	0.9705	0.9453	0.9116	0.8678	0.8884	0.9492	0.9495
2010	0.9543	0.9601	0.9341	0.8868	0.8386	0.8583	0.9279	0.9358
2011	0.9522	0.9582	0.9299	0.8763	0.8234	0.8446	0.9224	0.934
平均值	0.9708	0.9706	0.9458	0.9159	0.8732	0.9020	0.9534	0.9534

加拿大

行业 年份	C20	C21	C22	C23	C24	C25	C26	C27
1995	0.8392	0.9299	0.9058	0.8943	0.8187	0.7701	0.91	0.939
1996	0.8347	0.9261	0.8991	0.8884	0.815	0.7667	0.9052	0.9367
1997	0.8288	0.9246	0.8885	0.8867	0.8071	0.7172	0.8971	0.9298
1998	0.8164	0.9258	0.8898	0.8986	0.8044	0.7277	0.8946	0.9304
1999	0.818	0.9257	0.8962	0.9024	0.8232	0.7391	0.8939	0.937
2000	0.8064	0.9219	0.8924	0.8992	0.8193	0.7267	0.8907	0.932
2001	0.8135	0.9212	0.89	0.8996	0.8179	0.7008	0.8971	0.9309
2002	0.8195	0.9223	0.8919	0.9069	0.8051	0.7063	0.8922	0.9295
2003	0.8312	0.9256	0.8941	0.9097	0.8028	0.7147	0.8977	0.9353

(续表)

年份\行业	加拿大							
	C20	C21	C22	C23	C24	C25	C26	C27
2004	0.8414	0.9297	0.9008	0.9129	0.8133	0.7304	0.8978	0.9345
2005	0.8468	0.93	0.9013	0.9134	0.8163	0.7456	0.9012	0.9355
2006	0.8546	0.9335	0.9039	0.914	0.833	0.7586	0.9102	0.9379
2007	0.8577	0.9341	0.9026	0.9156	0.8361	0.7602	0.9115	0.9386
2008	0.8525	0.9345	0.8983	0.9092	0.8142	0.7443	0.9103	0.9372
2009	0.8557	0.9305	0.895	0.9123	0.8299	0.7786	0.9149	0.9354
2010	0.8633	0.9305	0.8977	0.9099	0.8241	0.7674	0.9159	0.9342
2011	0.8619	0.9287	0.8952	0.9041	0.8105	0.7514	0.9136	0.9313
平均值	0.8377	0.9279	0.8966	0.9045	0.8171	0.7415	0.9032	0.9344

中国第三产业流通部门各个行业国内增加值系数大小不均，C19 由于数据缺乏，在此不作分析。C20、C21、C22 的增加值系数比较稳定，一直维持在 0.9 以上，由此可以看出这三个行业中间产品投入率较低，存在一定的附加值比较优势。而 C23、C26 以及 C27 的增加值系数来回波动。美国第三产业流通部门几乎所有行业的增加值系数均大于 0.9，只有 C24 水路运输行业的平均值为 0.8732，美国的水路运输行业 RCA 指数一直低于 1，且呈下降趋势，因此不具备比较优势。

在第三产业流通部门的行业中，C20—C27 行业，美国的国内增加值系数均大于中国；同时，除了 C21、C23、C26、C27 四个行业，加拿大的增加值系数均大于中国，其他行业的国内增加值系数平均值高低顺序为美国、中国、加拿大。在这些行业中，美国的 C19—C22 国内增加值系数在均值附近波动不明显。中国的 C20 国内增加值系数上下波动较大，但看不出上升或下降趋势；C22、C23、C25、C26 有明显下降趋势；其他行业波动较小，基本看不出上升或下降趋势。中国除 C25 之外其他行业都在 0.85 以上。这说明在第三产业流通部门的行业中，中国的外贸发展有一定优势。

（二）第三产业生产生活服务部门增加值系数测度与对比

第三产业为生产和生活服务部门各行业相对来说，需要的中间产品投入不高，C28、C29、C31、C34 的国内增加值系数如表 6-16 所示：

表 6-16 中国、美国和加拿大第三产业生产生活服务部门增加值系数

产业 年份	中国				美国				加拿大			
	C28	C29	C31	C34	C28	C29	C31	C34	C28	C29	C31	C34
1995	0.9375	0.9661	0.9049	0.8968	0.9766	0.9841	0.9576	0.9706	0.9207	0.9666	0.914	0.8882
1996	0.9478	0.9713	0.9184	0.9066	0.9761	0.9823	0.9569	0.9695	0.9165	0.9648	0.913	0.8853
1997	0.9515	0.9712	0.9185	0.9032	0.9768	0.9827	0.9559	0.9695	0.9136	0.9646	0.907	0.8355
1998	0.9583	0.9743	0.9373	0.915	0.977	0.9833	0.9577	0.967	0.912	0.9613	0.898	0.8383
1999	0.9536	0.9707	0.9327	0.9047	0.9744	0.9837	0.9556	0.967	0.91	0.9645	0.895	0.8467
2000	0.945	0.9639	0.922	0.8868	0.9722	0.9807	0.95	0.9603	0.9118	0.9635	0.893	0.8431
2001	0.9478	0.9641	0.9278	0.892	0.9758	0.9821	0.9527	0.9603	0.9157	0.9628	0.892	0.8494
2002	0.9447	0.9603	0.9255	0.8837	0.9738	0.9828	0.952	0.9666	0.9136	0.9622	0.895	0.8565
2003	0.9381	0.9517	0.914	0.8701	0.9717	0.9821	0.9501	0.9648	0.9142	0.9613	0.898	0.8622
2004	0.9306	0.9446	0.9009	0.8524	0.9653	0.977	0.9424	0.9617	0.9193	0.9607	0.899	0.8659
2005	0.9333	0.9477	0.9009	0.8547	0.9658	0.9741	0.9372	0.959	0.9196	0.9602	0.898	0.862
2006	0.9367	0.9526	0.9006	0.8569	0.9636	0.9733	0.9335	0.9558	0.9243	0.9609	0.899	0.8666
2007	0.9426	0.96	0.9034	0.8639	0.9576	0.9767	0.9316	0.9534	0.9247	0.9615	0.902	0.8679
2008	0.9461	0.9625	0.9092	0.8729	0.9516	0.9802	0.9235	0.9477	0.9268	0.961	0.896	0.8684
2009	0.957	0.9697	0.9265	0.8954	0.9597	0.9837	0.9394	0.9567	0.9201	0.9597	0.89	0.8947
2010	0.9517	0.9659	0.9167	0.8829	0.9581	0.9759	0.9277	0.9497	0.9203	0.9599	0.895	0.8927
2011	0.9497	0.9645	0.9131	0.8797	0.9568	0.9746	0.9233	0.9476	0.9184	0.959	0.894	0.8896
平均值	0.9474	0.9638	0.9197	0.8883	0.9678	0.98	0.9439	0.9604	0.9177	0.962	0.899	0.8655

C28、C29、C31、C34 四个行业,美国的国内增加值系数平均值最高,与中国的差值分别为 0.0204、0.0162、0.0242 和 0.0721。很明显,在 C34 其他社区、社会和个人服务行业,中国的国内增加值系数较低,只有 0.8883,这意味着中国出口该行业商品的中间投入率较大,不具有外贸比较优势。同时,中国 C28、C29 和 C34 行业的国内增加值系数有上升趋势,而 C31 则有稍许下降趋势。美国 C28、C29 和 C31 行业的国内增加值系数在 1995 至 2003 年波动较小,2003 至 2004 年间有下降趋势。加拿大 C28 行业增加值系数的变动幅度不大,平均值为 0.9177;C29 房地产活动行业是加拿大的优势行业,从 1995 年到 2011 年增加值系数都大于 0.95,这说明其房地产行业的中间投入率较低,适合发展出口贸易;C34 的增加值系数和中国差不多,即在其他社区、社会和个人服务行业中国和加拿大的中间投入率都较高,不推荐发生出口贸易。

(三)第三产业其他行业增加值系数的测度与对比

本节将第三产业除了流通部门和为生产生活服务的部门之外的其他行业放在一起进行比较分析。中国、美国和加拿大 C30、C32、C33 三个行业的国内增加值系数如表 6-17 所示:

表 6-17　中国、美国和加拿大第三产业其他行业增加值系数

	中国			美国			加拿大		
	C30	C32	C33	C30	C32	C33	C30	C32	C33
1995	0.8415	0.9257	0.8513	0.9718	0.9689	0.9643	0.9231	0.9637	0.9375
1996	0.8613	0.9312	0.859	0.9709	0.968	0.9633	0.9193	0.9618	0.9339
1997	0.8663	0.928	0.8455	0.9707	0.9677	0.9626	0.9122	0.9593	0.9238
1998	0.8909	0.9399	0.864	0.9707	0.9688	0.963	0.9111	0.9603	0.9199
1999	0.8808	0.9352	0.8578	0.9697	0.9698	0.9623	0.9075	0.961	0.9184
2000	0.8607	0.9259	0.8433	0.9655	0.9659	0.9581	0.9066	0.9596	0.9178
2001	0.8677	0.9317	0.861	0.9697	0.9652	0.9607	0.9114	0.958	0.9189
2002	0.8608	0.9293	0.8626	0.9708	0.9721	0.9611	0.9119	0.9594	0.9183
2003	0.837	0.912	0.8404	0.9702	0.9717	0.9605	0.915	0.9599	0.9193
2004	0.8092	0.8962	0.8072	0.965	0.9701	0.9571	0.9189	0.962	0.9196
2005	0.809	0.8938	0.8023	0.9629	0.9656	0.9544	0.9209	0.9602	0.9157
2006	0.8092	0.8912	0.801	0.9611	0.9651	0.9528	0.9245	0.9635	0.9186
2007	0.8199	0.8926	0.8055	0.9589	0.9638	0.9518	0.9258	0.9643	0.9203
2008	0.8344	0.8998	0.8202	0.9541	0.9599	0.9471	0.9257	0.9628	0.9166

(续表)

	中国			美国			加拿大		
	C30	C32	C33	C30	C32	C33	C30	C32	C33
2009	0.8674	0.9177	0.8491	0.9623	0.9695	0.9588	0.9233	0.9643	0.9174
2010	0.8518	0.9071	0.8313	0.9581	0.9577	0.9541	0.9248	0.9641	0.9217
2011	0.8486	0.9042	0.8227	0.9564	0.9598	0.9512	0.9238	0.9632	0.9204
均值	0.8540	0.9189	0.8435	0.9652	0.9664	0.9578	0.9180	0.9616	0.9211

中国 C30 行业除了在 2004 年至 2006 年增加值系数仅有 0.809,其余时间段几乎都在均值 0.8540 附近波动,而 C32、C33 有稍许下降趋势;同时,这三个行业的增加值系数最大的仅有 0.9189(教育业),由此可以判断中国在第三产业服务行业上优势较弱。美国 C30、C32、C33 行业的增加值系数平均值均大于 0.95,分别为 0.9652、0.9664 和 0.9578,且在 1995 年至 2011 年间,变动不大,由此可以判断美国在第三产业的机电租赁及其他商业活动行业、教育业以及健康和社会工作业上的中间投入率较低,适合发展出口贸易。加拿大的 C32 教育业是其发展的重中之重,增加值系数平均值为 0.9616,仅次于美国;C30 行业增加值系数变化不大;C33 行业的增加值系数呈稍许下降趋势。

四、主要结论

本节利用非竞争型投入产出模型,根据产业分类,通过计算所得的完全进口额系数推算国内增加值系数,对中国、美国和加拿大三个国家国内增加值系数进行了测度和对比。鉴于国内增加值系数是从总体上度量一个经济体投入产出效益的综合指标,所以我们通过国内增加值系数可以判断中间投入率的高低,从而给出口贸易提出建议。通常,国内增加值系数高就意味着中间投入率较低,也就是投入产出效益较高,即经济增长可能性大。通过以上几个小节的分析,我们可以得出以下结论:

在第一产业上,中国和美国的国内增加值系数都大于 0.9,说明中国和美国的中间投入率都很低。相反,加拿大国内增加值系数平均值仅有 0.8335,出口贸易中中间投入率相对较高。

在第二产业的简单技术制造业上,美国各个行业的国内增加值系数几乎均呈逐年下降趋势。中国和美国简单技术制造业略胜于加拿大。而三个国家该产业的国内增加值系数与第一产业相比都较低,这也说明第二产业简单制造业进口中间投入率较高。在第二产业的复杂技术制造业中,各个行业美国的增加值系数均高于加拿大,由此可以判断出美国的中间投入率低于加拿大,具有相应的外贸比较优势。在第二产业的 C2、C11、C17、C18 行业中,美国的增加值系数均大于中国,而总体上中国和美国的国内增加值系数平均值都大于 0.85,可以总结为在这四个行业产生贸易的过程中,进口中间投入较少。

在第三产业流通部门的 C20—C27 行业中,美国的国内增加值系数均大于中国,说明美国的中间投入率相对较低,美国是服务业贸易大亨。在第三产业为生产生活服务部门的 C28、C29、C31、C34 四个行业里,美国的国内增加值系数平均值最高。加拿大的 C29 房地产活动行业是优势行业,从 1995 年到 2011 年的增加值系数都大于 0.95,这说明其房地产行业的中间投入率较低,适合发展出口贸易。在第三产业其他行业中,中国 C30、C32、C33 这三个行业的增加值系数最大的仅有 0.9189(教育业),由此可以判断中国在第三产业服务行业上优势较弱。美国 C30、C32、C33 的增加值系数平均值均大于 0.95,由此可以判断美国在第三产业的机电租赁及其他商业活动行业、教育业以及健康和社会工作业上的中间投入率较低,适合发展出口贸易。加拿大的 C32 教育业是其发展的重中之重,增加值系数平均值为 0.9616,仅次于美国。

综上所述,分行业出口国内增加值系数从另一个角度衡量了中国、美国和加拿大出口贸易上的优势所在,本书也就此提出了建设性建议。

6.4.2　北美主要国家分行业 VACA 的测度与对比

一、第一产业外贸附加值比较优势(VACA)的测度

图 6-25 显示了中、美、加三国第一产业 VACA 的测度结果。

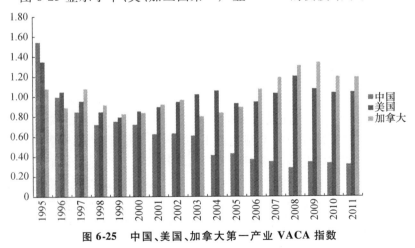

图 6-25　中国、美国、加拿大第一产业 VACA 指数

根据图 6-25 我们可以看出,中国第一产业 VACA 指数从 1995 年的 1.5435 骤降到 1996 年的 0.9918,并在接下来的 15 年呈下降趋势,由此可以看出中国第一产业 VACA 是逐渐减弱的。美国第一产业 VACA 指数在 1995 年和 1996 年均大于 1,分别为 1.3450 和 1.0478,从 1997 年至 2002 年,VACA 指数均小于 1,2003 年和 2004 年 VACA 指数分别达到了 1.0175 和 1.0562,在这两年间美国的农牧业和渔业显现出一定的出口贸易优势;在 2005 年至 2011 年期间,VACA 指数的变化幅度不大,2008 年达到了 1.1985,仅次于 1995 年的最高值,由此可以判断美国第一产业比中国更具有贸易附加值比较优势。加拿大第一产业 VACA 指数在 1995 年时是三个国家中最低的,仅有 1.0764,但从柱状图 6-25 可以发现,在 1997 年至 2002 年间,加拿大的 VACA 指数一直位于三个国家之首,在经历了小幅度下降之后于 2006 年重新达到 1 以上,为 1.0736,并且在 2006 年至 2011 年间,加拿大的贸易附加值比较优势继续领跑,于 2009 年达到了最高值 1.3345,由此可以看出加拿大第一产业具有明显的外贸附加值比较优势,这是因为加拿大农牧业并重,种植业发达,渔业发达。

二、第二产业外贸附加值比较优势(VACA)的测度

(一)美国第二产业 VACA 测度与对比

1. 美国简单技术制造业 VACA 测度与对比

美国第二产业中简单技术制造业各行业 VACA 指数情况及变化趋势如图 6-26 所示。有些行业贸易附加值比较优势始终较强,如 C7 纸浆、纸、印刷及出版业;有些行业贸易附加值比较优势始终较弱,VACA 指数一直低于 1。

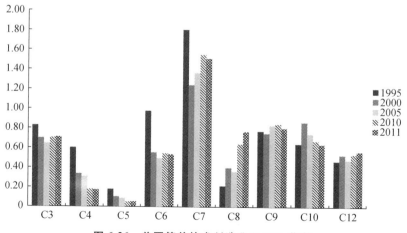

图 6-26　美国简单技术制造业 VACA 指数

由图6-26可以发现,C7的VACA指数在1995年达到图中所示年份的最高值1.8050,随后比较优势减弱,VACA指数下降到2000年的1.2361,2000年后开始逐渐回升,2010年达到1.5517,由此可以推断美国在C7具有较强的比较优势。而简单技术制造业的其他几个行业,VACA指数最高的仅有0.8左右,不具有贸易附加值比较优势。

2. 美国复杂技术制造业VACA测度与对比

美国第二产业中复杂技术制造业各行业VACA指数情况及变化趋势如图6-27所示。总体来看,美国在C13机械装置业和C15运输设施业上的比较优势较为明显。

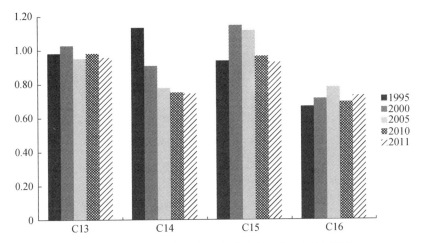

图6-27 美国第二产业中复杂技术制造业VACA指数

从图6-27不难发现,美国复杂技术制造业的VACA水平比较稳定,波动不是非常明显。其中,C13的VACA指数从1995年的0.9813缓慢上升至2000年的1.0295,比较优势始终不强,但是呈稳步上升趋势;2001年后VACA指数一直小于1,由此可以总结为具有一定的贸易附加值比较优势,但是优势不明显。而C14虽然在1995年VACA指数有1.1312之高,可是随后的下降趋势清晰可见,到2011年仅有0.7424。C16的VACA指数一直在0.6到0.8范围内徘徊,不具有明显的比较优势。

3. 美国第二产业其他行业VACA测度与对比

美国第二产业中其他行业VACA指数情况及变化趋势如图6-28所示,四个行业VACA随着时间的变化各有其特点,但是VACA指数均低于1。其中也有相对来说有轻微比较优势的行业,如C11。

根据图6-28,我们发现美国第二产业其他行业的VACA指数一直小

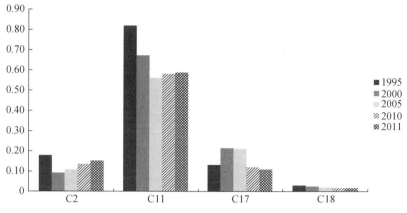

图 6-28 美国第二产业其他行业 VACA 指数

于 1,且数值较小,唯一值得讨论的 C11 其他非金属矿物行业 VACA 指数最高值也仅有 1995 年的 0.8208,并且下降趋势明显,因此可以总结为美国在第二产业其他行业上不具有贸易附加值比较优势。

(二)加拿大第二产业 VACA 测度

1. 加拿大简单技术制造业 VACA 测度与对比

加拿大第二产业中简单技术制造业 VACA 指数情况及变化趋势如图 6-29 所示。总体来看,加拿大的简单技术制造业中 C6 木材、木制品行业,C7 纸浆、纸、印刷及出版业具有明显的比较优势,其 VACA 在 1995 年至 2011 年有较明显波动;其他几个行业的 VACA 在这 17 年间波动不是很大,有些行业具有较弱的稳定的比较优势,有些则完全不具有比较优势。

从图 6-29 可以发现,有些行业的 VACA 指数经历了大幅度变动且一直具有明显的比较优势,如 C6 木材、木制品行业和 C7 纸浆、纸、印刷及出版业,其 VACA 指数在 1995 年分别达到 6.8842 和 4.3936,1996 年至 2005 年 C6 的 VACA 指数变动不明显,一直在 4.5 左右徘徊,而 C7 在 1996 年至 2011 年 VACA 指数均在 2 附近波动。有些行业的 VACA 一直处于比较平稳的状态,即具有稳定的比较优势,如 C10 橡胶和塑料业、C12 碱性金属及金属制品业。其他行业 VACA 指数都低于 1,即比较优势始终较弱。

2. 加拿大复杂技术制造业 VACA 测度与对比

加拿大第二产业中复杂技术制造业 VACA 指数情况及变化趋势如图 6-30 所示。

从图 6-30 可以看出,C15 运输设施行业具有比较明显的比较优势,1995 年的 VACA 指数为 1.3397,2000 年达到 1.4603,随后大致呈下降趋

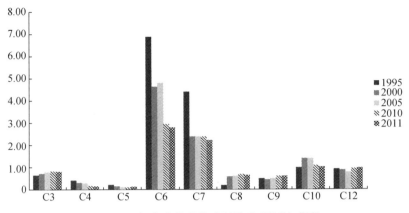

图 6-29 加拿大简单技术制造业 VACA 指数

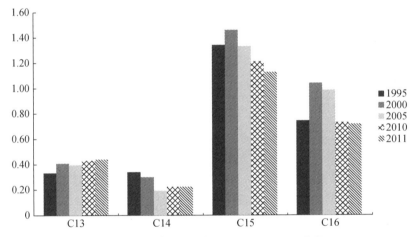

图 6-30 加拿大简单技术制造业 VACA 指数

势,直到 2011 年 VACA 指数仍然大于 1,为 1.2685,因此可以总结为加拿大运输设施行业具有较强的比较优势。

同时,C16 制造业、循环制造业、回收产业的 VACA 指数一直在 1 上下徘徊,2000 年达到了 1.0422,随后缓慢下降到 2011 年的 0.7126,比较优势减弱,这说明加拿大该行业在一定时期内具有比较优势,随后比较优势减弱甚至消失。而机械装置业和电器及光学设备业的 VACA 指数一直低于 1,均不具有比较优势。

3. 加拿大第二产业中其他行业 VACA 测度与对比

加拿大第二产业其他行业 VACA 指数情况及变化趋势如图 6-31 所示:

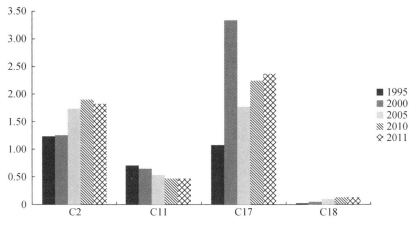

图 6-31　加拿大第二产业其他行业 VACA

加拿大的 C11 其他非金属矿物行业和 C18 建筑业都不具有比较优势，VACA 指数一直低于 1。C2 采矿采石业以及 C17 电力、汽油和供水系统行业的 VACA 指数在 1995 年至 2011 年间同时经历了上升和下降，分别从 1995 年的 1.2333 和 1.0657 上升到 2011 年的 1.8186 和 2.3676，而电力、汽油和供水系统行业的 VACA 指数在 2000 年达到最高点 3.33300，随后下降。总体来看，这两个行业是具有附加值比较优势的。

三、第三产业外贸附加值比较优势(VACA)的测度

第三产业主要以流通部门服务业为主，所以在分析 VACA 的时候，为了更有针对性，我们在此挑选流通部门各个行业，即 C19—C27 进行分析。

1. 美国第三产业流通部门 VACA 测度与对比

美国第三产业流通部门 VACA 指数情况和变化趋势如图 6-32 所示。

可见，美国的 C20 批发贸易和经济贸易行业一直具有较高的 VACA，1995 年到 2011 年 VACA 指数一直维持在 2 左右，从 1995 年的 2.4191 缓慢下降到 2000 年的 2.1529，随后回升到 2005 年的 2.3487，接着又下降至 2011 年的 1.9752。另外，C25 空中运输行业和 C26 其他辅助性运输活动行业也具有明显的贸易附加值比较优势，其中 C25 的 VACA 指数一直维持在 1.5 附近，1995 年达到了 1.6931，经历了小幅度下降后，2010 年和 2011 年分别为 1.5450 和 1.4723。

同时，美国的 C27 邮电业比较优势总体上呈递减趋势。美国是世界上邮政业最发达的国家之一，近年来，随着高科技特别是网络技术的迅速

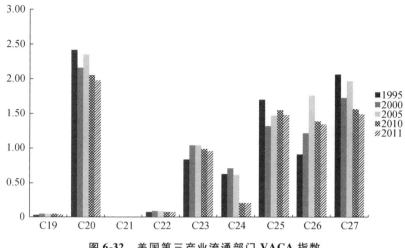

图 6-32　美国第三产业流通部门 VACA 指数

发展,传统书信逐渐被电子邮件等其他互联网通信方式所取代,电子商务以及电子阅读的盛行,更导致邮局处理传统邮件的数量剧减。邮电行业 VACA 指数从 1995 年的 2.0610 下降至 2000 年的 1.7218 后,又慢慢回升到 2005 年的 1.9649,接着一路跌至 2011 年的 1.4819,这是因为互联网的普及和多媒体的发展使邮电业的比较优势逐渐减弱。

2. 加拿大第三产业流通部门 VACA 测度与对比

加拿大第三产业流通部门 VACA 指数如图 6-33 所示:

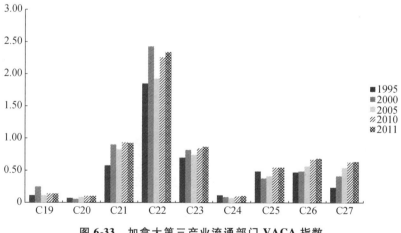

图 6-33　加拿大第三产业流通部门 VACA 指数

从图 6-33 中我们发现,对于加拿大而言,C22 宾馆和餐厅行业的 VA-

CA 指数虽然经历了很大幅度的波动,但是其水平一直较高,最高时达到了 2002 年的 2.8897,图中具有代表性的几个年份里,1995 年 C22 的 VA-CA 指数为 1.8484,逐渐上升到 2000 年的 2.4278,在上升至最高值 2.8897 后缓慢回落,2010 年和 2011 年分别为 2.2602 和 2.3376。由此可以总结出 C22 具有较强的比较优势。而包括内陆运输、水路运输、空中运输以及其他辅助性运输活动在内的运输部门相关行业,VACA 指数比较稳定,都在 1 以下平稳波动,可以总结为不具有比较优势。

类似于 RCA,加拿大与美国所不同的是,其邮电业的 VACA 指数一直在 0.5 上下浮动,即便总体呈上升趋势,2005 年达到了 0.5365,2010 年和 2011 年分别达到 0.6162 和 0.6256,但是始终没有达到 1。这表明加拿大在邮电业上不具备比较优势。

四、中、美、加 VACA 测度结果的对比

根据 WIOD 数据来源,各个国家出口额以及贸易现状,我们可以总结出如下结论:

1. 第一产业三个国家 VACA 测度结果对比

美国和加拿大第一产业的 VACA 大致都呈上升趋势,且在 1997 年之后,中国 VACA 一直低于美国和加拿大,由此可以推断,中国和美国以及加拿大可以在农业、林业或者渔业上发展贸易。

2. 第二产业三个国家 RCA 测度结果对比

在简单技术制造业中,中国的织物及纺织产品行业,皮革、皮革制品及鞋行业的比较优势比较明显,所以中国和美国以及加拿大可以在这两个行业发生贸易;另外,美国和加拿大的纸浆、纸、印刷及出版业的外贸比较优势较强,也可以产生贸易。

在复杂技术制造业中,首先,中国的电器及光学设备行业具有明显的比较优势,美国的该行业也有一定的比较优势,而加拿大在该行业上完全不具备比较优势,所以三个国家可以在电器及光学设备行业上进行贸易往来;中国的制造及回收行业相对来说也可以发展出口贸易。其次,中国在运输业及机械业上的 VACA 指数一直低于 1,不具有外贸比较优势,中国可以与运输设备行业发展迅猛的美国在该行业上进行贸易往来。最后,美国的机械装置业 VACA 指数一直维持在 1 左右,说明其具有稳定的比较优势,我们建议中国和美国之间也可以在机械装置业上产生贸易。

3. 第三产业三个国家 VACA 测度结果对比

第三产业中国与北美主要国家的对外贸易方向各不相同。美国和加拿大作为发达国家,其第三产业十分发达,美国的第三产业主要靠金融中

介业撑腰,其外贸比较优势显著,另外,美国的 C20 批发贸易和经济贸易行业 VACA 指数一直较高,具有较强的贸易附加值比较优势,与其他国家产生贸易可以给美国带来较高的经济利润。加拿大的宾馆和餐厅业是其对外贸易中具有很强贸易附加值比较优势的行业,也就是说宾馆和餐厅业在加拿大出口中产生的附加值高,因此中国可以与加拿大进行贸易往来。

6.4.3 北美主要国家分行业比较优势双重测度结果对比

一、中国和北美主要国家比较优势变化率排名对比

为了更直观地对比 RCA 和 VACA 的测度结果,我们首先利用 1995 年至 2011 年中国、美国和加拿大 RCA 指数和 VACA 指数的平均值,计算出其差值,并与 RCA 作比,得出比较优势变化率,进行排序。排序结果能够更好地展现出哪些行业 RCA 指数与 VACA 指数的差别大。三个国家前十名行业的排序结果如表 6-18 所示。从表 6-18 中我们能够发现,排名在前十位的行业中,三个国家有惊人的相似。

表 6-18 中、美、加三国行业比较优势变化率排名

排名	中国	RCA 指数	VACA 指数	差值	变化率
1	C14	1.8873	1.3162	0.5711	0.3026
2	C8	0.3087	0.2245	0.0842	0.2727
3	C15	0.3254	0.2584	0.0671	0.2061
4	C13	0.7235	0.5755	0.1481	0.2046
5	C10	1.9474	1.553	0.3944	0.2025
6	C9	0.5644	0.4509	0.1135	0.201
7	C12	1.0244	0.8217	0.2027	0.1978
8	C25	0.9883	0.8141	0.1742	0.1763
9	C5	3.909	3.2442	0.6648	0.1701
10	C4	3.614	3.0038	0.6102	0.1688
排名	美国	RCA 指数	VACA 指数	差值	变化率
1	C8	0.6807	0.4335	0.2472	0.3631
2	C15	1.3767	1.089	0.2877	0.209
3	C5	0.1054	0.0874	0.018	0.1706
4	C9	0.9439	0.7949	0.149	0.1579
5	C12	0.5937	0.5008	0.0928	0.1564

(续表)

排名	美国	RCA 指数	VACA 指数	差值	变化率
6	C10	0.8711	0.737	0.1341	0.154
7	C13	1.123	0.951	0.1721	0.1532
8	C14	1.0001	0.8526	0.1475	0.1475
9	C4	0.3399	0.2941	0.0458	0.1346
10	C6	0.6224	0.5444	0.078	0.1253

排名	加拿大	RCA 指数	VACA 指数	差值	变化率
1	C15	2.2159	1.2685	0.9474	0.4275
2	C8	0.9336	0.5859	0.3477	0.3724
3	C14	0.3837	0.2417	0.1419	0.3699
4	C12	1.2985	0.889	0.4095	0.3154
5	C10	1.6982	1.2253	0.4729	0.2785
6	C13	0.5439	0.3932	0.1507	0.2771
7	C9	0.6726	0.4957	0.1769	0.263
8	C4	0.3299	0.2439	0.086	0.2608
9	C5	0.1456	0.1078	0.0378	0.2597
10	C25	0.5788	0.4301	0.1487	0.2569

中国各行业中比较优势变化率排名前十位的分别是 C14、C8、C15、C13、C10、C9、C12、C25、C5、C4。由此我们可以总结出以上十个行业在中国利用贸易附加值比较优势与显性比较优势的分析结果会有明显不同。

在美国,C8、C15、C5、C9、C12、C10、C13、C14、C4、C6 位居比较优势变化率排名前十位。由此我们可以总结出以上十个行业在美国利用贸易附加值比较优势与显性比较优势的分析结果会有明显不同。

在加拿大,C15、C8、C14、C12、C10、C13、C9、C4、C5、C25 位居比较优势变化率排名前十位。由此我们可以总结出以上十个行业在加拿大利用贸易附加值比较优势与显性比较优势的分析结果会有明显不同。

综上所述,排名在前十位的行业中,中国和加拿大行业种类完全相同,仅仅是排名先后不同,其中空中运输行业排名前十,而美国的前十名中不涉及该行业;美国比较优势变化率排名前十的行业中,C6 木材及木制品行业是不同于中国和加拿大的。基于上述内容可以得出,在中国和北美主要国家的出口贸易中,从国内增加值系数角度也就是贸易附加值比较优势角度和从显性比较优势角度考虑的比较优势测度结果多少都会有些不同,不同程度最大的几个行业具有很大的相似性。

二、中国分行业外贸比较优势双重测度结果对比

根据之前分析的 RCA 和 VACA 测度结果以及数据整理结果,我们发现对于中国而言,第二产业简单技术制造业中的 C4、C5 和 C12,复杂技术制造业中的 C13、C14 和 C15 以及第三产业流通部门中的 C25 这几个行业,在经过两种不同的比较优势计算方法测度之后,结果具有较大差异性。

(一)第二产业简单技术制造业

1. 前期比较优势很强、后期逐渐减弱的行业

由于 C4、C5 两个行业的 RCA 和 VACA 变化趋势比较相似并且都属于起初比较优势较强、后期比较优势减弱的行业,因此先对 C4 和 C5 的 RCA 指数和 VACA 指数进行联立分析,如图 6-34 和 6-35 所示:

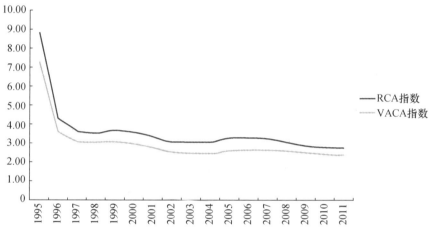

图 6-34 1995—2011 年中国 C4 织物及纺织产品行业 RCA、VACA 指数

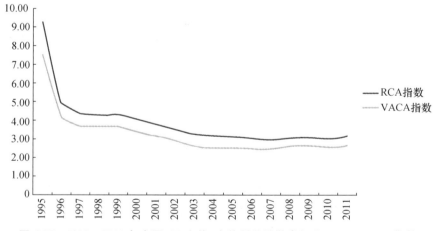

图 6-35 1995—2011 年中国 C5 皮革,皮革制品及鞋类行业 RCA、VACA 指数

根据图6-34、6-35，C4和C5两个行业的走向趋势比较相似，VACA指数和RCA指数在整体上都是处于下降趋势，并且可以看出利用VACA测算出的比较优势并没有利用RCA测算出的明显，即国内增加值系数对两个行业的比较优势影响都较大。出现这种情况的可能原因有中国劳动力密集，很多国家选择中国作为加工制造工厂，然而中国只是负责机械化的制造，生产制造过程中所需要的原材料以及加工技术等都需要从国外进口，中间产品的投入率高，国内增加值系数偏小，因此从贸易附加值角度测度的比较优势指数即VACA指数就相对低一些。2003年之后，中国开始积极改变这种状态，减少对进口中间产品的依赖，RCA与VACA的区别也越来越小。

2. 前期具有比较优势、后期几乎不具有比较优势的行业

C12不论从RCA还是从VACA的角度分析都属于起初具有较稳定的比较优势，后期比较优势逐渐减弱，RCA和VACA的数值纷纷跌破1，如图6-36所示：

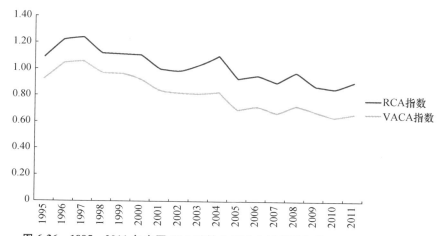

图6-36　1995—2011年中国C12碱性金属及金属制品行业RCA、VACA指数

根据图6-36分析来看，C12的VACA指数处于下降趋势，并且只有1996、1997年的VACA指数是大于1的，其他年份都小于1，这不同于RCA测量的在2000年之前都是大于1，2000年之后才小于1的情况。这便是RCA与VACA两种测度方法所带来的结果的不同，RCA指数大于1，我们说其具有比较优势，而同时该行业的VACA指数有可能小于1。

由此可以推断国内增加值系数对两个行业的比较优势影响相对来说是比较大的。这是因为中国如果想要出口碱性金属及金属制品，必须进

口足够的中间产品。而进口的中间产品比例越大,就意味着完全进口额系数越大,国内增加值系数也就越小,这也导致 VACA 低于 RCA,比较优势也不如 RCA 所测度的高这一局面。

(二) 第二产业复杂技术制造业

1. 机械装置行业

中国在 C13 机械装置业上比较优势较弱,但是从 RCA 和 VACA 两个角度分析所得的结果有一定的不同,我们用图 6-37 来展示。

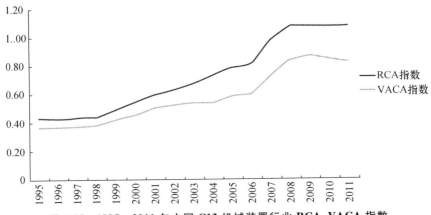

图 6-37　1995—2011 年中国 C13 机械装置行业 RCA、VACA 指数

无论是 RCA 指数还是 VACA 指数,1995 年 C13 行业都不具有贸易比较优势。2007 年后此行业 RCA 指数开始大于 1,也就意味着该行业开始具有比较优势了。但从 VACA 的情况来看并非如此,VACA 指数在 2009 年达到最高值,但仍旧小于 1。

同样,我们可以观察到 VACA 的趋势与 RCA 的趋势相似,但是随着时间推移,从 1999 年以后,两者的差距越来越大。这是因为国内增加值系数在 1999 年之后有一个下降趋势(参考第五章),这意味着增加值的下降,也就代表着 VACA 的下降。由第五章我们可以知道,C13 的国内增加值系数除了 2004—2009 年上升趋势较明显之外,其他时间几乎都是下降趋势。也正是因为国内增加值系数的下降,从 VACA 的角度来看,中国的 C13 行业一直没有贸易比较优势。

2. 电器及光学设备行业

中国在 C14 电器及光学设备行业上具有比较稳定的比较优势,并且无论是 RCA 指数还是 VACA 指数都呈上升趋势,但是二者的上升趋势有所不同,如图 6-38 所示:

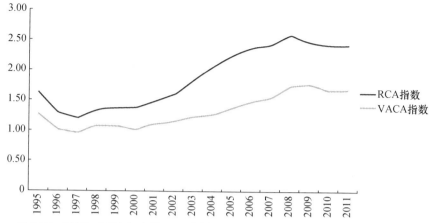

图6-38 1995—2011年中国C14电器及光学设备行业RCA指数、VACA指数

C14行业RCA指数和VACA指数的走势与C13非常相似,也是复杂技术制造业中比较优势最强的。但是,从国内增加值角度所得到的结论证实,其比较优势并不是很高,这是因为进口中间产品占了其生产制造过程中的较大比例。从图6-38中我们发现,1995年至1997年,RCA指数和VACA指数均呈下降趋势,而在第二次下降即1999年至2001年,很明显VACA指数的下降幅度更大一些,这是由于国内增加值系数下降所引起的。2001年之后,RCA指数和VACA指数整体呈上升趋势,但RCA指数的上升趋势更为明显。

3. 运输设施行业

从之前的分析中我们可以发现,中国在C15运输设施行业上并不具有比较优势,但是在比较优势变化率排名中位居前十,其RCA、VACA变化趋势如图6-39所示。

C15行业RCA指数和VACA指数走势与C13、C14几乎相同,只是其VACA较弱。通过计算国内增加值,我们发现其比较优势很弱,不适合进行出口。

综上所述,中国的复杂技术制造业中,C13、C14、C15三个行业的RCA和VACA变化趋势几乎相同,原因是这三个行业在制造过程中相互之间具有需求,电器及光学设备行业要用到机械装置行业的产品作为材料,运输设备行业中又需要电子器械作为制造过程中的必备。考虑到中国制造业的发达大部分是因为密集的劳动力,而这三个行业又需要较高的技术支持,所以中国想要发展这三个行业的贸易只能通过进口中间产

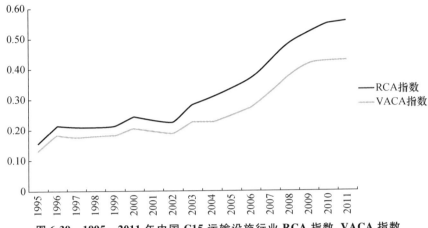

图6-39 1995—2011年中国C15运输设施行业RCA指数、VACA指数

品,进口先进技术。随着需求量的逐渐增大,中国也逐渐意识到了这个问题,从2004年起国内增加值系数开始缓慢回升,虽然2010年之后有一定的下降趋势,但从2004年起总体趋势仍是上升。这就表明中国为了获得更大的贸易利润,正在试着减轻对进口中间产品的依赖。

三、美国分行业外贸比较优势双重测度结果的对比

(一)第二产业简单技术制造业

美国的C6木材及木制品行业在1995年具有一定的贸易比较优势,随后比较优势逐渐减弱,可以算作不具有比较优势。之所以讨论C6,是因为通过前文分析后我们发现,C6排在美国比较优势变化率的第十位,而这是中国和加拿大排名中所没有的。C6的RCA指数和VACA指数对比如图6-40所示:

1995年,美国C6的RCA指数大于1,这表明该行业从RCA角度考虑是具有比较优势的,而当年的VACA指数小于1,这表明该行业从VACA的角度考虑是不具有比较优势的,所以我们得到了两种测度方法的第一个不同。其次,RCA指数和VACA指数的变化趋势是大致相同的,这是国内增加值系数比较稳定,变化幅度不大所带来的结果,这与第五章的结论一致,即C6的国内增加值系数在均值附近波动,没有明显变化。

(二)第二产业复杂技术制造业

1. 机械制造业

图6-41展示了美国C13机械制造业的RCA指数、VACA指数大致情况和变化趋势。

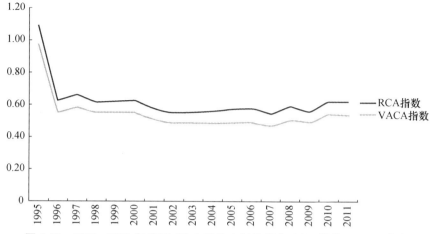

图 6-40　1995—2011 年美国 C6 木材及木制品行业 RCA 指数、VACA 指数

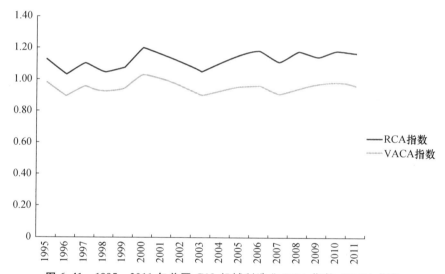

图 6-41　1995—2011 年美国 C13 机械制造业 RCA 指数、VACA 指数

美国 C13 行业的 RCA 指数一直维持在 1 到 1.2 之间,具有比较优势,而通过 VACA 来看,由于 VACA 指数只有个别年份数值大于 1,所以不具有比较优势,这便是两种测度方法所带来的结果的不同点。从变化趋势来看,RCA 和 VACA 的变化趋势大致相同。

2. 电器及光学设备行业

图 6-42 展示了美国 C14 电器及光学设备行业的 RCA 指数、VACA 指数大致情况和变化趋势。

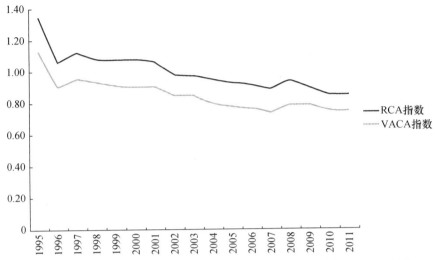

图 6-42　1995—2011 年美国 C14 电器及光学设备 RCA 指数、VACA 指数

如图 6-42 所示,美国 C14 行业的 RCA 指数和 VACA 指数变化趋势完全类似,从国内增加值系数的角度考虑,C14 的国内增加值系数在上升之后迅速下降,随后又上升,继而跌落后才重新回到较高点。国内增加值系数的变动引起了 VACA 的变动。

从数值上来看,经过 RCA 分析得出的结论为,该行业自 2002 年起失去比较优势;经过 VACA 分析得出的结论为,该行业自 1996 年开始已经失去比较优势。由此可以看出,该行业中间投入率偏高,在通过贸易附加值衡量比较优势的时候可能会更客观一些。

3. 运输设施行业

图 6-43 展示了美国 C15 运输设施行业 RCA 指数、VACA 指数大致情况和变化趋势。

从之前的分析我们知道,美国的运输设施行业 RCA 指数一直维持在 1.2—1.3 左右,具有较强的比较优势。这是因为美国拥有完整而便捷的交通运输网络,运输工具和手段多种多样。考虑到 C15 的增加值系数有较为明显的下降趋势,所以 VACA 指数也相应地在下降,逐渐跌至 1 以下。而 RCA 虽然也有下降的趋势,但是其数值一直大于 1,代表着该行业具有比较优势,这又一次显露出两种测度结果的不同所在。

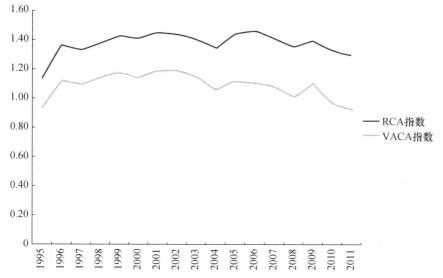

图 6-43　1995—2011 年美国 C15 运输设施行业 RCA 指数、VACA 指数

四、加拿大分行业外贸比较优势双重测度结果的对比

（一）第二产业简单技术制造业

加拿大第二产业简单技术制造业中，C10 和 C12 的 RCA 指数和 VACA 指数相对来说差别最大。图 6-44 和图 6-45 分别将 C10、C12 的 RCA 指数、VACA 指数趋势绘制出来以便于对比分析。

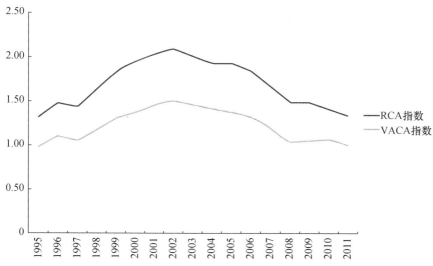

图 6-44　1995—2011 年加拿大 C10 橡胶及塑料行业 RCA 指数、VACA 指数

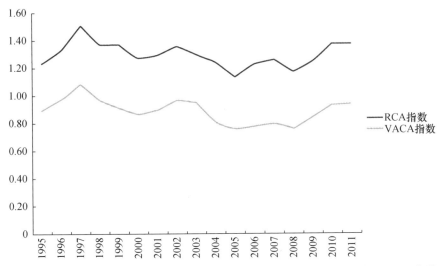

图 6-45　1995—2011 年加拿大 C12 碱性金属及金属制品行业 RCA 指数、VACA 指数

1. 橡胶及塑料行业

RCA 指数和 VACA 指数变化趋势大致相同的橡胶及塑料行业具体情况如图 6-44 所示。在 1995 年至 2011 年间,橡胶及塑料行业 RCA 指数一直高于 1,且变化幅度不大,由此可以总结出该行业具有比较优势;同样,其 VACA 指数也一直高于 1,变化趋势也与 RCA 指数变化趋势相同。从国内增加值系数角度分析,C10 的增加值系数变化趋势不明显,即中间投入率变化不大,所以 VACA 指数没有非常剧烈的波动,只是较低于 RCA 指数。

2. 碱性金属及金属制品行业

加拿大 C12 的比较优势相对来说比较明显,而其比较优势变化率在排序表中排名第四,因此十分值得单独分析。图 6-45 展示的是 C12 的 RCA 指数和 VACA 指数的大致情况和变化趋势。

类似于 C10,C12 在 1995 年至 2011 年间,RCA 指数也一直高于 1,并且变化幅度不大,由此可以总结出加拿大该行业具有传统的比较优势。而除了 1997 年,其余年份的 VACA 指数均小于 1,也就是说不存在贸易附加值比较优势。这是因为该行业国内增加值系数一直在下降,也就是说该产品生产制造的中间投入率在不断上升,所以贸易附加值比较优势不断减弱。

（二）第二产业复杂技术制造业

在加拿大第二产业复杂技术制造业中，我们着重分析 C15，不仅是因为它排在比较优势变化率的前十位，而且因为它在 1995 年至 2011 年指数经历了比较大的变动，图 6-46 展示的是 C15 运输设施行业 RCA 指数和 VACA 指数的大致情况和变化趋势。

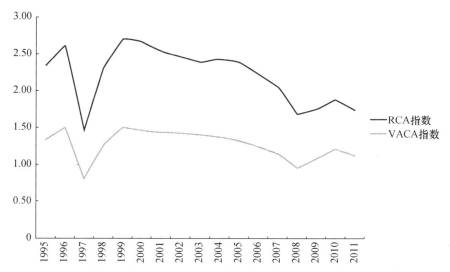

图 6-46　1995—2011 年加拿大 C15 运输设施行业 RCA 指数、VACA 指数

从图 6-45 可以看出，运输设施行业具有比较明显的比较优势，1995 年和 1996 年的 RCA 指数分别为 2.3348 和 2.6154，虽然经历过下降，但是随后的 RCA 指数一直在 1.5 到 2.5 之间徘徊，因此可以总结为加拿大运输设施行业具有较强的比较优势。从 VACA 指数的角度分析，数值大于 1 代表着该行业具有贸易附加值比较优势，但是我们能够很明显地发现在 1997 年 VACA 指数的下降幅度小于 RCA 指数，这是因为加拿大 C15 的国内增加值系数一直只有 0.55 左右且变化幅度不大，所以一方面 VACA 指数与 RCA 指数差距较大，另一方面 VACA 指数的变化幅度同国内增加值系数一样变化不大。

根据以上分析，最终得出以下主要结论：

第一，三个国家比较优势变化率排名前十位的行业中均有以下 9 个行业：C14、C8、C15、C13、C10、C9、C12、C5、C4。这说明 9 个行业的生产制造可能需要较多的中间产品投入，由于计算贸易利润时要减去中间产品投入所需的成本，所以测算出的 VACA 指数比 RCA 指数小很多，即两种测度方法差异较大。

第二,根据三个国家不同行业的双重测度结果,发现 C4、C5、C10、C12、C13、C14 以及 C15 这几个行业的双重测度结果差异最明显。

国内增加值系数(DVS)是从总体上度量一个经济体投入产出效益的综合指标。国内增加值系数的上升就意味着中间投入率(中间投入占总投入的比例,即投入产出表中直接消耗系数的列和)的下降,就是投入产出效益在上升,即经济增长质量在上升。

6.5 亚太地区主要国家 VACA 的测度

6.5.1 澳大利亚分行业 VACA 的测度

一、中澳细分产业国内增加值系数的对比分析

(一)中澳第一产业国内增加值系数测度与对比

为了对比 1995—2011 年中国与澳大利亚第一产业对中间投入的需求情况,表 6-19 展示并对比了两国 C1 行业 17 年的国内增加值系数。

表 6-19 1995—2011 年中澳第一产业国内增加值系数

行业/年份		1995	1996	1997	1998	1999	2000	2001	2002	2003
C1	AUS	0.9063	0.9044	0.8982	0.9021	0.9	0.906	0.9176	0.9094	0.9179
C1	CHN	0.9419	0.9476	0.9444	0.952	0.9483	0.9373	0.9417	0.939	0.928
行业/年份		2004	2005	2006	2007	2008	2009	2010	2011	平均值
C1	AUS	0.9166	0.9123	0.9102	0.9078	0.9038	0.9142	0.9181	0.9095	0.9096
C1	CHN	0.9174	0.9187	0.9201	0.9231	0.9232	0.9366	0.9275	0.925	0.9366

由上表可知,澳大利亚的国内增加值系数平均值比中国低 0.03,并且每年的国内增加值系数都低于中国,但差距较小;两国国内增加值系数都大于 0.9,说明中间投入率很低。从趋势上来看,中国相对澳大利亚有较强的下降趋势,澳大利亚相对较稳定。

(二)中澳第二产业国内增加值系数测度与对比

1. 中澳简单技术制造业国内增加值系数对比分析

(1)中澳国内增加值系数均值的比较

图 6-47 对中澳简单技术制造业的八个行业 1995—2011 年的国内增加值系数取平均值后进行比较,从而总体上展示两国不同行业的国内增

加值系数。

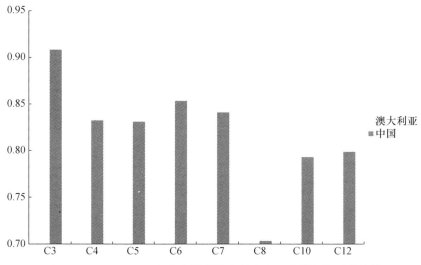

图 6-47 1995—2011 年中澳简单技术制造业国内增加值系数均值

从图 6-47 可以得出,澳大利亚 C3、C6、C7 行业的国内增加值系数均值较高,高于 0.85;其次是 C4、C5、C10 行业,高于 0.8,其他行业在 0.7 和 0.8 之间。中国 C3、C6 行业国内增加值系数均值较高,高于 0.85,C4、C5、C7、C10 其次,高于 0.8,其他行业介于 0.7 和 0.8 之间。

澳大利亚 C3、C4、C5 三个行业国内增加值系数均值低于中国,并且 C3 行业两国的 DVS 平均值差别较大,为 0.0225;其他行业均是澳大利亚高于中国,其中 C6 两国 DVS 差值最大,为 0.0307,C7 其次,为 0.0209,再次是 C8 和 C9,分别是 0.0196 和 0.0151。

(2) 对中澳国内增加值系数的趋势分析与对比

表 6-20 展示并对比了两国 1995—2011 年中国与澳大利亚第二产业简单技术制造业对中间投入的需求情况即 C3—C8、C10 和 C12 行业 17 年的国内增加值系数。

表 6-20 1995—2011 年中澳第二产业简单技术制造业国内增加值系数

年份/行业	AUSC3	CHNC3	AUSC4	CHNC4	AUSC5	CHNC5	AUSC6	CHNC6
1995	0.8896	0.9161	0.8039	0.8215	0.7935	0.8108	0.8923	0.8386
1996	0.8905	0.929	0.8098	0.842	0.8717	0.8398	0.8956	0.8721
1997	0.8833	0.929	0.7974	0.8438	0.851	0.843	0.8878	0.8833
1998	0.8857	0.9383	0.8036	0.8539	0.8433	0.8551	0.8846	0.8959

(续表)

年份/行业	AUSC3	CHNC3	AUSC4	CHNC4	AUSC5	CHNC5	AUSC6	CHNC6
1999	0.8786	0.9345	0.7866	0.8382	0.7998	0.8421	0.8743	0.8808
2000	0.8792	0.9198	0.7931	0.8178	0.8024	0.8196	0.8713	0.8645
2001	0.8864	0.9247	0.8051	0.8261	0.8114	0.827	0.8816	0.877
2002	0.8824	0.9222	0.8091	0.8201	0.8083	0.8209	0.8796	0.8678
2003	0.8923	0.9051	0.8419	0.8115	0.8247	0.8132	0.8918	0.8488
2004	0.8917	0.8882	0.8428	0.7936	0.8248	0.7926	0.8866	0.8284
2005	0.8887	0.8888	0.8451	0.806	0.8274	0.8074	0.8842	0.8236
2006	0.8844	0.8873	0.8462	0.818	0.8286	0.8189	0.8822	0.8216
2007	0.88	0.8885	0.8458	0.8312	0.828	0.831	0.8772	0.8195
2008	0.8803	0.8849	0.8507	0.8441	0.8335	0.8377	0.8767	0.8382
2009	0.889	0.9047	0.8587	0.8712	0.8424	0.8667	0.8875	0.864
2010	0.8925	0.8903	0.8632	0.856	0.8474	0.8504	0.8886	0.8429
2011	0.8815	0.8872	0.854	0.8532	0.8372	0.8527	0.8786	0.8314
平均值	0.8857	0.9082	0.8269	0.8322	0.8280	0.8311	0.8836	0.8528

年份/行业	AUSC7	CHNC7	AUSC8	CHNC8	AUSC10	CHNC10	AUSC12	CHNC12
1995	0.8481	0.8557	0.7255	0.7932	0.8049	0.8194	0.849	0.8449
1996	0.8489	0.8725	0.7438	0.8015	0.8123	0.8327	0.848	0.8567
1997	0.8462	0.8719	0.7659	0.8011	0.8147	0.8267	0.8396	0.8525
1998	0.8446	0.8826	0.7792	0.8543	0.8142	0.8439	0.8224	0.8689
1999	0.8391	0.8695	0.7472	0.8276	0.8024	0.8314	0.8293	0.8605
2000	0.8366	0.8539	0.7147	0.6977	0.8051	0.8097	0.8274	0.8337
2001	0.8507	0.867	0.6978	0.76	0.8083	0.8248	0.8311	0.8386
2002	0.8611	0.8605	0.7336	0.7581	0.8154	0.8147	0.8353	0.8272
2003	0.8746	0.8391	0.7436	0.701	0.8291	0.7846	0.8333	0.794
2004	0.8755	0.8138	0.7295	0.6638	0.8101	0.7485	0.809	0.7549
2005	0.8729	0.8124	0.7161	0.6389	0.8016	0.7429	0.7864	0.7461
2006	0.8745	0.8042	0.6889	0.5937	0.8021	0.7412	0.7587	0.7509
2007	0.8685	0.8005	0.6742	0.6215	0.7956	0.7482	0.7424	0.7406
2008	0.8712	0.8148	0.6179	0.575	0.7907	0.7632	0.716	0.7414
2009	0.8816	0.8389	0.7568	0.6721	0.812	0.7994	0.7785	0.7787
2010	0.8796	0.8203	0.7463	0.615	0.8122	0.7749	0.7607	0.7474
2011	0.8721	0.8122	0.6913	0.5645	0.798	0.7661	0.7217	0.7268
平均值	0.8615	0.8405	0.7219	0.7022	0.8075	0.7924	0.7993	0.7978

从发展趋势来看，与澳大利亚相比，中国C3有较明显的下降趋势，澳大利亚发展较稳定。其中两国的差别开始较大，中国的DVS指数远高于

澳大利亚;从2003年起,两国的DVS指数差别极小,几乎一致。澳大利亚C6走势平稳,但中国在波动中有明显的下降趋势,与澳大利亚的差别越来越大。中国C10在波动中下降,到2006年之后出现上升趋势,但总体来说趋势还是下降,而澳大利亚相对走势较稳定。

两国C4都有上升趋势。在2002年前,中国的DVS指数高于澳大利亚,但2003—2008年相反,之后两者几乎一致。两国C5前期波动性都较大,但中国在1999年之后逐渐稳定上升,澳大利亚在2004年之后也出现上升趋势。

澳大利亚C7有较明显上升趋势,中国反之,因此原本DVS指数中国高于澳大利亚,在2002年之后情况相反,并且两国的差别逐渐变大。C8情况与C7类似,都是在后期澳大利亚的DVS指数反超中国。

中国和澳大利亚C12都有较明显的下降趋势,2001年之前中国的国内增加值系数高于澳大利亚,之后到2007年中国被澳大利亚反超,2007年之后两国趋势基本一致。

2. 中澳复杂技术制造业增加值系数对比分析

(1) 对中澳国内增加值系数均值的比较

图6-48对中澳复杂技术制造业的五个行业1995—2011年的国内增加值系数取平均值后进行比较,从而总体上展示两国不同行业的国内增加值系数。

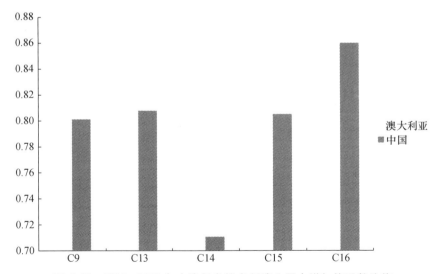

图6-48　1995—2011年中澳复杂技术制造业国内增加值系数均值

从图 6-48 可以得出,澳大利亚 C9、C14、C16 国内增加值系数均值较高,介于 0.8 和 0.83 之间。其余行业较低,介于 0.7 和 0.8 之间。中国 C16 国内增加值系数均值最高,为 0.8601,其次是 C9、C14、C15,均大于 0.8,C13 介于 0.7 和 0.8 之间。

澳大利亚 C13、C15、C16 国内增加值系数均值低于中国,并且 C13 和 C16 两国的 DVS 指数差别较大,分别是 0.0328 和 0.0351。澳大利亚 C9、C14 高于中国,其中 C14 两国的差别较大,为 0.0994。

(2) 对中澳国内增加值系数的趋势分析与对比

为了对比 1995—2011 年中国与澳大利亚第二产业复杂技术制造业对中间投入的需求情况,表 6-21 展示并对比了两国 C9、C13—C16 行业 17 年的国内增加值系数。

从表 6-21 看出,中国和澳大利亚 C13 都有较明显的下降趋势,但中国的 DVS 指数仍高于澳大利亚。除了 2004—2006 年三年澳大利亚比中国略高之外,其他年份都是中国明显高于澳大利亚。澳大利亚和中国 C15 都有下降趋势,但中国下降趋势更加明显,在 2002—2007 年被澳大利亚反超,但由于时间短、差值较小,中国整体的 RCA 指数仍高于澳大利亚。从发展趋势来看,中国 C9 相比澳大利亚下降趋势很明显,2002 年之前中国的国内增加值系数高于澳大利亚,在 2002 年之后被澳大利亚反超。中国 C14 的发展趋势较平稳,但澳大利亚相比较而言有非常明显的连续下降趋势,虽然 2004 年之后有明显的上升趋势,但到 2011 年为止也没有超过中国。中国 C16 的发展趋势也较平稳,相比较而言,澳大利亚下降趋势较明显,DVS 指数几乎一直低于中国。

3. 中澳第二产业其他行业增加值系数对比分析

(1) 对中澳国内增加值系数均值的比较

图 6-49 对中澳第二产业其他行业的四个行业 1995—2011 年的国内增加值系数取平均值后进行比较,从而总体上展示两国不同行业的国内增加值系数。

从图 6-49 可以得出,第二产业其他行业从平均值来看,澳大利亚的 DVS 指数都较高,C18 最高,大于 0.9;C2、C11、C17 行业 DVS 指数其次,都大于 0.85。中国除 C18DVS 指数略低于 0.85 之外,其他行业都高于 0.85。

澳大利亚 C2、C17、C18 国内增加值高于中国,差值分别是 0.0105、0.0365、0.0223。只有 C11 中国国内增加值高于澳大利亚,但差别很小,为 0.0044。

表 6-21 1995—2011 年中澳第二产业复杂技术制造业国内增加值系数

年份/行业	AUSC9	CHNC9	AUSC13	CHNC13	AUSC14	CHNC14	AUSC15	CHNC15	AUSC16	CHNC16
1995	0.7965	0.8464	0.8087	0.8514	0.8038	0.7775	0.8285	0.8367	0.8593	0.8453
1996	0.8037	0.8561	0.801	0.8674	0.8142	0.7943	0.8334	0.8522	0.8577	0.8711
1997	0.8063	0.8494	0.8061	0.8536	0.8123	0.7954	0.8318	0.8411	0.8514	0.8792
1998	0.8017	0.8639	0.7905	0.8764	0.8012	0.8086	0.8127	0.8692	0.8451	0.8911
1999	0.7941	0.8501	0.793	0.8643	0.8047	0.7796	0.8082	0.8581	0.8299	0.8807
2000	0.792	0.8188	0.7925	0.8391	0.8092	0.737	0.7967	0.8381	0.8319	0.8648
2001	0.8	0.8316	0.7936	0.842	0.8125	0.7417	0.8035	0.8428	0.832	0.875
2002	0.8099	0.8198	0.7989	0.826	0.838	0.7123	0.7998	0.8326	0.8324	0.868
2003	0.8251	0.7902	0.8043	0.7936	0.8477	0.6633	0.8221	0.7925	0.8462	0.8535
2004	0.8207	0.758	0.7698	0.7392	0.8201	0.6135	0.7929	0.7425	0.8226	0.8356
2005	0.8122	0.7517	0.7575	0.7409	0.8106	0.6106	0.784	0.7452	0.8137	0.8366
2006	0.8127	0.7433	0.7492	0.7456	0.8041	0.6244	0.7819	0.744	0.8066	0.8401
2007	0.8055	0.7533	0.7369	0.7465	0.7944	0.6363	0.7732	0.7512	0.7967	0.8423
2008	0.7979	0.7549	0.726	0.7783	0.786	0.6731	0.7682	0.7777	0.7887	0.8534
2009	0.8229	0.8001	0.7474	0.8077	0.8027	0.7193	0.7906	0.8051	0.808	0.875
2010	0.8229	0.7723	0.754	0.787	0.8077	0.6918	0.7925	0.784	0.8094	0.8585
2011	0.8071	0.7564	0.7379	0.7653	0.7952	0.6962	0.7761	0.7707	0.7938	0.8522
平均值	0.8077	0.801	0.7745	0.8073	0.8097	0.7103	0.7998	0.8049	0.825	0.8601

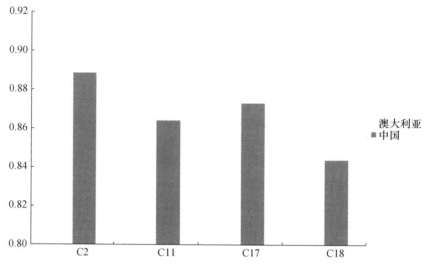

图 6-49 1995—2011 年中澳第二产业其他行业国内增加值系数均值

（2）对中澳国内增加值系数的趋势分析与对比

为了对比 1995—2011 年中国与澳大利亚第二产业其他行业对中间投入的需求情况，表 6-22 展示并对比了两国 C2、C11、C17、C18 行业 17 年的国内增加值系数。

表 6-22　1995—2011 年中澳第二产业其他行业国内增加值系数

年份\行业	AUSC2	CHNC2	AUSC11	CHNC11	AUSC17	CHNC17	AUSC18	CHNC18
1995	0.8977	0.9067	0.8917	0.8913	0.9077	0.9062	0.8491	0.8749
1996	0.8885	0.9168	0.8884	0.9011	0.9079	0.9132	0.8534	0.8894
1997	0.8904	0.9134	0.8818	0.8945	0.9086	0.9074	0.8598	0.8843
1998	0.8959	0.9291	0.8788	0.9088	0.9086	0.9262	0.8614	0.8948
1999	0.9008	0.9241	0.8725	0.8984	0.9053	0.92	0.866	0.8811
2000	0.8943	0.9105	0.8619	0.8796	0.9061	0.9032	0.865	0.8557
2001	0.9013	0.9167	0.8542	0.8855	0.9092	0.9089	0.8757	0.8598
2002	0.9037	0.9133	0.8602	0.8761	0.9138	0.9027	0.8748	0.8466
2003	0.9014	0.8923	0.8656	0.8566	0.9186	0.8767	0.8825	0.8239
2004	0.9103	0.8659	0.8523	0.8331	0.9143	0.8517	0.8727	0.7994
2005	0.9044	0.8593	0.8477	0.8304	0.9094	0.8416	0.8668	0.8015
2006	0.8997	0.8517	0.8423	0.8263	0.9079	0.8215	0.8672	0.8039
2007	0.894	0.8498	0.8343	0.829	0.9042	0.824	0.8602	0.8088

(续表)

行业 年份	AUSC2	CHNC2	AUSC11	CHNC11	AUSC17	CHNC17	AUSC18	CHNC18
2008	0.8884	0.8571	0.8215	0.8357	0.8978	0.8264	0.8579	0.8197
2009	0.9095	0.8806	0.8594	0.8618	0.918	0.8552	0.8705	0.8465
2010	0.9077	0.8637	0.857	0.8428	0.9181	0.834	0.8717	0.8277
2011	0.8924	0.8513	0.8366	0.8307	0.9055	0.8219	0.8584	0.8167
平均值	0.8988	0.8884	0.8592	0.8636	0.9095	0.8730	0.8655	0.8432

从发展趋势来看,C2、C17和C18情况类似:澳大利亚发展较平稳,有较弱的上升趋势;与之相反,中国的DVS指数有较强的下降趋势。在2003年之前,中国C2的国内增加值系数高于澳大利亚,2003年之后中国被澳大利亚反超,并且差值变大。因此总体上澳大利亚的国内增加值系数高于中国。C17和C18也有类似的情况,两行业中国被澳大利亚反超的时间分别是2002年和1999年。中国和澳大利亚C11都有下降趋势,澳大利亚下降趋势较明显,但差别较小。

(三)中澳第三产业增加值系数对比分析

1. 中澳流通部门增加值系数的对比分析

(1) 对中澳国内增加值系数均值的比较

图6-50对中澳第三产业流通业的9个行业1995—2011年的国内增加值系数取平均值后进行比较,从而总体上展示两国不同行业的国内增加值系数。

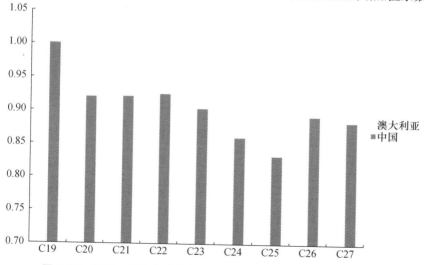

图6-50 1995—2011年中澳第三产业流通业国内增加值系数均值

由图 6-51 可知,第三产业流通业从平均值来看,澳大利亚 C20、C21、C22、C26 国内增加值系数最高,高于 0.9;其次是 C19、C23、C27,高于 0.85;最后是 C24、C25,高于 0.8。中国 C20、C21、C22、C23 国内增加值系数最高,高于 0.9;其次是 C24、C26、C27,高于 0.85;最后是 C25,高于 0.8。

澳大利亚与中国相比,只有 C26 和 C27 国内增加值系数高于中国,并且差值较小,分别为 0.0112 和 0.0083。其他行业都是中国的国内增加值系数高于澳大利亚,其中 C22、C24、C25 差别较大,分别是 0.0156、0.0233、0.0306。

(2) 对中澳国内增加值系数的趋势分析与对比

为了对比 1995—2011 年中国与澳大利亚第三产业流通业对进口中间投入的需求情况,表 6-23 展示并对比了两国 C19—C27 行业 17 年的国内增加值系数。

表 6-23　1995—2011 年中澳第三产业流通部门行业国内增加值系数

年份 行业	AUSC19	CHNC19①	AUSC20	CHNC20	AUSC21	CHNC21
1995	0.8635	0	0.9117	0.9151	0.9173	0.9151
1996	0.8668	0	0.9123	0.9258	0.9197	0.9258
1997	0.8715	0	0.9049	0.9263	0.915	0.9263
1998	0.869	0	0.9046	0.9372	0.9168	0.9372
1999	0.8609	0	0.901	0.9306	0.9101	0.9306
2000	0.8539	0	0.8982	0.9174	0.9045	0.9174
2001	0.863	0	0.907	0.9219	0.9076	0.9219
2002	0.8687	0	0.9104	0.9168	0.9127	0.9168
2003	0.8758	0	0.9209	0.9085	0.9163	0.9085
2004	0.8701	0	0.9179	0.8994	0.9126	0.8994
2005	0.8664	0	0.9162	0.9044	0.9088	0.9044
2006	0.8681	0	0.9174	0.9086	0.9066	0.9086
2007	0.8608	0	0.9127	0.9168	0.9012	0.9168
2008	0.863	0	0.914	0.9217	0.9025	0.9217
2009	0.8689	0	0.9201	0.9361	0.9123	0.9361
2010	0.8713	0	0.9201	0.9283	0.9096	0.9283
2011	0.8641	0	0.9127	0.9255	0.8975	0.9255
平均值	0.8662	0	0.9119	0.9200	0.9101	0.9200

① 由于在 WIOD 数据库中,中国 C19 产品出口额均为零,因此这里假定没有增加值,即增加值系数为 0。

（续表）

行业\年份	AUSC22	CHNC22	AUSC23	CHNC23	AUSC24	CHNC24
1995	0.9033	0.9312	0.9043	0.9128	0.7858	0.871
1996	0.9105	0.9416	0.9068	0.9218	0.789	0.87
1997	0.9109	0.9408	0.9061	0.9202	0.7836	0.8527
1998	0.9122	0.9483	0.9037	0.9413	0.795	0.9077
1999	0.9066	0.9463	0.8985	0.9345	0.7892	0.8967
2000	0.9058	0.935	0.8885	0.9149	0.8076	0.8644
2001	0.9091	0.9385	0.8957	0.9213	0.8258	0.8799
2002	0.9072	0.9349	0.8877	0.916	0.844	0.8771
2003	0.9122	0.9208	0.8963	0.8991	0.884	0.8568
2004	0.9126	0.9061	0.8891	0.8798	0.8667	0.8329
2005	0.9103	0.9072	0.8842	0.8771	0.8651	0.8311
2006	0.9101	0.9061	0.884	0.8724	0.8626	0.8254
2007	0.9051	0.9068	0.8805	0.8803	0.8522	0.8376
2008	0.9044	0.9041	0.8752	0.8799	0.853	0.8351
2009	0.9109	0.9219	0.8915	0.9051	0.8671	0.8699
2010	0.912	0.9113	0.8916	0.8912	0.8708	0.8518
2011	0.9029	0.9098	0.879	0.8815	0.8579	0.8358
平均值	0.9086	0.9242	0.8919	0.9029	0.8353	0.8586

行业\年份	AUSC25	CHNC25	AUSC26	CHNC26	AUSC27	CHND27
1995	0.8604	0.8756	0.916	0.9153	0.8981	0.9052
1996	0.8627	0.8849	0.9121	0.9178	0.8981	0.9114
1997	0.8448	0.8779	0.9123	0.9107	0.8988	0.9052
1998	0.8619	0.9077	0.9136	0.9392	0.8987	0.9114
1999	0.8224	0.8949	0.9047	0.9335	0.8853	0.897
2000	0.8034	0.8703	0.8963	0.9179	0.8831	0.875
2001	0.8144	0.8764	0.9024	0.9212	0.8892	0.875
2002	0.8027	0.8703	0.9021	0.9148	0.8943	0.8613
2003	0.8257	0.8346	0.9066	0.8809	0.8971	0.8525
2004	0.7847	0.7932	0.8997	0.8564	0.8915	0.8422
2005	0.7681	0.7774	0.8978	0.8542	0.8889	0.8522
2006	0.7627	0.7594	0.8978	0.8523	0.8897	0.8612
2007	0.7601	0.7668	0.8943	0.8601	0.8863	0.8755
2008	0.7277	0.7684	0.894	0.8602	0.8873	0.8876
2009	0.7789	0.8142	0.9033	0.8898	0.8934	0.9081
2010	0.7833	0.7895	0.9038	0.8735	0.8933	0.8983
2011	0.7468	0.7688	0.8945	0.8629	0.8843	0.8979
平均值	0.8006	0.8312	0.9030	0.8918	0.8916	0.8834

从发展趋势来看,两国的第三产业流通业发展趋势都比较稳定,大部分没有明显的上升或下降趋势。观察 DVS 差别较大的 C22 行业,澳大利亚走势很平稳,而中国与之相比,有明显的下降趋势。2002 年之前中国的 DVS 都远高于澳大利亚,2002 年之后澳大利亚的 DVS 出现高于中国的情况,但是差值极小。因此总体来看,中国的国内增加值系数仍高于澳大利亚。中国 C24 的 DVS 走势较平稳,而澳大利亚的 DVS 有明显的上升趋势,但由于澳大利亚起点较低,因此总体来看仍是中国的国内增加值系数高于澳大利亚。中国和澳大利亚 C25 都有较明显的下降趋势,并且中国的下降趋势强于澳大利亚,但由于中国的总体数值高于澳大利亚,因此中国的 DVS 高于澳大利亚。

2. 中澳服务部门增加值系数对比分析

(1) 对中澳国内增加值系数均值的比较

图 6-51 对中澳第三产业服务业的 7 个行业 1995—2011 年的国内增加值系数取平均值后进行比较,从而总体上展示两国不同行业的国内增加值系数。

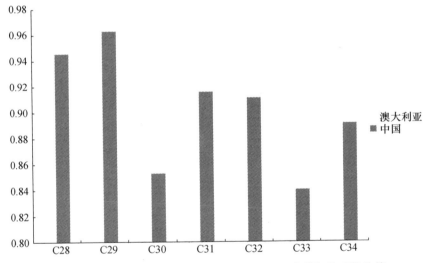

图 6-51　1995—2011 年中澳第三产业服务业国内增加值系数均值

从图 6-50 可以看出,第三产业服务部门行业从平均值来看,澳大利亚 C28、C29 国内增加值系数高于 0.95;C30、C32、C33 在 0.9 和 0.95 之间;C31 和 C34 在 0.85 和 0.9 之间。中国 C29 国内增加值系数大于 0.95;其次是 C28、C31、C32,国内增加值系数在 0.9 和 0.95 之间;再次是C34,国内增加值系数在0.85和0.9之间;最后是C30、C33,低于0.85。

澳大利亚与中国相比,除了C31中国比澳大利亚略高之外,其他行业都是澳大利亚高于中国。其中C28、C30、C32两国的DVS差别较大,分别是0.0196、0.0525、0.0389。

(2)中澳国内增加值系数的趋势分析与对比

为了对比1995—2011年中国与澳大利亚第三产业服务部门行业对进口中间投入的需求情况,表6-24展示并对比了两国C28—C34行业17年的国内增加值系数。

表6-24 1995—2011年澳大利亚和中国第三产业服务部门行业国内增加值系数

年份\行业	AUSC28	CHNC28	AUSC29	CHNC29	AUSC30	CHNC30	AUSC31	CHNC31
1995	0.9501	0.9375	0.9604	0.9661	0.9039	0.8415	0.9099	0.9049
1996	0.9548	0.9478	0.9649	0.9713	0.9077	0.8613	0.9162	0.9184
1997	0.9567	0.9515	0.965	0.9712	0.9029	0.8663	0.9095	0.9185
1998	0.9552	0.9583	0.9648	0.9743	0.9049	0.8909	0.9031	0.9373
1999	0.9554	0.9536	0.9631	0.9707	0.8973	0.8808	0.8986	0.9327
2000	0.9592	0.945	0.9621	0.9639	0.8992	0.8607	0.8925	0.922
2001	0.9643	0.9478	0.9644	0.9641	0.903	0.8677	0.9021	0.9278
2002	0.9671	0.9447	0.9651	0.9603	0.9051	0.8608	0.8928	0.9255
2003	0.969	0.9381	0.9664	0.9517	0.9078	0.837	0.9099	0.914
2004	0.9703	0.9306	0.9672	0.9446	0.9068	0.8092	0.9018	0.9009
2005	0.9704	0.9333	0.9667	0.9477	0.9055	0.809	0.8998	0.9009
2006	0.9728	0.9367	0.9677	0.9526	0.9075	0.8092	0.9013	0.9006
2007	0.9703	0.9426	0.9661	0.96	0.9021	0.8199	0.8968	0.9034
2008	0.9728	0.9461	0.9673	0.9625	0.9056	0.9092	0.8965	0.8998
2009	0.9733	0.957	0.9683	0.9697	0.9112	0.8674	0.907	0.9265
2010	0.9731	0.9517	0.9685	0.9659	0.9106	0.8518	0.9075	0.9167
2011	0.9709	0.9497	0.9657	0.9645	0.9031	0.8486	0.8986	0.9131
平均值	0.9650	0.9454	0.9655	0.9624	0.9050	0.8524	0.9026	0.9155

(续表)

行业 年份	C32	C32	C33	C33	C34	C34	
1995	0.957	0.9257	0.9479	0.8513	0.8863	0.8968	
1996	0.961	0.9312	0.9512	0.859	0.8895	0.9066	
1997	0.9564	0.928	0.9477	0.8455	0.8834	0.9032	
1998	0.9567	0.9399	0.9476	0.864	0.8878	0.915	
1999	0.948	0.9352	0.9467	0.8578	0.8912	0.9047	
2000	0.948	0.9259	0.9472	0.8433	0.8849	0.8868	
2001	0.9487	0.9317	0.9501	0.861	0.8941	0.892	
2002	0.9466	0.9293	0.9451	0.8626	0.8938	0.8837	
2003	0.9485	0.912	0.9515	0.8404	0.9016	0.8701	
2004	0.9461	0.8962	0.9464	0.8072	0.897	0.8524	
2005	0.9461	0.8938	0.9454	0.8023	0.8949	0.8547	
2006	0.9468	0.8912	0.9462	0.801	0.8964	0.8569	
2007	0.9448	0.8926	0.9445	0.8055	0.8912	0.8639	
2008	0.9463	0.8202	0.9446	0.8729	0.8935	1	
2009	0.9488	0.9177	0.948	0.8491	0.8995	0.8954	
2010	0.9483	0.9071	0.9486	0.8313	0.8991	0.8829	
2011	0.9449	0.9042	0.9452	0.8227	0.8909	0.8797	
平均值	0.9496	0.9107	0.9473	0.8398	0.8927	0.8909	

从发展趋势来看,澳大利亚第三产业服务部门行业大部分的发展趋势比较稳定,中国与澳大利亚相比波动较大。在DVS相差较大的几个行业中,澳大利亚C28一直处于上升的趋势,而中国处于下降趋势,两者之间的差距也越来越大。澳大利亚C30和C32的国内增加值系数趋势走向较稳定,而中国波动较大,且总体低于澳大利亚。

综上所述,可以得到以下结论:

第一,中澳两国的第一产业国内增加值系数都很高,基本大于0.9。两国对比后可知,中国的国内增加值系数稍高于澳大利亚,说明中国对进口的中间投入需求更低。

第二,在第二产业简单技术制造业,两国的国内增加值系数与第一产业相比都较低,说明进口中间投入率较高。通过比较可知,中国的简单技术制造业的国内增加值系数较低,只有三个行业高于澳大利亚,并且几乎都趋于下降。而相较于中国,澳大利亚发展趋势更加稳定,因此很多初期比中国弱的行业在后期都出现反超的情况。

第三,中国和澳大利亚复杂技术制造业的国内增加值系数都在 0.8 左右,甚至更低,基本没有 0.85 以上的行业,说明复杂技术制造业对进口的中间投入都较高,并且两国大部分行业都有下降趋势。虽然中国的 DVS 有很多行业下降趋势强于澳大利亚,但由于澳大利亚 DVS 总体较低,所以中国大部分行业还是高于澳大利亚。但 C14 不同于其他行业,澳大利亚高于中国,并且两国差别很大。

第四,两国第二产业其他行业的国内增加值系数都较高,总体情况高于第二产业其他行业。澳大利亚一直处于平稳状态,有稍微的上升趋势,但中国下降趋势相对比较明显。因此总体来看澳大利亚大部分行业对进口的中间投入需求低于中国,并且中国的需求有明显的增长趋势。

第五,中国和澳大利亚的第三产业流通部门行业的国内增加值系数都比其他行业高,发展趋势也较平稳,并且中国的国内增加值系数总体高于澳大利亚,说明中国对进口中间投入的需求低于澳大利亚。对于第三产业服务部门的行业,两国国内增加值系数都很高,并且澳大利亚发展趋势更稳定,对进口的中间投入依赖度也更低。

二、澳大利亚分行业增加值比较优势(VACA)的测度结果与对比

由于 RCA 的测度仅仅针对出口额,并不能体现产品内分工所带来的影响。由上文分析,笔者得出中国和澳大利亚的国内增加值系数有共通之处,即第二产业国内增加值系数都普遍较低,特别是复杂技术制造业。但第三产业与第二产业相比,国内增加值系数明显升高。除此之外,两国也有各自的特点:中国在劳动密集型的行业上国内增加值系数更高,而澳大利亚在资源密集型的行业上更具有优势。本节在计算出中国和澳大利亚 35 个行业从 1995 到 2011 年的国内增加值系数之后,测度出 VACA 指数,用来计算考虑了进口中间投入之后两国 35 个行业修正后的比较优势。

基于上节对国内增加值系数的分析,笔者发现,中澳某些行业对国外中间投入品依赖较大,因此国内增加值与传统出口额有较大差异。所以传统的显性比较优势的方法对一国比较优势的测量有所偏差,因此本节对显性比较优势指数进行了修正,用新的增加值比较优势的方法,重新测度了澳大利亚分产业的增加值比较优势并与中国进行了对比。

(一)澳大利亚分行业增加值比较优势(VACA)的测度结果

图 6-52 至 6-57 是澳大利亚分产业分部门增加值比较优势的测度结

果展示,本节选取了 1995、2000、2005、2010、2011 五个年份的数据结果并做柱状图进行数据的对比。

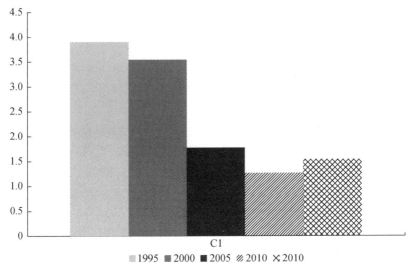

图 6-52　澳大利亚第一产业 VACA 指数

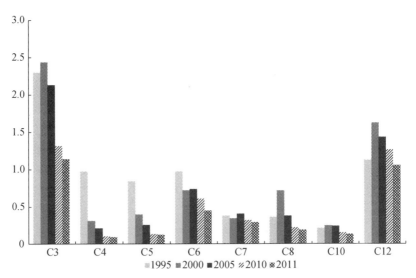

图 6-53　澳大利亚简单技术制造业 VACA 指数

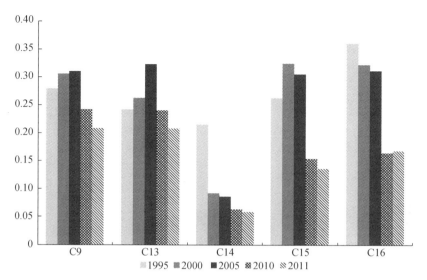

图 6-54　澳大利亚复杂技术制造业 VACA 指数

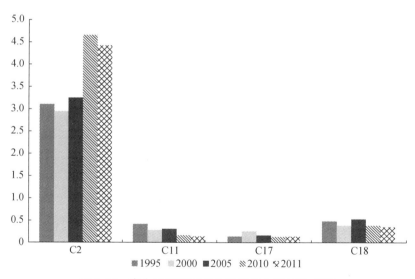

图 6-55　澳大利亚第二产业其他行业 VACA 指数

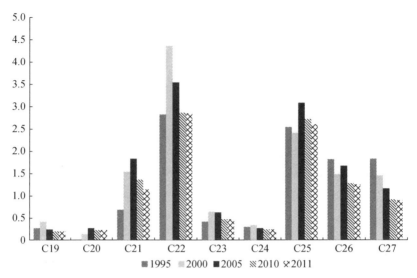

图 6-56　澳大利亚流通业 VACA 指数

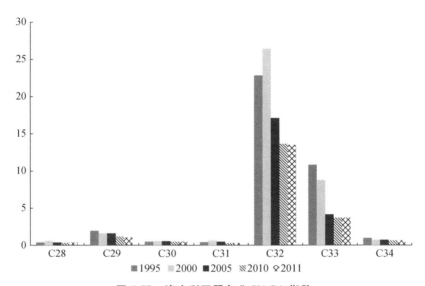

图 6-57　澳大利亚服务业 VACA 指数

经过数据的比对之后,发现仍具有比较优势的行业有:C1、C2、C3、C12、C21、C22、C25、C26、C29、C32、C33。利用传统比较优势测量出在某些年份有比较优势但在修正后没有比较优势的行业有:C4、C5、C6、C34。对进口中间产品的依赖导致这四个行业修正后比较优势减弱至无。

图 6-58 展示了澳大利亚 35 个行业 RCA 与 VACA 指数平均值的差与 RCA 指数平均值的比值,即比较优势的变化率。为了更明显地观察同产业同部门行业的变化率大小,笔者将属于同一产业及部门的行业归在一起:1 表示第一产业;2.1 表示第二产业简单技术制造业;2.2 表示第二产业复杂技术制造业;2.3 表示第二产业其他行业;3.1 表示第三产业流通部门;3.2 表示第三产业服务部门。

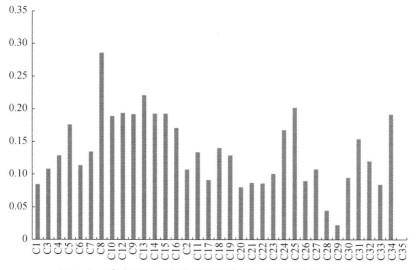

图 6-58　澳大利亚分产业双重测度下比较优势变化率对比

如图 6-58 所示,澳大利亚各产业的变化率总体情况如下:第二产业变化率明显较高,其中的复杂技术制造业变化率总体最高。而第一产业和第三产业除了个别行业之外,其他行业的变化率都比第二产业低,大部分行业低于 0.1。变化率最高的 10 个行业分别是 C5、C8、C9、C10、C12、C13、C14、C15、C25、C34;变化率最低的 5 个行业分别是 C1、C20、C22、C28、C29。

为了与澳大利亚形成对比,图 6-59 展示了中国 35 个行业分产业分部门 RCA 与 VACA 指数平均值的差与 RCA 指数平均值的比值,即比较优势的变化率。

如图 6-59 所示,中国各产业的变化率总体情况如下:第二产业的简单技术制造业和复杂技术制造业变化率相对较高,其次是第二产业其他行业;第三产业相对变化率较低,但与第二产业的差别比澳大利亚要小。变化率最高的 10 个行业为 C4、C5、C8、C9、C10、C12、C13、C14、C15、C25。

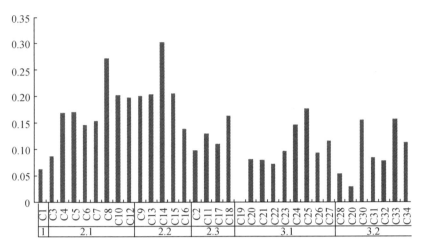

图 6-59 中国分产业双重测度下比较优势变化率

变化率最低的 5 个行业为 C1、C22、C28、C29、C32。

综上,排在前 10 名的行业绝大部分是第二产业的简单技术制造业和复杂技术制造业,并且两国的 10 个行业中有 80% 的行业是相同的;两国排在后 5 名的行业都是第一、第三产业,同样地,5 个行业中相同的行业也占 80%。因此,本章就对中澳两国的比较优势变化率都较大的 8 个第二产业的行业以及变化率较小的 4 个第一、第三产业的行业进行对比和分析。

(二)澳大利亚第一产业 VACA 与 RCA 及其与中国的对比

图 6-60 和 6-61 分别描述了澳大利亚和中国第一产业 RCA 与 VACA 指数以及国内增加值系数的发展趋势。

由图 6-60 和 6-61 可以看出,国内增加值系数高的行业 RCA 与 AVCA 指数的差距很小,说明两国 C1 行业对进口的中间投入品需求较低。澳大利亚由于出口量多于中国,所以 RCA 与 AVCA 指数的差距比中国大,但仍具有较高的比较优势,并且国内增加值系数发展趋势较稳定。而中国在相当一段时间(1998—2004 年)国内增加值系数和 AVCA 指数都在下降,并且 RCA 与 AVCA 指数的差别越来越大。这说明中国农业对进口中间投入需求增强,由弱变强的需求表明中国第一产业确实在衰退。

图 6-60　1995—2011 年澳大利亚 C1 行业 RCA 与 AVCA 指数对比

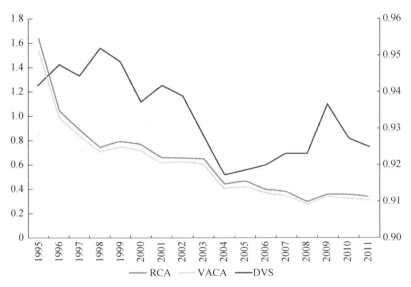

图 6-61　1995—2011 年中国 C1 行业 RCA 与 AVCA 指数对比

（二）澳大利亚第二产业 VACA 与 RCA 指数及其与中国的对比

1. 简单技术制造业 VACA 与 RCA 指数对比

（1）皮革、皮革制品及鞋类行业

图 6-62 和 6-63 分别描述了澳大利亚和中国 C5 行业 RCA 与 VACA 指数以及国内增加值系数的发展趋势。

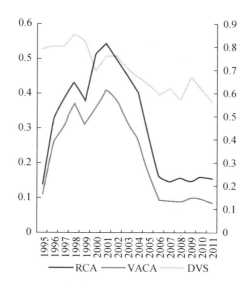

图 6-62 1995—2011 年澳大利亚 C5 行业 RCA 与 VACA 指数对比

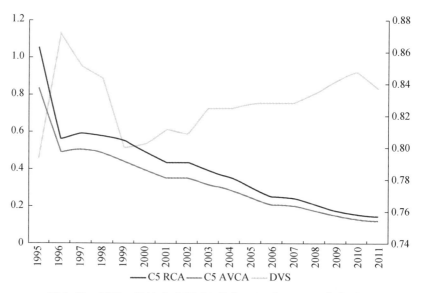

图 6-63 1995—2011 年中国 C5 行业 RCA 与 VACA 指数对比

从图 6-62 可知,澳大利亚 RCA 与 VACA 指数走向趋势相似,但由于国内增加值系数的持续降低使得 RCA 与 VACA 的差距逐渐明显,使得澳大利亚皮制品行业的比较优势更低。

由图 6-63 可知,中国的 RCA 和 VACA 的走向趋势相似,但 VACA 指数一直小于 RCA 指数,由 1995 年的数据可知,原本具有比较优势的 C5 行业,在修正之后 VACA 指数为 0.8356,没有比较优势。但在 1999 年之后,由于 DVS 系数开始稳步上升,因此 RCA 与 VACA 指数的差别在不断缩小。

（2）焦炭、石油及核燃料行业

图 6-64 和 6-65 分别描述了澳大利亚和中国 C8 行业 RCA 与 VACA 指数以及国内增加值系数的发展趋势。

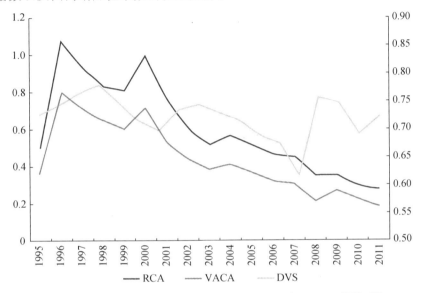

图 6-64　1995—2011 年澳大利亚 C8 行业 RCA 与 VACA 指数对比

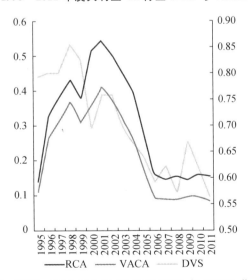

图 6-65　1995—2011 年中国 C8 行业 RCA 与 VACA 指数对比

由图 6-64 可以看出,澳大利亚 VACA 与 RCA 的差距较大并且较稳定。由 1996 年的数据可知,C8 行业这一年的 RCA 指数为 1.0720,但 VACA 指数为 0.7974,表示原有的比较优势经过调整后消失。

由图 6-65 可知,中国 C8 行业 VACA 和 RCA 指数都在上升至 2003 年之后急速下降,在后期表现为 VACA 和 RCA 指数的差距变大。C8 产品的生产需要用到大量的矿产包括石油原油等原料,而由于中国在矿产资源方面很弱,完全没有比较优势,所以对进口原料和中间品的需求越来越多,从而导致 VACA 与 RCA 指数差别增大,并且 VACA 指数很低,没有比较优势。

(3) 橡胶及塑料行业

图 6-66 和 6-67 分别描述了澳大利亚和中国 C10 行业 RCA 与 VACA 指数以及国内增加值系数的发展趋势。

图 6-66　1995—2011 年澳大利亚 C10 行业 RCA 与 VACA 指数对比

从图 6-66 可以看出,RCA 和 VACA 指数的发展趋势大致相同。DVS 系数变化趋势几乎也与 RCA 和 VACA 指数的趋势呈正相关:从 1995 年开始在波动中持续上涨,2003 年之后就持续下跌,一直到 2008 年,说明对进口中间产品的依赖性减少后又增加。而 2008—2009 年,在 RCA 和 VACA 指数都趋于下降的情况下,DVS 系数却大幅度升高。其原因有可能是受金融危机的影响,虽然进口的中间投入占的比例更小了,但总体的

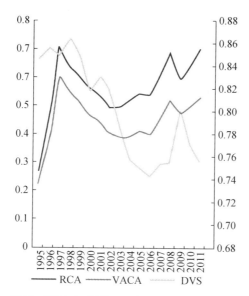

图 6-67　1995—2011 年中国 C10 行业 RCA 与 VACA 指数对比

出口水平有所下降,导致比较优势也下降。总体看来,澳大利亚的橡胶及塑料行业无论是用 RCA 还是 VACA 方法来测度都是没有比较优势的,而且国内增加值系数较低,对进口产品的依赖度较高。

而中国的 C10 行业 VACA 和 DVS 都是处于下降趋势,由图 6-66 可见,虽然 DVS 在后期有上升趋势,但是幅度较小,整体仍是下降状态。C10 行业 VACA 与 RCA 差距越来越大,从 VACA 的角度看 C10 的比较优势并不是非常明显,最高是 1996 年的 2.0749,到 2011 年变成 1.3588,虽然仍具有比较优势,但相比 RCA 仍低了 0.4 左右。

(4) 碱性金属及金属制品行业

图 6-68 和 6-69 分别描述了澳大利亚和中国 C12 行业 RCA 与 VACA 指数以及国内增加值系数的发展趋势。

由图 6-68 可知,澳大利亚的 C12 行业 RCA 和 VACA 差别较大,原本 RCA 指数在 2 以上的年份经修正后都低于 2,并且由于 DVS 系数后期的下降导致 VACA 上升趋势弱于 RCA,下降趋势强于 RCA。中国 C12 行业与 C10 相似,都是 RCA 和 VACA 处于下降趋势,并且 DVS 也在下降,因此 RCA 与 VACA 的差距逐渐增大,VACA 的下降趋势明显强于 RCA。

整体来看,两国的金属制品行业在修正前都有比较优势,但修正后比较优势受到影响较大,说明对于资源密集型的行业来说,对资源的进口仍

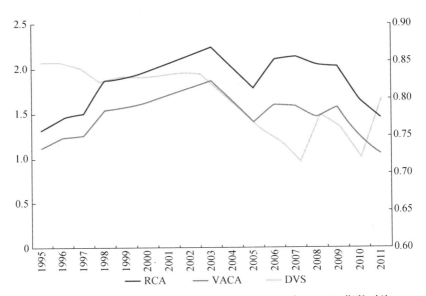

图 6-68　1995—2011 年澳大利亚 C12 行业 RCA 与 VACA 指数对比

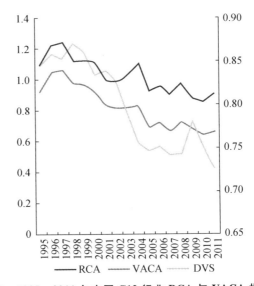

图 6-69　1995—2011 年中国 C12 行业 RCA 与 VACA 指数对比

占据较高的成本。

2. 澳大利亚复杂技术制造业 VACA 与 RCA 对比

（1）化学品及化工产品行业

图 6-70 和 6-71 分别描述了澳大利亚和中国 C9 行业 RCA 与 VACA

指数以及国内增加值系数的发展趋势。

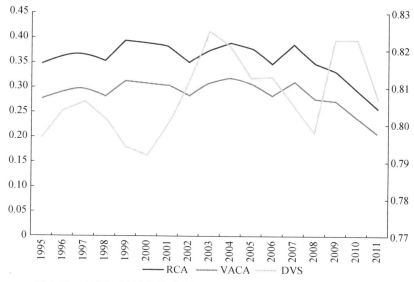

图 6-70　1995—2011 年澳大利亚 C9 行业 RCA 与 VACA 指数对比

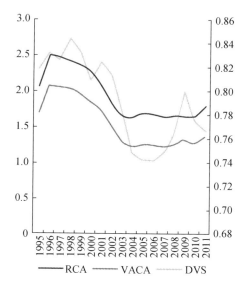

图 6-71　1995—2011 年中国 C9 行业 RCA 与 VACA 指数对比

由图 6-70 和图 6-71 可知,两国 RCA 和 VACA 都有较大差别,其中澳大利亚 C9 行业修正前后都没有比较优势,并且差距较稳定。而中国由于 DVS 系数强劲的下降趋势导致 RCA 和 VACA 差距变大,修正前后的比较优势差别较大。2002年后,VACA的上升趋势也低于RCA,说明中国化工行业的出口量较大,但对进口的中间投入需求较多,因此弱化了其比较优势。而澳大利亚本身没有比较优势,与中国相比,低国内增加值系数对国家整体的经济发展影响不大。

(2) 运输设施行业及机械装置行业

图6-72和6-73分别描述了澳大利亚和中国C13行业RCA与VACA指数以及国内增加值系数的发展趋势。

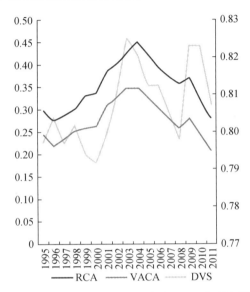

图6-72 1995—2011年澳大利亚C13行业RCA与VACA指数对比

图6-74和6-75分别描述了澳大利亚和中国C15 RCA与VACA指数以及国内增加值系数的发展趋势。

由图6-72和6-74可以看出,澳大利亚在两行业VACA和DVS的走向趋势类似,且VACA的趋势也和DVS有关,在DVS处于上升趋势的时候,VACA也在上升,DVS下降,VACA也在下降,说明机械装置行业国内增加值系数的发展趋势与VACA的发展趋势之间有较紧密的联系。其原因是澳大利亚的C13和C15行业不发达,RCA和VACA指数都低于0.45,只能根据各国的需求来进行进出口,出口多的年份对进口中间产品的需求大,出口少的年份对进口中间产品的需求小,没有固定的发展规律。

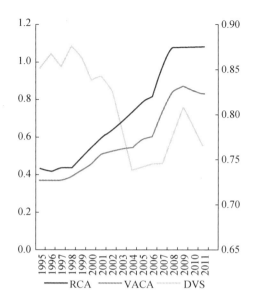

图 6-73　1995—2011 年中国 C13 行业 RCA 与 VACA 指数对比

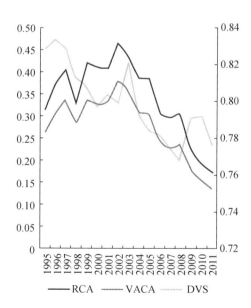

图 6-74　1995—2011 年澳大利亚 C15 行业 RCA 与 VACA 指数对比

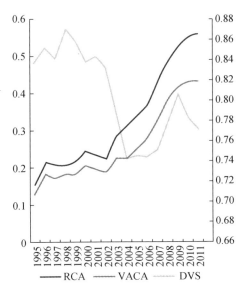

图 6-75　1995—2011 年中国 C15 行业 RCA 与 VACA 指数对比

由图 6-73 和图 6-75 可知,中国这两个行业的 RCA 和 VACA 都处于上升趋势,但 DVS 系数总体处于下降趋势,所以 RCA 和 VACA 的差别逐渐变大,在 2008 年之后尤为明显。2008 年之后 RCA 指数高于 1,并有微弱的上升趋势。但修正后的 VACA 指数远低于 1,并且下降趋势非常明显,说明中国此行业对进口中间投入的需求正在逐渐增大,对其比较优势也有较大的负面影响。

(3) 电器及光学设备行业

图 6-76 和 6-77 分别描述了澳大利亚和中国 C14 行业 RCA 与 VACA 指数以及国内增加值系数的发展趋势。

由图 6-76 可知,澳大利亚 C14 行业没有比较优势,并且 VACA 和 RCA 指数差值较大,特别是从 2003 年之后 DVS 系数直线下降,导致澳大利亚 C14 行业经过修正后比较优势更弱。中国 C14 行业 RCA、VACA 和 DVS 的走势与 C13 非常相似,C14 的 RCA 指数高于 C13,但在修正后发现进口中间产品占制造过程中较大比例,RCA 与 VACA 的差别也在逐渐增大,比较优势低于修正前,并且增长的趋势相较修正前缓慢得多。

两国相比后发现,澳大利亚在电器及光学设备行业完全没有比较优势,并且对进口的中间产品有较强的依赖性。在后期比较优势和国内增加值系数都有明显下降趋势;而中国在国内增加值系数较低的情况下仍

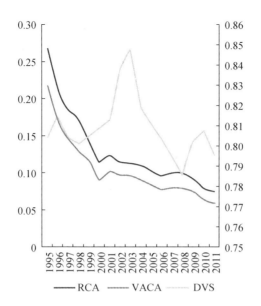

图 6-76 1995—2011 年澳大利亚 C14 行业 RCA 与 VACA 指数对比

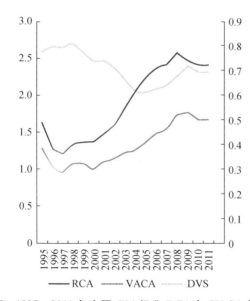

图 6-77 1995—2011 年中国 C14 行业 RCA 与 VACA 指数对比

有比较优势,并且在比较优势持续上涨的过程中国内增加值系数前期下降,后期上升,说明中国在电器及光学设备行业的出口规模较大,但对国外的中间投入仍有较高需求,但在后期依赖性有所下降。

（四）澳大利亚第三产业 VACA 与 RCA 及其与中国的对比

1. 宾馆和餐厅行业

图 6-78 和 6-79 分别描述了澳大利亚和中国宾馆和餐厅行业 RCA 与 VACA 指数以及国内增加值系数的发展趋势。

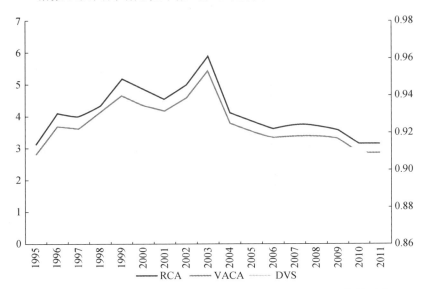

图 6-78　1995—2011 年澳大利亚 C22 行业 RCA 与 VACA 指数对比

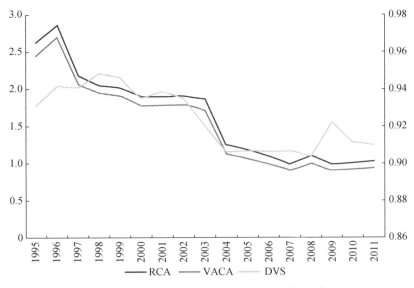

图 6-79　中国 C22 行业 RCA 与 VACA 指数对比

由图 6-78 和 6-79 可知,澳大利亚与中国的 C22 行业 AVCA 和 RCA 的走向都十分相似,并且澳大利亚 RCA 与 AVCA 的差别比中国要小,中国的国内增加值系数和比较优势指数都处于下降的趋势,说明澳大利亚的宾馆及餐饮行业在旅游业发达的背景下发展较稳定。反之,中国的旅游业发展相比较弱,国内增加值系数下降幅度明显,对进口的中间产品需求越来越高,导致在后期调整后的 VACA 显示此行业没有比较优势。

2. 金融中介行业

图 6-80 和 6-81 分别描述了澳大利亚和中国金融中介行业 RCA 与 VACA 指数以及国内增加值系数的发展趋势。

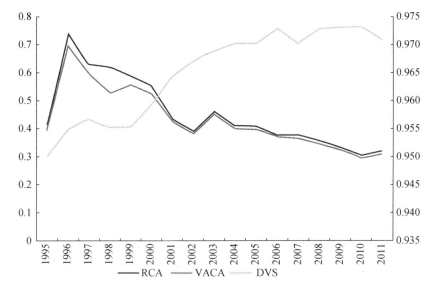

图 6-80　1995—2011 年澳大利亚 C35 行业 RCA 与 VACA 指数对比

由图 6-80 和 6-81 可以得出,中国和澳大利亚的金融中介行业虽然都没有比较优势,但对进口的中间投入需求非常低,特别是澳大利亚,国内增加值系数一直处于稳步上升的阶段,说明两国在此行业都是独立性较强,只要出口量出现改观,两国本行业的比较优势就会上升。

3. 教育行业

图 6-82 和 6-83 分别描述了澳大利亚和中国金融中介行业 RCA 与 VACA 指数以及国内增加值系数的发展趋势。

经过两国的对比,可以明显地看出,澳大利亚由于原本 RCA 指数非常高,再加上国内增加值系数的影响之后,RCA 与 AVCA 的差别可以很明显地看出来,如 2003—2008 年间 RCA 指数波动剧烈并且比较优势很

图 6-81　1995—2011 年中国 C35 行业 RCA 与 VACA 指数对比

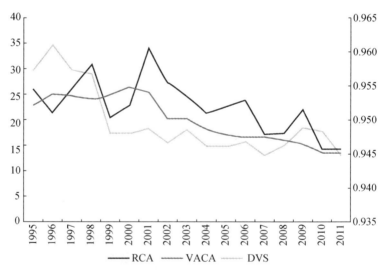

图 6-82　1995—2011 年澳大利亚 C32 行业 RCA 与 VACA 指数对比

高,但经过调整之后,VACA 的波动相对平稳得多,并且比较优势并没有很高,整体处于平稳下滑趋势。而中国由于原本没有比较优势,加上国内增加值系数很高,所以 RCA 和 VACA 没有很大的差别,从图 6-83 可以看出,几乎是贴在一起的。

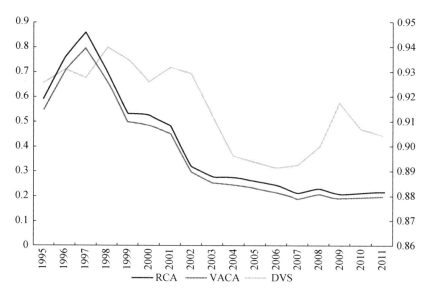

图 6-83 1995—2011 年中国 C32 行业 RCA 与 VACA 指数对比

综上，可以得出以下结论：

（1）在经过修正之后，所有行业的比较优势指数都低于修正前。其中，澳大利亚利用传统比较优势测量出在某些年份有比较优势但在修正后没有比较优势的行业有：C4、C5、C6、C34。中国利用传统比较优势测量出在某些年份有比较优势但在修正后没有比较优势的行业有：C12、C22、C25。

（2）中澳两国修正前后比较优势差距较大的行业多集中在第二产业，而第二产业中差距较明显的是复杂技术制造业。另外，总体来看，中国比澳大利亚差距更明显。在澳大利亚差距最明显的 8 个行业中，只有 1 个行业即碱性金属及金属制品行业具有比较优势，其他都没有比较优势；而中国的 8 个行业中，有 4 个行业具有比较优势，1 个行业在前期没有比较优势，后期显示出比较优势。这将发达国家与发展中国家的区别显现了出来，说明中国仅仅是在高技术产业的劳动密集型加工环节实现了专业化，发展中国家大量出口制造业产品并非是因为他们在技术领域实现了高度专业化，而是全球生产片段化的结果，即在产品内贸易兴盛的背景下，发展中国家吸引了众多的跨国公司的产品组装加工阶段的生产，而那些资本和技术密集型的生产仍然集中在其母国。

6.5.2 日本和韩国细分行业 VACA 指数的测度

在测算日本和韩国细分行业 VACA 指数时,有必要首先测算一下两国细分行业附加值,并与中国相关数据进行对比。

一、中日韩细分行业附加值的测度

(一)日韩第一产业附加值测度及其与中国的对比

根据非竞争型投入产出模型提供的计算完全进口额的方法,可以计算出中日韩出口的第一产业附加值的含量,如表 6-25 所示:

表 6-25 1995—2011 年中日韩第一产业附加值(单位:百万美元)

年份	1995	1996	1997	1998	1999	2000	2001	2002	2003
中国	6371	5421	4851	3985	4146	4643	4331	5348	5285
日本	389	658	668	466	495	647	383	411	518
韩国	1110	796	640	564	571	526	482	402	416
年份	2004	2005	2006	2007	2008	2009	2010	2011	
中国	5985	7526	7823	9897	13613	15587	14127	16420	
日本	597	651	719	818	852	752	824	837	
韩国	445	458	404	414	433	465	533	582	

从表 6-25 可以看出,中国第一产业的附加值不断上升,从 1995 年的 6371 百万美元到 2011 年的 16420 百万美元,日本第一产业的附加值也在不断上升,韩国呈下降趋势。但是目前为止,中国第一产业的附加值仍然远远高于日韩两国。这一特征与各国国内的产业特征相符。这说明即使从附加值总量方面看,中国的第一产业也在三国中有压倒性的比较优势。

(二)中日韩第二产业附加值测量

1. 中日韩第二产业总体的附加值

经过 matlab 计算出中日韩第二产业的完全进口消耗系数,并得到完全进口额,即可以得到中日韩三国第二产业的附加值,如表 6-26 所示:

表 6-26 1995—2011 年中日韩第二产业附加值(单位:百万美元)

年份	1995	1996	1997	1998	1999	2000	2001	2002	2003
中国	116983	124434	141542	141570	146533	180152	192689	226583	217926
日本	372589	333603	335717	313692	337009	372909	317000	327087	361783
韩国	87214	89936	94046	87204	94564	108629	97585	107295	126470
年份	2004	2005	2006	2007	2008	2009	2010	2011	
中国	382779	494322	643037	831214	1E+06	1229361	1130725	1345293	
日本	429319	450682	469384	505059	539664	425761	547238	569946	
韩国	162944	181102	203393	232284	232260	209942	266554	301827	

从表 6-26 中可以得出,中国的工业起步比较晚,1995 年时,第二产业的附加值为 116983 百万美元,远远低于日本的 372589 百万美元,明显处于劣势,说明当时中国的工业化程度比较低,技术水平落后。但是,中国第二产业的附加值一直在稳步增长过程中,经过多年的发展,在 2006 年的时候,中国第二产业的附加值达到 643037 百万美元,首次超过日本。与日本和中国比,韩国工业制成品附加值比较低,但是也一直处在增加的过程中。

2. 中日韩简单技术制造业附加值的测量

同样的计算方法也可以运用到中日韩简单技术制造业的附加值的测量,如表 6-27 所示:

表 6-27　1995—2011 年中日韩简单技术制造业附加值

年份	1995	1996	1997	1998	1999	2000	2001	2002	2003
中国	70230	72587	78967	74136	73252	87373	90870	101120	99055
日本	65277	55536	55131	51090	52327	55521	52472	52848	56090
韩国	27833	28115	30610	29035	28492	29205	26271	27062	29237

年份	2004	2005	2006	2007	2008	2009	2010	2011
中国	159043	194050	242388	295121	472545	403493	362401	444134
日本	67820	76052	80318	89062	105079	88930	112290	118686
韩国	35001	35826	38885	44042	44536	39783	47746	55557

从表 6-27 中,可以看出三国的简单技术制造业附加值都在不断上升中,其中规模最大的是中国,其次是日本,韩国第三。在 1995 到 2011 年间,简单技术制造业附加值变化幅度最大的是中国,从 1995 年的 70230 百万美元上升至 2011 年的 444134 百万美元,上涨了 6 倍多。韩国涨幅约 1.9 倍。日本的涨幅最小,从 1995 年的 65277 百万美元到 2011 年的 118686 百万美元,大约增加了 1.8 倍。

3. 中日韩高级技术制造业附加值的测量

根据完全进口增加值的计算方法,可以得出完全进口额。表 6-28 展示的就是 1995 年到 2011 年间中日韩高级技术制造业的附加值的变动。

表6-28 1995—2011年中日韩高级技术制造业附加值

（单位：百万美元）

年份	1995	1996	1997	1998	1999	2000	2001	2002	2003
中国	46752	51847	62574	67434	73281	92780	101819	125463	118870
日本	307312	278067	280586	262602	284682	317388	264528	274239	305693
韩国	59381	61821	63436	58168	66071	79425	71314	80233	97233
年份	2004	2005	2006	2007	2008	2009	2010	2011	
中国	223736	300372	400649	536093	898462	825867	768324	901159	
日本	361498	374630	389067	415997	434585	336831	434947	451260	
韩国	127942	145276	164509	188242	187725	170160	218808	246271	

根据表6-28可以得出，中日韩高级技术制造业的附加值在不断上升，除了2009年由于经济危机的影响，高级技术制造业的附加值出现了小幅回落。1995年，中国高级技术制造业的附加值为46572百万美元，到2011年增至901159百万美元，增加了19倍。韩国则上涨了4.14倍左右，从1995年的59381百万美元到2011年的246271百万美元。日本1995年为307312百万美元，到2011年增至451260百万美元，增加了1.47倍。

（三）中日韩第三产业附加值测量

1. 中日韩第三产业附加值的总体测量

通过计算可以得到中日韩三国第三产业附加值，如表6-29所示。可以发现，三国的第三产业附加值都在不断的增长中。

表6-29 1995—2011年中日韩第三产业附加值（单位：百万美元）

年份	1995	1996	1997	1998	1999	2000	2001	2002	2003
中国	14608	13457	27226	30882	31325	39843	44871	57079	56078
日本	79469	86970	89523	75570	77806	94389	74703	76536	98087
韩国	24061	24655	26293	23212	25270	30145	25004	25637	29419
年份	2004	2005	2006	2007	2008	2009	2010	2011	
中国	89253	106855	127022	152780	357005	317192	203120	244290	
日本	118286	123036	131747	144525	160797	125806	158936	169851	
韩国	35854	39265	43442	51949	53716	44047	54804	61566	

虽然1995年，中国第三产业的附加值比较低，只有日本的1/5左右，

但是经过十几年的发展,中国第三产业的附加值不断增加,并在 2007 年超过日本。到 2008 年,第三产业的附加值达到 357005 百万美元的最高点。受经济危机影响,2009 年第三产业的附加值有所下降,但 2010 年开始,随着经济复苏,各国的第三产业也开始焕发活力,出现上升的趋势。

2. 中日韩流通部门附加值的测量

根据完全进口增加值的计算方法,可以得出完全进口额。表 6-30 展示的就是 1995 年到 2011 年间中日韩第三产业流通部门附加值的变动。

表 6-30 1995—2011 年中日韩流通部门附加值（单位:百万美元）

年份	1995	1996	1997	1998	1999	2000	2001	2002	2003
中国	13055	12179	26086	25272	25628	32635	36899	47171	46297
日本	57798	71770	72782	63135	65941	79798	63227	64672	83909
韩国	17780	18769	20411	18250	20002	23514	19468	19930	22705
年份	2004	2005	2006	2007	2008	2009	2010	2011	
中国	70617	82669	95903	112631	262918	234199	149787	179866	
日本	101954	107814	112288	123035	136771	107495	135474	144789	
韩国	27317	28239	31101	37048	37453	30924	38263	42639	

根据表 6-30 可以发现,中日韩三国流通领域的附加值在不断增加。以附加值总量来衡量的话,中国流通部门的附加值起步时数量虽少,但经过多年的发展后,终于在 2008 年超过日本,成为三国中流通部门附加值含量最高的国家。而韩国的附加值含量最低,到 2011 年,其总量不到中国的 1/3。

3. 中日韩为生产和生活服务部门附加值的测量

同理,中日韩三国为生产和生活服务部门的附加值也可以被计算出来,如表 6-31 所示。可以发现,中日韩服务部门的附加值也在增加中,但与流通领域相比,为生产和生活服务部门的附加值总量比较小。三国间的变化趋势也与流通部门比较相似,中国为生产和生活服务部门的附加值起步时数量虽少,但经过多年的发展后,终于在 2005 年超过了日本,成为三国中流通部门附加值含量最高的国家。韩国仍然是三国中附加值最低的国家,只占中国的 1/5 左右。

表 6-31 1995—2011 年中日韩为生产和生活服务部门的附加值

(单位:百万美元)

年份	1995	1996	1997	1998	1999	2000	2001	2002	2003
中国	1255	1023	881	5374	5469	6923	7647	9476	9359
日本	15334	18126	15968	14078	13438	17187	12587	12576	16853
韩国	4719	4177	3935	3158	3233	4096	3560	3818	4675

年份	2004	2005	2006	2007	2008	2009	2010	2011
中国	18052	23537	30403	39356	92218	81334	52271	63145
日本	19935	19390	23933	26383	29540	22405	28776	30758
韩国	6199	8656	9687	11714	12819	10338	13040	14927

4. 中日韩为提高科学文化水平和居民素质服务部门附加值的测量

根据完全增加值的计算方法,可以算出相关的附加值,表 6-32 展示的是中日韩为提高科学文化水平和居民素质服务部门的附加值。

中国为提高科学文化水平和居民素质服务部门的附加值含量是三个国家中最低的,同时也在不断上升之中。中国在 1995 年的附加值总量是最低的,只有 384 百万美元,是日本的 1/30,韩国的 1/4。但随着不断的发展,到 2011 年已经达到 2048 百万美元,但仍然是三国中最低的。韩国为提高科学文化水平和居民素质服务部门的表现后来者居上,自 2003 年超越日本后,扶摇直上,2011 年达到 4000 百万美元,是三国中附加值最高的。

表 6-32 1995—2011 年中日韩为提高科学文化水平和居民素质服务部门的附加值

(单位:百万美元)

年份	1995	1996	1997	1998	1999	2000	2001	2002	2003
中国	384	325	319	297	292	367	419	431	422
日本	11973	2259	4981	1939	1803	1703	1747	2099	2024
韩国	1562	1709	1948	1804	2034	2535	1976	1889	2039

年份	2004	2005	2006	2007	2008	2009	2010	2011
中国	584	649	716	1269	2986	2652	1697	2048
日本	2215	2308	2240	2415	2661	2112	2671	2812
韩国	2338	2371	2654	3187	3444	2784	3501	4000

二、日韩相对附加值比较优势(VACA)的测度及其与中国的对比

相对附加值比较优势指数是两个国家某类产品的附加值比较优势(VACA)指数的比值。因此,如果要比较两个国家的 VACA 指数时,可以通过两个国家的 VACA 指数相除得到,即得到了相对附加值比较优势指数。以中国和日本为例,对相对附加值比较优势指数进行解释。如公式

(6.1) 表示的是中国 i 商品与日本 i 商品的相对附加值比较优势指数。

$$\frac{VACA_{CHN}}{VACA_{JFN}} = \frac{\frac{VEX_{iCHN}/EX_{tCHN}}{EX_{iw}/EX_{tw}}}{\frac{VEX_{iJFN}/EX_{tJFN}}{EX_{iw}/EX_{tw}}} = \frac{VEX_{iCHN}/EX_{tCHN}}{VEX_{iJFN}/EX_{tJFN}} \quad (6.1)$$

若该指数大于 1,则表示中国 i 商品的附加值比较优势强于日本;若小于 1,则表示日本 i 商品的附加值比较优势强于中国。

(一)日韩第一产业相对附加值比较优势(VACA)的测度及其与中国的对比

根据上文提及的关于相对附加值比较优势指数的定义和计算方法,可以测算出中日韩三国第一产业 1995 年到 2011 年相对附加值比较优势指数的变动,如表 6-33 所示。通过观察此表可以对中国、日本以及韩国的第一产业相对附加值比较优势得到一个比较清晰的认识。

表 6-33　1995—2011 年中日韩第一产业相对附加值比较优势指数变动

年份	1995	1996	1997	1998	1999	2000	2001	2002	2003
中日	47.375	23.071	20.643	23.7	24.7	21.231	32.25	39.75	28.636
中韩	5.053	5.982	6.721	6.237	6.333	7.886	7.818	11.778	11.25
日韩	0.107	0.259	0.326	0.263	0.256	0.371	0.242	0.296	0.393

年份	2004	2005	2006	2007	2008	2009	2010	2011
中日	29.667	34.462	31.067	34.647	45	58	49.471	57.529
中韩	11.867	14.452	17.259	21.036	27.931	29.936	23.361	25.077
日韩	0.4	0.419	0.556	0.607	0.621	0.516	0.472	0.436

从表 6-33 可以看出,在第一产业里,中日、中韩的相对附加值比较优势指数远远超过 1,近年来还出现了继续上涨的趋势,2011 年中日相对附加值比较优势指数甚至达到了 57。日韩的相对附加值比较优势指数则在小于 1 的范围里波动。这样的结果表明,中国在第一产业领域具有很强的竞争力,对日本和韩国的相对附加值比较优势都非常明显。中国要做好深层次提高第一产业价值,延伸第一产业链发展的准备。日本和韩国之间,韩国的第一产业更具有相对附加值比较优势。

(二)日韩第二产业相对附加值比较优势(VACA)的测度及其与中国的对比

1. 中日韩第二产业整体相对附加值比较优势

根据相对附加值比较优势指数的公式,可以得到 1995—2011 年中日韩第二产业的相对附加值比较优势指数变动,如表 6-34 所示:

表 6-34 1995—2011 年中日韩第二产业相对附加值比较优势指数

年份	1995	1996	1997	1998	1999	2000	2001	2002	2003
中日	0.905	0.991	0.945	0.919	0.894	0.886	0.879	0.846	0.839
中韩	1.183	1.246	1.221	1.212	1.18	1.18	1.148	1.076	1.055
日韩	1.308	1.257	1.292	1.319	1.321	1.332	1.306	1.272	1.257
年份	2004	2005	2006	2007	2008	2009	2010	2011	
中日	0.834	0.857	0.907	0.947	0.961	0.947	1.062	1.316	
中韩	1.036	1.07	1.113	1.163	1.283	1.223	1.355	1.699	
日韩	1.242	1.248	1.226	1.228	1.336	1.292	1.277	1.292	

从表6-34可以得出,中日第二产业相对附加值比较优势指数在不断上升中,2010年终于突破1的分界点,中韩第二产业相对附加值比较优势指数始终大于1,仍然保持着不断增长的态势。日韩第二产业相对附加值比较优势指数也大于1,但是呈现一个略微下降的态势。综上可以得出这样的结论,日本第二产业相对附加值比较优势原来一直强于中国,近两年来随着中国的发展,这一相对附加值比较优势也在丧失中。跟韩国相比,中国第二产业的相对附加值比较优势非常明显,且这一优势在不断扩大中,这与中国不断地进行产业升级有关。日本对韩国的相对附加值比较优势也比较明显。

2. 中日韩简单技术制造业相对附加值比较优势

根据相对附加值比较优势指数的计算方法,可以得到如图6-84所示的中日韩简单技术制造业的相对附加值比较优势指数。

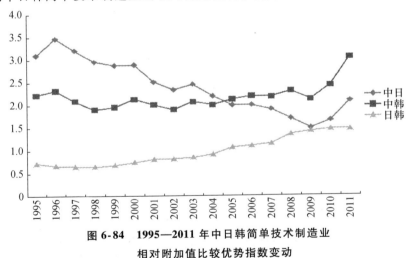

图 6-84 1995—2011 年中日韩简单技术制造业相对附加值比较优势指数变动

根据图 6-84,可以看出,从 1995 年到 2011 年间,中日、中韩简单技术制造业的相对附加值比较优势都大于 1,日韩简单技术制造业的相对附加值比较优势指数则从原来的 0.7183 上升到 1.4609。这说明,无论对日本还是韩国,中国简单技术制造业的相对附加值比较优势都是最强的,这也符合当前中国第二产业出口中科技含量不高的贸易现实。然而在简单技术制造业领域,值得指出的是,日本对韩国的相对附加值比较优势在不断上升。这表明韩国正在经历工业升级和技术革新,主动放弃了简单技术制造业这一领域的发展。

3. 中日韩高级技术制造业相对附加值比较优势

基于相对附加值贸易比较优势指数的计算方法,可以算出中日、中韩、日韩的高级技术制造业相对附加值比较优势,如图 6-85 所示。

从图 6-85 中可以看出,大多数年份中日高级技术制造业的相对附加值比较优势指数都小于 1,2011 年该指数首次超越 1。中韩高级技术制造业的相对附加值比较优势指数在 2007 年前小于 1,2007 年的相对附加值比较优势指数则大于 1。由此,可以发现中国高级技术制造业的相对附加值比较优势在不断提升中。这反映出中日、中韩两国工业化进入了新阶段,资金和技术的投入力度不断增加。日韩高级技术制造业的相对附加值比较优势指数虽然有下降的趋势,但仍然大于 1,说明日本对韩国仍然具备很强的相对附加值比较优势。综合中韩和日韩的相对附加值比较优势指数的变动,可以发现韩国高技术制造业的起色不是很大。

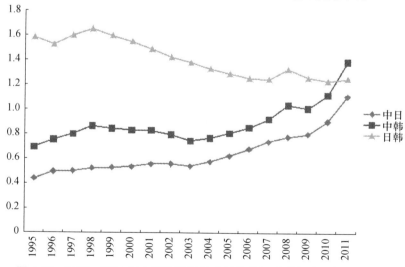

图 6-85　1995—2011 年中日韩高级技术制造业相对附加值比较优势变动

(三)中日韩第三产业相对附加值比较优势

1. 中日韩第三产业总体附加值比较优势

根据相对附加值比较优势指数的计算方法,可以得到如表 6-35 所示的 1995 年到 2011 年中日韩第三产业的相对附加值比较优势指数。

中日第三产业相对附加值比较优势始终小于 1,而中韩第三产业相对附加值比较优势指数则从由原来小于 1 上升至 2011 年的 1.5124,中国第三产业因为起步比较晚,所以在早年附加值比较优势处在非常劣势的地位。随着国家注重产业升级,以及对第三产业投入的增加,第三产业附加值比较优势在不断提升。日韩第三产业相对附加值比较优势指数则始终大于 1,这说明日本的第三产业相对附加值比较优势强于韩国。

表 6-35 1995—2011 年中日韩第三产业相对附加值比较优势指数变动

年份	1995	1996	1997	1998	1999	2000	2001	2002	2003
中日	0.53	0.411	0.682	0.832	0.828	0.774	0.869	0.91	0.796
中韩	0.536	0.492	0.84	0.993	0.945	0.941	1.044	1.134	1.166
日韩	1.011	1.196	1.232	1.194	1.142	1.215	1.201	1.246	1.465
年份	2004	2005	2006	2007	2008	2009	2010	2011	
中日	0.706	0.679	0.639	0.608	0.84	0.827	0.656	0.801	
中韩	1.098	1.067	1.029	0.956	1.445	1.505	1.184	1.512	
日韩	1.556	1.572	1.611	1.572	1.721	1.82	1.804	1.888	

2. 中日韩流通部门相对附加值比较优势

根据相对附加值比较优势指数的计算方法和第三产业分类,可以得到如图 6-86 所示的 1995 年到 2011 年中日、中韩和日韩流通部门相对附加值比较优势指数。

从图 6-86 可以看出,中日在流通领域的相对附加值比较优势指数小于 1,且呈现一个向下的趋势。中韩的相对附加值比较优势也小于 1,但是在不断上升的过程中。反观日韩的相对附加值比较优势指数从 1996 年突破 1 的分界线后,则在不断走高中。总体来说,日本在流通领域的相对附加值比较优势强于中国和韩国。

3. 中日韩为生产和生活服务部门的相对附加值比较优势

同理,中日韩三国为生产和生活服务部门的相对附加值比较优势指数也可以用同样的办法算出,如图 6-87 所示。

从图 6-87 可以看出,中日、中韩为生产和生活服务部门的相对附加

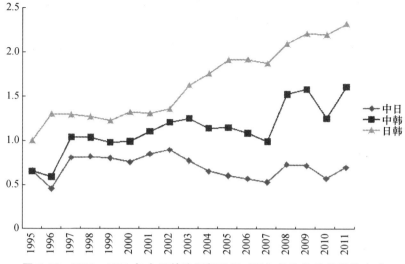

图 6-86 1995—2011 年中日韩流通部门相对附加值比较优势指数变动

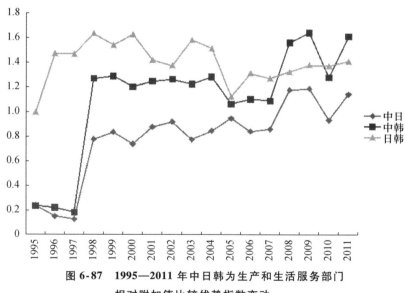

图 6-87 1995—2011 年中日韩为生产和生活服务部门相对附加值比较优势指数变动

值比较优势指数在波动中上升,1998年前后超越了重要的分界点1,说明中国在该领域具有相对附加值比较优势。日韩在该领域的相对附加值比较优势指数并不稳定,但近几年来,该指数都小于1,说明韩国更具有比较优势。

4. 中日韩为提高科学文化水平和居民素质服务部门的相对附加值比较优势

中日韩三国为提高科学文化水平和居民素质服务部门相对附加值比较优势如图 6-88 所示:

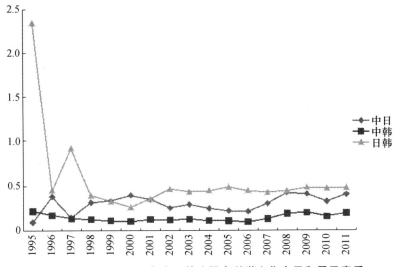

图 6-88　1995—2011 年中日韩为提高科学文化水平和居民素质服务部门相对附加值比较优势指数变动

从图 6-88 可以得出,中日、中韩的相对附加值比较优势指数在 1995 年到 2011 年间远远小于 1,这说明中国为提高科学文化水平和居民素质服务部门的相对附加值比较优势不明显。日韩的相对附加值比较优势指数则低于 1,说明韩国更具有比较优势。但总体而言都呈现一个小幅上升的趋势。

三、中日韩分行业 RCA 和 VACA 双重测度结果对比

(一) 中日韩第一产业两类比较优势对比

图 6-89 是中日韩第一产业 5 个年份的相对比较优势指数和相对附加值比较优势指数的对比。

通过对比可以发现,近年来,中日和中韩的相对附加值比较优势远远超过其相对比较优势,这说明中国在第一产业的相对附加值比较优势非常强劲。中国在未来会继续深度挖掘第一产业的产业价值,提高自身的附加值。由于日韩的相对比较优势指数和相对附加值比较优势指数相差不大,因此在本图上显示并不明显。

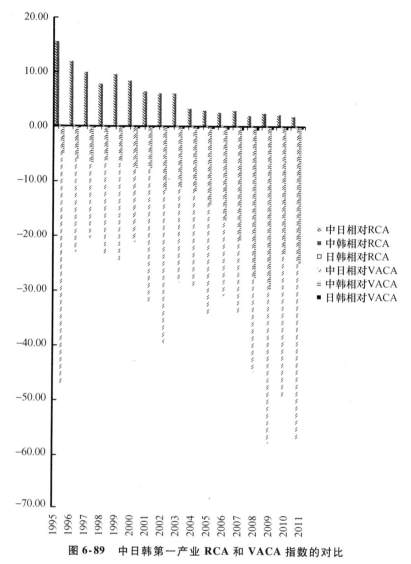

图 6-89 中日韩第一产业 RCA 和 VACA 指数的对比

(二) 中日韩第二产业两类比较优势对比

1. 中日韩第二产业整体比较优势对比

同样的对比方式也可以适用于第二产业的比较优势的对比,得到图 6-90。

根据图 6-90,可以发现在第二产业领域,中日间的相对比较优势和相对附加值比较优势相差不大,而中韩、日韩间的不同则比较明显。中韩、日韩的相对比较优势指数在这几年中多为小于 1,而它们的相对附加

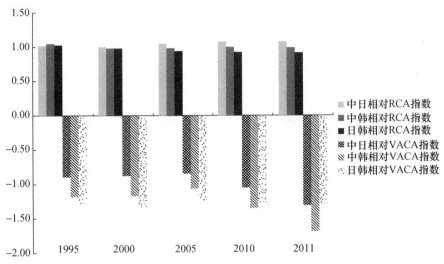

图 6-90　中日韩第二产业 RCA 和 VACA 指数对比

资料来源:根据 2011 年 WIOD 数据库计算。

值比较优势指数却都大于 1,这说明中国、日本在第二产业领域虽然相对比较优势比较弱,但其相对附加值比较优势却远远高于韩国;中国和日本在第二产业整体方面的竞争力更强,附加值含量更高。

2. 中日韩简单技术制造业比较优势对比

图 6-91 展示的是简单技术制造业的相对比较优势指数和相对附加值比较优势指数对比。可以得出,无论以相对比较优势还是以相对附加值比较优势进行对比,对日本而言,中国在简单技术制造业方面都具有绝对的竞争力。虽然中韩和日韩的相对比较优势指数已经大于 1,但是它们的相对附加值比较优势指数都远远超过 1。这说明总体来看,韩国在简单技术制造业方面的附加值含量比较低,是处在劣势地位的。

3. 中日韩高级技术制造业比较优势对比

以选取的 5 个年份为例,比较中日韩高级技术制造业的相对比较优势和相对附加值比较优势,如图 6-92 所示。

可见,中日在高级技术制造业领域的相对比较优势和相对附加值比较优势的趋势是一样的,过去日本在高级技术制造业上更具比较优势,但近年来,随着中国技术水平的不断提高和产业的升级,中国在该领域更具竞争力。对比中韩两国的比较优势可以发现,虽然韩国在比较优势上略胜一筹,但中国的相对附加值比较优势明显高于韩国。观察日韩的两类比较优势指数,也可以得到相似的结论。这说明韩国的高科技工业制成

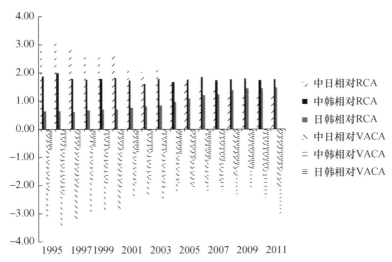

图 6-91 中日韩简单技术制造业 RCA 和 VACA 指数对比

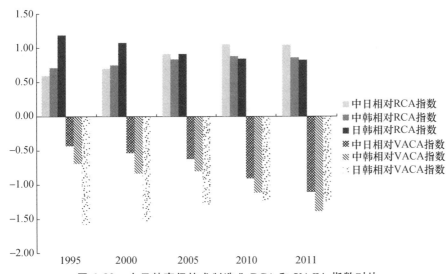

图 6-92 中日韩高级技术制造业 RCA 和 VACA 指数对比

品的附加值比较优势的增强与对应的比较优势相比还有巨大差距。同时也表明韩国的高科技工业制成品很大程度还依赖着进口的中间投入,比如国外先进的技术和雄厚的资金等。

(三)中日韩第三产业两类比较优势对比

1. 中日韩第三产业整体比较优势对比

观察图 6-93,可以更加清楚地对比中日韩三国第三产业的相对比较优势和相对附加值比较优势。

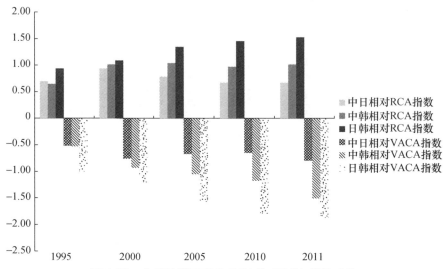

图 6-93　中日韩第三产业 RCA 和 VACA 指数对比

根据图 6-93 可以看出,在第三产业领域,中日、日韩的相对比较优势和相对附加值比较优势趋势是一致的,即日本的第三产业强于中国,同时也比韩国更具有竞争力。但是,在中韩两国对比中存在着一点差异。从相对比较优势来看,近年来,韩国仍稍稍在第三产业领域具有一定的优势,而从相对附加值比较优势来看,中国的竞争力更强。这说明韩国第三产业的附加值不高,需要进一步的产业升级。

2. 中日韩流通部门相对比较优势的对比

中日韩流通部门相对比较优势指数和相对附加值比较优势指数的对比如图 6-94 所示:

根据图 6-94,中日在流通部门的相对比较优势和相对附加值比较优势趋势一致,都小于 1,即日本更具有竞争力。日韩也有同样的趋势,都是从小于 1 的阶段慢慢爬升到远远超过 1,表明日本对韩国而言,流通部门的比较优势也很明显。起初中韩两国的两类比较优势也一致,但近年来,其相对附加值比较优势指数上升至大于 1,而相对比较优势指数小于 1,这说明虽然韩国在流通领域显性比较优势比较强,但是中国的附加值比较优势更明显。

3. 中日韩为生产和生活服务部门的相对比较优势对比

图 6-95 展现的就是中日韩三国为生产和生活服务部门五个年份的

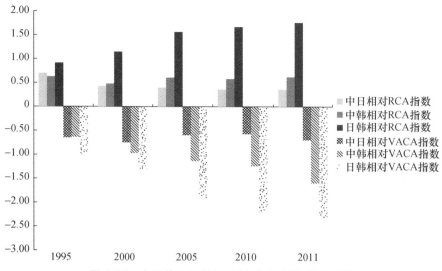

图 6-94 中日韩流通部门 RCA 和 VACA 指数对比

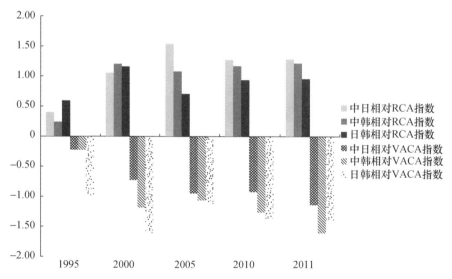

图 6-95 中日韩为生产和生活服务部门 RCA 和 VACA 指数对比

相对比较优势的对比。

根据图 6-95,则可以发现,中日两大类比较优势几乎沿着同样的趋势在发展,都是由小于 1 到超过 1,即拥有比较优势的一方由日本转向中国。中韩的相对比较优势和相对附加值比较优势略有差异,但差异不大。值得指出的是,日韩间的两类比较优势的差异是非常显著的。在所示的年份中,所有年份的日韩相对比较优势都小于1,即日本该领域处在劣势中,可是所有年份的日韩相对附加值比较优势指数都大于1,证明日本为生产和生活服务部门的竞争力更强。

4. 中日韩为提高科学文化水平和居民素质服务部门的相对比较优势对比

图6-96展示的是中日韩为提高科学文化水平和居民素质服务部门的相对比较优势指数和相对附加值比较优势指数的对比。

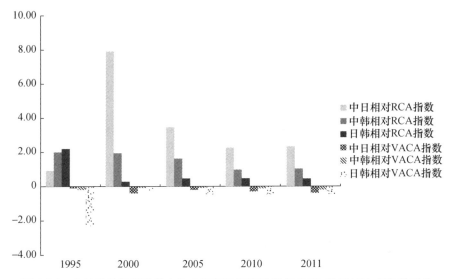

图6-96 中日韩为提高科学文化水平和居民素质部门RCA和VACA指数的对比

总体而言,中日韩为提高科学文化水平和居民素质服务部门的两类比较优势的差异很大。中日、中韩、日韩的相对比较优势指数大都大于1,而其相对附加值指数都小于1,这说明在该领域,虽然从相对比较优势来看,中国比日本和韩国都具有竞争力,日本的竞争力也高于韩国,但是从相对附加值比较优势来看,日本和韩国相对于中国的比较优势非常明显,韩国对日本而言,竞争力也很强。

6.5.3 俄罗斯分行业VACA的测度

本节主要是对俄罗斯VACA进行测度并与中国进行对比,这里在测度VACA之前,先测度俄罗斯完全增加值系数,并与中国进行对比。

一、俄国内完全增加值系数测度及其与中国的对比

根据本章第一节的算式,可以分别得出中国与俄罗斯的国内完全增

加值系数,如表 6-36 所示:

表 6-36　1995—2011 年中俄国内完全增加值系数

中国	S1	S2	S3	S4	S5	S6	S7	S8	S9	S10
1995	0.9419	0.8992	0.9062	0.8749	0.8357	0.7969	0.9025	0.9027	0.8968	0.9049
1996	0.9476	0.9084	0.9132	0.8894	0.8544	0.8153	0.9104	0.9101	0.9068	0.9184
1997	0.9444	0.9024	0.9074	0.8843	0.8539	0.8147	0.9184	0.9059	0.9036	0.9185
1998	0.952	0.9163	0.9262	0.8948	0.8664	0.8297	0.9332	0.9089	0.9153	0.9373
1999	0.9483	0.9073	0.92	0.8811	0.8527	0.8056	0.9253	0.8964	0.905	0.9327
2000	0.9373	0.8948	0.9032	0.8557	0.8271	0.7686	0.9077	0.8743	0.8871	0.922
2001	0.9417	0.9023	0.9089	0.8598	0.8369	0.7753	0.9123	0.8772	0.8923	0.9278
2002	0.939	0.8977	0.9027	0.8466	0.829	0.7521	0.9061	0.8675	0.8843	0.9255
2003	0.928	0.876	0.8767	0.8239	0.8086	0.7045	0.8903	0.8448	0.8708	0.914
2004	0.9174	0.8496	0.8517	0.7994	0.7804	0.6507	0.8717	0.8198	0.8533	0.9009
2005	0.9187	0.8446	0.8416	0.8015	0.784	0.6476	0.8698	0.8207	0.8557	0.9009
2006	0.9201	0.8369	0.8215	0.8039	0.7885	0.6597	0.8657	0.8219	0.858	0.9006
2007	0.9231	0.8365	0.824	0.8088	0.7931	0.6735	0.8712	0.8327	0.8616	0.9034
2008	0.9232	0.8442	0.8264	0.8197	0.7954	0.7093	0.8733	0.8456	0.8708	0.9092
2009	0.9366	0.8671	0.8552	0.8465	0.8354	0.7497	0.8979	0.8763	0.8935	0.9265
2010	0.9275	0.8486	0.834	0.8277	0.8115	0.724	0.8845	0.8616	0.8808	0.9167
2011	0.925	0.8365	0.8219	0.8167	0.8003	0.7239	0.8757	0.8583	0.8773	0.9131

俄	S1	S2	S3	S4	S5	S6	S7	S8	S9	S10
1995	0.9246	0.9413	0.9362	0.9217	0.8852	0.8529	0.9557	0.9399	0.9493	0.9284
1996	0.9312	0.9355	0.9385	0.9243	0.9029	0.8725	0.96	0.9571	0.9485	0.9198
1997	0.9186	0.9331	0.9389	0.9175	0.9042	0.8579	0.9563	0.9515	0.9457	0.9222
1998	0.8978	0.9147	0.9238	0.9004	0.8807	0.8369	0.9445	0.9325	0.9342	0.9173
1999	0.8951	0.9026	0.9092	0.8903	0.8566	0.8049	0.9384	0.9237	0.9143	0.8886
2000	0.9079	0.8944	0.9072	0.891	0.8526	0.8164	0.9427	0.9291	0.9244	0.899
2001	0.9161	0.898	0.9149	0.8965	0.861	0.8131	0.9408	0.9277	0.9267	0.9123
2002	0.9178	0.9089	0.9152	0.9002	0.8784	0.8219	0.9409	0.9285	0.9411	0.92
2003	0.9093	0.9043	0.9048	0.888	0.8598	0.8122	0.9392	0.9195	0.9498	0.9078
2004	0.922	0.9393	0.9266	0.8988	0.8918	0.8118	0.9378	0.936	0.9593	0.921
2005	0.9104	0.9442	0.926	0.898	0.8998	0.8045	0.9342	0.9305	0.9566	0.9174
2006	0.9247	0.954	0.9306	0.8965	0.9111	0.7966	0.9337	0.9288	0.9622	0.9225
2007	0.9143	0.9536	0.9316	0.9006	0.9141	0.7927	0.935	0.9362	0.9614	0.9254
2008	0.9119	0.9492	0.9275	0.8956	0.9131	0.7935	0.9317	0.9265	0.9612	0.9274
2009	0.9199	0.9625	0.9456	0.9204	0.9266	0.8709	0.9505	0.9492	0.9666	0.9468
2010	0.9063	0.9646	0.9396	0.9219	0.9274	0.8594	0.9471	0.9461	0.9637	0.9425
2011	0.8971	0.957	0.9281	0.9099	0.9218	0.8187	0.9378	0.9357	0.961	0.9302

数据来源:根据 1995—2011 年 WIOD 数据库整理。

为了更好地比较中国与俄罗斯的国内完全增加值系数的差异,将两国的系数相减,如表 6-37 所示。

在表 6-37 中,正数表示中国在该年份该行业相对于俄罗斯具有比较优势,而负数表示俄罗斯在该年份该行业相对于中国具有比较优势,数值越大,则优势越明显。

为了更加清楚地比较中国与俄罗斯的国内增加值系数差异,我们将以上数值分成两个部分进行分析,第一部分是中俄第一产业(S1)与第三产业(S7、S8、S9、S10)的国内增加值系数差异,如图 6-97 所示:

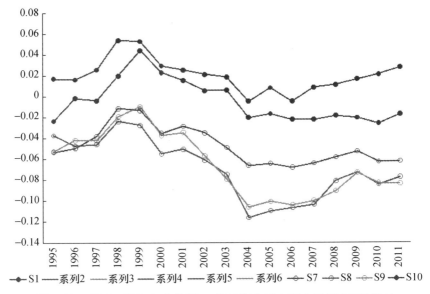

图 6-97　1995—2011 年中俄第一、第三产业国内完全增加值系数差异

根据图 6-97,可以看出,S7、S8、S9 三个类别商品的贸易都在 0 线以下,这说明这三个类别商品俄罗斯的国内完全增加值系数要高于中国的国内进口消耗系数,即说明俄罗斯在这三类商品上的贸易附加值系数较中国高。

对于 S1、S10 类别商品,中国的国内完全增加值要略高于或者基本持平于俄罗斯。中国作为传统的农业大国,在第一产业上的产品附加值高于俄罗斯。而 1998 年中国对俄罗斯 S1 的国内完全增加值系数上升是由于当年俄罗斯整体农业不景气所导致。当年是俄罗斯少有的农业歉收年。农业产值上半年下降 16%;1—9 月下降 9.4%,其中,9 月份下降 15%。据联合国粮农组织的报告估计,全年谷物产量为 6546 万吨,比 1993—1997 年年均产量减少 18%,比上年(8600 万吨)减少 2000 多万吨。而到 10 月

表 6-37　1995—2011 年中俄国内完全增加值系数减值

	S1	S2	S3	S4	S5	S6	S7	S8	S9	S10
1995	0.0173	-0.0421	-0.03	-0.0468	-0.0495	-0.056	-0.0532	-0.0372	-0.0525	-0.0235
1996	0.0164	-0.0271	-0.0253	-0.0349	-0.0485	-0.0572	-0.0496	-0.047	-0.0417	-0.0014
1997	0.0258	-0.0307	-0.0315	-0.0332	-0.0503	-0.0432	-0.0379	-0.0456	-0.0421	-0.0037
1998	0.0542	0.0016	0.0024	-0.0056	-0.0143	-0.0072	-0.0113	-0.0236	-0.0189	0.02
1999	0.0532	0.0047	0.0108	-0.0092	-0.0039	0.0007	-0.0131	-0.0273	-0.0093	0.0441
2000	0.0294	0.0004	-0.004	-0.0353	-0.0255	-0.0478	-0.035	-0.0548	-0.0373	0.023
2001	0.0256	0.0043	-0.006	-0.0367	-0.0241	-0.0378	-0.0285	-0.0505	-0.0344	0.0155
2002	0.0212	-0.0112	-0.0125	-0.0536	-0.0494	-0.0698	-0.0348	-0.061	-0.0568	0.0055
2003	0.0187	-0.0283	-0.0281	-0.0641	-0.0512	-0.1077	-0.0489	-0.0747	-0.079	0.0062
2004	-0.0046	-0.0897	-0.0749	-0.0994	-0.1114	-0.1611	-0.0661	-0.1162	-0.106	-0.0201
2005	0.0083	-0.0996	-0.0844	-0.0965	-0.1158	-0.1569	-0.0644	-0.1098	-0.1009	-0.0165
2006	-0.0046	-0.1171	-0.1091	-0.0926	-0.1226	-0.1369	-0.068	-0.1069	-0.1042	-0.0219
2007	0.0088	-0.1171	-0.1076	-0.0918	-0.121	-0.1192	-0.0638	-0.1035	-0.0998	-0.022
2008	0.0113	-0.105	-0.1011	-0.0759	-0.1177	-0.0842	-0.0584	-0.0809	-0.0904	-0.0182
2009	0.0167	-0.0954	-0.0904	-0.0739	-0.0912	-0.1212	-0.0526	-0.0729	-0.0731	-0.0203
2010	0.0212	-0.116	-0.1056	-0.0942	-0.1159	-0.1354	-0.0626	-0.0845	-0.0829	-0.0258
2011	0.0279	-0.1205	-0.1062	-0.0932	-0.1215	-0.0948	-0.0621	-0.0774	-0.0837	-0.0171

数据来源：根据 1995–2011 年 WIOD 数据库整理。

初,全国才总共收打了 4720 万吨谷物,比上年同期减少 46.9%。

在分析完中国与俄罗斯第一与第三产业的国内完全增加值后,我们有必要对中俄两国的第二产业国内增加值情况单独进行分析。图 6-98 为中俄第二产业(S2、S3、S4、S5、S6)的国内完全增加值差异折线图。

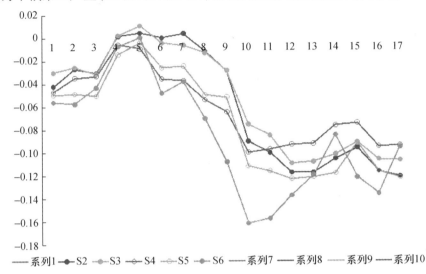

图 6-98 中俄第二产业国内完全增加值系数差异

可以从图 6-98 上看出,从 1995 年到 2011 年,折线图分成了明显的三个阶段:

(1) 1995 年到 1999 年,这一阶段,中国的国内完全增加值相较于俄罗斯处于上升阶段。一方面,这是由于中国在这一时期贸易处于稳步上升阶段;另一方面,俄罗斯方面的因素对这个结果有着重要影响,1998 年俄罗斯陷入了多重危机,爆发了金融危机、生产危机、预算危机和债务危机,1998 年下半年俄罗斯经济出现了下滑现象,各项工业产值都出现了不同幅度的下降。工业产值 1—7 月下降 1.3%,其中,7 月份下降 9.4%;1—8 月下降 2.6%,其中 8 月份下降 11.5%;1—9 月下降 3.9%,其中,9 月份下降 14.5%。其下降幅度创 1994 年 12 月以来的"最高纪录"。原来保持增长并支撑着经济的原材料生产部门出现颓势,难以继续支持经济。上半年,煤炭工业产值下降 0.3%,石油工业产值下降 0.4%,石油加工工业产值下降 7.4%,汽车制造业产值下降 1/3 以上。下半年,这些部门产值继续呈大幅度下降趋势。

(2) 从 1999 年到 2004 年,国内完全增加值系数差值明显向俄罗斯转移,这和俄罗斯本身的经济和贸易状况也有着很大的关系,21世纪后,俄罗斯政治局势稳定,经济增长进入了快车道。国际市场能源和原材料价格高涨,乌拉尔级石油平均价格2004年1月份为28.9美元一桶,9月份达到了38.1美元,10月份高达42.3美元。10月份纽约交易所的石油价格突破了55美元。俄罗斯天然气价格依然居高不下,9个月平均合同价格同比上升0.9%。世界钢材价格上升60%,铝上升20%,铜上升61%,镍上升43%。极其有利的外部环境使得俄罗斯出口快速增长,2004年进出口总额达到2210亿美元,同比增加29.4%,其中出口1820亿美元,增加33.9%,进口948亿美元,增加24.6%,实现贸易顺差872亿美元,2003年为599亿美元。

与此同时,中国虽然在这一阶段对外贸易水平迅速提高,但是制造业产品一直以加工制造业为主,附加值较低,因而与俄罗斯的国内完全增加值相比,有一定差距。

(3) 2005年到2011年,中国与俄罗斯的国内完全增加值进入一个相对持平的时期。中国S6高级制造业的国内完全增加值水平也在迅速地提升。这与中国的产业转型升级有着很大的关系。经过一段时间的发展,随着中国经济实力的不断提升,国内的技术环境和科研实力都比以往要增强很多,国家也在这一段时间出台了相关的政策,虽然在这一段时间里,中国第二产业的国内完全增加值依然没有高于俄罗斯,但是我们可以从折线图中明显地看出中国在这方面实力逐渐提升。

三、中俄相对附加值比较优势(VACA)的测度与分析

根据第一节的计算方法,可以计算出中国与俄罗斯的出口额的VACA比值,如表6-38所示。

为直观对比数据,将值小于1的倍数变为负并用1除得其倍数,即俄罗斯对中国的VACA倍数值,如表6-39所示。

根据表6-39,可以整理出中俄VACA倍数值堆积图,如图6-99所示:

仔细比较,可以发现,中俄VACA的倍数值与中俄RCA倍数值比较,整体数值增加。

通过测算中俄国内增加值,可以概括出中俄贸易的以下几个特点:

(1) 1998年是中俄贸易附加值变化的一个重要的分界点。在此之前,无论是第一、第二或第三产业,中国的贸易附加值基本和俄罗斯持平,或有逐渐的上升趋势。主要原因是,1998年俄罗斯国内出现重大的经济危机和粮食减产,对外贸易水平大幅度下滑,导致中国贸易相对附加值上升。但在1998年以后,俄罗斯对外贸易附加值水平大幅度上升,普京上

表 6-38 1995—2011 年中国与俄罗斯出口额的相对 VACA 指数

	S1	S2	S3	S4	S5	S6	S7	S8	S9	S10
1995	1.7372	0.1774	0.6473	5.8825	1.52	4.0449	0.1544	1.2139	26.2052	1.2289
1996	1.4241	0.1896	0.5355	2.8756	1.6208	3.9892	0.1263	1.309	26.1008	0.6431
1997	1.1888	0.1772	0.4515	1.5547	1.5619	4.2415	0.2801	1.1699	26.0665	0.3391
1998	0.9343	0.1838	0.4281	1.7567	1.376	3.8876	0.2921	1.7947	26.2522	0.3964
1999	0.845	0.1616	0.437	2.0057	1.4554	3.3739	0.3009	1.7221	27.4936	0.4756
2000	0.9251	0.1435	0.4283	2.4183	1.4143	4.2899	0.3143	1.6686	30.7011	0.5994
2001	0.8154	0.1365	0.4087	2.85	1.5168	4.527	0.3246	1.6105	34.2151	0.732
2002	0.663	0.1246	0.3925	3.2923	1.381	4.861	0.3349	1.5043	37.1751	0.8936
2003	0.7774	0.0934	0.3419	3.5032	1.2747	5.3617	0.3201	1.5794	25.5733	0.7838
2004	0.6544	0.071	0.3522	3.8339	1.0543	6.2362	0.3047	1.8081	18.2408	0.6851
2005	0.7245	0.0624	0.3155	4.1751	1.0761	8.1895	0.2943	1.826	13.3437	0.5999
2006	0.5929	0.0606	0.1756	3.6743	0.8626	8.0035	0.2684	1.5008	8.0996	0.4251
2007	0.5639	0.046	0.1926	4.5254	0.9953	9.7374	0.2398	1.7653	7.7733	0.437
2008	0.6467	0.0518	0.2073	4.438	1.0382	11.114	0.2316	1.7435	7.7595	0.4332
2009	0.6412	0.0445	0.1776	4.5706	1.157	11.056	0.2308	1.6482	7.8882	0.4301
2010	0.9247	0.0429	0.1731	4.4847	1.0759	14.757	0.2334	1.6512	7.7506	0.425
2011	0.6825	0.045	0.1538	3.9422	1.0093	15.924	0.254	1.4956	6.6538	0.3692

数据来源：根据 1995—2011 年 WIOD 数据库整理。

表 6-39 1995—2011 年中国与俄罗斯处理后的相对 VACA 指数

	S1	S2	S3	S4	S5	S6	S7	S8	S9	S10
1995	1.7372	-5.638	-1.5449	5.8825	1.52	4.0449	-6.4765	1.2139	26.2052	1.2289
1996	1.4241	-5.2742	-1.8672	2.8756	1.6208	3.9892	-7.9169	1.309	26.1008	-1.555
1997	1.1888	-5.6438	-2.2146	1.5547	1.5619	4.2415	-3.57	1.1699	26.0665	-2.9491
1998	-1.0704	-5.4395	-2.3361	1.7567	1.376	3.8876	-3.4238	1.7947	26.2522	-2.5228
1999	-1.1835	-6.1869	-2.2885	2.0057	1.4554	3.3739	-3.3238	1.7221	27.4936	-2.1026
2000	-1.0809	-6.9682	-2.3347	2.4183	1.4143	4.2899	-3.1821	1.6686	30.7011	-1.6684
2001	-1.2263	-7.3244	-2.4465	2.85	1.5168	4.527	-3.0809	1.6105	34.2151	-1.3661
2002	-1.5082	-8.0228	-2.548	3.2923	1.381	4.861	-2.9861	1.5043	37.1751	-1.1191
2003	-1.2863	-10.7085	-2.9252	3.5032	1.2747	5.3617	-3.1239	1.5794	25.5733	-1.2758
2004	-1.528	-14.0896	-2.8394	3.8339	1.0543	6.2362	-3.2816	1.8081	18.2408	-1.4596
2005	-1.3803	-16.028	-3.17	4.1751	1.0761	8.1895	-3.3977	1.826	13.3437	-1.6669
2006	-1.6867	-16.4979	-5.6936	3.6743	0.8626	8.0035	-3.7253	1.5008	8.0996	-2.3522
2007	-1.7734	-21.717	-5.1912	4.5254	0.9953	9.7374	-4.1703	1.7653	7.7733	-2.2886
2008	-1.5463	-19.2873	-4.8233	4.438	1.0382	11.1143	-4.3181	1.7435	7.7595	-2.3086
2009	-1.5596	-22.4685	-5.6317	4.5706	1.157	11.0563	-4.3323	1.6482	7.8882	-2.3252
2010	-1.0814	-23.3023	-5.7761	4.4847	1.0759	14.7566	-4.284	1.6512	7.7506	-2.3527
2011	-1.4651	-22.2376	-6.5012	3.9422	1.0093	15.9242	-3.9369	1.4956	6.6538	-2.7087

数据来源:根据 1995—2011 年 WIOD 数据库整理。

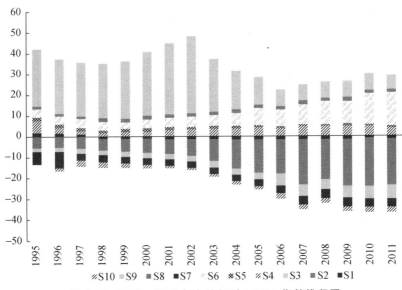

图 6-99 1995—2011 年中俄相对 VACA 指数堆积图

台后,进行了一系列复苏经济的政策,在国际油价不断上涨的大背景下,俄罗斯依靠石油和天然气等资源密集型产品创造了大量的贸易利润。

(2) 2004 年后,中国相对贸易附加值的情况有了好转,俄罗斯贸易附加值的绝对优势不再。此前,中国一直依靠丰富廉价的劳动力大力发展加工制造业,虽然在短时间内大大提高了对外贸易额,但是贸易附加值较低,之后,政府出台了一系列促进中国产业升级的政策,中国劳动力成本的不断提高也促使一些企业进行产业转型,同时国内技术的发展和研究日新月异,一些高新技术产业从无到有,不断壮大,因而总体来看,中国 2004 年的贸易附加值出现了不断提高的现象。

6.6 欧盟主要国家分行业 VACA 的测度

6.6.1 欧盟主要国家国内完全增加值系数对比分析

本节将利用 WOID 的 1997—2011 年的投入产出表,计算中国和欧盟主要国家 35 个行业的完全国内增加值系数,并对结果进行分析。这里仅对 35 个行业中的货物贸易行业进行分析,其中包括农林牧渔业、采掘业、制造业。由于国家众多,数据庞大,本节为了更好地分析数据,在下面的分析中,参照 OECD 和张咏华(2012)[①]的划分方法对制造业进行再划分,分为低技术行业、中低技术行业、中高技术行业和高技术行业。其中,低技术行业包括食物、饮料及烟草,织物及纺织产品,皮革、皮革制品及鞋类,木材及木制品,纸浆、纸、印刷及出版业,其他制造业和再生利用;中低技术行业包括焦炭、精炼石油和核燃料、橡胶及塑料、其他非金属矿物和碱性金属及金属制品;中高技术产业包括机械装置、运输设备;高级技术产业包括化学品及化工产品、电器及光学设备。

一、欧盟各国完全国内增加值系数分析

为了更好地比较分析中国和欧盟主要国家完全国内增加值系数,笔者采用柱状图的形式将每五年的大类别的均值分布表示出来,如图 6-100、6-101、6-102 所示:

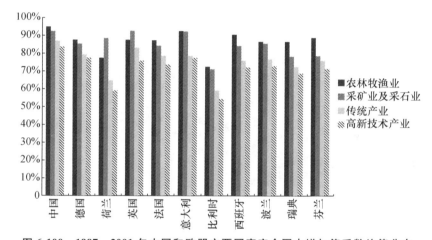

图 6-100 1997—2001 年中国和欧盟主要国家完全国内增加值系数均值分布

从图 6-100、6-101、6-102 中可以看出,中国在农林牧渔业上的增加值系数很高,达到 93%,表明该行业对进口中间投入品使用比例很低,该行业的出口对国内经济具有明显的拉动作用,这可能与国内该行业开放度低有关。在欧盟国家中,农林牧渔行业的增加值系数高于 90% 的国家有意大利和西班牙。在 11 个国家中,荷兰在农林牧渔业的增加系数最低,仅有 74%,说明其对进口中间投入品需求较高。

对于采矿业及采石业,英国的增加值系数最高,达到 90%,该行业的

---

① 张咏华.中国制造业在国际垂直专业化体系中的地位——基于价值增值角度的分析[J].上海财经大学学报,2012,5:61—68.

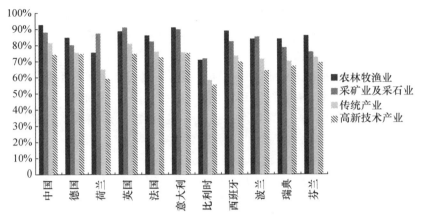

图 6-101 2002—2006 中国和欧盟主要国家完全国内增加值系数均值分布

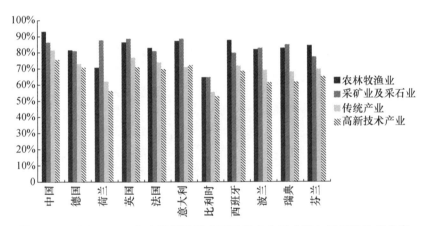

图 6-102 2007—2011 年中国及欧盟主要国家完全国内增加值系数均值分布

出口给英国带来很高的国内增加值。意大利和中国紧随其后,完全增加值系数也接近 90%。在 11 个国家中,芬兰的增加值系数为 77%,相对较低,而最低的国家是比利时,该行业的完全国内增加系数仅为 69%,说明该行业的出口对国内经济的拉动作用有限。

中国在传统产业的增加值系数要优于欧盟国家。中国在 1997—2001 年传统产业的增加值系数均值为 86%,15 年的均值也达到 82%。传统产业多为劳动力密集型产业和低技术产业,中国这类产业以丰富的劳动力拥有比较优势,所以国内完全增加值系数较高。对于欧盟国家,英国在该类别也拥有较高的增加值系数,英国作为发达国家拥有一定的技术,在一些低技术产业如橡胶及塑料,焦炭、精炼石油和核燃料上有较高的完全增加值系数。荷兰和瑞典在传统产业的增加值系数较低,分别为64%和70%,最低的仍然是比利时,在传统行业的增加值系数为57%,表明单位出口额国外增加值达到接近45%,在全球价值链中处于较低的地位。这与比利时经济高度对外依赖有关,是世界十大商品进出口国之一,资源和劳动力的不足,使得其在传统产业对进口中间品的投入需求较大。

对于高新技术产业,中国与欧盟国家的完全国内增加值均不是很高。从数据来看,中国略微优于欧盟国家,增加值系数达到77%,这与中国的产业结构升级,以及"走出去、引进来"的战略有关,促进了高新技术产业的蓬勃发展。但是仍有近30%为国外增加值,可见中国的高新技术产业对国外进口的中间投入品的需求仍然很高,有一些核心技术还是没有掌握。而欧盟发达国家本来都拥有资本和技术的优势,但是仍对国外进口中间投入有一定的需求,可能与自然资源和劳动力的匮乏、经济对外依赖性有关。总的来说,高新技术产业对中国和欧盟国家国内经济的拉动作用有限。

二、各国完全国内增加值系数趋势分析

表6-40是中国和欧盟主要国家每五年完全国内增加值系数均值及变化情况。笔者通过利用非竞争性投入产出模型,利用WIOD的数据,通过Matlab 7.0的运算,最终得到中国和欧盟主要国家1997—2011年这15年各行业的国内完全增加值系数及国内完全增加值。因为国家众多,数据庞杂,笔者对数据进行处理时发现每五年的数据变化不大,所以采用每五年取均值的办法,大大减少了数据展示量,而且还几乎保留了数据原有的状态。

从部门来看,中国与欧盟主要国家在农林牧渔业和采矿业及采石业上的完全国内增加值较稳定,但是呈现下降的趋势。其中,比利时增加值系数下降比较明显,两个部门2007—2011年较2002—2006年分别下降了9%和10%。而瑞典在采矿业和采石业上的完全增加值呈现上升趋势,表明该行业出口给瑞典带来的国内增加值持续走高,对国内经济有拉动作用。

在低技术和中低技术部门,中国完全国内增加值系数的下降趋势在变缓,其中低技术行业的国内增加值率有所上升,这说明中国在低技术行业和中低技术行业产业链上占有优势地位,低技术和中低技术行业的出口能给国内带来较高的增加值。低技术部门的国内增加值率在欧盟主要国家内变化很小,欧盟国家的产业结构较为稳定,在产业链上也占有稳定的地位。而欧盟主要国家的中低技术行业的国内附加值率下降很明显,

表 6-40 1997—2011 年中国和欧盟主要国家附加值系数

		中国	德国	荷兰	英国	法国	意大利	比利时	西班牙	波兰	瑞典	芬兰
农业、捕猎、林业及渔业	1997—2001	0.94	0.87	0.77	0.87	0.87	0.92	0.72	0.9	0.86	0.86	0.88
	2002—2006	0.92	0.84	0.75	0.88	0.86	0.91	0.71	0.89	0.84	0.84	0.86
	2007—2011	0.93	0.81	0.7	0.86	0.83	0.87	0.64	0.87	0.81	0.83	0.84
变化		-2%	-3%	-2%	1%	-2%	-2%	-2%	-2%	-3%	-3%	-3%
		0%	-4%	-7%	-2%	-3%	-4%	-9%	-1%	-3%	-1%	-2%
采矿业及采石业	1997—2001	0.92	0.85	0.88	0.92	0.84	0.92	0.7	0.84	0.85	0.78	0.78
	2002—2006	0.88	0.8	0.87	0.91	0.82	0.89	0.71	0.82	0.85	0.78	0.76
	2007—2011	0.86	0.81	0.87	0.88	0.81	0.88	0.64	0.79	0.82	0.84	0.77
变化		-5%	-6%	-1%	-1%	-2%	-3%	1%	-2%	0%	0%	-3%
		-2%	1%	0%	-3%	-1%	-1%	-10%	-3%	-3%	8%	2%
低技术行业	1997—2001	0.88	0.81	0.67	0.84	0.82	0.82	0.63	0.79	0.8	0.78	0.81
	2002—2006	0.84	0.78	0.69	0.82	0.81	0.8	0.62	0.77	0.75	0.77	0.78
	2007—2011	0.85	0.75	0.67	0.8	0.79	0.77	0.6	0.77	0.73	0.74	0.76
变化		-4%	-3%	3%	-2%	-2%	-2%	-1%	-3%	-6%	-2%	-3%
		1%	-4%	-2%	-3%	-2%	-4%	-4%	-1%	-3%	-3%	-3%
中低技术行业	1997—2001	0.84	0.75	0.6	0.81	0.72	0.72	0.52	0.69	0.7	0.61	0.67
	2002—2006	0.76	0.7	0.58	0.77	0.67	0.67	0.51	0.65	0.64	0.57	0.63
	2007—2011	0.74	0.68	0.52	0.71	0.64	0.61	0.47	0.62	0.61	0.56	0.58
变化		-9%	-7%	-2%	-4%	-6%	-7%	-3%	-5%	-8%	-7%	-6%
		-3%	-3%	-10%	-8%	-4%	-9%	-8%	-5%	-4%	-3%	-8%

(续表)

		中国	德国	荷兰	英国	法国	意大利	比利时	西班牙	波兰	瑞典	芬兰
中高技术行业	1997—2001	0.85	0.79	0.61	0.79	0.76	0.77	0.57	0.76	0.76	0.73	0.72
	2002—2006	0.77	0.77	0.61	0.78	0.75	0.75	0.57	0.75	0.67	0.71	0.7
	2007—2011	0.77	0.73	0.57	0.74	0.72	0.71	0.54	0.73	0.64	0.66	0.68
变化		-9%	-3%	-1%	-2%	-2%	-3%	0%	-2%	-12%	-2%	-3%
		0%	-5%	-5%	-5%	-4%	-4%	-5%	-3%	-4%	-7%	-2%
高级技术行业	1997—2001	0.81	0.75	0.57	0.72	0.7	0.77	0.51	0.67	0.69	0.64	0.7
	2002—2006	0.71	0.72	0.58	0.71	0.7	0.75	0.53	0.65	0.61	0.63	0.69
	2007—2011	0.73	0.68	0.55	0.68	0.66	0.73	0.51	0.63	0.58	0.57	0.62
变化		-13%	-4%	1%	-2%	-1%	-3%	5%	-4%	-12%	-1%	-3%
		3%	-5%	-5%	-4%	-5%	-3%	-4%	-2%	-5%	-9%	-9%

该部门的出口的增加却不能带来更多的国内增加值。

欧盟主要成员国在中高和高技术行业表现良好,虽然国内增加值有所下降,但下降的幅度较小。欧盟国家向来拥有资本和技术的优势,所以在中高和高级技术产业链占有优势地位。与欧盟相比,中国中高技术和高级技术产业国内增加值都有很大的下降幅度,分别为9%和13%。可见,中国在中高和高级技术行业的出口在产业链不具有优势地位。2002年到2011年,尽管中国在中高和高技术部门的国内增加值率有所回升,但是幅度很低,说明情况没有转变。中高和高技术部门的低增加值率将大大影响中国出口对经济的拉动作用。

6.6.2 欧盟各国细分行业增加值比较优势(VACA)的测度

本节利用修正后的增加值比较优势指数,重新测度中国和欧盟国家细分行业的外贸比较优势。

本节利用3.2.2节计算的数据,重新测量各国比较优势,由于完全国内增加值等于出口额减去完全进口额,所以计算的增加值比较优势都小于显性比较优势。这就表明行业的比较优势略有下降或者比较劣势略有增加都是正常的现象,但是有些行业出现很大的变化,比较优势有很大的下降,甚至由比较优势转为比较劣势,从而反映一些行业的真实情况。表6-41是2011年中国和欧盟主要国家增加值比较优势和显性比较优势的对比情况。下文,笔者将对2011年各个国家货物贸易的增加值比较优势和显性比较优势进行对比分析,并对中国和欧盟主要国家的一些行业比较优势进行修正。

6.6.3 中国与欧盟主要国家外贸比较优势双重测度结果与对比

中国和欧盟主要国家在农林牧渔业和采矿采石业的国内增加值较高,所以重新测量的增加值比较优势相较于显性比较优势略有下降,但没有明显的反转情况,即没有国家出现由原来的比较优势在新的测算方法下变为比较劣势的情况。

在低技术产业中,欧盟国家相对来说对国外进口品的中间投入较大,伴随着增加值比较优势相对显性比较优势有较大的下滑。对于食物、饮料及烟草,德国和意大利由原来测量的具有比较优势转变为不具备比较优势,说明国外进口品的中间投入对行业的影响较大。另外,在木材及木制品行业出现三个国家由比较优势变为比较劣势的情况,分别是

表 6-41　2011 年中国和欧盟主要国家增加值比较优势（VACA）和显示性比较优势（RCA）指数

2011 产业	中国 VACA	中国 RCA	德国 VACA	德国 RCA	荷兰 VACA	荷兰 RCA	英国 VACA	英国 RCA	法国 VACA	法国 RCA	意大利 VACA	意大利 RCA
农业、捕猎、林业及渔业	0.31	0.34	0.29	0.37	1.09	1.54	0.24	0.28	1.24	1.53	0.48	0.56
采矿业及采石业	0.04	0.05	0.03	0.04	0.44	0.51	0.45	0.52	0.03	0.04	0.03	0.03
食物、饮料及烟草	0.48	0.54	0.78	1.06	1.78	2.78	0.76	0.91	1.45	1.79	0.99	1.25
织物及纺织产品	2.36	2.76	0.29	0.43	0.13	0.22	0.28	0.37	0.44	0.59	1.09	1.39
皮革、皮革制品及皮鞋类	2.67	3.13	0.23	0.34	0.08	0.11	0.23	0.27	0.62	0.78	3.55	4.46
木材及木制品	0.85	1.03	0.83	1.14	0.34	0.5	0.16	0.2	0.57	0.73	0.66	0.85
纸浆、纸、印刷及出版业	0.25	0.3	1.66	2.13	0.8	1.15	1.04	1.25	0.98	1.26	0.8	1.02
焦炭、精炼石油及核燃料	0.09	0.15	0.27	0.37	0.42	2.47	0.59	1.31	0.33	0.88	0.13	0.93
化学品及化工产品	0.53	0.7	1.03	1.44	0.96	1.9	0.85	1.15	1.24	1.87	0.74	1.15
橡胶及塑料	1.36	1.77	1.24	1.78	0.54	0.94	0.62	0.8	0.91	1.36	1.17	1.67
其他非金属矿物	1.33	1.6	1.16	1.47	0.55	0.81	0.58	0.73	1	1.25	1.79	2.29
碱性金属及金属制品	0.66	0.91	0.97	1.54	0.4	0.74	0.53	0.77	0.68	0.99	1.24	1.81
机械装置	0.83	1.08	1.43	2	0.55	0.89	0.63	0.88	0.8	1.08	1.86	2.48
电器及光学设备	1.68	2.41	0.62	0.89	0.17	0.31	0.36	0.51	0.49	0.72	0.38	0.52
运输设备	0.43	0.56	1.48	2.34	0.26	0.49	0.9	1.45	1.32	2.22	0.7	1.02
其他制造业；再生产品	1.16	1.36	0.48	0.66	0.42	0.56	0.55	0.73	0.63	0.85	1.02	1.34
电力、天然气和水的供应	0.22	0.27	2.85	3.35	0.97	1.61	0.25	0.36	1.27	1.62	0.2	0.39

（续表）

2011 产业	比利时 VACA	比利时 RCA	西班牙 VACA	西班牙 RCA	波兰 VACA	波兰 RCA	瑞典 VACA	瑞典 RCA	芬兰 VACA	芬兰 RCA
农业、捕猎、林业及渔业	0.41	0.66	1.45	1.66	0.47	0.59	0.16	0.19	0.42	0.5
采矿业及采石业	0.02	0.03	0.03	0.04	0.17	0.21	0.12	0.14	0.02	0.03
食物、饮料及烟草	1.03	1.83	1.31	1.65	1.4	1.86	0.35	0.52	0.33	0.44
织物及纺织产品	0.29	0.55	0.66	0.91	0.57	0.86	0.08	0.15	0.13	0.19
皮革、皮革制品及鞋类	0.08	0.12	1.11	1.48	0.41	0.62	0	0	0.2	0.27
木材及木制品	0.76	1.39	0.69	0.88	2.65	3.64	1.9	3.41	4.44	5.7
纸浆、纸、印刷及出版业	0.7	1.14	1.1	1.39	1.21	1.7	3.01	4.56	6.96	9.16
焦炭、精炼石油和核燃料	0.69	2.9	0.46	1.89	0.44	0.95	0.72	1.26	0.4	1.63
化学品及化工产品	0.91	1.8	0.91	1.3	0.45	0.76	0.58	0.95	0.67	0.99
橡胶及塑料	0.65	1.17	1.02	1.43	1.62	2.65	0.51	0.84	0.74	1.08
其他非金属矿物	1.07	1.84	1.84	2.3	1.48	2.11	0.48	0.71	0.8	1.08
碱性金属及金属制品	0.72	1.71	0.95	1.36	0.88	1.5	0.7	1.28	0.97	1.82
机械装置	0.29	0.52	0.51	0.68	0.55	0.84	0.9	1.54	1.28	1.91
电器及光学设备	0.13	0.21	0.25	0.38	0.32	0.58	0.47	0.81	0.61	1.07
运输设施	0.33	0.83	1.14	1.89	0.97	1.82	0.58	1.42	0.18	0.27
其他制造业；再生产品	0.31	0.67	0.34	0.46	1.27	1.84	0.37	0.55	0.17	0.24
电力、天然气和水的供应	4.41	5.85	0.69	0.96	1.64	2.13	0.9	1.2	1.09	1.46

中国、德国和比利时。在传统的巴拉萨的方法下,三国木材及木制品行业具有比较优势,但是因其对国外的增加值较大,实际上不具有比较优势。

在中低技术产业,欧盟主要国家普遍国内增加值较低,因此也带来比较优势的反转。从表 6-41 中,我们看出荷兰、英国、比利时、西班牙、瑞典和芬兰均在焦炭、精炼石油和核燃料上,由原来 RCA 测量出的比较优势转为 VACA 测量的比较劣势。同时,前后变化很大,这些国家在该行业的 VACA 指数多数要比 RCA 指数相差 1 甚至更多。可见,传统的以出口额测量的比较优势扭曲了行业真实情况。在碱性金属及金属制品方面,也存在多个国家在新的测量方法下表现出比较劣势,包含德国、比利时、西班牙、波兰、瑞典和芬兰。同样,法国、比利时和芬兰在橡胶产业不具备比较优势。芬兰在其他非金属矿物上的比较优势在新的测量方法下也消失了。

在中高和高级技术产业上,中国和欧盟主要国家都存在增加值不高的情况,因此中国和欧盟主要国家在中高和高级技术产业的增加值比较优势与显性比较优势相比有很大变化。中国、法国和瑞典机械装置行业的比较优势消失。在运输设备上由原来有比较优势转为比较劣势的国家包括英国、意大利、波兰和瑞典。高级技术产业比较优势发生较大变化的是化学品及化工产品,荷兰、英国、意大利、比利时和西班牙在新的测量方法下表现出比较劣势。对于电器及光学设备,仅芬兰有 RCA 指数 1.07,现在是 VACA 指数 0.61,下降幅度很大,说明对国外的进口品依赖很大,行业出口实际上并没有优势。

总的来说,传统的方法仅凭借出口额来判断一国某行业的比较优势对实际情况可能会有很大的扭曲。产业内贸易的出现,使得一国的出口额并不全部是由该国生产,其中包含国外进口品的投入,因此并不能通过一国某行业的出口额来判断该国在某行业具有比较优势,也就是没有别国的中间投入,也就没有该国的最终出口,很明显也就不具备比较优势。所以,我们在分析一国的比较优势时,要剔除国外的影响,从贸易增加值的角度,来真正了解一国行业的真实情况。

总结发现,中国在机械装置上的比较优势消失,这与中国在该部门的完全国内增加值低的情况相呼应。而欧盟国家因为完全国内增加值普遍较低,所以重新测算后增加值比较优势相对显性比较优势有较大的变化。表 6-42 是中国和欧盟国家分行业的增加值比较优势和显性比较优势汇总。可以看出中国、德国、意大利、西班牙、波兰、法国前后的比较优势变化不大,但是芬兰、比利时、荷兰、瑞典和英国因为对国外中间投入品依赖较大,所以前后比较优势有较大的变化。

表6-42 中国和欧盟国家分行业的增加值比较优势和显性比较优势对比汇总

	中国和欧盟国家分行业的增加值比较优势和显性比较优势对比	
	具有增加值比较优势的行业	具有显性比较优势的行业
中国	织物及纺织产品,皮革、皮革制品及鞋类,橡胶及塑料,其他非金属矿物,电器及光学设备,其他制造业和再生产品	织物及纺织产品,皮革、皮革制品及鞋类,木材及木制品,橡胶及塑料,其他非金属矿物,机械装置,电器及光学设备,其他制造业和再生产品
德国	纸浆、纸、印刷及出版业,化学品及化工产品,橡胶及塑料,其他非金属矿物,机械装置、运输设施,电力、天然气和水的供应	食物、饮料及烟草,木材及木制品,纸浆、纸、印刷及出版业,化学品及化工产品,橡胶及塑料,其他非金属矿物,碱性金属及金属制品,机械装置,运输设施,电力、天然气和水的供应
意大利	织物及纺织产品,皮革、皮革制品及鞋类,橡胶及塑料,其他非金属矿物,碱性金属及金属制品,机械装置,其他制造业和再生产品	食物、饮料及烟草,织物及纺织产品,皮革、皮革制品及鞋类,纸浆、纸、印刷及出版业,化学品及化工产品,橡胶及塑料,其他非金属矿物,碱性金属及金属制品,机械装置,运输设施,其他制造业和再生产品
西班牙	农业、捕猎、林业及渔业,食物、饮料及烟草,皮革、皮革制品及鞋类,纸浆、纸、印刷及出版业,橡胶及塑料,其他非金属矿物,运输设施	农业、捕猎、林业及渔业,食物、饮料及烟草,皮革、皮革制品及鞋类,纸浆、纸、印刷及出版业,焦炭、精炼石油和核燃料,化学品及化工产品,橡胶及塑料,其他非金属矿物,碱性金属及金属制品,运输设施
波兰	食物、饮料及烟草,木材及木制品,纸浆、纸、印刷及出版业,橡胶及塑料,其他非金属矿物,其他制造业和再生产品,电力、天然气和水的供应	食物、饮料及烟草,木材及木制品,纸浆、纸、印刷及出版业,橡胶及塑料,其他非金属矿物,碱性金属及金属制品,运输设施,其他制造业和再生产品,电力、天然气和水的供应
法国	农业、捕猎、林业及渔业,食物、饮料及烟草,化学品及化工产品,其他非金属矿物,运输设施,电力、天然气和水的供应	农业、捕猎、林业及渔业,食物、饮料及烟草,纸浆、纸、印刷及出版业,化学品及化工产品,橡胶及塑料,其他非金属矿物,机械装置,运输设施,电力、天然气和水的供应
芬兰	木材及木制品,纸浆、纸、印刷及出版业,机械装置,电力、天然气和水的供应	木材及木制品,纸浆、纸、印刷及出版业,焦炭、精炼石油和核燃料,橡胶及塑料,其他非金属矿物,碱性金属及金属制品,电器及光学设备,机械装置,电力、天然气和水的供应

（续表）

	中国和欧盟国家分行业的增加值比较优势和显性比较优势对比	
	具有增加值比较优势的行业	具有显性比较优势的行业
比利时	食物、饮料及烟草，其他非金属矿物，电力、天然气和水的供应	食物、饮料及烟草，木材及木制品，纸浆、纸、印刷及出版业，焦炭、精炼石油和核燃料，化学品及化工产品，橡胶及塑料，其他非金属矿物，碱性金属及金属制品，电力、天然气和水的供应
荷兰	农业、捕猎、林业及渔业，食物、饮料及烟草	农业、捕猎、林业及渔业，食物、饮料及烟草，纸浆、纸、印刷及出版业，焦炭、精炼石油和核燃料，化学品及化工产品，电力、天然气和水的供应
瑞典	木材及木制品，纸浆、纸、印刷及出版业	木材及木制品，纸浆、纸、印刷及出版业，焦炭、精炼石油和核燃料，碱性金属及金属制品，机械装置，运输设施，电力、天然气和水的供应
英国	纸浆、纸、印刷及出版业	纸浆、纸、印刷及出版业，焦炭、精炼石油和核燃料，化学品及化工产品，运输设施

第七章　中国外贸发展方式升级策略
——基于中国与世界主要国家贸易互补性分析

本章主要分析中国和其他主要国家产业的互补性,进而提出中国同这些国家外贸发展方式的升级策略。

7.1　中国与拉美主要国家

7.1.1　中国和拉美主要国家互补性产业

2015年的中拉论坛首届部长级会议曾提出,中国和拉美国家发展阶段相同,从经济的角度上来说双方有着很强的互补性。表7-1就根据前文测度结果,根据RCA和VACA指数显示的优劣势产业来分析中国和拉美的产业互补性情况。

表7-1　中国和拉美主要国家两指数显示的优劣势产业

	RCA优势产业	RCA劣势产业	VACA优势产业	VACA劣势产业
中国	第二产业:纺织业、纺织服装鞋帽皮革羽绒及其制品业、电气和光学设备制造业、塑料和橡胶制造业 第三产业:住宿和餐饮业、水上运输业	第一产业:农林牧渔业 第二产业:造纸业、石油和煤炭行业 第三产业:居民服务和其他服务业、金融业	第二产业:纺织业、纺织服装鞋帽皮革羽绒及其制品业、电气和光学设备制造业、塑料和橡胶制造业、非金属矿物制品业 第三产业:零售业	第一产业:农林牧渔业 第二产业:石油业、煤炭行业 第三产业:住宿和餐饮业、居民服务和其他服务业

(续表)

	RCA 优势产业	RCA 劣势产业	VACA 优势产业	VACA 劣势产业
巴西	第一产业:农林牧渔业 第二产业:食品制造及烟草加工业,电力、热力的生产和供应业 第三产业:房地产业,居民服务和其他服务业,邮政业	第二产业:纺织业,电气和光学设备制造业 第三产业:纺织业,电气和光学设备制造业	第一产业:农林牧渔类 第二产业:食品制造及烟草加工业,纺织服装鞋帽皮革羽绒及其制品业,电力、热力的生产和供应业 第三产业:住宿和餐饮业,房地产业,居民服务和其他服务业,邮政业	第二产业:电气和光学设备制造业 第三产业:批发业,空中运输业,水上运输业
墨西哥	第二产业:交通运输设备制造业,电气和光学设备制造业,石油和煤炭业 第三产业:零售业	第一产业:农林牧渔业 第二产业:木材加工及家具制造业,电力、热力的生产和供应业 第三产业:批发业,内陆运输业、房地产业,居民服务和其他服务业,住宿和餐饮业	第二产业:交通运输设备制造业,煤炭业 第三产业:零售业	第一产业:农林牧渔业 第二产业:电气和光学设备制造业,纺织业 第三产业:批发业,内陆运输业,房地产业,居民服务和其他服务业,住宿和餐饮业

表 7-1 显示,不论是 RCA 还是 VACA,都显示中国第一产业农林牧渔业不具备比较优势,而拉美主要国家巴西却具有较强的比较优势。第二产业中,根据 RCA 指数结果,中国具有明显比较优势的部门有纺织业、纺织服装鞋帽皮革羽绒及其制品业、电气和光学设备制造业以及塑料和橡胶制造业,VACA 指数显示,这些产业仍然具有比较优势,只不过比较优势较 RCA 指数结果小。另外,VACA 指数显示,中国的非金属矿业具有比较优势,表明中国非金属矿业出口中国内成分较大。而从北美主要国家数据来看,优势产业正好与中国形成对比,在中国不具备比较优势的产业,在巴西和墨西哥却具有较强的比较优势,如巴西的食品制造及烟草加工业,电力、热力的生产和供应业,墨西哥的交通运输设备制造业、煤炭业。对于第三产业,中国 RCA 指数具有明显比较优势的部门有住宿和餐

饮业、水上运输业,但由于这些产业附加值不高,在VACA指数中没有显现出很强的比较优势,相反,零售业显现了较强的比较优势。而巴西在中国具有明显劣势的居民服务和其他服务业、金融业上具有较强的比较优势,墨西哥在第三产业上与中国相似。

7.1.2 中国对拉美主要国家贸易方式转变途径

通过对中国与拉美主要国家的数据进行对比,发现中国和拉美主要国家在很多产业上具有较强的吻合度,可以加强这些产业的双边贸易。就第一产业即农林牧渔业而言,中国可以和巴西展开密切合作,提升农业进出口产品的结构;针对第二产业,中国可以通过开发多样化的纺织业和电器光学设备制造业产品出口到巴西和墨西哥,而从墨西哥进口交通运输设备制造业、电气和光学设备制造业、石油和煤炭业等产品,促进中国和拉美主要国家第二产业的贸易进出口;对第三产业来讲,通过开发拉美旅游路线,输出住宿业和零售业,发展两个地区的经贸关系。

7.2 中国与北美主要国家

7.2.1 中国和北美主要国家互补性产业

美国是第一大国,中国是最大的发展中国家,两国是当今全球最重要的两个经济体,自正式建交以来,双边的经济贸易关系得到了迅猛的发展,中国和北美国家也是互为重要的贸易伙伴。然而,中国和北美国家尤其是美国,在贸易方面的冲突也频发,并且在金融危机背景下,对中国外贸经济造成了一定的冲击。因此,分析中国和北美主要国家互补性产业对于理清双方经济贸易关系的主要脉络、寻找决定双方经贸关系的深层次力量以及构建互利共赢的双边关系就显得至关重要。通过表7-2中国和北美主要国家两指数显示的优劣势产业可以了解双方的互补性情况。

表 7-2　中国和北美主要国家两指数显示的优劣势产业

	RCA 优势产业	RCA 劣势产业	VACA 优势产业	VACA 劣势产业
中国	第二产业:织物及纺织产品行业,皮革、皮革制品及鞋行业,电气及光学设备行业 第三产业:零售业(除机动车和摩托车),日用商品的修理行业	第一产业:农林牧渔业 第二产业:纸浆、纸、印刷及出版业,运输业及机械业,机械装置业 第三产业:宾馆和餐厅业务,房地产行业	第二产业:织物及纺织产品行业,皮革、皮革制品及鞋行业,电气及光学设备行业,制造及回收行业	第一产业:农林牧渔业 第二产业:纸浆、纸、印刷及出版业,运输设备行业,机械装置业 第三产业:宾馆和餐厅业,金融中介业,批发贸易和经济贸易行业
美国	第一产业:农林牧渔业 第二产业:纸浆、纸、印刷及出版业,电气及光学设备行业,运输业及机械业,机械装置业 第三产业:金融中介业,公众管理和防御,义务社会保险行业	第二产业:皮革、皮革制品及鞋行业 第三产业:零售业(除机动车和摩托车),日用商品的修理行业	第一产业:农林牧渔业 第二产业:纸浆、纸、印刷及出版业,电气及光学设备行业,运输设备行业,机械装置业 第三产业:金融中介业,批发贸易和经济贸易行业	第二产业:织物及纺织产品行业,皮革、皮革制品及鞋行业,制造及回收行业
加拿大	第一产业:农林牧渔业 第二产业:纸浆、纸、印刷及出版业,运输业及机械业 第三产业:宾馆和餐厅业,房地产行业,教育业	第二产业:皮革、皮革制品及鞋行业,电气及光学设备行业,机械装置业 第三产业:零售业(除机动车和摩托车),日用商品的修理行业	第一产业:农林牧渔业 第二产业:纸浆、纸、印刷及出版业 第三产业:宾馆和餐厅业	第二产业:织物及纺织产品行业,皮革、皮革制品及鞋行业,电气及光学设备行业,制造及回收行业 第三产业:金融中介业,批发贸易和经济贸易行业

根据表 7-2,在第一产业,即农林牧渔方面,RCA 指数和 VACA 指数结果相同,均显示中国具有显性比较劣势,而美国和加拿大均具备比较优

势。在第二产业和第三产业方面,两指数结果略有不同,但大体上相似。第二产业中RCA指数显示中国具有明显比较优势的部门有织物及纺织产品行业,皮革、皮革制品及鞋行业,电气及光学设备行业,跟中国相反,美国和加拿大的皮革、皮革制品及鞋类业和加拿大的电气及光学设备行业出口劣势明显。中国具有明显比较劣势的部门有纸浆、纸、印刷及出版业,运输业及机械业,机械装置业,跟中国相反,美国在这三个产业均具备比较优势,加拿大在纸浆、纸、印刷及出版业,运输业及机械业也具备比较优势。而根据VACA指数,中国具有明显比较优势的部门有织物及纺织产品行业,皮革、皮革制品及鞋行业,电气及光学设备行业,制造及回收行业,而美国在这四个行业中除了电气及光学设备行业均处于劣势,加拿大则是四个行业均处于劣势。中国具有明显比较劣势的部门有纸浆、纸、印刷及出版业,运输设备行业,机械装置业,美国在这三个行业均具备比较优势,加拿大则在纸浆、纸、印刷及出版业具备比较优势。第三产业方面,从RCA指数得出,中国具有明显比较优势的部门有零售业(除机动车和摩托车)、日用商品的修理行业,而美国和加拿大在这两个行业均处于劣势。中国具有明显比较劣势的部门有宾馆和餐厅业、金融中介业、批发贸易和经济贸易行业,与之互补,美国在金融中介业、批发贸易和经济贸易行业处于优势,加拿大在宾馆和餐厅业处于优势。而VACA指数则显示,中国具有明显比较劣势的有宾馆和餐厅业、金融中介业、批发贸易和经济贸易行业,美国在金融中介业、批发贸易和经济贸易行业处于优势,加拿大在宾馆和餐厅业处于优势。

7.2.2 中国对北美主要国家贸易方式转变途径

经过对比中国与北美主要国家的优劣势产业得出,中国可以和这些国家从互补性产业出发以减少贸易冲突,维持稳定的贸易关系。中国可以从美国和加拿大进口第一产业农林牧渔相关产品,减少贸易顺差;第二产业方面,中国除了出口皮革、皮革制品及鞋行业到美国和加拿大之外,还可以出口电气及光学设备行业到加拿大,从美国和加拿大进口纸浆、纸、印刷及出版业,运输业及机械业,机械装置业。针对第三产业,中国可以出口零售业(除机动车和摩托车)、日用商品的修理行业到美国和加拿大,与美国进口金融中介业、批发贸易和经济贸易行业进行合作,与加拿大宾馆和餐饮业进行合作,增强双方在第三产业方面的交流合作。

7.3 中国与亚太地区主要国家

在中国与亚太地区主要国家互补性产业研究中,前文分别测算了中国与澳大利亚、日本、韩国以及俄罗斯的各产业 RCA 指数与 VACA 指数。在测度中,澳大利亚、日本和韩国依然采用的是 C1—C35 共 35 个行业的分类,而俄罗斯采用的是将原有 35 个行业类别归为 10 类的方法,即 S1—S10,因此本小节将中国与俄罗斯行业贸易情况单列出来进行分析。

7.3.1 中国和亚太地区主要国家互补性产业

7.3.1.1 中国与澳大利亚

中国和澳大利亚同处亚太地区,在自然和经济方面有着丰富的多样性,中国正快速走上工业化发展之路,澳大利亚具有发达的畜牧业,曾有经济学家预言,未来世界的经济中心将由传统的欧洲、北美东部转向该地区。因此,必须通过发展亚太地区国家间的互补性贸易加强中国与亚太地区主要国家的经济联系,提高该地区主要经济体的综合实力。表 7-3 列示了 RCA 和 VACA 两指数显示的中国与澳大利亚的优劣势产业。

表 7-3 中国和澳大利亚两指数显示的优劣势产业

	RCA 优势产业	RCA 劣势产业	VACA 优势产业	VACA 劣势产业
中国	第二产业:织物及纺织产品行业,皮革制品及鞋类行业,橡胶及塑料行业,电气及光学设备行业 第三产业:机动车辆及摩托车的销售、保养、修理和燃料零售行业,批发贸易和经济贸易行业,陆地运输业,水路运输业	第一产业:农林牧渔业 第二产业:食品、饮料及烟草行业,碱性金属及金属制品行业,采矿和采石行业 第三产业:航空运输,酒店和餐厅业,零售业(除机动车和摩托车),日用品的修理行业,教育业、健康和社会工作业,房地产业	第一产业:农林牧渔业 第二产业:食品、饮料及烟草行业,织物及纺织产品行业,皮革制品及鞋类行业,机械装置业,运输设备业,其他非金属矿物业 第三产业:宾馆和餐厅业,水上运输业,空中运输业	第二产业:木材及木制品业,纸浆、纸、印刷及出版业,焦炭、精炼石油和核燃料业,橡胶及塑料业,碱性金属及金属制品行业,化学品及化工产品业,电器及光学设备业,制造及回收业,采矿和采石行业,电力汽油及供水系统,建筑业 第三产业:金融中介业,教育业

(续表)

	RCA 优势产业	RCA 劣势产业	VACA 优势产业	VACA 劣势产业
澳大利亚	第一产业:农林牧渔业 第二产业:食品、饮料及烟草行业,碱性金属及金属制品行业,采矿和采石行业 第三产业:航空运输,酒店和餐厅业,零售业(除机动车和摩托车),日用品的修理行业,教育业,健康和社会工作业,房地产业	第二产业:织物及纺织品行业,皮革制品及鞋类行业,纸浆、纸、印刷及出版业,橡胶及塑料行业,焦炭、精炼石油及核燃料行业,木材及木制品业,其他非金属矿物行业,电力、汽油及供水系统业,建筑业 第三产业:机动车辆及摩托车的销售、保养和修理和燃料零售行业,批发贸易和经济贸易行业,陆地运输业,水路运输业	第二产业:木材及木制品业,纸浆、纸、印刷及出版业,焦炭、精炼石油和核燃料业,橡胶及塑料行业,碱性金属及金属制品行业,化学品及化工产品业,电器及光学设备业,制造及回收业,采矿和采石行业,电力汽油及供水系统,建筑业 第三产业:金融中介业,教育业	第一产业:农林牧渔业 第二产业:食品、饮料及烟草行业,织物及纺织产品行业,皮革制品及鞋类行业,机械装置业、运输设备业,其他非金属矿物业 第三产业:宾馆和餐厅业,水上运输业,空中运输业

从表7-3可以看出,第一产业农林牧渔业是两国的互补性产业,但RCA指数和VACA指数显示的结果截然相反,根据RCA指数,中国在农林牧渔业具有显性比较劣势,而从VACA指数来看,则具有显性比较优势。在第二产业和第三产业方面,两指数显示结果也不一样。根据RCA指数,在第二产业方面,中国具有明显比较优势的部门有织物及纺织产品行业、皮革制品及鞋类行业、橡胶及塑料行业、电气及光学设备行业,跟中国相反,澳大利亚这些行业除了电气及光学设备行业之外均具备比较劣势。中国具有明显比较劣势的部门有食品、饮料及烟草行业,碱性金属及金属制品行业,采矿和采石行业,跟中国相反,澳大利亚在这些行业均具备比较优势。在第三产业方面,中国具有明显比较优势的部门有机动车辆及摩托车的销售、保养、修理和燃料零售行业,批发贸易和经济贸易行业,陆地运输业,水路运输业,而澳大利亚在这些行业均处于劣势。中国具有明显比较劣势的部门有航空运输,酒店和餐厅业,零售业(除机动车和摩托车),日用品的修理行业,教育业,健康和社会工作业,房地产业,与之互补,澳大利亚的这些产业均具备比较优势。根据VACA指数,在第

二产业方面,中国具有明显比较优势的部门有食品、饮料及烟草行业,织物及纺织产品行业,皮革制品及鞋类行业,机械装置业,运输设备业,其他非金属矿物业,而澳大利亚这些产业均处于劣势。中国在第二产业具有明显比较劣势的部门有木材及木制品业,纸浆、纸、印刷及出版业,焦炭、精炼石油和核燃料业,橡胶及塑料行业,碱性金属及金属制品行业,化学品及化工产品业,电器及光学设备业,制造及回收业,采矿和采石行业,电力汽油及供水系统,建筑业,澳大利亚的这些行业则均处于优势。在第三产业方面,中国在宾馆和餐厅业、水上运输业、空中运输业具备比较优势,在金融中介业、教育业具备比较劣势,而澳大利亚则正好与之互补。

7.3.1.2 中国与日本、韩国

日、韩两国在地理位置上与中国最为接近,自然地理条件也最为相似,日本是仅次于中国的全球第三大经济体,韩国是亚洲四小龙之一,三国一直以来都致力于建设中日韩自贸区,发展三国间的互补性贸易也有利于促进东亚区域经济发展,推动同东亚邻邦的经济协作一体化进程。通过表7-4可以分析中、日、韩三国间的优劣势产业。

表7-4 中国和日本、韩国两指数显示的优劣势产业

	RCA优势产业	RCA劣势产业	VACA优势产业	VACA劣势产业
中国	第一产业:农林牧渔业 第二产业:简单制造业、高级技术制造业 第三产业:为生产和生活服务部门、为提高科学文化水平和居民素质服务部门	第三产业:流通部门	第一产业:农林牧渔业 第二产业:简单技术制造业	第二产业:高级技术制造业 第三产业:流通部门、为生产和生活服务部门、为提高科学文化水平和居民素质服务部门

(续表)

	RCA 优势产业	RCA 劣势产业	VACA 优势产业	VACA 劣势产业
日本	第三产业:流通部门	第一产业:农林牧渔业 第二产业:简单制造业、高级技术制造业 第三产业:为生产和生活服务的部门、为提高科学文化水平和居民素质服务部门	第二产业:高级技术制造业 第三产业:流通部门、为生产和生活服务部门、为提高科学文化水平和居民素质服务部门	第一产业:农林牧渔业 第二产业:简单技术制造业
韩国	第一产业:农林牧渔业 第二产业:高级技术制造业 第三产业:流通部门	第二产业:简单制造业 第三产业:为生产和生活服务部门、为提高科学文化水平和居民素质服务部门	第三产业:为提高科学文化水平和居民素质服务部门	第一产业:农林牧渔业 第二产业:简单技术制造业、高级技术制造业 第三产业:流通部门、为生产和生活服务部门

从表 7-4 可以看出,不论是 RCA 还是 VACA 指数,中国在第一产业即农林牧渔业上都具有显性比较优势,日本在这方面具有显性比较劣势,韩国的 VACA 指数也显示其处于劣势。第二产业方面,根据 RCA 指数得出中国具有明显比较优势的部门有简单制造业、高级技术制造业,跟中国相反,日本在这两个产业均处于劣势,韩国在简单制造业处于劣势。VACA 指数则显示中国具有明显比较优势的部门是简单技术制造业,而日本和韩国在这个行业均处于劣势。中国具有明显比较劣势的部门是高级技术制造业,日本在这个产业处于优势。第三产业方面,根据 RCA 指数得出中国具有明显比较优势的部门有为生产和生活服务部门、为提高科学文化水平和居民素质服务部门,而日本和韩国在这两个行业均处于劣势。中国具有明显比较劣势的部门是流通部门,与之互补,日本和韩国在这方面均处于优势。VACA 指数则显示中国具有明显比较劣势的部门是流通部门、为生产和生活服务部门、为提高

科学文化水平和居民素质服务部门,而日本这三个部门均处于优势,韩国则在为提高科学文化水平和居民素质服务部门处于优势。

7.3.1.3 中国与俄罗斯

鉴于对俄罗斯进行测度时选用的行业分类方法有所不同,下面将分析从 S1 到 S10 每个商品类别的情况。

一、第一产业(S1 类商品)

S1 代表的是第一产业农业,这类商品并非中国与俄罗斯的主要出口商品。不过,还是有必要对其进行一个简单的分析,于是,我们将 S1 类产品中俄 RCA 与 VACA 倍数值放在一起比较,如表 7-5 所示:

表 7-5 S1 类产品中俄处理后的相对 RCA 与 VACA 指数

年份	RCA	VACA	年份	RCA	VACA	年份	RCA	VACA
1995	1.7052	1.7372	2001	-1.2606	-1.2263	2007	-1.791	-1.7734
1996	1.3994	1.4241	2002	-1.543	-1.5082	2008	-1.565	-1.5463
1997	1.1563	1.1888	2003	-1.3127	-1.2863	2009	-1.588	-1.5596
1998	-1.135	-1.0704	2004	-1.5204	-1.528	2010	-1.107	-1.0814
1999	-1.2538	-1.1835	2005	-1.3928	-1.3803	2011	-1.511	-1.4651
2000	-1.1159	-1.0809	2006	-1.6783	-1.6867			

数据来源:根据 1995—2011 年 WIOD 数据库整理。

从表 7-5 可以看出,S1 商品中俄比较优势差距不大。RCA 与 VACA 的倍数总体在 0—2 倍之间徘徊。不过可以较明显地看出从 1995 到 1997 年,中国一直保持着相对略高的比较优势,而在 1998 年以后,S1 商品的比较优势向俄罗斯倾斜。

二、第二产业(S2—S6 类商品)

1. S2 类与 S3 类商品

S2 类产品代表采矿业,S3 代表电力、燃气及水的生产和供应业,俄罗斯作为一个资源大国,矿产资源、石油、天然气一直是其主要的出口商品。由于其特征的相似性,在这一部分,我们将 S2 与 S3 类商品一起比较,两个指数见表 7-6 和表 7-7。

表 7-6 S2 类产品中俄处理后的相对 RCA 与 VACA 指数

年份	RCA	VACA	年份	RCA	VACA	年份	RCA	VACA
1995	-5.3854	-5.638	2001	-7.3593	-7.3244	2007	-19.05	-21.717
1996	-5.1213	-5.2742	2002	-7.924	-8.0228	2008	-17.15	-19.287
1997	-5.4581	-5.6438	2003	-10.3738	-10.7085	2009	-20.24	-22.469
1998	-5.4486	-5.4395	2004	-12.7432	-14.0896	2010	-20.5	-23.302
1999	-6.2193	-6.1869	2005	-14.3366	-16.028	2011	-19.44	-22.238
2000	-6.9712	-6.9682	2006	-14.472	-16.4979			

数据来源:根据 1995—2011 年 WIOD 数据库整理。

表 7-7 S3 类产品中俄处理后的相对 RCA 与 VACA 指数

年份	RCA	VACA	年份	RCA	VACA	年份	RCA	VACA
1995	-1.4954	-1.5449	2001	-2.4305	-2.4465	2007	-4.592	-5.1912
1996	-1.8169	-1.8672	2002	-2.5132	-2.548	2008	-4.298	-4.8233
1997	-2.1403	-2.2146	2003	-2.8344	-2.9252	2009	-5.093	-5.6317
1998	-2.3422	-2.3361	2004	-2.6099	-2.8394	2010	-5.127	-5.7761
1999	-2.3157	-2.2885	2005	-2.881	-3.17	2011	-5.757	-6.5012
2000	-2.3244	-2.3347	2006	-5.0261	-5.6936			

数据来源:根据 1995—2011 年 WIOD 数据库整理。

根据表 7.3.4,从中俄 RCA 与 VACA 的倍数值来看,俄罗斯 S2 类产业一直保持着明显的比较优势,并且这种比较优势在不断地扩大。以五年为一个跨度,我们可以看出,代表俄罗斯采矿业的 S2 在 1995 年,RCA 指数是中国的 5.39 倍,2000 年为中国的 6.98 倍,2005 年为 14.34 倍,而到了 2010 年则达到了 20 倍。通过分析 VACA 指数可以得出相似的结论。

S3 类商品与 S2 类商品基本类似,俄罗斯的比较优势一直处于上升态势,1995 年俄罗斯的 RCA 指数是中国的 1.5 倍,VACA 是 1.54 倍,2000 年 RCA 是中国的 2.32 倍,VACA 是 2.33 倍,到了 2005 年 RCA 为 2.8 倍,VACA 为 3.17 倍,而到 2011 年,RCA 则增至 5.74 倍,VACA 是中国的 6.5 倍。

2. S4 类商品

S4 指的是建筑业,中国建筑业在近年来蓬勃发展,表 7-8 对比了中俄两国在该类产业上的互补情况。

表7-8 S4类产品中俄处理后的相对RCA与VACA指数

年份	RCA	VACA	年份	RCA	VACA	年份	RCA	VACA
1995	6.1971	5.8825	2001	2.9717	2.85	2007	5.0391	4.5254
1996	2.9885	2.8756	2002	3.5007	3.2923	2008	4.8489	4.438
1997	1.6131	1.5547	2003	3.7757	3.5032	2009	4.9696	4.5706
1998	1.7677	1.7567	2004	4.3106	3.8339	2010	4.9951	4.4847
1999	2.0267	2.0057	2005	4.6777	4.1751	2011	4.3921	3.9422
2000	2.5181	2.4183	2006	4.0975	3.6743			

数据来源：根据1995—2011年WIOD数据库整理。

从表7-8可以看出，中国的S4类（建筑业）商品相对于俄罗斯具有较强的比较优势，在经历1995年到1997年的短暂下滑后，中国的建筑业比较优势在逐步增强。1998年，中国的S4类商品的比较优势是俄罗斯的1.76倍，2003年为3.7倍，2008年为4.85倍，2011年略有下降，为4.39倍。

3. S5类商品

S5代表简单制造业，表7-9是两个指数显示的该类产品的互补状况。

表7-9 S5类产品中俄处理后的相对RCA与VACA指数

年份	RCA	VACA	年份	RCA	VACA	年份	RCA	VACA
1995	1.9063	1.52	2001	1.8298	1.5168	2007	1.4309	0.9953
1996	2.0273	1.6208	2002	1.735	1.381	2008	1.513	1.0382
1997	1.9588	1.5619	2003	1.6364	1.2747	2009	1.5355	1.157
1998	1.6549	1.376	2004	1.5195	1.0543	2010	1.4735	1.0759
1999	1.7169	1.4554	2005	1.5022	1.0761	2011	1.3981	1.0093
2000	1.7291	1.4143	2006	1.2467	0.8626			

数据来源：根据1995—2011年WIOD数据库整理。

从表7-9可以看出，RCA与VACA倍数不超过2倍，说明在简单制造业上中俄两国没有较为明显的比较优势。

4. S6类商品

S6类产品代表高级制造业，中俄两国的比较优势可以从表7-10看出。

表 7-10　S6 类产品中俄处理后的相对 RCA 与 VACA 指数

年份	RCA	VACA	年份	RCA	VACA	年份	RCA	VACA
1995	4.2884	4.0449	2001	4.7249	4.527	2007	11.441	9.7374
1996	4.2321	3.9892	2002	5.288	4.861	2008	12.41	11.1143
1997	4.4317	4.2415	2003	6.1581	5.3617	2009	12.8218	11.0563
1998	3.8954	3.8876	2004	7.7521	6.2362	2010	17.4879	14.7566
1999	3.3515	3.3739	2005	10.144	8.1895	2011	17.9773	15.9242
2000	4.5341	4.2899	2006	9.6447	8.0035			

数据来源：根据 1995—2011 年 WIOD 数据库整理。

根据表 7-10,1995 年，中国 S6 的 RCA 指数是俄罗斯的 4.29 倍，到了 2011 年已经达到了 17.98 倍，说明中国 S6 类产品有较强的比较优势，并且越来越明显。

三、第三产业（S7—S10 类商品）

1. S7 类商品

S7 类商品代表第三产业的流通部门，具体有机动车辆的批发与零售、零售业、水陆空运输等。表 7-11 对比了两国在该类产业上的比较优势。

表 7-11　S7 类产品中俄处理后的相对 RCA 与 VACA 指数

年份	RCA	VACA	年份	RCA	VACA	年份	RCA	VACA
1995	-6.2619	-6.4765	2001	-3.0345	-3.0809	2007	-3.9908	-4.1703
1996	-7.6275	-7.9169	2002	-2.9208	-2.9861	2008	-4.1566	-4.3181
1997	-3.4765	-3.57	2003	-3.0038	-3.1239	2009	-4.187	-4.3323
1998	-3.4382	-3.4238	2004	-3.1179	-3.2816	2010	-4.1016	-4.284
1999	-3.3343	-3.3238	2005	-3.2339	-3.3977	2011	-3.787	-3.9369
2000	-3.1184	-3.1821	2006	-3.5526	-3.7253			

数据来源：根据 1995—2011 年 WIOD 数据库整理。

根据表 7-11，可以看出，俄罗斯在 S7 类产品上占有比较优势，其 RCA 与 VACA 倍数 1995 年和 1996 年为最高，大约为 6 到 7 倍，此后俄罗斯此类商品的 RCA 与 VACA 倍数在 3 到 4 倍徘徊。

2. S8 类商品

S8 代表第三产业中为生产和生活服务的部门，具体有旅游业、邮电业、金融中介、房地产、机电租赁及其他商业活动。表 7-12 显示了两个指数代表的中俄两国在该产业上的互补情况。

表 7-12 S8 类产品中俄处理后的相对 RCA 与 VACA 指数

年份	RCA	VACA	年份	RCA	VACA	年份	RCA	VACA
1995	1.2639	1.2139	2001	1.7031	1.6105	2007	1.9848	1.7653
1996	1.3765	1.309	2002	1.61	1.5043	2008	1.9103	1.7435
1997	1.2289	1.1699	2003	1.7192	1.5794	2009	1.7852	1.6482
1998	1.8413	1.7947	2004	2.0643	1.8081	2010	1.8131	1.6512
1999	1.7746	1.7221	2005	2.0701	1.826	2011	1.6304	1.4956
2000	1.7733	1.6686	2006	1.696	1.5008			

数据来源：根据 1995—2011 年 WIOD 数据库整理。

根据表 7-12，中俄在 S8 类产品中的竞争力都不强，RCA 倍数与 VACA 倍数都在 2 以下，说明两国在该产业上均不具备比较优势。

3. S9 类商品

S9 主要代表科教文卫产业，其相对 RCA 与 VACA 指数如表 7-13 所示：

表 7-13 S9 类产品中俄处理后的相对 RCA 与 VACA 指数

年份	RCA	VACA	年份	RCA	VACA	年份	RCA	VACA
1995	27.739	26.2052	2001	35.5347	34.2151	2007	8.6742	7.7733
1996	27.3012	26.1008	2002	39.563	37.1751	2008	8.5642	7.7595
1997	27.2801	26.0665	2003	27.8924	25.5733	2009	8.5328	7.8882
1998	26.796	26.2522	2004	20.5058	18.2408	2010	8.4803	7.7506
1999	27.7762	27.4936	2005	14.9163	13.3437	2011	7.2886	6.6538
2000	31.9912	30.7011	2006	9.0827	8.0996			

数据来源：根据 1995—2011 年 WIOD 数据库整理。

根据表 7-13，总体而言，中国的第三产业比较优势正在下降。属于第三产业的 S9 类产品，比较优势下降的情况比较突出。不过，相对于俄罗斯而言，比较优势仍然非常明显。

4. S10 类商品

S10 代表的是公共管理以及防御，可以理解为军工产业，其相对 RCA 与 VACA 指数如表 7-14 所示：

表 7-14　S10 类产品中俄处理后的相对 RCA 与 VACA 指数

年份	RCA	VACA	年份	RCA	VACA	年份	RCA	VACA
1995	1.2608	1.2289	2001	-1.3893	-1.3661	2007	-2.2342	-2.2886
1996	-1.5526	-1.555	2002	-1.1258	-1.1191	2008	-2.2633	-2.3086
1997	-2.9372	-2.9491	2003	-1.2845	-1.2758	2009	-2.2753	-2.3252
1998	-2.5778	-2.5228	2004	-1.4277	-1.4596	2010	-2.2883	-2.3527
1999	-2.207	-2.1026	2005	-1.6369	-1.6669	2011	-2.6589	-2.7087
2000	-1.7111	-1.6684	2006	-2.2963	-2.3522			

数据来源:根据 1995—2011 年 WIOD 数据库整理。

根据表 7-14,俄罗斯的军工贸易地位将会逐渐提高。从数据中可以看出,虽然 S10 类产品增长并不是很明显,但还是处于一个稳步增长的态势。

7.3.2　中国对亚太地区主要国家贸易方式转变途径

由于中国与澳大利亚、日本和韩国,以及俄罗斯各国的优劣势产业有所不同,因此分别提出相应的贸易方式转变途径。

对于澳大利亚,中国在农林牧渔业上既可以从澳大利亚得到进口,也可以出口到澳大利亚。第二产业方面,中国可以出口织物及纺织产品行业、皮革制品及鞋类行业、橡胶及塑料行业到澳大利亚,从澳大利亚进口食品、饮料及烟草行业,碱性金属及金属制品行业,采矿和采石行业,充分发挥两国在第二产业方面的优势。针对第三产业,中国可以出口机动车辆及摩托车的销售、保养、修理和燃料零售行业,批发贸易和经济贸易行业,陆地运输业,水路运输业到澳大利亚,从澳大利亚进口航空运输、酒店和餐厅业、零售业(除机动车和摩托车)、日用品的修理行业、教育业、健康和社会工作业、房地产业。同样,中国也可以出口宾馆和餐厅业、水上运输业、空中运输业到澳大利亚,与澳大利亚进口金融中介业、教育业进行合作。

对于日本和韩国,中国可以出口农林牧渔业。从第二产业来讲,中国可以出口简单技术制造业到日本和韩国,从日本进口高级技术制造业。对于第三产业,中国可以出口为生产和生活服务的部门、为提高科学文化水平和居民素质服务部门到日本和韩国,与日本和韩国流通部门进行合作。也可以从日本进口流通部门、为生产和生活服务部门、为提高科学文化水平和居民素质服务部门,或者从韩国进口为提高科学文化水平和居民素质服务部门,促使三国在服务行业加强联系。

对于俄罗斯,中俄在矿产和能源上互补性巨大,俄罗斯作为一个能源生产大国可以为中国这样一个能源消费大国提供极大的资源支持。而中国由于制造业异常发达,特别在高级制造业上有突出表现,可以为俄罗斯提供制造业支持。另外,中国近年来在建筑业上的蓬勃发展为中俄进行诸如"高铁建设"项目提供了可能,俄罗斯能够帮助中国发展核能、航天、航空产业,中国也将帮助俄罗斯在高铁建设、造船、发电设备制造以及可再生能源方面追赶发达国家,双方在建筑业上的贸易互补性可见一斑。

7.4 中国与欧盟主要国家

7.4.1 中国和欧盟主要国家互补性产业

欧盟作为世界上最大的区域经济集团,总体经济实力强,在对外贸易方面也有着相当大的影响力。当前,欧盟已经成为中国最大的贸易伙伴,中国也是其第二大贸易伙伴,不断扩大的双边贸易从一个侧面反映了中欧贸易存在互补性。表 7-15 就反映了双方在不同产业上的优劣势。

表 7-15 中国和欧盟主要国家两指数显示的优劣势产业

	RCA 优势	RCA 劣势	VACA 优势	VACA 劣势
中国	第二产业:其他非金属矿物业,织物及纺织品业,皮革、皮革制品及鞋类业,木材及木制品业,橡胶及塑料业,制造及回收业,电器及光学设备业,机械装置业	第一产业:农林牧渔业 第二产业:食物、饮料及烟草业,电力、天然气和水的供应业,碱性金属及金属制品业,化学品及化工产品业	第一产业:农林牧渔业 第二产业:织物及纺织产品业,皮革、皮革制品及鞋类业,橡胶及塑料业,其他非金属矿物业,电器及光学设备,制造及回收业	第二产业:食物、饮料及烟草业,电力、天然气和水的供应业,碱性金属及金属制品业,化学品及化工产品业

(续表)

	RCA 优势	RCA 劣势	VACA 优势	VACA 劣势
德国	第二产业:食物、饮料及烟草业,其他非金属矿物业,电力、天然气和水的供应业,木材及木制品业,纸浆、纸、印刷及出版业,橡胶及塑料业,碱性金属及金属制品业,化学品及化工产品业,机械装置业,运输设备业	第一产业:农林牧渔业 第二产业:织物及纺织品业,制造及回收业,电器及光学设备业	第二产业:纸浆、纸、印刷及出版业,化学品及化工产品业,橡胶及塑料业,其他非金属矿物业,机械装置业,运输设施业,电力、天然气和水的供应业	第一产业:农林牧渔业 第二产业:碱性金属及金属制品业
荷兰	第一产业:农林牧渔业 第二产业:食物、饮料及烟草业,电力、天然气和水的供应业,纸浆、纸、印刷及出版业,橡胶及塑料业,化学品及化工产品业	第二产业:食物、饮料及烟草业,其他非金属矿物业,织物及纺织品业,制造及回收业,机械装置业,电器及光学设备业	第一产业:农林牧渔业 第二产业:食物、饮料及烟草业	第二产业:焦炭、精炼石油和核燃料业,化学品及化工产品业
英国	第二产业:焦炭、精炼石油和核燃料业,纸浆、纸、印刷及出版业、化学品及化工产品业、运输设备业	第一产业:农林牧渔业 第二产业:其他非金属矿物业,织物及纺织品业,橡胶及塑料业,制造及回收业,机械装置业	第二产业:纸浆、纸、印刷及出版业	第一产业:农林牧渔业 第二产业:焦炭、精炼石油和核燃料业,运输设备业,化学品及化工产品业

(续表)

	RCA 优势	RCA 劣势	VACA 优势	VACA 劣势
法国	第一产业:农林牧渔业 第二产业:食物、饮料及烟草业,其他非金属矿物业,电力、天然气和水的供应业,纸浆、纸、印刷及出版业,橡胶及塑料业,化学品及化工产品业,机械装置业,运输设备业	第二产业:食物、饮料及烟草业,织物及纺织品业,碱性金属及金属制品业,制造及回收业,电器及光学设备业	第一产业:农林牧渔业 第二产业:食物、饮料及烟草业,化学品及化工产品业,其他非金属矿物业,运输设施业,电力、天然气和水的供应业	第二产业:橡胶产业
意大利	第二产业:食物、饮料及烟草业,其他非金属矿物业,织物及纺织品业,皮革、皮革制品及鞋类业,纸、印刷及出版业,橡胶及塑料业,碱性金属及金属制品业,制造及回收业,化学品及化工产品业,机械装置业,运输设备业	第一产业:农林牧渔业 第二产业:食物、饮料及烟草业,化学品及化工产品业,电器及光学设备业	第二产业:织物及纺织产品业,皮革、皮革制品及鞋类业,橡胶及塑料业,其他非金属矿物业,碱性金属及金属制品业,机械装置业,制造及回收业	第一产业:农林牧渔业 第二产业:运输设备业,化学品及化工产品业
比利时	第二产业:食物、饮料及烟草业,焦炭、精炼石油和核燃料业,其他非金属矿物业,电力、天然气和水的供应业,纸浆、纸、印刷及出版业,橡胶及塑料业,碱性金属及金属制品业,化学品及化工产品业	第一产业:农林牧渔业 第二产业:织物及纺织品业,制造及回收业,机械装置业,电器及光学设备业	第二产业:食物、饮料及烟草业,其他非金属矿物业,电力、天然气和水的供应业	第一产业:农林牧渔业 第二产业:采矿业及采石业,焦炭、精炼石油和核燃料业,碱性金属及金属制品业,橡胶产业,化学品及化工产品业

(续表)

	RCA 优势	RCA 劣势	VACA 优势	VACA 劣势
西班牙	第一产业：农林牧渔业 第二产业：食物、饮料和烟草业，焦炭、精炼石油和核燃料业，其他非金属矿物业，皮革、皮革制品及鞋类业，纸浆、纸、印刷及出版业，橡胶及塑料业，碱性金属及金属制品业，化学品及化工产品业，运输设备业	第二产业：织物及纺织品业，制造及回收业，机械装置业，电器及光学设备业	第一产业：农林牧渔业 第二产业：食物、饮料及烟草业，皮革、皮革制品及鞋类业，纸浆、纸、印刷及出版业，橡胶及塑料业，其他非金属矿物业，运输设施业	第二产业：焦炭、精炼石油和核燃料业，碱性金属及金属制品业，化学品及化工产品业
波兰	第二产业：食物、饮料和烟草业，其他非金属矿物业，电力、天然气和水的供应业，木材及木制品业，纸、印刷及出版业，橡胶及塑料业，碱性金属及金属制品业，制造及回收业，运输设备业	第一产业：农林牧渔业 第二产业：织物及纺织品业，皮革、皮革制品及鞋类业，化学品及化工产品业，机械装置业，电器及光学设备业	第二产业：食物、饮料及烟草业，木材及木制品业，纸浆、纸、印刷及出版业，橡胶及塑料业，其他非金属矿物业，制造及回收业，电力、天然气和水的供应业	第一产业：农林牧渔业 第二产业：碱性金属及金属制品业，运输设备业
瑞典	第二产业：焦炭、精炼石油和核燃料业，电力、天然气和水的供应业，木材及木制品业，纸、印刷及出版业，碱性金属及金属制品业，化学品及化工产品，机械装置业，运输设备业	第一产业：农林牧渔业 第二产业：其他非金属矿物业，织物及纺织品业，橡胶及塑料业，制造及回收业，化学品及化工产品业	第二产业：木材及木制品业，纸浆、纸、印刷及出版业	第一产业：农林牧渔业 第二产业：焦炭、精炼石油和核燃料业，碱性金属及金属制品业，运输设备业

(续表)

	RCA 优势	RCA 劣势	VACA 优势	VACA 劣势
芬兰	第二产业：焦炭、精炼石油和核燃料业，电力、天然气和水的供应业，木材及木制品业，纸、印刷及出版业，碱性金属及金属制品业，机械装置业，电器及光学设备业	第一产业：农林牧渔业 第二产业：其他非金属矿物业，织物及纺织品业，制造及回收业，化学品及化工产品业	第二产业：木材及木制品业，纸浆、纸、印刷及出版业，机械装置业，电力、天然气和水的供应业	第一产业：农林牧渔业 第二产业：采矿业及采石业，焦炭、精炼石油和核燃料业，碱性金属及金属制品业，非金属矿物业

7.4.2　中国对欧盟主要国家贸易方式转变途径

中国与欧盟各个国家间的互补性产业有所不同，通过上述对比得出，可以从荷兰、法国、西班牙进口农林牧渔业，同时出口该产业到德国、英国、意大利、比利时、波兰、瑞典、芬兰。第二产业方面，中国可以出口其他非金属矿物业到荷兰、英国、瑞典、芬兰，出口织物及纺织品业到德国、西班牙、波兰、法国、芬兰、荷兰、比利时、瑞典、英国，出口皮革、皮革制品及鞋类业到波兰，出口橡胶及塑料业到英国和瑞典，出口制造及回收业到德国、西班牙、法国、芬兰、荷兰、比利时、瑞典、英国，出口电器及光学设备业到德国、西班牙、法国、意大利、荷兰、比利时，出口机械装置业到荷兰、英国、比利时、西班牙、波兰，从德国、意大利、西班牙、法国、荷兰、比利时、波兰进口食物、饮料及烟草业，从德国、波兰、法国、芬兰、荷兰、比利时、瑞典进口电力、天然气和水的供应业，从意大利进口碱性金属及金属制品业，从德国、意大利、西班牙、法国、荷兰、比利时、瑞典、英国进口化学品及化工产品业。同时，中国还可以出口橡胶及塑料业到法国、比利时，从荷兰、法国、比利时、西班牙、波兰进口食物、饮料及烟草业，从德国、法国、比利时、波兰、芬兰进口电力、天然气和水的供应业，从意大利进口碱性金属及金属制品业，从德国、法国进口化学品及化工产品业。但在第三产业方面，双方暂时可不出口，也不进口。

第八章 本书主要结论及政策含义

8.1 本书主要结论

本书利用WIOD1997—2011年的投入产出表,首先根据巴拉萨显性比较优势指数的方法分别计算了中国和世界主要国家分行业的显性比较优势并作了对比与分析。然后从产品内分工下附加值的角度,利用非竞争性投入产出模型,分别计算了中国和世界主要国家分行业的完全国内增加值系数并作了对比与分析。接着,基于附加值的角度修正了传统的巴拉萨的方法,提出了增加值比较优势的概念,重新测度了中国和世界主要国家的比较优势并作了对比与分析。主要结论如下:

(1) 从显性比较优势结果来看,中国当下的比较优势仍然以劳动力密集型产品为主,如织物及纺织产品、皮革、皮革制品及鞋类、橡胶及塑料,而相反多数欧盟国家的比较优势集中在资本和技术密集型产品,如化学品及化工产品、机械装置和运输设备。

(2) 产品内分工的出现深刻影响了当前国际分工和国际贸易的特征,随之而来的,是传统贸易理论在解释新贸易现象时表现出来的无力感和滞后性。很显然,对传统贸易理论的修正已经迫在眉睫,采用老思路、老方法去分析新型分工、贸易已然是行不通了。

(3) 从国内完全增加值系数结果来看,中国的分行业完全增加值系数普遍高于欧盟国家。具体来看,中国和欧盟主要国家在农林牧渔业和采矿业及采石业上国内完全增加值都比较高。而传统产业以资源和劳动力为主,中国的国内完全增加值系数仍然较高,欧盟主要国家出现对国外中间投入品依赖加大的情形。对于高新技术产业,中国和欧盟国家对国外中间投入品的比重都大幅增加,所以中国和欧盟主要国家在高新技术产品上的国内完全增加值偏低。

(4) 基于国内完全增加值角度的增加值比较优势使得一国的比较优势发生了变化。中国在资本和技术密集型产品上出现了比较优势的变化,机械装置在传统的方法下具有比较优势,但是基于附加值来看,该行业并没有比较优势。另外,以传统方法统计的中国出口规模涵盖了越来越大比重的进口中间品,造成中国出口规模越来越被"夸大",中国出口的领先优势并没有那么明显。欧盟国家因多数行业对国外中间投入品有较大依赖,所以增加值比较优势变化也比较显著。

(5) 中国具有比较优势的行业主要表现为密集使用劳动力或者密集使用资源且技术含量相对较低、附加值相对偏小的产业;美国具有比较优势的行业主要集中在技术含量高、附加值大的新兴产业;加拿大具有比较优势的行业主要集中在技术含量一般、附加值较高的服务行业。RCA 和 VACA 的不同测度标准导致了测度结果的不同,两种测度方法的差异性受国内增加值系数的影响,通过对比可知,第二产业的比较优势分析结果受测度方法影响较大,这也说明第二产业所需要的中间产品投入率较高。

(6) 对比和分析中日韩三国的相对比较优势和相对附加值比较优势可以得出:中国对日本和韩国第一产业的相对附加值比较优势比相对比较优势更为强劲。从第二产业来看,虽然韩国有相对比较优势,但是中国相对附加值比较优势更强。在简单技术制造业部门,三个国家的相对比较优势和相对附加值比较优势区别不大。在高级技术制造业领域,虽然韩国具有很强的相对比较优势,但中国和日本的相对附加值比较优势略胜一筹。从第三产业来看,虽然韩国更有相对比较优势,可是中国的附加值比较优势更强。细分第三产业可以发现,在流通领域,也有相似的情况。在为生产和生活服务的部门,日本更具有相对附加值比较优势,但韩国仍然有着相对比较优势。在为提高科学文化水平和居民素质服务的部门,虽然中国的相对比较优势比较明显,但是相对附加值比较优势还是掌握在日本和韩国手中。

8.2 政策含义

一、认清比较优势的动态变化

中国第一产业仍然具有比较明显的附加值比较优势,但是这项优势正在不断弱化。一方面说明,中国第一产业出口的绝对优势已经丧失,慢慢地将由比较优势产业转向劣势产业。另一方面也证明,中国的产业在经历一个由资源密集型向技术密集型和资金密集型过渡的阶段。这符合目前中国的经济发展状态。对于这类产业,中日韩自由贸易区建立后一定要多关注日韩方面的政策。

虽然总体而言中国第二产业的比较优势在不断提高,但通过进一步的研究可以发现中国的附加值比较优势主要集中在简单技术制造业,而日本和韩国的附加值比较优势主要集中在高技术工业制成品。这体现了中国的工业制成品多来源于劳动密集型产业,而日本和韩国的工业制成品主要来自技术密集型和资金密集型产业。这表明中国仍然处在中日韩工业产业链的低端环节。因为这些低科技工业制成品具有附加值低、利润低的特点,所以中国在工业制成品领域实际上处于非常不利的地位。因此,中国在充分发挥低科技工业制成品方面的比较优势的情况下,也要注重提高比较优势产品的资金和技术含量。中日韩自由贸易区建立势必会大幅度降低关税,中国的工业将面临痛苦的转型,国内的高新产业也会受到巨大的冲击。因此,中国应该集中相应的资金和技术,加大对高新产业的投入,并有对应的扶持政策,加快对整个工业制成品行业进行升级。

在第三产业方面,日本的附加值比较优势是最明显的,尤其在流通部门方面,竞争力更为明显,而中国则处于不利的地位。但值得庆幸的是,中国与日本、韩国在第三产业方面的差距不断地缩小。中国要进一步加大对第三产业的投入,尤其是科教文卫方面的投入,更重要的一点是要设法将这些投入以最快的速度和效率转化为生产力,缩小与日本、韩国之间的差距。

总而言之,通过附加值比较优势的重新测度,认知1995年到2011年间中日韩三国贸易比较优势产业的变化。通过对比,要进一步优化中国的产业结构和贸易结构,提高中国商品在三国间的竞争力。同时,针对中日韩自贸区的建立,政府要积极考虑相关的问题并提出相关的政策扶持本国产业,来帮助本国的劣势产业转变为优势产业并继续保持和强化优势产业的优势。

二、优化进出口商品结构,推动产业转型升级

从出口产品结构来看,我们发现中国的出口商品中劳动密集型产品的比重逐渐下降,出口产品结构不断升级,资本和技术密集型产品的比重日益明显。20世纪90年代以来,中国逐步实现了从以劳动密集型产品出口为主向以资本技术密集产品为主的转变。但是从上文的分析可以看出,劳动密集型产品仍然是中国出口中非常重要且具有竞争力的产品,与其他国家竞争非常大。另外,世界对劳动力密集型产品需求下滑,未来需求的主导产品必然是资本和技术密集型产品。尽管中国广阔的国内市场有巨大的发展潜力,但产业结构的国际性调整和升级是无法避免的趋势。依靠本国产业的自发演进的调整是一个较慢的过程,在开放经济体制下,抓住外部机遇(如世界产业结构调整)和应对外部压力(如贸易壁垒、摩

擦等)有利于本国产业升级。

三、坚持进口替代战略,实现企业国际化

尽管中国的一般贸易在 2011 年首次超过加工贸易,但是加工贸易仍然是中国主要的贸易方式,而且主要集中在高新技术产业,这也导致中国的高新技术产业国内完全增加值偏低。因此,为了提高本国产业的增加值率,应该坚持进口替代战略,实现企业国际化。进口替代战略是指一国采取各种措施限制某些国外工业品进口,促进国内有关产业发展,逐渐在国内市场上以本国产品替代进口品,为本国产业发展创造有利条件,实现工业化。进口替代战略有利于被保护产业的健康和快速发展,为本国经济结构改造提供条件,提高国内增加值。进口替代战略从广义上说不仅是进口产品的替代,更是进口技术、高科技人才和先进管理方法的替代。所以从根本上来说,应该引进国外技术和资本,同时大力培养和吸引高端人才,提高自主研发和创新能力,促进产业自主升级。

参 考 文 献

[1] Balassa B., Trade Liberalisation and "Revealed" Comparative Advantage, *Manchester School of Economic and Social Studies*, 1965, Vol. 33, No. 2, pp. 99—123.

[2] Branstetter L. G. and Robert Feenstra, Trade and Foreign Direct Investment in China: A Political Economy Approach, *NBER Working Paper*, 1999, 7100.

[3] Hummels D., Ishii J. & Yi, Kei-Mu., The Nature Andgrowth of Vertical Specialization in World Trade, *Journal of International Economics*, 2001, 54(1), pp. 75—96.

[4] Yue & Hua, Does Comparative Advantage Explains Export Patterns in China?, *China Economic View*, 2002, pp. 276—296.

[5] Bohlin L., and Widell L. M., Estimation of Commodity-by-Commodity Input-Output Matrices, *Economic Systems Research*, 2006, 18(2).

[6] Campa, Jose and Linda S., Goldberg the Evolving External Orientation of Manufacturing Industries: Evidence from Four Countries, *NBER Working* Paper, No. 5919.

[7] Vaidya K. & Bennett D., Is China's Manufacturing Sector Becoming More Hightech? Evidence on Shifts in Comparative Advantage, 1987—2005, *Journal of Manufacturing Technology Management*, 2007, Vol. 18, No. 8, pp. 1000—1021.

[8] Feenstra, Robert C., Gordon H. Hanson., Producti Vity Measurement and The Impact of Trade and the Technology on Wages: Estimates for the U. S. [J], *Quarterly Journal of Economics*, 1999(4): 907—940.

[9] Freytag A., Should Europe Really Worry about Its Trade Deficit with China?, *Policy Briefs*, 2008, No. 2.

[10] Ebbers H. & Zhang, Chinese Investments in the EU, *Eastern Journal Of European Studies*, 2010, Vol. 1, Issue 2, pp. 187—206.

[11] Holmes, Thomas J., Localization of Industry and Vertical Disintegration[J], *Review of Economies and Statistics*, V01. 1, Issue 2, 1999.

[12] Hummels, David, Dana Rapoport and Kei—Mu Yi. Vertical Specialization and the Changing Nature of World Trade[J], *Federal Reserve Bank of New York Economic Policy Review*, 1998(6): 79—99.

[13] Jung & Jin, Comparison of Comparative Advantage of Korea and China by Technology Level, *Inha University*, 2010.

[14] Koopman R., Wang Zhi, Wei Shang Jin., Give Credit Where Credit is Due: Trac-

ing Value Added in Global Production Chains, 2010, *NBER Working Paper*, No. 16426.

[15] Lau J. L. et al., Input-Occupancy-Output Models of the Non-competitive Type and Theirapplication—An Examination of the China-US Trade Surplus, *Social Sciences in China*, 2010, Vol. XXXI, No. 1, pp. 35—54.

[16] T. Chi & Kilduff P., An Assessment of Trends in China's Comparative Advantages in Textile Machinery, Man-made Fibers, Textiles and Apparel, *The Journal of The Textile Institute*, 2010, 97(2), pp. 173—191.

[17] Hylke V. et al., Moving up the Quality Ladder? EU-China Trade Dynamics in Clothing, *LICOS Discussion Paper*, No. 301.

[18] Johnson R., Noguera G., Accounting for Intermediates: Production Sharing and Trade in Value Added, *Journal of International Economic*, 2012, pp. 224—236.

[19] Nonejad M. & Zamani S., Effects of Comparative Advantage on Exports: A Case Study of Iranian Industrial Subsectors, *Journal of Economics and Behavioral Studies*, 2013, Vol. 5, No. 5, pp. 252—259.

[20] 刘明兴,岳昌君,许秀兰. 重新评估东亚国家的出口结构转型[J]. 世界经济,2001.

[21] 于津平. 中国与东亚主要国家和地区间的比较优势与贸易互补性[J]. 世界经济,2003.

[22] 平新乔. 产业内贸易理论与中美贸易关系[J]. 国际经济评论,2005.

[23] 王国安,范昌子. 中欧贸易互补性研究——基于比较优势理论和产业内贸易理论的实证分析[J]. 国际贸易问题,2006.

[24] 郑云. 中国与欧盟贸易中的比较优势及国际分工地位[J]. 国际商务(对外经济贸易大学学报),2006.

[25] 王三兴. 全球化条件下的中欧贸易产品结构与贸易不平衡分析[J]. 国际商务(对外经济贸易大学学报),2007,pp. 11—16.

[26] 胡昭玲,赵媛. 产品内国际分工对中国制造业技术进步的影响[J]. 世界经济研究,2008.

[27] 范爱军,高敬峰. 产品内分工视角下的中国制造业比较优势分析[J]. 国际经贸探索,2008.

[28] 吴艳,蒋旭华. 中国与东盟国家比较优势及贸易结构分析[J]. 武汉理工大学学报(社会科学版),2008.

[29] 柴斌锋,杨高举. 高技术产业全球价值链与国内价值链的互动——基于非竞争型投入占用产出模型的分析[J]. 科学学研究,2011.

[30] 郭晶,赵越. 高技术产业国际分工地位的影响因素:基于完全国内增加值率视角的跨国实证[J]. 国际商务(对外经济贸易大学学报),2012.

[31] 杨海,李文静. 中国与东盟国家出口商品比较优势研究——基于显性比较优势

指数的实证分析[J]. 东南亚纵横,2012.

[32] 贾利军. 长三角城市群空间经济结构特征分析[J]. 商场现代化,2010.

[33] 燕春蓉,张秋菊. 中国与欧盟贸易互补性和竞争性的实证研究[J]. 财贸研究,2010.

[34] 黄先海,杨高举. 中国高技术产业的国际分工地位研究:基于非竞争型投入占用产出模型的跨国分析[J]. 世界经济,2010.

[35] 燕春蓉,张秋菊. 经济全球化背景下中国与德国的贸易发展研究——基于贸易竞争性和互补性的实证分析[J]. 世界经济研究,2010.

[36] 燕春蓉,张秋菊. 欧盟东扩贸易效应的实证分析——基于引力模型的面板数据检验[J]. 技术经济与管理研究,2010.

[37] 朱璐. 我国与欧盟贸易利益比较[J]. 经营与管理,2013.

[38] 张咏华. 中国制造业增加值出口与中美贸易失衡[J]. 财经研究,2013.

[39] 李昕,徐滇庆. 中国外贸依存度和失衡度的重新估算——全球生产链中的增加值贸易[J]. 中国社会科学,2013.

[40] 张海燕. 基于附加值贸易测算法对中国出口地位的重新分析[J]. 国际贸易问题,2013.

[41] 李伟舵,黎振强,陈美娴. 中国与欧盟对外贸易的互补性分析[J]. 湖南理工学院学报(自然科学版),2013.

[42] 王春英. 产品内分工视角下中美贸易失衡的成因分析[D]. 南京大学,2012.

[43] 傅秋叶. 产品内分工视角下中国对外贸易发展[D]. 福建师范大学,2012.

[44] 史佳. 中国与欧盟和东盟之贸易状况比较分析[D]. 南京大学,2013.

[45] 孙文远等. 产品内国际分工的动因及发展效应分析[J],管理世界,2007(2).

[46] 张纪. 产品内国际分工:动因、机制与效应研究[D]. 上海社会科学院,2007.

[47] 江雯雯. 比较优势、竞争优势与我国外贸发展[D]. 厦门大学,2008.

[48] 郭华山. 产品内国际分工与我国产业升级研究[D]. 上海社会科学院,2010.

[49] 常蕊. 中国垂直专业化程度的测算和国际比较[D]. 对外经济贸易大学,2007.

[50] 刘志彪,吴福象. 全球化经济中的生产非一体化——基于江苏投入产出表的实证研究[J]中国工业经济,2005.

[51] 洪联英,谢里,罗能生. 基于I-O法德中国制造业垂直分离测度研究[J]. 统计研究,2006(10).

[52] 王建华,陈永鹏,徐华亮. 国际垂直专业化分工测度研究[J]. 工业技术经济,2007(10).

[53] 黄先海,韦畅. 中国制造业出口垂直专业化程度的测度与分析[J]. 管理世界,2007(4).

[54] 范爱军,高敬峰. 产品内分工视角下的中国制造业比较优势分析[J]. 国际经贸探讨,2008(3).

后　　记

本书是笔者2012年教育部人文社会科学青年基金项目"产品内国际分工下中国外贸比较优势测算、方法改进、实证度量与政策含义"(项目批准号:12YJC790074)的终期报告成果,在付梓出版之际,特别对课题资助单位表示感谢。

本书是严格按照课题申请书设计的研究内容来撰写的,主要包括产品内国际分工对一国外贸比较优势的影响;外贸比较优势测算方法的演变、应用与改进;按国别分行业贸易附加值的实证测度;将改进后的比较优势测度指数与原有指标测算结果进行比较;优化贸易结构,转变贸易发展方式的思路。

本书的主要特点是工作量大,处理细致。由于本书的一个主要任务是对中国和世界主要国家的外贸比较优势进行双重测度,因此涉及大量的计算工作。在写作过程中,课题组成员共处理了538000多条数据,测度了将近20个国家35个细分行业的RCA指数,并借助Matlab软件计算每个国家每个行业出口的国内增加值系数与增加值,测度出VA-CA指数,并与RCA指数测度结果进行比较,得出结论并提出政策建议。

在此,特别感谢笔者的学生于子豪、叶雯、黄超越、王誉宁、董玲和韩天,他们分别在欧盟、拉美、东亚、北美、澳洲和俄罗斯等地区或国家的数据收集与整理上提供了很大的帮助;感谢研究生舒逸,他帮我们收集并整理了有关产品内分工的含义、动因以及与比较优势关系的资料。感谢研究生曾奇,他在第四章有关数据整理与分析上提供了很大的帮助。同时,感谢北京大学出版社的编辑,没有他们认真勤奋的工作,书稿将无法按期出版。

课题的设计初衷主要在于修正衡量贸易比较优势的量化指标,按国别实证度量分行业的贸易附加值并提出转变外贸发展方式的思路。测度的结果表明,计算出口的国内增加值,重新衡量某些产业真正的出口竞争力，重新认识与某些国家的国际收支平衡关系还是非常重要的。希望本书的出版能给感兴趣的读者提供思路，抛砖引玉，也希望能有更多的学者一起讨论这个问题。

贾利军
2015 年 10 月 5 日于上海大学嘉定校区